기도 다카요시 木戸孝允와 보신 戊辰 전쟁

Kido Takayoshi and Boshin War

Shim, Gi Jae

기도 다카요시木戸孝允와 보신戊辰 전쟁

심기재 지음

혜안

보신戊辰 전쟁은 게이오慶応 4(1868)년 정월 3일에 도바鳥羽·후시미伏見 전쟁이 발생하고 나서, 이듬해 메이지明治 2(1869)년 5월 18일 에노모토 다케아키榎本武揚의 구막부 탈함脱艦세력이 관군에 저항한 끝에 항복한 하코다테箱館 전쟁이 종식될 때까지, 약 1년 반에 걸친 근대 일본의 최대 내전이다. 그 중의 도바·후시미 전쟁은 메이지 신정부의 수립 과정에서 필연적으로 거쳐야 할 전투로서, 정치적으로 정권의 향배를 점칠 수 있는 가장 중요한 초전이었다. 뒤이어 전개된 우에노上野 전쟁 에서는 예상 밖으로 관군이 압도적인 승리를 거두어, 에도江戶를 중심으로 간토關東 지방을 경영하고 도호쿠東北 지역으로 그 기반을 확대할 수 있게 되었다.

우에노 전쟁이 군사·전략적 측면에서 보신 전쟁의 성패를 결정한 하나의 주요 획기로 작용하였다면, 도호쿠 전쟁은 전투 기간·사상자 수·군수물자 및 병기물량 공급 등 모든 면에서 보신 전쟁에서도 최대 규모의 전란이었다. 마지막으로 전개된 하코다테 전쟁에서 관군은 승리를 거둠으로써 출범한 지 얼마 안 된 신정부는 내전의 종식 선언과 함께, 신정부 지배통치의 개시를 대내외적으로 천명할 수 있었다.

이처럼 보신 전쟁은 역사적인 측면에서 보면, 근대 일본이 창출되는 과정에서 하나의 커다란 전환점이 된 사건으로, 이후 봉건제도의 해체 작업과 근대 일본의 국가·사회 형성에 커다란 영향을 미쳤다고 할 수 있다. 또한 보신 전쟁은 시대와 지역, 승자와 패자 입장에서 역사관의 차이가 분명히 존재하나, 현재에 이르기까지 많은 이들의 끊임없는 관심을 모으고 있는 역사적인 대사건이자, 일본학계에서도 그 역사적 평가를 둘러싸고 한때 논쟁이 되었을 만큼 중요한 연구대상이기도 하다.

이러한 보신 전쟁에 대한 본격적인 정치사적 연구는, 1세대 연구자라 할 하라구치 기요시原口淸와 이시이 다카시石井孝에 의해 이루어졌다. 연구사적으로 볼 때, 이들의 주요 업적은 보신 전쟁의 역사적 의의를 정치사, 특히 국가 권력론적 시각에서 처음으로 분석 검토하여 보신 전쟁 논쟁을 촉발시킨 점이다. 다만 이들 논쟁은, 당시 마르크스주의 사관 연구의 유행이라는 시대적 제약도 있어, 실증보다는 이론 면에 치우친 감이 없지 않다는 아쉬움을 남겼다. 바꾸어 말하면 양자의 논쟁에서 보신 전쟁에 관한 주요 논점이 상당수 제시되었으나,『복고기復古記』·『유신사維新史』 등의 방대한 관련 자료를 통해 얻어진 사실에 입각한 연구의 심화 단계까지는 이르지 못했다. 따라서 도호쿠 제번諸藩의 상세한 지역정치에 대한 동향 분석이나, 보신 전쟁을 둘러싼 외국상인을 포함한 열강세력 내지는 지역민중의 움직임, 제번의 군사적 정세 변화·대응, 제전쟁의 '전후처리' 같은 문제는 후대 연구자들의 과제로 남겨지게 되었다.

하라구치·이시이 보신 전쟁 논쟁 이후 연구사에서 공백 분야의 하나로 남아 있던 도호쿠 전쟁, 특히 오우에쓰 열번동맹奧羽越列藩同盟에

초점을 맞추어 동맹의 결성으로부터 해체까지 전반적 과정을 다룬 실증적 연구가 사사키 스구루佐々木克에 의해 본격화되었다. 이어 1980년대부터 2010년대 중반에 이르기까지는, 후지이 노리유키藤井德行·호시노 나오후미星野尙文·구스미 신야久住眞也·구도 다케시工藤威 등이 보신 전쟁 기간의 도호쿠 제번·민중의 동향 및 오우에쓰 열번동맹 성립 과정의 실태를 재검토하였다. 그리고 최근까지는, 호야 도루保谷徹·하코이시 히로시箱石大 등의 연구자들이 종래의 정치사 중심의 보신 전쟁사 연구에서 벗어나, 군사사·사회사·민중사·국제관계사 측면에서 보신 전쟁을 다양하게 분석하고 신사료도 소개하였다. 이에 비해 한국에서는 일본의 대표적 대외전쟁인 청일·러일 전쟁과 달리 일본의 국내전쟁인 보신 전쟁에 관해서는 관심이 없어 연구가 거의 없었다가, 2010년 이후 필자에 의해 본격화되었다.

필자가 보신 전쟁에 관심을 갖게 된 것은 교토대학京都大學 명예교수 사사키 스구루佐々木克 선생(1940~2016)과의 인연에서 시작되었다. 사사키 선생은 일본 근대정치사의 대가로, 앞서도 언급한 것처럼 하라구치·이시이 논쟁과는 다른 차원에서 도호쿠 전쟁의 핵심 분야인 오우에쓰 열번동맹의 성립과 해체를 규명하여 연구의 초석을 다진 분이다. 교토대 대학원 유학 시절에 선생의 근대사 강의를 직접 들었고, 선생의 배려로 공동연구모임에 참가해 토론과 성과물을 발표하기도 했다. 이 무렵 선생의 저작물을 틈나는 대로 읽어나가던 필자의 시선을 사로잡은 것은 다름 아닌 보신 전쟁이었다. 이때 하라구치·이시이·사사키의 보신 전쟁 연구에서, 도호쿠·하코다테 등의 여러 지역 전쟁에 대한 '전후처리' 문제가 연구의 공백으로 남아 있다는 사실을 알게 되었다. 아직 누구도 주목하지 않았던 이 '전후처리' 문제를 기회가 된다면 꼭 다루어 보고 싶었고, 이에 2005년 이후 보신 전쟁과 관련된 자료의 수집과 분석에 매달렸다.

  한편 또 다른 이유로는, 기도 다카요시木戸孝允(1833~1877)에 대한 개인적 관심을 들 수 있다. 주지하다시피 도쿠가와 막부에서 순탄치 않은 정권교체 과정을 통해 탄생한 메이지 신정부의 주역은 사이고 다카모리西郷隆盛·오쿠보 도시미치大久保利通, 그리고 기도 다카요시木戸孝允 3인방이다. 이 가운데 기도는 신정부 창출의 양대 산맥 중 하나인 조슈파長州派의 좌장격 인물로, 사이고·오쿠보에 못지않게 오개조 서문五箇條誓文·판적봉환版籍奉還·폐번치현廢藩置縣 및 점진적인 입헌제 도입 노력 등에서, 이른바 메이지 신정부의 기반을 다지는 뛰어난 정치적 능력과 업적을 남겼음에도 불구하고, 그동안 연구자와 일반인의 관심을 크게 받지 못했다. 유학 시절부터 이 점에 대해 아쉬움을 갖고 있던 차에, 정권 창출의 기폭제가 된 보신 전쟁을 신정부의 주요 지도자 중 한 사람이었던 기도가 어떤 시선으로 바라보았으며, 전쟁 과정은 물론 특히 '전후처리' 과정에서 어떤 정치적 역할을 했는지에 대한 규명작업이 반드시 필요하다고 보았다. 이 작업은 향후의 기도 다카요시 연구를 활성화하고 일본 근대정치사 연구에도 도움이 될 것으로 판단했다.

  본서에서는 이상과 같은 관점과 문제의식을 바탕으로, 메이지 초년에 일어난 보신 전쟁에 관한 기도 다카요시의 '전후처리상', 즉 보신 전쟁 및 그 '전후처리' 등에 대한 정치적 움직임을 중심으로 4부 총 8개 장을 마련해 살펴보았다. 제1부에서는, 기도의 보신 전쟁에 대한 전반적인 정치적 대응 노력과 보신 전쟁관을 개관한다. 제2부 제1장에서는, 보신 전쟁 중 내내 구막부 지지세력에 대한 강경진압을 주장하던 기도가, 도호쿠 전쟁의 '전후처리' 즉 항복 제번 처분 및 행정구역 분할 과정에서 어떤 정치적 노력을 기울였는지를 검토한다. 제2장에서는 신정부측 출정 관군의 과도한 진압행위가 도호쿠 지역민들의 원성을 자아내고 있다는 점에 유의한 기도가, 동 지역의 민심 안정과 지방지배 확립을 목적으로 한 민정처리를 위해, 어떤 인식 아래 정치적 노력을 기울였는지 검토한다. 제3장에서는 도호쿠 전쟁 종식 후, 아이즈會津 항복인 '전후처리' 과정에서 도출된 홋카이도北海道로의 이주개척 문제와 관련해, 기도의 상황 인식과 정치적 노력을 살펴본다.

제3부 제1장에서는 하코다테 평정작업의 일환으로 추진된 '도쿠가와家德川家 하코다테箱館 출병'과 관련해, 기도를 비롯한 신정부 요인들 사이에서 전개된 일련의 논의 과정을 추적한다. 제2장에서는 에노모토 등 탈함정권 수뇌부 항복인에 대한 '전후처분'과 관련해, 신정부 내에서 기도 등의 조슈파와 오쿠보 등의 사쓰마파薩摩派 양자 간에 벌어진 정치적 대립을 고찰한다.

제4부 제1장에서는 보신 전쟁 중 신정부의 최대 약점으로 지적된 제번·외국 함선의 수배·매입을 위해, 기도가 기울인 정치적 노력에 대해 살펴본다. 보신 전쟁 중에 여실히 드러난 신정부의 해군력 취약성과 제번 함선 등의 수배 어려움을 보면서 기도는, 자연스럽게 신정부 자체의 해군력 강화에 전념하였다. 따라서 제2장에서는 메이지 원(1868)년부터 5(1872)년 2월 해군성이 설치될 무렵까지, 신정부 내에서 기도가 정치적 동반자인 오무라 마스지로大村益次郎와의 긴밀한 협력 하에, 해군력 강화 즉 해군 우선의 '병제' 기초 확립·재원 확보·해군사관 양성학교 설치·해군 함대 창설 등 일련의 정치적 성과를 올리기까지의 과정을 추적한다. 이상 본서에서 제시된 논점은 보는 이에 따라 다르게 해석될 수도 있겠으나, 향후의 보신 전쟁 연구 내지는 메이지 유신기의 기도 다카요시의 전체상을 규명하는 데 조금이라도 보탬이 되기를 희망하는 바다. 끝으로 본서를 구성하는 필자의 논고들에 대해 진심어린 조언을 해주신 학회의 이름을 알지 못하는 심사위원분들께 감사드

리며, 어려운 출판 환경 속에서도 출간을 맡아준 도서출판 혜안에게도
감사드린다.

갑진년 새해

심 기 재

제3부 기도 다카요시와 하코다테箱館 전쟁

제4부 기도 다카요시와 해군력 강화

제1부

기도 다카요시와 보신戊辰 전쟁

제1장

기도 다카요시의 보신 전쟁관과 정치적 대응

머리말

메이지 초년, 신정부는 안팎으로 어려운 상황에 직면하였다. 안으로는 보신 전쟁의 발생으로 구막부 지지세력과 첨예하게 대립하고, 전쟁이 종식된 후에도 봉건적 제번諸藩의 할거로 신정부의 존립 자체가 크게 위협받았다. 밖으로는 불평등조약 체제 하에서 고베神戸 사건 등 잇달아 일어난 외국인 살상사건 등과 나가사키長崎 기독교도 처리 문제 등으로, 서양열강의 신정부에 대한 신뢰 역시 위태로운 상황에 직면하게 되었다. 이러한 내우외환 속에서 전개된 보신 전쟁에 대해, 기도 다카요시는 어떤 인식과 정치적 실천을 보여주었을까. 1장에서는 메이지 신정부의 3대 지도자 중 한 사람으로 손꼽히는 기도의 보신 전쟁에 대한 전쟁관과 정치적 대응 노력을 살펴보고자 한다.

메이지 초년의 정치사 연구에서 기도는 자주 언급되고 있으나, 같은 신정부의 중심 인물인 사이고 다카모리와 오쿠보 도시미치에 비하면 그 연구는 매우 적은 편이다. 종래의 연구는 막말기보다는 유신기를 중심으로 하여 판적봉환 및 폐번치현 등의 중앙집권화 과정과, 화족華族·궁중 문제·이와쿠라岩倉 사절단·정한론征韓論·강화도 사건 등에 대한 개별 연구가 진행되어 왔다. 최근에는 기도 평전이 출판되는 등 연구가 점차 진전을 보인다고는 하나, 사이고·오쿠보 연구에 비하면 논문 수량·연구 소재의 다양성 면에서 여전히 불충분한 실정이다.1) 특히

---

1) 막말기의 경우 大江志乃夫(1968), 『木戸孝允』, 中央公論社 ; 田口由香(2001), 「幕末期における木戸考允の對幕意識-第二次長州出兵段階を中心として-」, 『山口縣地方史研究』 85 ; 沈箕載(2007), 「幕末期의 桂小五郎와 朝鮮·對馬」, 『東洋學』 41 ; 一坂太郎(2010), 『木戸孝允「勤王の志士」の本音と建前』, 山川出版社 ; 齊藤紅葉(2016), 「幕末期木戸孝允の國家構想と政治指導-長州藩の統制から倒幕へ(1833~1865)-」(1)~(3), 『法學論叢』 179-4·6·180-3 ; 同(2018), 「木戸孝允と薩長同盟-慶応元年から慶応3年-」, 伊藤之雄·中西寬 編, 『日本政治史の中のリーダーたち-明治維新から敗戰後の秩序変容まで-』, 京都大學學術出版會 등이 있을 뿐이다. 유신기의 경우에는 中村尚美(1952), 「木戸孝允のもたらせるもの」, 『日本歷史』 59 ; 小林克己(1955), 「江華島事件と木戸孝允の立場」, 『日本歷史』 83 ; 同(1959), 「明治初期における大陸外交-初期征韓論をめぐる木戸と岩倉-」, 『歷史評論』 107 ; 大久保利謙 編(1965), 『明治政府·その實力者たち』, 新人物往來社 ; 彭澤周(1967), 「江華島事件に對する木戸·板垣の動向」, 『歷史學研究』 326 ; 富成博(1972), 『木戸孝允』, 三一書房 ; 關口榮一(1971·72), 「集權化過程における政治指導(一)(二)-木戸孝允論のための覺書-」, 『法學』 35-2·4 ; 同(1975), 「民藏分離問題と木戸孝允」, 『法學』 39-1 ; 毛利敏彦(1980), 「岩倉使節團の編成事情-參議木戸孝允の副使就任問題を中心に-」, 『國際政治-変動期における東アジアと日本-』 66, 有悲閣 所收 ; アルバート·M·クレイグ(1974), 「木戸孝允と大久保利通-心理學的歷史分析の試み-」, 『日本の歷史と個性』 下, ミネルヴァ書房 ; 大久保利謙(1975), 「木戸考允と華族」, 『日本歷史』 329 ; 五十嵐曉郎(1976), 「明治維新指導者の構想-木戸孝允を中心に-」, 『思想』 626 ; 同(1966), 「倒幕と維新の構想：木戸孝允を中心に」, 『明治維新の思想』, 世織書房 所收 ; 西尾林太郎(1982), 「明治六年政変と木戸孝允」, 『政治経濟史學』 194 ; 成田勝美(1986), 「征韓論における木戸孝允の動き」, 『山口縣地方史研究』 56 ; 高橋秀直(1990), 「維新政府の朝鮮政策と木戸孝允」, 『人文論集』 26-1·2 ; 森川潤(1995), 『木戸孝允をめぐるドイツ·コネクションの形成』, 廣島修道大學總合研究所 ; 福地惇(1995), 「明治政府と木戸孝允」, 『高知大學學術研究報告人文科學編』 44 ; 宮永考(1997), 『白い崖の國をたずねて-木戸孝允のみたイギリス-』, 集英社 ; 富田仁(1997), 『岩倉使節団のパリ：山田顯義と木戸孝允その点と線の軌跡』, 翰林書房 ; 長井純市(1998), 「木戸孝允の覺書-分權論を中心として-」, 『法政史學』 50 ; 西川誠(2002), 「木戸考允と宮中問題」, 『明治天皇と政治家群像-近代國家形成の推進者たち-』, 吉川弘文館 所收 ; 沈箕載(2006), 「메이지 초년 일본의 동아시아 외교 개편과

본장에서 다루려는 기도와 보신 전쟁에 대한 연구는 거의 전무하다고
할 수 있다.[2]

1. 기도 다카요시와 도바鳥羽·후시미伏見 전쟁

기도가 보신 전쟁의 시작을 알리는 도바·후시미 '개전' 소식을 처음
접한 것은 게이오慶應 4(1868)년 1월 12일 히로시마廣島의 오노미치尾道에
서였다.[3] 왕정복고王政復古가 단행된 전년 12월 9일 야마구치山口에 머물
고 있던 기도는 신정부로부터 교토 상경을 명령받았으나, 같은 해
1월 6일 신정부에 상경 유예를 요청한 조슈長州 번주의 명령으로 다음

　　정」,『日本歷史硏究』23 ; 松尾正人(2007),『木戶孝允』, 吉川弘文館 ; 鄕通子(2008),
　　「木戶孝允と敎育のあけぼの」,『學士會會報』6 ; 沈箕載(2008),「메이지 초년 기도
　　다카요시의 대외인식」,『日語日文學硏究』66-2 ; 高橋小百合(2016),「〈木戶孝允〉を
　　支えた女-幾松の「維新」と「復古」-」,『硏究論集』16 ; 齊藤紅葉(2017),「木戶孝允
　　と中央集權國家の成立-西洋列强と對峙しうる新國家の樹立(1865~1871)-」(1)
　　~(3),『法學論叢』181-1~3 ; 同(2018),『木戶孝允と幕末·維新 : 急進的集權化と「開
　　化」の時代』, 京都大學學術出版會 ; 田口由香(2023),『木戶孝允-近代國家への志-』,
　　萩ものがたり.
2) 原口淸(1963),『戊辰戰爭』, 塙書房 ; 佐々木克(1977),『戊辰戰爭-敗者の明治維新-』,
　　中央公論社 ; 石井孝(1984),『戊辰戰爭論』, 吉川弘文館 ; 保谷徹(2007),『戊辰戰爭』,
　　吉川弘文館 연구 등이 대표적이나, 기도의 움직임에 대한 고찰은 찾아보기
　　어렵다. 다만 마쓰오 마사히토松尾正人가 기도에 의한 보신 전쟁의 '정치적
　　활용' 정도를 지적하고는 있으나(『木戶孝允』, 吉川弘文館, 2007, p.38), 기도와
　　보신 전쟁과의 관련성에 대해서는 전혀 언급되지 않았다. 따라서 필자는
　　조슈를 대표하는 신정부 지도자의 한 사람인 기도가, 보신 전쟁 기간 중에
　　보여준 보신 전쟁관과 전쟁 종식을 위한 정치적 노력의 내용 규명을 통해,
　　종래 판적봉환·폐번치현 단행 등의 공헌자로만 알려졌던 메이지 초년의
　　기도상을 재조명하고자 한다.
3) 日本史籍協會 編(1985),『木戶孝允文書』3, 東京大學出版會, p.7(이하『木戶文書』로
　　약칭) ; 伊藤博文關係文書硏究會 編(1976),『伊藤博文關係文書』4, 塙書房, p.173
　　(이하『伊藤關係文書』로 약칭).

날 신정부를 지지하는 제번의 규합을 추진하고자 오카야마岡山로 향하던 길에 이 소식을 들었다.[4] 당시 도바·후시미 전쟁 발발 소식을 들은 기도는 어떤 반응을 보였을까?

그는 8일 동향의 이토 히로부미伊藤博文에게 보내는 서한 속에서, '폭동' 책임은 어디까지나 구막부 측에 있다고 지적하며 이에 대한 확실한 책임 추궁과 조치가 뒤따라야 한다고 강조했다.[5] 또한 10일 동향의 오무라 마스지로大村益次郎 등에게는 '불온'한 정국 상황이 '전쟁'으로 이어질 경우, 오카야마번의 '향배'가 '왕정복고'의 위업 달성에 영향을 크게 미칠 것으로 판단되니 동번을 설득해서 신정부 측에 협력하게 할 예정임을 전했다.[6] 그리고 19일 재차 이토에게 '개전'은 신정부 측에게는 '천운天運'으로서 너무나 감격스럽고 기쁜 일이다, 수년 전부터 예상해온 '개전'이 이리 신속히 이루어진 것은 예상 밖으로, 향후의 대응 여부가 정국의 주도권을 장악하는 데 가장 중요하게 작용할 것이라고 전망했다.[7]

그렇다면 불과 3일 만에 승패가 갈린 교토에서의 도바·후시미 전쟁에 이르기까지의 조슈번, 특히 기도의 움직임을 살펴보자. 1월 3일 신정부군과 구막부군이 충돌한 도바·후시미 전쟁에 조슈번은 700여 명의 번병을 관군에 참전시켰다.[8] '토막討幕'을 목적으로 한 조슈번의

---

4) 『木戶文書』 3, p.5.

5) 『木戶文書』 3, pp.2~4 ; 『伊藤關係文書』 4, p.172 ; 妻木忠太(1927), 『松菊木戶公傳』 上, 明治書院, p.886 (이하 『木戶公傳』으로 약칭).

6) 『木戶文書』 3, p.5 ; 『木戶公傳』 上, p.886. 1월 8일 기도는 이토에게도 '왕정복고'의 완수를 방해하는 세력을 '조적朝敵'으로 간주하고, '근왕지취勤王旨趣'의 '동맹동지' 관계를 맺을 가능성이 큰 오카야마번을 신정부 측에 협력시키고자 공작중임을 밝혔다(『木戶文書』 3, pp.3~4 ; 『伊藤關係文書』 4, p.172).

7) 『木戶文書』 3, p.7 ; 『伊藤關係文書』 4, p.173.

8) 末松謙澄(1926), 『修訂防長回天史』 6編上, 東京: 國文社, p.1237 (이하 『防長』으로 약칭).

참전은 이미 게이오 3(1867)년 9월 이후, 기도와 사쓰마번薩摩藩 측 사이에 거듭되었던 긴밀한 협의의 결과였다.9) 즉 전년 1월 체결된 '삿초薩長' 동맹의 주역이었던 기도는, 이듬해 9월 19일 야마구치로 찾아온 오쿠보 등과 출병 협약을 맺은 데 이어, '삿초' 두 번과 함께 참가가 결정된 게슈번藝州藩 측과 20일 출병 부서를 협의하고, 27일에는 미타지리三田尻에서 오사카로 출동하는 조슈번의 제대諸隊 병력에 관한 군략을 결정했다.

이후 교토 정세가 급변하여 막부 타도의 기회를 잃어버릴지 모른다는 생각에 휩싸인 기도는, 10월 22일 '토막'의 '밀칙密勅'을 휴대하고 귀번하던 중에 야마구치를 방문한 사쓰마번의 사이고 등과 면담하여, 양 번의 결속을 재확인하고 동시에 무력 출병을 위해 교토·오사카에 병력을 출동시키기로 결정했다. 이때 기도는 3개 번(조슈·사쓰마·게슈번)의 출병이 '봉련鳳輦'(천황이 타는 가마)을 지킬 수 있는 좀처럼 얻기 어려운 좋은 기회라고 정의하며, 만약 구막부 측이 이를 선점하게 되면 막부 타도의 꿈은 사라지고 정권은 다시 구막부 측의 손에 넘어가 회복 불능 상태에 빠질 것이라고 깊이 우려했다.10)

11월 22일 동향의 시나가와 야지로品川弥二郎에게는 사쓰마번 측과 논의해 '황국'을 위해 어떤 착오도 발생하지 않게 하고, 3개 번이 '봉련'을 받들어 교토 부근을 수호하는 일이 어렵다면, 스스로 오카야마번을 찾아가 토막파에 협력케 하여 '봉련'을 경호하도록 설득하여 '조위朝威'를 사방에 떨친다면 막부 타도라는 '대목적'을 관철시킬 수 있을 것이니,

---

9) 妻木忠太(1984), 『史實考證木戶松菊公逸事』, 村田書店, pp.27~28, 122~126 (이하 『木戶逸事』로 약칭).

10) 『木戶文書』 2, p.338 ; 日本史籍協會 編(1982), 『木戶孝允遺文集』, 東京大學出版會, p.27 (『木戶遺文集』으로 약칭) ; 西鄉隆盛全集編集委員會(1977), 『西鄉隆盛全集』 2, 大和書房, p.292 (이하 『西鄉全集』으로 약칭) ; 『木戶逸事』, p.123.

지체 없이 '토막'이 성사되도록 주선해줄 것을 부탁했다.[11] 이처럼 기도는 도바·후시미 전쟁과 깊게 관련되어 있었다.

2. 기도 다카요시와 우에노上野 전쟁

도바·후시미 전쟁 이후 급박하게 돌아가는 간토關東 상황에 기도는 어떤 대응을 보여주었을까. 전쟁에서 승리한 신정부는 게이오 4(1868)년 1월 6일 에도로 피신한 '조적朝敵' 도쿠가와 요시노부慶喜를 향해 다음 날 〈정토령〉을 발령했다.[12] 전장군 요시노부의 도망으로 구막부 측과의 싸움은 이제 간토 지방으로 그 무대가 옮겨지게 되었다. 앞서 신정부 지지세력의 구축에 전념하다 21일 뒤늦게 교토에 도착한 기도는 25일 징사·총재국고문徵士·總裁局顧問 자격으로 출사해, 구막부 세력의 '토벌'을 신정부가 해결해야 할 가장 긴급한 과제라고 강조했다.[13]

서일본 제번諸藩을 군사적 충돌 없이 제압한 신정부는, 관군의 에도 진군을 의미하는 '동정東征'을 실현함으로써 국내통일을 앞당기고, 천황 중심의 절대권력을 확립하고자 도카이도東海道·도산도東山道·호쿠리쿠도北陸道 방면에 진무총독鎭撫總督의 파견 인선을 서두르고, 28일 간토 지방을 정토하기 위해 '삿초' 양 번을 중심으로 한 병력 파견을 결정했다.[14] 이어 2월 3일에는 요시노부 '추토追討'를 명분으로 천황 〈친정령親

---

11) 『木戸文書』 2, pp.338~339 ; 『木戸逸事』, pp.123~125.

12) 太政官 編(1930), 『復古記』 1, 內外書籍, p.477 ; 宮內廳(1968), 『明治天皇紀』 1, 吉川弘文館, pp.588, 590~591. 신정부는 도바·후시미 전쟁 때 관군에 적대했다는 이유로 '조적'을 제1등부터 5등까지 구분했는데, 요시노부는 가장 높은 제1등에 지명되어 토벌 대상이 되었다.

13) 『木戸文書』 3, p.9 ; 『伊藤關係文書』 4, p.174.

14) 『明治天皇紀』 1, p.607 ; 松尾正人(1995), 『維新政權』, 吉川弘文館, pp.36, 38~39.

征令) [15]을 내리고, 6일에는 3도 진무총독을 각각 선봉총독겸진무사로 개칭하고, 9일 이를 통솔할 '동정' 대총독으로 아리스가와노미야 다루히토 친왕有栖川宮熾人親王을 임명했다.[16] 2월 15일 교토를 출발한 다루히토 친왕은 3월 6일 슨푸성駿府城에 설치된 대총독부에서 참모회의를 열고 15일을 에도성 총공격의 날로 정했다.

그러나 에도성의 무력 진압은 이루어지지 않았다. 1월 12일 에도성에 입성한 요시노부가 당초 신정부에 저항할 움직임을 보였으나, 2월에 들어와 우에노上野의 간에이지 다이지인寬永寺大慈院에 칩거하며 '근신공순謹愼恭順'의 자세를 보이고, 육군총재 가쓰 가이슈勝海舟 등을 시켜 대총독부 참모 사이고와의 담판을 통해 관대한 처분을 탄원했다.[17] 이에 대총독부에서는 논의 끝에 에도성 공격 보류와 '관대' 처분을 요청하기로 잠정 결정하고, 3월 16일 교토 신정부의 재가를 얻기 위해 사이고를 교토로 파견했다. 20일 신정부 회의에 참석한 사이고와 마찬가지로 기도 역시 '관대론'[18]을 주장하여, 관대한 5개조의 도쿠가와가德川家

---

15) 『明治天皇紀』 1, p.611 ; 『西鄕全集』 2, p.409 ; 日本史籍協會 編(1929), 『岩倉具視關係文書』 2, 東京大學出版會, p.124 (이하 『岩倉關係文書』로 약칭).

16) 絲屋壽雄(1971), 『大村益次郎』, 中央公論社, p.125 ; 松尾正人(2007), 『木戶孝允』, 吉川弘文館, p.17.

17) 立教大學日本史硏究所 編(1968), 『大久保利通關係文書』 3, 吉川弘文館, p.346 (이하 『大久保關係文書』로 약칭) ; 『明治天皇紀』 1, pp.659~660 ; 『西鄕全集』 2, pp.430~440 ; 勝部眞長 編(1973), 『勝海舟全集』 19, 勁草書房, pp.13, 23, 24, 27.

18) 기도는 '왕정복고' 이후 '조적' 요시노부의 일련의 행동이 엄벌에 처해 마땅하나, 사죄탄원서의 진정성 등을 고려하여 '사죄死罪'와 같은 가혹한 처벌은 피해야 한다는 '관전론寬典論'을 주장했다(『木戶文書』 3, p.20 ; 『伊藤關係文書』 4, p.176). 기도의 이 같은 주장은 다분히 정치적인 고려의 결과로 생각된다. 즉 기도는 요시노부의 '사죄'는 구막부 세력의 끈질긴 저항을 초래할 뿐으로, 오히려 요시노부를 살려둠으로써 구막부 세력의 진압 내지는 내란통일 후 정국 안정에 이용할 충분한 가치가 있다고 보았다. 후술하듯 기도가 하코다테 전쟁의 조기 평정을 유도하기 위해 요시노부 사면 후의 청원 참가를 주장한다든지, 폐번치현 후 외무 관리에 추천한 사실은 이를 증명한다 하겠다(日本史籍

1차 처분이 결정되어 4월 11일 에도성의 '무혈개성無血開城'이 이루어졌다.[19] 당시 기도는 요시노부 개인에 대해 관대한 처분을 실시하되, 그를 추종하는 구막부 세력이 관군에 저항할 경우에는 국내통일과 장래를 위해 반드시 충분한 대응조치가 뒤따라야 한다고 주장했다.[20]

관군에 의해 에도성이 접수된 후, 요시노부는 새로운 근신처인 미토 水戶로 떠나게 되나, 기도의 우려대로 요시노부를 따르는 가신의 은퇴와 근신, 구막부군의 무장해제는 쉽지 않았다.[21] 도쿠가와 처분의 실행과 지현사知縣事 임명·진무부鎭撫府 설치를 통해, 민정·군사 양면에서 간토 지역에 대한 지배를 확립한다는 신정부 측의 의도와는 다르게, 에도성 및 무기의 양도에 반대한 일부 구막부 지지세력이 게릴라식 항전[22]을 전개하였고, 때마침 농민봉기·도시빈민소동이 겹쳐 일어나면서 전쟁은 에도만이 아닌 간토 각 지역으로 확대되어 관군은 고전을 면치 못하였다.[23] 특히 에도에서는 에도성 '개성' 전후부터 불만을

協會 編(1967),『木戶孝允日記』1, 東京大學出版會, pp.134, 136 ;『同』2, p.77 (이하『木戶日記』로 약칭)].

19) 4월 4일 칙사가 에도성에 들어가 요시노부의 미토 근신, '무혈개성', 군함·병기의 몰수, 가신의 성밖 이주 후 근신, 요시노부 반란에 협조하는 자의 엄벌처리를 내용으로 한 항복 조건을 도쿠가와 측에 전달했다(『明治天皇紀』 1, pp.667, 670, 671 ;『西鄕全集』2, p.449). 이 같은 신정부 결정에는 앞서 구막부 측의 가쓰 가이슈, 신정부 측의 기도·사이고의 '관대' 처분요청 외에도, 관군의 에도성 공격에 따른 전쟁 확대로 자국의 요코하마 무역이 타격을 받을 것을 염려한 영국 공사 파크스의 강력한 반대와 간토 지방의 농민봉기 확산 등이 고려되었다[絲屋壽雄(1971), 앞의 책, p.126 ; 松尾正人(1995), 앞의 책, pp.63~64].

20)『木戶文書』3, p.20 ;『伊藤關係文書』4, p.176.

21) 기도는 3월 28일 동향의 히로사와 사네오미廣澤眞臣에게 "왕정일신王政一新이라고 해도 현재의 모습은 단지 명목상일 뿐, 실제 성과는 아무것도 거두지 못하고 있다"고 지적했다(『木戶文書』3, p.22).

22)『明治天皇紀』1, pp.684~685 ; 原口淸(1963), 앞의 책, pp.179~181 ; 石井孝 (1984), 앞의 책, pp.145~148.

23) 原口淸(1963), 앞의 책, p.191.

품었던 하타모토旗本 등의 구막신과 제번의 탈주 번병들이 근신중인 요시노부의 경호를 명분삼아, 속속 후술할 쇼기타이彰義隊[24]에 참가하면서 에도의 관군을 위협할 정도의 세력이 되었다.

이렇게 해서 간토 특히 에도에 새로운 전운이 감돌고 있을 때, 기도는 후술하는 도쿠가와가 '후속처분'[25]['가독家督' 상속·'봉록封祿' 규모·'이봉지移封地' 확정] 및 보신 전쟁 전반에 대해 어떻게 인식하고 있었을까. 판적봉환 등의 실시와 같은 신정부의 영구적 토대가 되는 '국시國是' 확립의 필요성[26]을 강조하며, 2월과 3월 신정부에 각각 건의서를 제출한 바 있던 기도는, 간토의 불안정한 상황을 크게 우려하였다.[27] 윤4월 1일 기도는 동향의 히로사와 사네오미廣澤眞臣(參與)로부터 '간토여적關東餘賊', 즉 구막부를 지지하는 간토 잔존세력의 봉기 소식을 듣고 "싸우지 않고서 평정의 이치를 천지에 구할 수 없으며, 평정은 결전 속에서만 가능하다"는 것을 강조하면서 '전쟁'을 통한 강경진압을 주장했다.[28]

---

24) 쇼기타이란 관군의 '동정'에 대항하기 위해 구막신을 중심으로 결성된 세력을 말한다. 요시노부에게 치욕을 안겨준 사쓰마를 타도할 목적으로 2월 12일 요시노부의 가신 17명으로 시작하여, 도쿠가와가 처분에 불만을 품은 제번의 탈주병이 가세하면서 인원이 4,000여 명에 달했다. 그들은 구막부 측으로부터 에도 시중의 순찰과 요시노부 경호 임무를 부여받았으나, 에도에 주둔한 관군과 잦은 분쟁을 일으켰다(『西鄕全集』 2, pp.477~478). 기도는 쇼기타이가 우에노를 중심으로 관군 병사를 암살하는 난폭행위가 적지 않은 사실에 주목하고 있었다(『木戶文書』 3, p.80).

25) 오쿠보의 도쿠가와가 '후속처분' 노력에 관해서는, 沈箕載(2022), 「德川家 2차 처분의 산파역, 오쿠보 도시미치(大久保利通)」, 『比較日本學』 55 참조.

26) 『木戶文書』 8, pp.25~26 ; 『木戶文書』 3, pp.13~14 ; 『伊藤關係文書』 4, pp.174~175.

27) 『木戶文書』 3, p.28 ; 『木戶日記』 1, pp.3~5, 9, 12.

28) 윤4월 2일 기도는 '간토여적' 진압을 위해 에도성 포기론을 주장하는 동향의 히로사와 의견에 반대하고, 오히려 에도성 접수를 발판으로 호쿠리쿠北陸·도호쿠 지방에까지 병력을 보내 구막부 잔존 세력을 소탕하자고 주장했다(『木戶日記』 1, p.15). 기도는 3월 하순경 사이고에게 보낸 서한에서도 이미 에도 '개성' 전에 구막부 지지세력을 소탕할 목적의 병력 증파를 주장하였다(『西鄕

한편 도쿠가와 막부 말기 이래 기도의 맹우로서 신정부에 출사했던 동향의 오무라 마스지로大村益次郎(國防事務局判事加勢)가 4일 에도에 도착했으나, 기도가 우려했던 대로 대총독부 내에서는 조슈 세력을 대표하는 오무라와 사쓰마 세력을 대표하는 가이에다 노부요시海江田信義가, 쇼기타이 진압을 포함한 간토 평정·도쿠가와가 '후속처분'을 둘러싸고 대립하고 있었다.29) 오사카의 기도는 이러한 대총독부에서의 '완급관맹緩急寬猛'의 양 세력의 존재와, 그로 인한 정책결정의 부재를 5일 사이고와 함께 에도에서 돌아온 동향의 야마가타 아리토모山縣有朋로부터 재차 듣고, 부총재 산조를 만나 간토 상황에 대해 논의했다.30) 이때 야마가타는 기도에게 대총독부의 현황을 설명하고, 시급히 교토로 올라와 교토에 체류중인 사이고와 협의해줄 것을 요청했다.31) 이와 관련해 기도는 국가 장래를 위해, 현재는 간토를 평정하기 위한 근본대책을 세우는 것이 급선무이며, 요시노부 '후속처분' 문제는 간토 평정 이후로 미루는 것이 바람직하다는 의견32)을 피력해, 구막부 측에 유화적 태도를 취하

全集』 2, pp.440~442).

29) 기도의 정치적 동반자 오무라는 대총독부 참모 가이에다의 쇼기타이 진압·도쿠가와가 '후속처분'에 대한 유화적 태도에 불만을 표시하고, 기도와 함께 간토 지방의 구막부 지지세력 준동을 강경하게 진압할 것을 주장했다(丹潔(1944), 『大村益次郎』, 肇書房, pp.655~657 ; 猪飼隆明(1992), 『西鄕隆盛』, 岩波書店, p.40. 당시 간토 평정의 주축을 이룬 사쓰마 병력은 간토 각지로 분산되어 구막부 지지세력과 전투를 벌이느라 에도의 치안 유지권을 구막부 측에 잠정 위임하고, 쇼기타이 진압에 대해서도 소극적일 정도로 병력이 부족했다(『西鄕全集』 2, p.478).

30) 『木戶日記』 1, p.18.

31) 『木戶日記』 1, p.18 ; 『木戶文書』 3, p.51.

32) 『木戶文書』 3, pp.58, 61, 62, 73. 이때 기도는 간토 평정 후 도쿠가와가 '후속처분' 결정의 필요성을 후술하듯 부총재 산조·이와쿠라에게 건의하기도 하고, 사쓰마의 사이고·고마쓰 및 조슈의 히로사와 등에게 설파했다. 그리고 '후속처분'과 관련해 에도 대총독부가 결정한 도쿠가와가 봉록 100만석은 너무 관대한 조치이니, 오와리尾張 도쿠가와가의 67만석을 약간 상회하는 정도에

는 대총독부 내의 사쓰마 세력을 견제했다.

한편 기도는 기독교도 처리 문제와 관련해 나가사키 출장을 명령받았으나,[33] 간토 상황에 대한 신정부의 단호한 대응을 촉구하는 한편, 확대일로의 우에노 전쟁을 포함한 보신 전쟁에 대한 지론을 계속 펼쳤다. 9일 기도는 고마쓰 다테와키小松帶刀(參與)에게 보낸 서한에서, 현재의 일본은 '대피폐'·'대와해' 상황으로 "메이지 신정新政의 확고한 기초를 세우는 데 전쟁보다 더 좋은 방법은 없으며, 태평은 결코 피 흘리지 않고서 얻을 수는 없다"[34]고 강조하고, '간토여적'과 같은 반정부 세력에 대한 철저한 소탕은 선결 문제로, 도쿠가와가 '후속처분'은 진압 후 실시해도 늦지 않다고 주장했다.[35]

10일 오사카를 출발해 다음 날 고베에 도착한 기도는, 영국상인 가라바가 건네준 관군 패배를 전하는 요코하마 신문 기사에 충격을 받고, 사이고·오쿠보·고마쓰·고토 쇼지로後藤象二郎에게 각각 서한을 보내 '간토여적'의 신속한 소탕을 주문하고 "간토의 전쟁은 실로 대정일신大政一新의 가장 좋은 방법"으로서 전쟁을 통한 진압만이 최선의 대책임을 재차 강조했다.[36] 이후에도 기도는 신정부 수뇌부를 향해 제언을

서 가능한 한 적게 책정함이 마땅하며, 여의치 않을 경우 그 상속인을 요시노부가 아닌 요시요리慶賴(요시노부 후견인)로 정해 20만석 정도로 지급할 것을 제안했다(『木戶文書』 3, pp.71~73 ;『西鄕全集』 2, p.458 ;『木戶公傳』上, pp.961 ~962). 이처럼 구막부 세력을 먼저 소탕한 후 도쿠가와가 '후속처분'을 단행해도 늦지 않다는 기도의 주장은, 대량의 봉토 지급과 같은 사쓰마 중심의 대총독부의 관대한 행동이 오히려 구막부 세력에게 재기의 기회로 작용하여, 장래의 불안요소로 남을 가능성을 우려한 것으로 보인다.

33) 『木戶日記』 1, pp.18~20.
34) 『木戶文書』 3, p.62.
35) 『木戶文書』 3, pp.58, 61, 62 ;『大久保關係文書』 2, pp.410~411.
36) 『木戶日記』 1, pp.23~24. 기도는 지론, 즉 '간토여적' 소탕 후 '가독' 상속 등의 도쿠가와가 '후속처분'의 실시를 재차 주장하고, 만약 진압이 지연되어 '실기失機'할 경우 돌이킬 수 없는 부작용이 발생할 것이라고 전망했다. 따라서

계속하였다. 13일 기도는 동향의 시나가와 야지로品川弥二郎(奧羽鎭撫總督参謀)에게 보낸 서한에서 "왕정일신王政一新이 실제로 진행되기 위해서는 전쟁처럼 좋은 방법이 없다"고 재차 주장하고, 따라서 '간토여적'을 신속히 진압한 후 요시노부 '후속처분'도 '조리條理'에 따라 집행하여 신정부의 권위 확립과 민심 안정을 이룩해야 한다고 강조했다.[37] 이어 기도는 윤4월중에 부총재 산조·이와쿠라에게 "이번 전쟁은 대정일신과 관련해 기본을 정립하기 위한 최상의 방책"임을 지적하고, 진압의 지연은 필시 '황국의 와해'를 초래할 뿐이니 '간토여적'을 진압하기 위한 근본적인 대책 마련이 가장 급선무임을 건의했다.[38]

기도는 나가사키 출장중인 윤4월 19일 사쓰마의 고마쓰·오쿠보 등에게 보낸 서한에서도, 간토 상황을 매우 우려하고 적지에서 고군분투중인 관군의 사기를 진작시킬 병력의 증파와 군함 확보 등 후속대책의 마련이 시급함을 강조했다.[39] 이 점은 비단 우에노 전쟁을 비롯한

항구적인 국가 근본방침의 확립과 함께, 작은 이해관계에 얽매이지 않는 조기 평정책의 마련을 촉구하였다. 나아가 현재와 같은 정국 불안정이 내년까지 지속될 경우에는 '천하의 피폐'가 현실화되어, 신정부의 권위도 세울 수 없을 것이므로 '대기大機'를 잃지 않도록 노력해야 한다고 강조했다.

37) 『木戶文書』 3, p.65. 기도는 만일 '실기'하여 보신 전쟁을 평정하지 못할 경우, '천하의 대피폐'를 초래할뿐더러, 신정부 권위도 세워지기 어렵다는 점을 재차 지적하고, 다시 맞기 어려운 좋은 기회를 그르치지 않으려면 '대태평 대강국의 규모' 정립이 필요하다고 강조했다. 그런 점에서 우선 '간토여적'의 소탕이 급선무임을 재차 주장했다.

38) 『木戶文書』 3, pp.72~73 ; 『木戶公傳』 上, p.962.

39) 『木戶文書』 3, pp.68~69 ; 『大久保關係文書』 2, p.371. 기도는 4월 29일 오쿠보에게 구막부 측이 미국에 매입 요청한 제철 군함(갑철함)이 이미 요코하마에 도착할 사실을 전하며, 신정부가 이 제철 군함을 소유하게 됨으로써 '해군'도 구막부 세력을 상대로 '전쟁'을 할 수 있음을 지적했다(『木戶文書』 3, p.45 ; 『大久保關係文書』 2, p.373). 이때 기도는 구막부 세력에 대한 진압 시기가 지체되면, 서양열강의 외압을 초래해 신정부의 권위가 회복 불능 상태로 전락될 것을 우려하였다. 그래서 기도는 조슈 번주에게 24·25일, 확대일로의 보신 전쟁을 종식시키기 위한 출병이 필요하다는 것을 건의하는(『木戶日記』

간토 평정에만 해당되는 것이 아닌, 후술할 도호쿠 전쟁·하코다테 전쟁에서도 일관되게 주장한 내용이었다.

이처럼 기도가 출장중에도 구막부 세력의 소탕 방법에 대해 고심[40] 하고 있을 때, 간토 평정·도쿠가와가 '후속처분'을 둘러싸고 내분중인 대총독부를 감독하기 위해 산조가 간토 감찰사 자격으로 24일 에도성에 긴급 도착했다. 도쿠가와가 후속방침을 내결한 산조는, 쇼기타이 등의 반정부 세력에 대한 진압책을 강구하기 시작했다. 즉 산조는 다루히토 대총독과 협의 끝에 도쿠가와가 종가宗家의 '가독'을 봉록 70만석에 전장군 요시노부가 아닌 요시요리慶賴(요시노부 후견인)의 아들 다야스 가메노스케田安龜之助(나중의 도쿠가와 이에사토德川家達)에게 상속케 하고 시즈오카에 거주케 한다는 〈조지朝旨〉를 29일 히토쓰바시 모치하루—橋茂榮에게 전달했으나, 이때 '가독' 상속과 '이봉' 장소에 대해서는 쇼기타이를 비롯한 구막부 지지세력의 반발을 고려하여 공표하지 못하도록 조치했다.[41]

도쿠가와가 '후속처분'·쇼기타이 진압 문제로 내홍을 겪고 있던 에도 대총독부는, 즉각 토벌을 주장하는 기도·오무라의 의견을 받아들여 에도 치안유지권을 요시요리 등의 구막부 측에게서 넘겨받고, 5월 1일 치안 악화의 주범인 쇼기타이 진압에 나섰다. 이때 진압 여부와 지휘권을 둘러싸고 오무라와 가이에다 사이에 논쟁이 벌어졌으나, 산조·대총독뿐 아니라 사이고도 오무라의 전략을 높게 평가하여 계획

1, pp.26, 32) 등, 이후에도 동향의 번 상층부 내지는 오무라를 비롯한 조슈 출신의 신정부 관계자들과 빈번하게 서신을 교환하고, 직접 접촉하여 협조를 이끌어내고자 노력하였다.

40) 『木戶文書』 3, p.71.

41) 『明治天皇紀』 1, pp.716~717, 734 ; 『岩倉關係文書』 2, pp.126~127 ; 『西鄕全集』 2, pp.467~468 ; 東京大學史料編纂所(1966), 『明治史要』, 東京大學出版會, p.56.

대로 토벌작전이 5월 15일 전격 단행되었다. 전투에서 쇼기타이의 저항이 예상대로 만만치 않았으나, 삿초 번병 외에 제번병의 지원을 받아 불과 하루 만에 진압했다.[42] 그리고 나서 산조는 24일 다야스의 대리인을 에도성으로 불러, 다야스를 시즈오카의 '성주'로 명함과 동시에, 봉록 70만석의 지급 결정을 최종 통보했다. 이로써 기도가 신정부 요인들에게 주장해온 간토 평정 후의 도쿠가와가 '후속처분'이라는 지론은 관철되었다.

3. 기도 다카요시와 도호쿠東北 전쟁

에도성 접수, 도쿠가와가 처분, 쇼기타이 진압 등으로 간토 지방이 신정부의 위신을 회복하며 점차 안정을 되찾아간 반면, 도호쿠 지방의 상황은 여전히 불안하였다. 신정부는 요시노부와 함께 '조적' 처분을 받은 아이즈번會津藩[43]을 정토하기 위해, 오우奥羽 진무총독 구조 미치다카九條道孝 일행을 3월 2일 센다이仙台로 파견한 데 이어, 우에노 전쟁 직후인 5월과 6월 사이에 신지휘부와 증원 병력을 파견해 오우·호쿠에쓰北越 지역에 대한 토벌을 본격화했다.[44] 그러나 아이즈번에 대한

---

42) 『明治天皇紀』1, pp.727~728 ; 『防長』6編上, pp.1286~1287 ; 『西郷全集』2, pp.492 ~495 ; 『岩倉關係文書』3, p.523 ; 絲屋壽雄(1971), 『大村益次郎』, 中央公論社, pp.131~135. 당시 가이에다는 병력 부족 등을 이유로 진압 불가론을 주장한 반면, 오무라는 즉각적인 진압 실행론을 주장했다.

43) 아이즈번은 도바·후시미 전쟁에서 관군에 발포했다는 죄명으로 1월 10일 '조적' 2등급에 처해졌다(『復古記』1, p.506).

44) 佐々木克(1977), 앞의 책, pp.71~72 ; 原口淸(1963), 앞의 책, p.208. 오우는 현재의 도호쿠 지방, 즉 아오모리靑森·아키타秋田·이와테岩手·미야기宮城·야마가타山形·후쿠시마福島의 6개 현縣을 가리키며, 특히 센다이·쇼나이庄內·요네자와 같은 유력 번은 아이즈번에 동정적이었다. 또한 호쿠에쓰는 에치고越

'관대' 처분을 희망하는 센다이·요네자와米澤를 중심으로 하는 도호쿠 제번이 진무총독부 측의 강경진압책[45])에 불만을 품고, 5월 3일 오우 열번동맹奧羽列藩同盟을 결성했다. 6일에는 나가오카長岡 등의 호쿠에쓰 제번이 여기에 합류하면서, 오우에쓰奧羽越 열번동맹이 성립되어 신정부에 저항하게 되었다.[46])

오우·호쿠에쓰에서 전력과 물자 보급에 한계를 드러낸 관군이 열번동맹군과 대치하며 어려움을 겪고 있을 때, 기도는 도호쿠 전쟁을 어떻게 인식하고 대응책을 모색하고 있었을까. 기도는 악화일로의 도호쿠 상황에 대해, 3월 20일 요시노부 처분을 논의하기 위해 교토에 내려온 사이고와 만나, 에도성을 접수하기 위한 병력 증강이 아이즈 '추토'를 위해서도 바람직하다는 견해를 나타냈다.[47]) 이후 고전중인 현지 총독부로부터 병력 증원 요청을 받고 있던 교토 신정부가 4월 14일 공식적으로 아이즈 정벌을 결정한 가운데, 총독부의 조슈번 출신 참모로 진압강경파인 세라 슈조世良修藏로부터 도호쿠 상황이 동향의

後, 즉 나가오카·니가타新潟를 중심으로 한 주변 지역을 가리킨다. 대부분의 지역은 후다이譜代 계열의 작은 번으로 도쿠가와 구막부와의 연고가 깊었다.

45) 조슈 출신의 강경파 참모 세라 슈조는 아이즈 정토 명령에도 불구하고, 소극적인 태도를 보이며 아이즈번을 구제하기 위해 설득공작을 벌이던 센다이·요네자와번에 대해, 번주의 참수·'개성' 등의 조건을 충족시키지 않으면 '항복 사죄'로 볼 수 없다고 천명하고, 양 번에 의한 설득공작 자체를 부정했다. 이처럼 강경 진압을 주장하던 세라는 윤4월 19일 후쿠시마에서 센다이 번사에게 살해당했다[『明治天皇紀』 1, pp.700~702 ; 原口淸(1963), 앞의 책, pp.221, 230 ; 石井孝(1984), 앞의 책, pp.178~186].

46) 오우에쓰 열번동맹(이하 열번동맹으로 약칭)은 센다이번 시로이시白石에 공의소를 설치한 후 관군과의 전투에 나섰으나, 점차 판세가 불리하게 돌아가자 동맹 제번은 항복했다. 도호쿠 전쟁의 경과에 대해서는 原口淸·佐々木克·石井孝·保谷徹, 앞의 책 참조.

47) 사이고는 기도의 의견에 전적으로 동의를 표한 후, 이 사실을 오쿠보 등에게도 전하며 병력의 증파를 요청했다[『西郷全集』 2, pp.440~442 ; 『木戸日記』 1, p.15).

히로사와 사네오미를 통해 기도에게 전해졌다.[48]

나가사키 기독교도 처분 임무를 마치고 6월 3일 교토로 돌아온 기도는, 도호쿠 문제에 본격적으로 매달렸다. 4·6일 부총재 이와쿠라를 만나 호쿠에쓰의 반정부군을 제압하기 위해 히젠肥前 병력을 수송할 군함의 신속한 수배를 건의[49]한 데 이어, 9일 오슈奧州의 시라카와白川 상황과 병력 지원요청에 접한 기도는, 고군분투하는 관군의 상황을 반전시킬 '전기戰機'를 마련하고자 간토 출장을 탄원했으나 허용되지 않았다.[50] 10일 도호쿠 제번 문제를 논의한 신정부 회의에 참석해 관군을 증파하여 반정부군을 제압하고, 평정 후 백년대계의 근본적인 대책을 수립할 필요가 있음[51]을 강조한 기도는, 11일에는 고전중인 도호쿠 전쟁을 3~4개월 내에 평정하지 못한다면 신정부가 '와해'될 가능성이 크다고 지적하면서, 사쓰마번과 함께 조슈번이 앞장서서 신속히 병력 차출에 협조해줄 것을 당부했다.[52]

이어 12일에는 동향의 이토 등에게 서한을 보내 평정 전망이 아직 불투명한 가운데, 특히 고전중인 호쿠에쓰를 포함한 도호쿠 지역을 '대평정'하기 위한 확고한 대책이 시급하며, 대책 마련이 충분하지 않을 경우 신정부의 '와해'는 물론이고 '황위皇威' 확립이라는 목표의 완성도 상당한 차질을 빚게 될 것이라고 지적하면서, 전쟁 종식을

---

48) 『木戶公傳』下, pp.993~994 ; 『復古記』12, pp.366~375. 기도는 5월 하순경, 조슈번에 센다이·요네자와 중심의 도호쿠 번들이 마침내 '반역' 행동에 나서서, 구조 진무총독이 어려움에 봉착했을 뿐 아니라 세라 슈조 등이 암살되었다는 소식을 전했다(『木戶文書』3, p.81).

49) 『木戶日記』1, pp.49~51 ; 『木戶文書』8, pp.80~86. 이와쿠라는 기도의 건의를 받아들여 호쿠에쓰에 천 명을 파견하기로 했음을 8일 기도에 전했다(『木戶日記』1, p.52 ; 『木戶關係文書』2, pp.5~6).

50) 『木戶日記』1, p.52.

51) 『木戶日記』1, p.53.

52) 『木戶日記』1, p.53 ; 『木戶文書』3, pp.83~85.

향한 신정부의 남다른 노력을 강조했다.[53] 호쿠에쓰 및 간토로부터의 전쟁 정보와 신문 소식을 접한 기도는, 13일 신정부 회의에 참석하여 호쿠에쓰 출병을 마침내 결정했다.[54]

이처럼 신정부 요인·제번을 설득하여 '삿초'를 중심으로 한 제번 병력을 호쿠에쓰로 파견한다는 결정을 가까스로 이끌어낸 기도는, 이후 증원군을 어떻게 현지로 신속히 수송할지 고민하게 된다. 여기에는 신정부의 해군력 부족이라는 난제가 가로놓여 있었다. 계속 고전을 면치 못하는 호쿠에쓰 상황에 접한 기도는, 천황의 '동행東幸' 준비작업 차 에도 상경을 앞둔 17일, 앞서의 관군 증파 결정 후 신속한 실행이 요청되나 군함 부족으로 병력수송에 어려움을 겪고 있는 현실을 개탄했다.[55] 다음 날 기도는 신정부가 반정부군을 압도할 만한 위력적인 군사력을 갖추지 못한 채, 현실적으로 서양열강의 외압과 반정부군의 저항에 직면한 상황을 극복하기 위해, 봄 이래 주장해 왔듯이 도호쿠 전쟁의 조기 평정, 평정 후 신속한 국가방침과 국경설정을 통한 '황위'의 해외 과시를 재차 강조했다.[56]

기도의 도호쿠 전쟁, 특히 동향의 조슈 병력이 증원 파견될 예정인 호쿠에쓰 전쟁[57]의 중요성에 대한 지적은 계속된다. 21일 이와쿠라의

---

53) 『伊藤關係文書』 4, p.178. 기도는 이토 히로부미를 포함한 지인들에게 서한을 보내 조슈 병력의 도호쿠 지역으로의 증파 및 군함 차용을 요청했다(『木戶文書』 3, pp.85~86, 88~89).

54) 『木戶日記』 1, p.54. 이날 닌나지노미야 요시아키 친왕仁和寺宮彰仁親王이 오우 정토총독으로 내정되었다.

55) 『木戶日記』 1, p.54. 구막부 측에 비해 절대적 열세였던 신정부의 '대함' 부족으로 인한 수송의 불편에 고민하고 있던 기도는, 일찍부터 수차례에 걸쳐 '군함확보론'을 고마쓰·오쿠보·이와쿠라 등에게 재론하며, 반드시 호쿠에쓰 지방으로의 관군 증파와 군수품의 운송에 차질이 없어야 한다고 주장하였다(『木戶文書』 3, p.62 ; 『同』 8, pp.83~84 ; 『木戶日記』 1, p.23 ; 『大久保關係文書』 2, pp.371, 373).

56) 『木戶日記』 1, pp.55~57.

측근 야마모토 마타가즈山本復一에게 은밀히 보낸 서한58)에서, "호쿠에쓰 전쟁은 실로 중요한 전투로, 현재의 가장 중요한 급무는 크게 승리하는 일이다. … 만일 대패하게 되면 관군의 사기가 꺾이는 것은 물론 천하가 대와해될 것이다. 또한 외국인에게도 깔보임을 당할 것이 뻔하니, 어떻게든 호쿠에쓰에 참전할 관군이 대승을 거두는 일이 급무"라고 지적하며, 호쿠에쓰 전쟁을 신정부의 운명을 좌우할 중요한 전쟁이라고 강조했다. 나아가 조슈 병력의 증원 파견 결정에도 불구하고 군함 부족 때문에, 병력수송이 차질을 빚고 있는 안타까운 상황을 설명하고 시급한 대책 마련을 주장했다.

이처럼 병력 증파·군함 수배와 관련해 제언을 계속하던 기도는, 천황의 '동행' 준비작업을 위해 6월 25일 에도에 도착했다. 기도는 여기에서도 도호쿠 전쟁에 대한 제언을 게을리하지 않았다. 28일 시라카와 출장이 예정되어 있는 모리데라森寺에게 도호쿠 전쟁을 '대정일신의 전쟁',59) 즉 신정부의 성패를 좌우할 전쟁이라고 하고 7월 1일 에도를 떠날 때까지 앞의 우에노 전쟁 이후 에도 진대부鎭臺府의 민정·회계 참모로서, 도호쿠 전선으로의 병력 파견과 병량·탄약의 수송 업무를 후방지휘하는 오무라와 수차례 만남을 갖고, 전쟁 상황 및 군함 확보 문제를 논의했다.60)

---

57) 『木戸文書』 3, p.83. 도호쿠 전쟁은 신정부와 반정부군(오우에쓰 열번동맹측) 사이에 일어난 전쟁으로, 최종 목적은 '조적' 아이즈번의 공략이었다. 공략의 핵심은 니가타를 통한 보급을 차단할 수 있는 호쿠에쓰 전쟁이었으나, 당시 관군은 6월초 이래 약 2개월 동안 교착 상태에 빠져 있었다[石井孝(1984), 앞의 책, p.227].

58) 『木戸文書』 3, pp.90~92.

59) 『木戸文書』 3, p.95.

60) 『木戸日記』 1, pp.61~64. 기도는 오무라에게 아이즈번과 함께 토벌 대상이었던 쇼나이번의 신속한 제압이 도호쿠 평정의 관건임을 지적하는 한편, 제번 병력을 증파할 때 수송 군함이 부족하면 곤란하다는 점을 밝히고, 재정

한편 5일 오사카에 도착한 기도는 다음 날 후시미에서 고토 쇼지로後藤象二郎 등과 만나 '동서' 상황을 논의하고, 7일 교토의 조슈 번주를 찾아가 도호쿠 전쟁을 평정하기 위한 신정부의 논의를 설명하고 협조를 구했다.[61] 또 다음 날 구보 단조久保斷三에게 보낸 서한 속에서도 도호쿠 전쟁이 평정되지 못하면 필연적으로 천하는 다시 '와해'될 것이라며, 반드시 진압 대책이 필요한 시점에 에도의 오무라 등과 협의하여 평정책이 마련되어 실행에 옮겨질 예정임을 밝히고, 적어도 일부 지역에서만이라도 9월 중순경까지는 평정작업이 이루어져야 한다며, 구체적인 마감 날짜를 제시하기도 했다.[62]

그러나 현실적으로 제번 병력·탄약의 수송이 지연되면서 평정이 지체되자, 지연 자체가 정권의 위기로까지 발전할 가능성을 우려[63]한 기도는, 계속 신정부 요인을 상대로 면담과 서한을 통해 수송군함의 긴급 수배,[64] 오슈奧州·우슈羽州를 평정하기 위한 신속한 병력 증파의 필요성[65]을 설명하며 논의에 직접 참가하기도 하고 건의도 한 결과,

---

상황이 어려워도 우선적으로 군함 확보에 나서줄 것을 부탁했다(『木戶文書』 3, pp.96~97).

61) 『木戶日記』 1, pp.65~66.

62) 『木戶文書』 3, pp.103~104 ; 『大久保文書』 2, p.335.

63) 『木戶日記』 1, p.68. 기도는 도호쿠 상황을 생각하면 "아침저녁의 냉기가 열화熱火가 되어 마음이 고통스럽다"며, 어떻게든 근본 대책을 시급히 강구하지 않으면 '황위'를 과시할 기회를 상실할 수 있다며 깊이 걱정하고 있음을 7월중 오쿠보·오키·고토에게 토로했다(『木戶文書』 3, pp.110~112, 121 ; 『同』 8, p.74 ; 『大久保關係文書』 2, p.373).

64) 『木戶文書』 3, pp.108~109, 112, 114. 이때 기도는 4월 말부터 줄곧 주장해 왔던 증기 군함의 수배를 군무관에서 속히 논의하되, 국내 확보가 어려우면 외국 상선·군함을 차용하는 수단을 강구하지 않으면 매우 곤란한 상황임을 지적했다.

65) 『木戶文書』 3, pp.110~111, 113~114, 121 ; 『木戶日記』 1, p.68 ; 『大久保關係文書』 2, p.373. 오슈란 현재의 후쿠시마福島·미야기宮城·이와테岩手·아오모리靑森 4현, 우슈란 야마가타山形·아키타秋田 2현을 가리킨다.

마침내 7월 20일 우슈 출병이 최종 확정되었다.[66]

이때 현지로부터 아키타번秋田藩이 열번동맹에서 이탈해 아이즈번에 동정적인 센다이·요네자와·쇼나이의 제번을 평정하고자 총독부에 선봉 출전을 자처했다는 소식이 21일 전해지자, 기도는 호쿠에쓰·우슈 출병이 촌각을 다투는 상황임을 오쿠보 등에게 전하고, 병력 증파·수송 군함의 수배를 더 이상 지체해서는 안 된다고 지적하고 평정책 마련에 부심했다.[67] 8월 3일 고전을 면치 못하고 있던 호쿠에쓰 현지로부터 나가오카 전투 상황과 병력 증파 요청에 접한 기도는, 더 이상의 패배는 관군의 사기에도 영향을 준다고 보고, 우슈 파견 예정인 제번 병력 중 일부를 증파시키는 한편, 5일 부족한 탄약을 수송하기 위한 증기군함 파견을 군무관에 주선하고 탄약자금의 마련에 부심했다.[68]

한편 19일 우슈에서 교토로 돌아온 소에지마副島 등으로부터 반정부군의 저항에 고전하는 우슈의 상황을 전해들은 기도는, 평정책을 이와쿠라에게 건의[69]한 데 이어 다음 날에는 소에지마와 우슈 공략책을 논의했다.[70] 그리고 24·25·26일 연이어 찾아온 오가사와라小笠原와 호

---

66) 『木戶文書』 3, p.114 ; 『同』 8, pp.71~74 ; 『木戶日記』 1, pp.68~69, 71 ; 『木戶關係文書』 2, p.7. 기도는 13일 우슈가 평정책이 마련되어 있는 오슈·호쿠에쓰에 비해 봄 이래 병량과 관군의 부족으로 고전중이고, 동한기를 앞두고 출병 기회를 놓칠 경우 신정부 '와해'의 단초가 될 가능성을 염려해, 다음날 등청하여 우슈 출병을 대략 결정하고 출병 전략 초안을 직접 작성해 이와쿠라에 제출했다.

67) 『木戶文書』 3, pp.113~114, 121 ; 『木戶日記』 1, p.72 ; 『大久保關係文書』 2, p.374.

68) 『木戶日記』 1, p.78 ; 『木戶文書』 3, pp.122~123 ; 『大久保關係文書』 2, pp.375~376.

69) 기도는 19일 이와쿠라의 '하문下問'에 규슈 제번의 병력 천여 명, 히젠번 병력 천여 명, 그리고 기타 병력 오백 명을 아키타로 추가 파견할 것을 내용으로 하는 평정책을 건의했다(『木戶日記』 1, pp.85~86).

70) 『木戶日記』 1, p.86.

쿠에쓰 출병을 논의[71]하고, 29일 호쿠에쓰에서 일시 귀국한 조슈 병사로부터도 군비와 병량 부족 상황을 청취[72]하고 신정부에 호쿠에쓰 출장청원서를 제출했으나 인정되지 않았다.[73]

기도는 9월 4일 우수 전선에 전력투구하지 않으면 도호쿠 평정의 '성공'을 장담하기 어려울 것으로 보고 논의를 서둘러 우수와 후술할 하코다테로 대병력의 증원 파견을 결정하고, 7일 출병을 정식 발령했다.[74] 또한 기도는 17일 조기 평정을 이유로 들어 반정부 세력의 중심인 센다이번 등에 '유화론有和論'을 제기하려는 일부 세력이 존재한다는 오무라의 우려에 동감을 표하며, '일대 변혁'의 시점에 화해를 청해 표면적인 '무사無事'를 서두르게 되면 절대 '태평太平'의 기초를 세울 수 없다고 지적하면서, 유화책의 부당성을 자주 비판함에도 불구하고 여전히 끊이지 않는 현실을 개탄했다.[75] 이처럼 기도는 열번동맹에 대해 단호한 진압 태도를 보이며, 관군 증파·탄약 수송을 위한 군함

---

71) 『木戶日記』1, pp.88~89.

72) 26일 기도는 호쿠에쓰에서 귀국한 조슈인을 통해 전황을 청취하는 한편, 이전(6/11) 조슈번에 호쿠에쓰 출병을 권고한 끝에 파견된 진무대 출신 2명이 교토로 자신을 찾아와 호소한 병량 부족에 따른 전투의 고충을 들었다. 이에 기도는 호쿠에쓰에 파견한 관군의 대부분을 조슈 병력이 차지하는 상황에서 이를 두고볼 수 없다고 판단했다(『木戶日記』1, pp.53, 89, 91).

73) 『木戶文書』8, pp.75~76 ; 『木戶日記』1, pp.91~92. 7월 상순경 우수 출장을 청원한 이와쿠라를 만류한 적이 있던 기도(『明治天皇紀』1, pp.773~775 ; 『木戶日記』1, pp.65~67)가, 이번에는 잇따른 호쿠에쓰 관군의 고전 소식에 군비·병량 등의 후방 지원에 진력하여 전투를 승리로 이끌고자 출장 탄원서를 제출했던 것이다. 그러나 기도는 당시 이와쿠라·오쿠보 등과 함께 신정부의 핵심 인사로 교토를 벗어날 수 없는 상황이었고, 또 천황 '동행' 수행을 앞두고 있어서 인정되지 않았다(『木戶日記』1, p.96 ; 『木戶文書』3, p.136).

74) 『木戶日記』1, pp.93~94. 7월 20일 우수 출병 확정 이후 관군이 파견되었으나, 전선 상황이 불리하게 돌아가자 야마다 아키요시山田顯義 등이 9월 1일 직접 교토로 기도를 찾아와 증원 출병을 요청했다.

75) 『木戶日記』1, pp.98~99 ; 『木戶關係文書』2, pp.273~274.

확보 노력을 통해 조기 평정을 서둘렀다.[76]

4. 기도 다카요시와 하코다테箱館 전쟁

한편 신정부의 에도성 접수와 도쿠가와가 처분에 강한 불만을 가지고 있던 구막부의 해군 부총재 에노모토 다케아키榎本武揚는 구막부의 대부분의 군함을 신정부에게 넘겨주지 않고, 에도만에서의 1차 탈주(4/11)에 이어 2차 탈주(8/19)를 연속 감행하고 10월 12일 에조치蝦夷地로 향했다.[77] 11월 15일 에조치 전역을 수중에 넣은 후, 12월 15일 탄생한 에노모토 정권은 하코다테의 고료카쿠五稜郭를 본거지로 삼아 신정부를 향해 에조치 개척을 통해 도쿠가와 가신의 구제를 인정해줄 것을 주장하고, 요구가 관철되지 않는다면 무력에 호소하여 대항하겠다고 선언했다. 하코다테 전쟁의 진행 속에서 기도는 전쟁을 어떻게 인식하고 어떤 정치적 노력을 보였을까.

기도가 구막부 군함의 1차 탈주를 확인한 것은 4월 21일 오사카에서였다. 기도는 이전부터 탈주 가능성을 우려하였는데, 이날 처음으로 탈주를 공식 확인했던 것이다.[78] 도호쿠 전쟁 발생 이래 구막부 측에

---

76) 고전을 면치 못하던 호쿠에쓰 전선은, 관군의 나가오카 탈환(7/29)과 니가타 점령(8/1)으로 전세가 역전된 후, 반정부군의 중심 세력인 요네자와번(9/4)·센다이번(9/15), 그리고 반정부군에게 동맹 결성의 계기를 촉발시킨 아이즈번(9/22)이 잇따라 항복함으로써, 도호쿠 전쟁은 기도의 바람대로 9월중에 마침내 종식되었다. 기도는 6월 이래 근심거리였던 도호쿠 전쟁이 예상 밖으로 평정되고, 또 '전후처리' 단계에 들어간 모습을 두고 천하를 위해 '대행大幸'이라며 크게 안도하였다(『木戸文書』 3, p.162).

77) 『明治天皇紀』 1, p.864.

78) 『明治天皇紀』 1, p.672 ; 『木戸日記』 1, p.9 ; 『木戸公傳』 上, pp.950~951.

비해 열세를 면치 못하였던 해군력을 확보[79]하는 데 진력해 온 기도는, 7월 7일 교토로 돌아온 후 오쿠보에게 서한을 보내, 군함의 탈주와 같은 '폭동'이 다시는 재발하지 않도록 구막부 측에 경고할 필요성이 있다고 밝혔다.[80] 1차 탈주 이후 앞서의 도쿠가와가 처분·도호쿠 상황을 예의주시한 에노모토는, 8월 19일 8척의 군함을 이끌고 센다이를 향해 시나가와를 출항했다.[81] 27일 이와쿠라로부터 2차 탈주 소식을 듣고 대책 마련[82]에 나선 기도는 다음 날 오쿠보에게 서한을 보내, 지난 4월 구막부 군함의 접수 교섭 때 에도 대총독부가 보여준 지나친 '관대'한 자세[83] 등이 이번 '거동'으로 이어졌다고 재차 비판하고, 제철

---

79) 신정부의 군함 부족을 깊이 인식하고 있었던 기도는, 윤4월 11일 구막부 측이 미국으로부터 인도받을 예정이었던 제철 군함인 갑철함甲鐵艦 매입과, 호쿠에쓰 지역에 파견할 증기 군함을 확보하여 니가타 개항에 대비하고, 나아가 사도佐渡를 거점으로 장차 호쿠에쓰 지역에서 전쟁이 일어날 경우 관군 응원에 대비할 것을 주장했다. 기도는 도호쿠 전쟁의 발생에 대비하여 병력·군수품의 수송에 군함 확보가 선결 문제라는 점을, 이미 오무라는 물론 사쓰마 측의 고마쓰·오쿠보 등에게도 지적하고 있었다. 이러한 해군력 강화론은 이후에도 구막부 군함의 2차 탈주와도 연관되면서 계속 주장되었다(『木戶日記』 1, pp.23, 60, 135 ; 『木戶文書』 3, pp.62, 69, 90, 97, 108~109, 112, 140 ; 『大久保關係文書』 2, pp.373, 377).

80) 『木戶文書』 3, pp.119~120 ; 『大久保關係文書』 2, p.375.

81) 『明治天皇紀』 1, pp.796~797 ; 佐々木克(1977), 앞의 책, pp.194~195.

82) 『木戶日記』 1, p.91 ; 『木戶關係文書』 2, p.12.

83) 에도성 접수와 동시에 고질적인 군함 부족 상황을 해결하기 위해 구막부의 군함을 양도 받을 계획이었던 교토 신정부는, 구막부 측의 가쓰 등을 설득하여 귀항시킨 후 군함을 신정부 측에 양도하게끔 했다. 그러나 구막부 측의 거부로 주력 군함 접수에 실패하여 앞서의 도호쿠 지방으로의 관군 증파·군수품 수송에 어려움을 겪고, 나아가 하코다테 전쟁의 실마리를 제공했다. 이때 완전 양도가 아닌 성능이 떨어지는 4척의 군함 양도로 그쳤던 이유는, 구막부 군함을 접수한 후 그 일부를 구막부 측에 돌려준다는 사전 약속이 있었다고는 하나, 주력 군함의 온존을 통해 재기를 노린 에노모토의 저항, 가쓰의 협상력 발휘에 더해 구막부군을 압도할 만한 병력의 부족이라는 상황을 고려한 사쓰마 출신 에도 대총독부 참모 가이에다의 유화적 판단이 작용했다. 이런 관대한 대응에 대해 기도는 불만을 표시하였다(『木戶日記』

선박이나 견고한 군함의 확보가 필요하다고 강조했다.[84]

이때 기도가 가장 신뢰하고 있던 조슈번 출신 대총독부 참모 오무라로부터도 에도 사정·구막부 군함의 2차 탈주 정보[85]와 함께, 최대의 고민거리인 탈주 문제를 해결하기 위해, 군무관에서 대책 마련에 착수할 예정[86]임을 전해받은 기도는, 이와쿠라와의 긴밀한 협의 끝에 6월 하순경의 에도 상경 때 결론을 내지 못했던 하코다테에 대병력 파견을 결정하고 9월 7일 출병령을 발동했다.[87] 그리고 나서 9일 고마쓰 다테와키小松帶刀 등에게 병력을 수송하기 위한 군함 확보의 진행 여부를 재차 문의[88]하고, 그동안 천황 '동행'의 지연에다 '탈함' 문제까지 겹쳐 마음고생이 심했음을 토로했다.[89]

한편 기도가 천황 수행원으로서 9월 20일 교토를 출발해 10월 13일 에도에 도착했을 즈음, 도호쿠 지방의 반정부 세력인 열번동맹 측과의 연대를 모색하고자 센다이에 일시 머물고 있던 에노모토가 12일 에조치를 향해 센다이를 떠나면서 새로운 국면을 맞이하게 되었다. 기도는 에노모토 세력이 신정부 측에 제출한 탄원서와, 에조치에 도착해 '폭거'를 일으켰다는 소식을 26·27일에 각각 접했다.[90] 이에 기도는 '탈함 폭동' 문제에 본격 대처하기로 하고, 28일 에이부타이銳武隊(조슈번의 군사조직)의 에조치 파견 등을 포함한 중요 사항을 부총재 이와쿠라에게 건의했다.[91] 10월 말부터 정무를 홀로 처리해야 할 정도로 바쁜 나날[92]

　　　1, p.18 ;『木戶文書』3, pp.47, 120 ;『大久保關係文書』2, p.377).
84)『木戶文書』3, p.133 ;『大久保關係文書』2, p.377.
85)『木戶關係文書』2, pp.272, 274.
86)『木戶日記』1, pp.116~117 ;『木戶關係文書』2, pp.272~274.
87)『木戶日記』1, pp.93~94.
88)『木戶文書』3, pp.140, 145, 148, 154.
89)『木戶文書』3, p.143 ;『木戶日記』1, pp.77, 111.
90)『木戶日記』1, pp.130~131.

을 보내던 기도는 11월 5일, 에노모토 세력이 이미 하코다테를 점령한 사실을 중시하고, 7월 23일 이후 시즈오카에서 근신중인 전장군 요시노부에 대한 관대사면 및 도쿠가와가 종가 상속인 이에사토家達와 요시노부에게 에노모토 세력을 '정토'할 임무를 맡겨야 한다고 주장해, 오쿠보 등의 동의를 얻는 듯했으나 결정에까지는 이르지 못했다.[93]

미련을 버리지 못한 기도는 6일 하코다테 문제와 관련해 부총재 산조의 서한을 받은 후, 오무라 등에게 재차 주장하여 '이론' 없음을 확인하고 이에사토에게도 일단 통보[94]를 했으나, 여전히 신정부 내에서는 찬반 양론으로 갈려 결정은 다음 날로 또 미뤄졌다. 7일 기도는 재차 이 문제를 거론해, 요시노부 스스로 청원하여 에노모토 토벌의 전공을 쌓게 해야 한다고 주장해 동의를 얻었다.[95] 그러나 12일 구막부 측이 나이 어린 이에사토와 근신중인 요시노부의 출정은 어렵다고 통보하자, 기도는 13일 이와쿠라에게 요시노부 사면의 성사를 거듭 요청했다.[96] 이에 이와쿠라·오쿠보는 가쓰와 교섭[97]을 거듭하고 최종적으로 24일 요시노부의 동생 아키타케昭武[98]를 대신 청원 출정시키기로 결정했다. 비록 조기 사면 후 요시노부·이에사토 양인의 하코다테 동반출정론은 실현되지 않았으나, 에노모토 정권의 정신적 지주인

91) 『木戸日記』 1, p.131.
92) 『木戸日記』 1, pp.129, 133 ; 『木戸文書』 3, pp.180~182.
93) 『木戸日記』 1, pp.134, 136 ; 『明治天皇紀』 1, p.889. 도쿠가와 이에사토德川家達는 시즈오카번靜岡藩의 초대 번주로, 어릴 적 이름은 다야스 가메노스케田安龜之助였다.
94) 『木戸日記』 1, p.135 ; 『明治天皇紀』 1, p.889.
95) 『木戸日記』 1, pp.135, 137~138, 140.
96) 『木戸關係文書』 2, p.16 ; 『木戸公傳』 上, pp.1073~1074 ; 『木戸文書』 3, pp.195~196.
97) 『木戸日記』 1, pp.142~143 ; 『木戸關係文書』 2, pp.16~17.
98) 『木戸公傳』 上, p.1076 ; 『木戸日記』 1, p.137 ; 『明治天皇紀』 1, p.904.

도쿠가와가 종가의 핵심 인사들을 내세워, 반정부군의 사기를 꺾으려
한 것은 기도의 정치적 안목이 매우 뛰어났음을 보여준다.

한편 하코다테 전쟁의 중요성을 인식하고, 에노모토 정권 진압책
마련에 전념하였던 기도는 이번에는 11월 8일 요코하마 출장에 나섰다.
'국외중립局外中立' 철폐를 '금일의 대급무'라고 규정한 기도는, 하코다
테 전쟁에 '국외중립'99) 자세를 취한 영국을 비롯한 서양열강 6개국
공사단에 대해, 철폐를 요청하여 신정부를 유일한 정통정부로 인정받
은 후 에노모토 세력을 반란군으로 규정해 평정에 유리한 국제적 환경
을 조성하려고 했다.100) 마침내 기도를 포함한 신정부 측의 끈질긴
노력 끝에 28일 '국외중립'은 철폐되었다.

이처럼 '국외중립' 폐지를 통해 국제적으로 에노모토 정권을 반란세
력으로 규정함으로써 진압 환경을 일단 유리하게 만드는 데는 성공했
으나, 군함 확보문제가 여전히 걸림돌로 남아 있었다.101) 메이지

---

99) 『木戶文書』 3, p.192. '국외중립' 문제는 신정부와 구막부 측이 서로 일본의
정통정부라고 주장하는 가운데, 신정부가 1월 21일 서양 6개국 공사에게
서한을 보내, 보신 전쟁이 진행되는 중에는 '국외중립'(구막부 측에게 무기·군
함의 대여·판매 금지)을 지켜줄 것을 요청한 데 대해, 서양 각국이 이를
수용하여 25일 '국외중립'이 선언된 사실을 가리킨다.

100) 『木戶日記』 1, pp.137~138 ; 『木戶文書』 3, pp.192~193 ; 松尾正人(2007), 『木戶孝
允』, p.35. 그러나 교섭 과정은 순탄하지 않았다. '국외중립'의 철폐를 달성하
지 못할 경우 곧 '황기皇基'를 확립할 기회를 상실하게 될 수 있음을 강조한
기도는, 비록 에노모토 정권의 진압 문제가 남아 있다고는 하나, 도호쿠
전쟁 승리로 일단 국내를 평정하고도 일개 '해적'에 불과한 에노모토 세력
때문에 서양열강이 '국외중립'을 고수할 이유는 없다고 주장하고, 기독교도
처분 완화 등 자국의 권익을 강화시키려는 서양열강의 태도 때문에 교섭
자체가 매우 힘들었다고 토로했다(『木戶日記』 1, pp.139~140, 148 ; 『木戶文書』
3, pp.185, 192).

101) '국외중립' 철폐 이전인 11월 13일 기도는, 하코다테에서 농성중인 에노모토
정권을 방치해서는 매우 곤란하므로, 신속한 '평정'책이 마련되어야 하나
안타깝게도 신정부에 견고한 군함이 한 척도 없어 '당혹'스러운 상황임을
밝히고(『木戶文書』 3, p.189), 국내뿐 아니라 상하이에까지도 수소문하여 구

2(1869)년 1월 20일 이와쿠라에게 서한을 보내, 하코다테 평정은 절박한 문제인데도 군함문제로 차질을 빚어 지연되고는 있지만, 머지않아 군함이 출발하여 다음 달 중순까지는 평정되리라 전망[102]했는데, 다음 날 바라던 제철 군함의 인수 소식을 듣고 이를 위해 노력한 오무라에게 감사[103]를 표했으나, 이번에는 제번 군함이 제때 도착하지 않는 바람에 출정 날짜가 정해지지 않아 애를 태웠다.[104] 2월 들어서도 문제 해결의 기미가 보이지 않자 기도는 초조함을 감추지 못했다.[105]

그동안 오무라와 함께 대책 마련에 애쓰던 기도가 교토에 도착한 6일 후인 3월 9일, 신정부는 마침내 미국에게 양도받은 제철 군함 외에 제번 군함으로 함대를 편성[106]하고, 시나가와를 떠나 최종 목적지인 하코다테로 출발하였다. 신정부 함대는 하코다테로 향하던 중, 중간 기착지인 미야코宮古 만에서 25일 에노모토 군함의 기습을 받았으나 이를 격퇴하고, 전년 말부터 하코다테 출병을 위해 아오모리青森에서 대기중이던 관군을 4월 6일 군함에 승선시켜, 5월 18일 고료카쿠에서 농성중이던 에노모토 등으로부터 항복을 받아내기에 이르렀다. 이로써 도바·후시미 전쟁으로 시작되어 하코다테 전쟁으로 막을 내린 1년 반에 걸친 내란 상태의 보신 전쟁을 끝내고, 신정부는 마침내 국내

막부의 최강 군함 '가이요(마루)開陽(丸)'에 대적할 '대함'을 확보할 것을 주장했다(『同』 3, p.193). 아울러 기도는 군함을 확보하면 신정부는 일대 승리를 거머쥐게 될 것이나, 만약 지체하게 되면 신정부의 '피폐'를 초래할 것이라고 지적했다. 메이지 2(1869)년에 들어와서도 기도의 군함 확보 노력은 계속되었다(『木戸文書』 3, pp.234~235).

102) 『木戸文書』 3, p.222.
103) 『木戸文書』 3, p.223 ; 『木戸關係文書』 2, p.277.
104) 『木戸文書』 3, p.224.
105) 『木戸文書』 3, pp.237~238, 248~249, 269 ; 『木戸日記』 1, p.189 ; 『大久保關係文書』 2, p.379.
106) 『明治天皇紀』 2, pp.73~74.

통일을 달성했다.[107]

맺음말

이상으로 보신 전쟁에 대한 기도 다카요시의 인식과 정치적 대응을 도바·후시미 전쟁, 우에노 전쟁, 도호쿠 전쟁, 하코다테 전쟁을 중심으로 살펴보았다. 기도는 게이오 4(1868)년 1월 3일의 도바·후시미 전쟁에 직접 참가하지는 못했으나, '삿초' 동맹 성립 이후 구막부 측과의 무력대결을 상정한 조슈 병력의 교토·오사카 파견, 출병을 위한 사쓰마번 등과의 군사적 협력 강화는 물론이고, 서일본 제번에서 신정부에 대한 지지를 확산시키기 위해 오카야마번 출장계획을 몸소 실천에 옮겼다. 전장군 요시노부의 에도 피신으로 새롭게 간토 지방 평정이 요청되는 가운데, 뒤늦게 신정부에 참가한 기도는 구막부의 토벌을 가장 긴급한 과제로 역설했다.

한편 신정부는 요시노부 등을 '조적'으로 지정하고, 동정군을 파견하여 에도성 '무혈개성'이라는 정치적 성과를 올렸으나, 사쓰마 중심의 에도 대총독부가 도쿠가와가 '후속처분'에 유화적 태도를 보이고, 쇼기타이 진압에도 소극적으로 나오자, 기도는 동향의 오무라와 함께 구막부 세력에 대한 단호한 소탕과 도쿠가와가 '후속처분'의 실시를 주장해이를 관철시켰다. 쇼기타이 진압 후 간토 평정이 일단락된 것과는 달리, 확산 조짐을 보이는 '조적' 아이즈번 등에 대한 토벌을 주장하는

---

107) 기도는 7월 26일 오무라에 서한을 보내 보신 전쟁의 조기 평정을 어렵게 만든 최대 요인의 하나로 군함의 확보 문제를 들고, 전쟁에 징발된 제번의 군함을 이번 기회에 신정부가 접수하여 해군력 강화의 토대로 삼아야 한다고 주장했다(『木戸文書』 3, p.403).

신정부 측과 관대한 처분을 요구하는 열번동맹 측 사이에 벌어진 도호쿠 전쟁에 대해, 기도는 신정부의 장래를 좌우할 '대전쟁'으로 간주하고, 타협 없는 단호한 조기 평정을 통해 국가목표의 설정·'황위' 확립에 매진할 것을 신정부 요인에 주장해, 호쿠에쓰·우슈 출병 결정을 이끌어 냈다. 나아가 고전중인 관군을 응원하기 위해 호쿠에쓰 출장을 청원하는 등, 시종일관 조슈번을 비롯한 제번 병력의 신속한 증원 출병·탄약 등의 군수품 조달, 그리고 이를 수송하기 위한 군함 확보를 위해 노력했다.

도쿠가와가 '후속처분' 등에 반발한 에노모토가 신정부에 저항할 움직임을 보이자, 기도는 하코다테 출병을 적극 주장해 9월 7일 관철시켰으나, 이내 관군을 수송할 군함의 부족이라는 상황에 직면했다. 구막부 함대의 에도만 1·2차 탈주 사건 이후 드러난 신정부의 심각한 군함 부족을 인식하고 있던 기도는, 구막부 함대에 대항할 수 있는 해군력 강화에 나서, 먼저 서양열강과의 교섭을 통해 '국외중립'을 철폐시켜 에노모토 정권을 반란세력으로 격하시키고, 나아가 본래 구막부 측이 양도받을 예정이었던 제철 군함을 신정부가 인도받을 수 있게 하고, 제번 군함의 차출을 독려한 끝에 마침내 하코다테 평정을 이끌어냈다.

한편 기도는 보신 전쟁 내내 독특한 전쟁관을 피력하고, 정치력[108]을 발휘하였다. 즉 기도는 신정부의 기초를 확립하는 데는 "전쟁보다 더 좋은 방법"은 없으며, "천하의 태평은 결코 피를 흘리지 않고서는 얻을 수 없는 것"이라며, 시종일관 구막부 측과의 '전쟁'이야말로 '대정

---

108) 이처럼 국내통일을 위해서는 '전쟁'이 반드시 필요하다며 전쟁을 정치적으로 활용하는 데 주저하지 않았던 기도의 정치력은, 보신 전쟁의 조기 평정을 위한 관군 증파·군수품 수송을 위한 군함 확보 노력 외에도, 우에노 전쟁 시, 조기 진압 후의 도쿠가와가 '후속처분' 실시 주장이라든지, 하코다테 전쟁 시, 근신중인 요시노부의 '사면' 및 도쿠가와가 종가를 상속한 이에사토의 동반 청원출병론 등에 여실히 발휘되었다.

일신의 기본'을 확립하기 위한 최상의 방책이라는 보신 전쟁관을 신정부 요인들에게 반복해서 강조하며, 어디까지나 '전쟁'을 통한 조기 평정을 주장했다.

제2부

기도 다카요시와 도호쿠 東北 전쟁

제1장

기도 다카요시와 도호쿠 전쟁 전후처리

머리말

　기도 다카요시는 주지하다시피 사이고 다카모리·오쿠보 도시미치와 함께 메이지 신정부의 주요 지도자 중 한 사람으로, 신정부 성립 직후 5개조 서문·판적봉환·폐번치현 등의 정치적 업적을 남긴 것으로 평가받고 있다. 그러나 보신 전쟁과 같은 내전[1]과 그 '전후처리' 과정에서 기도가 수행한 정치적 활동에 대한 연구는 보기 어려운 것이 현실이다.[2] 보신 전쟁은 '왕정복고'로 성립한 신정부가 도바·후시미 전쟁,

---

1) 보신 전쟁에 대해서는 선행 연구[原口淸(1963), 『戊辰戰爭』, 塙書房 ; 佐々木克(1977), 『戊辰戰爭-敗者の明治維新-』, 中央公論社 ; 石井孝(1984), 『戊辰戰爭論』, 吉川弘文館 ; 保谷徹(2007), 『戊辰戰爭』, 吉川弘文館]가 존재하나, 기도와의 관련성에 대해서는 언급되어 있지 않다. 이에 필자는 기도가 보신 전쟁에 매우 적극적인 관심을 보였고 시종일관 구막부 세력의 강경 진압을 통한 정국 안정을 추구했음을 밝힌 바 있다[沈箕載(2010), 「木戶孝允과 戊辰戰爭」, 『日本語文學』 47].

2) 도호쿠 전쟁 '전후처리'에 관해서는 선행 연구[原口淸(1963), 위의 책, 塙書房 ; 佐々木克(1977), 위의 책, 中央公論社; 石井孝(1984), 위의 책, 吉川弘文館 ; 保谷徹(2007), 위의 책, 吉川弘文館]에서는 전혀 언급되어 있지 않다. 다만

우에노 전쟁, 도호쿠 전쟁, 그리고 마지막으로 하코다테 전쟁을 통해 도쿠가와 구막부 지지세력을 일소한 내전을 가리킨다. 게이오 4(1868) 년 1월 3일 교토의 도바·후시미에서 시작된 전쟁은 불과 3일 만에 관군의 승리로 끝났으나, 전장군 요시노부의 에도 피신으로 양측의 대립은 간토 지역으로 옮겨졌다. 4월 11일 에도성의 '무혈개성'으로 양측의 직접적인 충돌은 피했으나, 에도성 '개성'·요시노부 처분 등에 불만을 표시한 구막부를 지지하는 쇼기타이의 철저한 항전을 방관할 수 없게 된 신정부군은, 군무관 판사 오무라 마스지로 등의 전략에 힘입어 5월 15일 단 하루 만에 이들을 괴멸시켰다. 이로써 우에노 전쟁을 승리로 장식한 신정부 측은 간토 지방을 장악할 수 있게 되었다.

한편 신정부 측은 '무혈개성'·쇼기타이 진압과 함께 '조적'3) 전장군 요시노부 처분으로 일차 목적을 달성했으나, 전쟁의 여파는 도호쿠 지방에까지 미치고 있었다. 본래 이곳의 번들은 대부분 구막부를 지지 하였는데, 그 중에서도 도쿠가와 막부 말기 무렵부터 신정부의 양대 산맥이 된 사쓰마·조슈 양 번과 악연4) 관계였던 '조적' 아이즈번·쇼나

마쓰오 마사히토松尾正人가 여러 연구서에서 단편적으로 언급하고 있으나, 기도의 정치적 노력 등의 구체적인 서술에는 이르지 못하고 있다[松尾正人 (1986), 『廢藩置縣』, 中央公論社, pp.10~14 ; 同(1995), 『維新政權』, 吉川弘文館, pp.77~81 ; 同(2007), 『木戸孝允』, 吉川弘文館, pp.36~38].

3) '조적'이란 도바·후시미 전쟁에서 신정부에 적대한 구막부 지지세력에 대한 단죄의 표시로서, 신정부는 1월 10일 이 전쟁에 관여한 주요 인물과 번들을 제1등에서 제5등까지로 구분하였는데, 예를 들면 제1등은 (전장군)요시노부, 제2등은 아이즈번會津藩(번주 마쓰다이라 가타모리松平容保)·구와나번桑名藩 (번주 마쓰다이라 사다아키松平定敬)이었다(『復古記』 1, pp.796~797).

4) 아이즈번 번주 가타모리는 분큐 2(1862)년 8월 교토 치안을 관장하는 슈고직 守護職에 취임한 후, 수하의 신센구미新選組·교토미마와리구미京都見廻組를 동 원하여 이케다야池田屋 사건·긴몬노헨禁門の變·오미야近江屋 사건에서 조슈번 등의 토막파 과격 성향의 번사·낭사浪士들을 탄압하였다. 마지막 장군 요시노 부의 '대정봉환'으로 교토 슈고직에서 물러난 가타모리는 앞서의 악연에다 도바·후시미 전쟁에서 관군에 대항했다는 이유로, 게이오 4(1868)년 1월

이번 처분 문제를 둘러싸고 신정부 측과, 위의 두 번과 제휴관계인 오우에쓰 열번동맹측 사이에 전쟁이 벌어졌다. 바로 도호쿠 전쟁이다.

신정부가 아이즈번의 적대에 대한 보복 차원에서, 진무사와 관군을 센다이로 파견하여 설치한 오우 진무총독부와 함께, 3월 29일 아이즈 '추토'를 명령 받은 도호쿠 지방의 대번大藩 센다이·요네자와 양 번은, '추토' 대상인 아이즈번을 동정하여 윤4월 12일 총독부에 아이즈번의 '구해救解', 즉 사면을 탄원했으나 각하되었다. 총독부 측의 아이즈번 강경진압 태도에 불만을 표시한 센다이번은, 윤4월 20일 총독부 내의 강경론자 세라 슈조世良修藏(조슈 출신의 下參謀) 등을 암살하는 한편, 도호쿠 제번에 호소하여 5월 3일 25개 번이 가세한 오우 열번동맹奧羽列藩同盟을 결성했다. 6일에는 이 열번동맹에 나가오카번長岡藩 등 호쿠에쓰北越 6개 번이 가담한 오우에쓰 열번동맹奧羽越列藩同盟이 탄생5)하여, 신정부와의 무력대결이 불가피해졌다.

여기에서는 도호쿠 전쟁의 경과 과정6)이 아닌, 전쟁 종식 전후의 신정부내 움직임, 특히 보신 전쟁 중에 구막부 지지세력에 대한 단호한 진압을 주장하였던 기도 다카요시가 도호쿠 전쟁의 '전후처리', 즉 항복 제번 처분 및 행정구역 분할작업과 관련해 어떤 정치적 노력을 보여주었는지를 중심으로 살펴보고자 한다. 이 문제는 앞서 언급했던

10일 구와나번과 함께 '조적' 제2등에 지정되어 '추토' 대상이 되었다. 한편 쇼나이번 번주 사카이 다다즈미酒井忠篤는 분큐 3(1863)년 11월 에도 치안을 담당하는 에도시추도리시마리역江戶市中取締役에 임명된 후 에도에서 방화 등을 일으킨 사쓰마 번사 등을 단속한 데 이어, 게이오 3(1867)년 12월에는 사쓰마 번저를 소각시켜 신정부로부터 미움을 샀다. 쇼나이번은 '조적' 지정은 면했으나, 계속 항전 태도를 취해 신정부 측에게 사실상 '조적' 취급을 받고 있었다. 이러한 사정이 게이오 4년 4월 10일 아이즈·쇼나이 동맹으로 이어져, 마침내 양 번에 동정적인 오우에쓰 열번동맹과 제휴하게 된다.

5) 『明治天皇紀』1, pp.700~702, 719~720.

6) 도호쿠 전쟁의 경과에 대해서는 앞의 주 1) 참조.

대로 기존의 정치적 업적 외에도, 이제까지 잘 알려져지 않았던 기도의 정치적 흔적을 살펴봄으로써, 메이지 초년의 기도상을 재조명하는 데 도움이 되리라고 생각한다.

1. 기도의 도호쿠 전쟁 제번諸藩 처리 인식과 대응(1)
-게이오 4(1868)년 5월말~9월 중순-

신정부군과 열번동맹군 사이의 일진일퇴의 공방은 점차 신정부 측에 유리하게 전개되어, 열번동맹 측의 주축인 요네자와번(9/4)·센다이번 (9/15) 등이 항복한 데 이어 진압의 주요 대상이었던 아이즈번(9/22)·쇼 나이번(9/23), 그리고 최종적으로 모리오카번盛岡藩(9/25)이 항복함으로 써 마감되었다.[7] 그렇다면 도호쿠 제번의 항복에 따른 '전후처리', 즉 제번 처분·행정구역 분할작업에 대해 기도 다카요시는 어떤 인식과 정치적 노력을 보였을까?

도호쿠 전쟁이 점차 치열해지는 가운데, 도호쿠 항복 제번에 대한 처분문제도 점차 현실화되어 가고 있었다. 기도가 처분문제에 대해 처음 언급한 것은 게이오 4(1868)년 5월 말이었다. 기도는 우라카미浦上 기독교도 처분문제로 나가사키로 출장을 갔다가 교토로 돌아오는 도중 인 5월 29일, 고베에서 만난 이토 히로부미에게 도바·후시미 전쟁에서 신정부에 적대해 '조적' 제3등에 지정된 서일본의 이요마쓰야마번伊豫松 山藩·히메지번姬路藩 등의 '조적의 대죄'를 군자금 헌납으로 대체시키려 는 신정부 내의 움직임을 개탄했다.

즉 수만 관군이 간토·도호쿠 각지에서 반정부 세력을 상대로 전쟁을

---

7) 多田好問 編(1968), 『岩倉公實記』中, 原書房, pp.582~598.

치르고 있는 마당에, '대죄'를 금전으로 대체하여 죄를 감형해주는 '대관전大寬典'을 베푼다면 장차 도호쿠 지방의 또 다른 '조적' 아이즈번 등은 어찌 처리할 것인지 우려하고, '황국 기초'의 확립 여부는 서일본 제번주에 대한 처분에 달려 있다고 강조하며, 신정부 일각에서 제기된 원칙 없는 '관대론'을 견제했다. 이 시점에서 기도는 서일본 제번에 대한 지나친 '관대처분론'[8]을 뒤에서 언급할 도호쿠 제번 처분과 관련시켜 비판적으로 인식하였음을 알 수 있다.

한편 6월 3일 교토로 돌아온 기도는, 어려움을 겪고 있는 도호쿠 문제 해결에 착수했다. 기도는 5월 하순과 6월 11일 두 차례에 걸쳐 출신지역인 조슈번에, 센다이·요네자와를 중심으로 한 열번동맹 측이 일으킨 '반역'으로 오우 진무총독부가 곤란에 처했고 조슈 출신인 세라 슈조마저 동맹군에게 암살당했다는 소식을 전하면서, 도호쿠 전쟁이 3~4개월 안에 평정되지 않으면 '천하 대와해'로까지 이어질 수도 있다며 증원군을 파견해줄 것을 요청했다.[9] 그리고 6월 4·6일 이와쿠라 도모미를 만나 반정부군을 제압할 병력을 수송할 군함의 수배를 건의하는 한편, 9일에는 상황을 반전시킬 '전기'를 마련하기 위해 간토

---

8) 『木戶日記』1, pp.47~48. 기도는 7월 23일 오쿠보에게도 서한을 보내 관군이 천리 밖에서 '고전분투'하며 피를 흘리고 있음은, '대의명분' 상 오로지 '황국'을 위해서라는 생각으로 애를 쓰고 있는 것인데, 히메지·이요마쓰야마번 경우처럼 군자금으로 인륜에 관계하는 '대죄'를 사면시키려 하거나, 혹은 전쟁에 참가한 수만 관군에 대한 '은상'도 쉽지 않고 그 계획도 서지 않은 터에, 구막신이나 그 가신들에게까지 원래대로 영지를 수여하는 일은 조금도 이해할 수 없는 매우 곤란한 조치로, 이에 대한 적절한 '수단'을 강구하지 않으면 반드시 다시 '대란'의 토대로 작용할 가능성이 크다고 지적했다. 또한 이것이 신정부에게도 하나의 '과실'이 될 수도 있음을 우려하며, 신정부 일각에서 진행되고 있는 서일본의 번주들에 대한 '관대처분론'에 비판적인 시각을 드러내며 심도 있는 논의를 촉구했다(『木戶文書』3, p.115 ; 『大久保關係文書』2, p.374).
9) 『木戶文書』3, pp.81, 83.

출장을 청원하기도 했다.[10] 다음 날 열린 도호쿠 항복 제번 처분 평의에 참석한 기도는, 관군 증파·제번 처리 등과 관련하여 근본 대책이 아닌 지엽적인 문제로 일관하는 논의에 실망감을 표하고, 이전부터 주장해 온 관군 증파를 통한 반정부군의 강경진압과 함께, 천하평정 후 현실에 매몰되지 않는 국가백년대계의 대책 마련이 시급하다는 것을, 소에지마 다네오미副島種臣(參與) 등에게 역설하여 동의를 얻었다.[11]

기도는 12일 천황 1차 '동행'[12] 준비작업 명령을 계기로, 도호쿠 전쟁 종식과 전후처리의 제반 문제에 대한 대책마련에 더욱 매진하게 된다. 도호쿠 전쟁을 '대정일신의 전쟁,'[13] 즉 신정부의 운명을 가늠할 전쟁으로 규정한 기도는, 도호쿠를 '대평정'할 확고한 대책을 신속히 수립하지 못하면, 신정부의 '와해'는 물론 '황위'의 확립이라는 목표도 상당한 차질을 빚게 될 것이라고 재차 지적하고 신정부의 노력[14]을 강조하여, 마침내 '삿초' 중심의 제번 병력으로 구성된 관군의 호쿠에쓰 파견 결정을 이끌어냈다.[15]

6월 25일부터 7월 1일까지 에도에 체류한 기도는, 아이즈번과 함께 정토 대상인 쇼나이번의 조기 제압을 도호쿠 평정의 관건이라고 주장[16]하는 한편, 도호쿠 제번 '진무책'과 관련해 오쿠보·오무라·오키 다카토大木喬任(參與) 등과 협의하였으나 구체적인 결정에까지는 이르지

---

10) 『木戸日記』 1, pp.49~52.
11) 『木戸日記』 1, p.53 ; 『木戸公傳』 上, pp.1024~1025 ; 沈箕載(2010), 「木戸孝允과 戊辰戰爭」, p.480.
12) '동행東幸'이란 메이지 천황의 도쿄 행차를 가리키는 것으로, 메이지 원(1868) 년과 2년 2회에 걸쳐 이루어졌다.
13) 『木戸文書』 3, p.95.
14) 『伊藤關係文書』 4, p.178 ; 『木戸文書』 3, pp.85~86, 88~89, 90~92, 95 ; 『同』 8, pp.80~81.
15) 『木戸日記』 1, p.54.
16) 『木戸日記』 1, p.54.

못했다.[17] 도호쿠 평정이 관군의 탄약·수송 군함 부족에 따른 어려움으로 지연되고, 이를 극복하기 위한 관군 파견이 거듭 요청되는 가운데, 7일 교토로 돌아온 기도는 다음 날 동향의 구보 마쓰타로久保松太郎(伊崎代官兼豊前企救郡代官)에게 서한을 보내, '천하'의 문제는 평정 자체보다도 평정 후 '천하의 대방향'을 설정하고 '황국' 일본을 해외에 과시할 정도로 국력을 확립함이 중요하다고 거듭 강조했다.[18]

한편 에도 상경 시 도호쿠 평정 후의 항복 제번 처리와 관련해 이렇다 할 성과를 거두지 못한 것을 크게 우려한 기도는, 이와쿠라에게 "참으로 처분 문제는 천황의 명령으로 하부에까지 철저하게 전달되지 않으면, 반드시 앞으로 장차 '조정'과 '천하'를 위해서도 바람직스럽지 않으니, 외람되나 지금부터라도 깊은 통찰과 책략을 마련해 놓아야 하며, 어차피 삿초 등이 중심이 되어 움직인다고 알려지게 되면 결국 '조정'의 '주의主意'는 관철되지 않을 것이고, 도호쿠를 '왕화王化'에 복종시킬 수 있을지도 의심스럽다"[19]며, 도호쿠 항복 제번 처분안의 조기 마련과, '삿초'에 반감을 지닌 도호쿠 민중을 천황의 어진 덕으로 '교화'시킬 것을 건의했다. 이러한 기도의 주장은 뒤에서 언급할 '오우사민奧羽士民'에 대한 〈조칙詔勅〉 및 천황 〈조서詔書〉에 반영된다.

기도가 이와쿠라에게 센다이번 등의 영지 삭감, 번주의 관위 박탈, 그 가신들에 대한 '엄벌'을 각오하지 않으면 신정부의 권위가 서지 않을 것이라고 강조[20]했던 대로, 29일 우선 센다이·요네자와 양 번의

---

17) 『大久保文書』 2, p.330 ; 『木戸日記』 1, pp.61~64, 108.
18) 『木戸文書』 3, p.104.
19) 여기서의 '조정'의 '주의'란 빠른 시일 내에 도호쿠 제번 처분을 실시해, 이 지역의 지배 방향을 설정하라는 메이지 천황의 명령을 의미한다. 따라서 기도는 이와쿠라에게 오늘날 가장 시급한 '급무'는 호쿠에쓰의 반정부군의 진압이라고 지적하고, 도호쿠 제번 처분의 후속조치가 이루어지기를 희망했다(『木戸文書』 8, pp.84~85).

영지 몰수, 번주의 관위 박탈이 의결되고 이 내용이 8월 3일 공표되었다.[21] 그리고 8월 4일에는 천황의 '만민애무萬民愛撫' 정신이 아직 미평정 상태의 도호쿠 지역 민중들에까지 적용되어야 한다는 의미를 강조한 '오우사민'에 대한 〈조칙〉이 제시되었다.[22] 기도는 19일 우슈에서 돌아온 소에지마에게서 전황 보고를 듣고 이와쿠라의 '하문'에 대해 도호쿠 조기 처분을 건의했다.[23] 이에 이와쿠라는 신정부 요인인 의정議定·참여參與들에게 제번 처분과 관련한 자문을 구했다.[24] 이때 기도는 29일 군비·병량 등의 부족과 수송지연으로 고생하는 관군을 응원하기 위해, 스스로 호쿠에쓰 출장을 청원[25]하기도 했으나 천황의 '동행' 수행과 이와쿠라 등의 만류로 인정되지는 않았다.[26]

그런데 이러한 조기 평정과 제번 처리에 대한 기도의 정치적 노력과는 달리, 앞서 언급한 것처럼 서일본 제번 처리를 도호쿠 처분과 관련시키며 가장 우려했던 점이 현실로 나타나기 시작했다. 오무라 등을 통해 도호쿠 평정이 멀지 않았음[27]을 속속 전해듣고 있던 기도는, 9월 17일 신정부 일각에서 열번동맹 측에 대한 '공순恭順' 공작의 일환으로, 그 중심 세력인 센다이번 등에 대한 '유화론宥和論'이 제기되고 있다

20) 『木戸文書』 8, p.83.
21) 『木戸日記』 1, pp.75, 77 ; 『木戸文書』 3, p.118. 이것은 후술할 도호쿠 항복 제번에 대한 최종 처분으로 재확정되었다.
22) 內閣官報局(1912), 『法令全書』 〈明治 元年〉 第3冊 第603, 內閣官報局, p.241 ; 『明治天皇紀』 1, pp.786~787 ; 東京大學史料編纂所 編(1972), 『保古飛呂比佐々木高行日記』 3, 東京大學出版會, p.322 (이하 『佐々木高行日記』로 약칭) ; 『岩倉公實記』 中, pp.507~508 ; 維新史料編纂事務局(1938), 『維新史料綱要』 9, 目黑書店, p.294 ; 原口淸(1963), 『戊辰戰爭』, p.210.
23) 『木戸日記』 1, p.85.
24) 維新史料編纂事務局(1939), 『維新史』 5, 明治書院, p.300.
25) 『木戸日記』 1, p.92 ; 『木戸文書』 3, pp.75~76.
26) 『木戸日記』 1, p.96 ; 『木戸文書』 3, p.136.
27) 『木戸日記』 1, pp.95, 98~99 ; 『木戸關係文書』 2, pp.171, 273~274 ; 『大久保文書』 2, p.350.

는 소식을 접했다.

이에 기도는 "센다이 등에 화해를 청해 도호쿠 전쟁을 조기에 종식시키려는 주장이 적지 않으나, 오늘날 (신정부의 운명을 좌우할) 일대 변혁의 시점에 안이하게 화해를 청해 표면적인 '무사無事'를 서두름은, 반드시 '태평'의 토대가 될 수 없다"고 지적하고, 예전부터 자주 있어 왔던 이러한 '책략'을 '논파'시켜 온 사실을 상기시키며, 경솔한 '관대론'에 대해 부정적이었던 오무라의 생각에 전적으로 동의하면서 깊은 우려를 표했다.[28] 이처럼 기도는 조기 평정을 눈앞에 둔 시점에서 불거져나온 '유화론'을 재차 비판하고, 정치적 맹우인 오무라와 마찬가지로 무력에 의한 도호쿠 전쟁 조기 평정과 이후 항복 제번의 처리를 구상하고 있었다.

2. 기도의 도호쿠 전쟁 제번諸藩 처리 인식과 대응(2)
-9월 하순~10월 상순-

한편 기도는 천황의 1차 '동행'의 주요 수행원으로 9월 20일 교토를 출발했다. 이번 '동행'으로 도쿄에 개선한 신정부측 제번병에 대한 위로와 열번동맹 측에 가담한 도호쿠 항복 제번에 대한 본격적인 처분이 논의될 예정이었다.[29] 25일 '동행' 길의 구와나桑名에 도착한 기도는 도호쿠 전쟁과는 직접 관련은 없으나, 도바·후시미 전쟁에서 신정부에 적대해 '조적' 제2등으로 지정된 구와나번 처분회의에서, 반정부군 진압에 나선 출정 관군의 엄청난 희생과 고통을 염두에 둘 때, 무원칙한

---

28) 『木戸日記』 1, pp.98~99 ; 『木戸關係文書』 2, pp.273~274.
29) 松尾正人(2007), 『木戸孝允』, 吉川弘文館, p.36.

관대한 처분론에는 문제가 있음을 지적하고, 어디까지나 '조리條理'에 기초한 '천재千載의 형률刑律'에 입각한 합당한 처분, 즉 설령 '공순'을 표했다 하더라도 가독을 상속한 마쓰다이라 사다노리松平定敎 이하 가신들에 대한 적절한 조치가 이루어져야 한다고 강조했다.[30] 이와 같은 기도의 구와나번 처분론은, 앞서의 도호쿠 처분 때의 제번(주)에 대한 영지 삭감과 관위 박탈 및 가신 엄벌론의 연장선상에 있었다.

이번 '동행'으로 열번동맹 측에 가담한 도호쿠 항복 제번에 대한 처분 논의가 현안으로 떠오른 가운데, 정치적 동반자인 오무라는 '동행' 길의 기도에게 계속 서한을 보내 정보를 제공하고, 처분을 논의하기 위해 조기 상경을 요청하였다. 26일 오무라는 문제의 중대성에 비추어 가가와 게이조香川敬三(軍務官權判事)를 보내 자세한 설명을 청취토록 하고, 아울러 기도의 조속한 도쿄 상경을 재차 요청했다.[31]

2일 오무라가 보낸 가가와를 통해 센다이번·요네자와번의 항복 소식을 접한 기도는, 신속히 양 번의 처분을 단행해 도호쿠 지역의 통치방향을 마련하라는 천황의 명령을 이행하기 위해서라도, 속히 회의를 개최하여 결정할 것을 주장했다.[32] 다음 날 아이즈 처분과 관련해 이와쿠라가 보낸 사자 사에지마 나오노부鮫島尙信(外國官權判事)와 만난 기도는, 오키와도 만나 센다이번·요네자와번 등 도호쿠 제번 번주의 처벌과 관련한 의견 일치를 확인한 후, 이와쿠라를 만나 후술할 내용을 구두로 건의했다.[33] 그리고 기도는 4일 아이즈·센다이·요네자와·난부·쇼나이 5개 번에 대한 처분을 담은 초안을 작성하여 이와쿠라에게 정식 제출했다.[34] 그렇다면 기도가 건의한 처분책은 구체적으로 어떤 내용을 담고

---

30) 『木戶日記』1, pp.106, 109 ; 『木戶公傳』上, p.1054.
31) 『木戶日記』1, p.117 ; 『木戶關係文書』2, pp.275~276.
32) 『木戶日記』1, pp.112~113 ; 『木戶公傳』上, p.1054.
33) 『木戶日記』1, pp.114~115 ; 『木戶公傳』上, p.1055.

있었을까.

아이즈會津

아이즈는 '조적의 장본(인)'으로서 금일의 처분에 이르러 '천지天地의 대도大道'를 바로잡고, '군신의 대의大義'를 명확히 하는 '대전大典'으로써 처벌해야 합니다. 원래부터 어떤 '활로'도 없습니다. … 세상에서 빈번히 죽음을 명령해야 한다는 주장은 크게 아이즈에 대한 미움이나 '사심'에서 나온 것이 아닙니다. 오랜 세월의 '대□의'를 사사로움이나 편벽됨 없이 당당히 명백하게 하고, 한 사람을 사형시킴은 많은 백성들로 하여금 '천하 후세'를 도와 '조위朝威'를 영원히 세우고, 또 '국체'의 큰 토대를 세우고자 하는 취지를 □□ … 이 '(대)전'으로 처분하지 못한다면, '천하 후세'가 군주를 배반한 신하를 어떻게 처분해야 할지 깊이 고민해야 합니다. '혈식血食' 등의 문제는 자연히 □□□, '평의'가 이루어지면 반드시 '천하'가 '해체'되는 일은 없을 것입니다. 신하의 책임을 논하자면 그 어떤 '활로'도 없지만, 그 이상은 천황의 판단을 삼가 받들고자 합니다.

센다이仙臺 석고 25만석

60만석을 몰수 □□□, 실제로는 25만석을 하사한다. 각별한 '관전寬典'으로 '우쿄右京'에게 '가명家名'을 잇게 하고, '복관복위復官復位'는 추후 지시를 내리는 것이 바람직할 것입니다.

난부南部

영지의 1/2을 몰수한 후 전봉[半知轉封]토록 한다.

---

34) 『木戶日記』 1, p.116 ; 『木戶公傳』 上, pp.1057~1059.

요네자와米澤

센다이로부터 죄罪□□□라 하더라도, 첫째로 □□하고, 대총독부의 '허용'에 따른 실행에서 각별한 '관전'으로, 영지의 1/3은 반드시 □□□하게 한다.

쇼나이庄內

영지의 1/3을 몰수한 후 전봉시킨다.

위 4개 번은 모두 영지를 □ 일단 단호히 몰수한 후, 새로운 토지를 하사함이 바람직하다고 생각합니다. 5개 번만 처분하면 기타 '소번小藩'은 쉽게 처분할 수 있으므로, 우선 5개 번만이라도 금일 '평결'이 이루어지기를 바랍니다.

기도는 우선 아이즈번이 '조적'의 장본인임을 지적한 후 '천지의 대도'를 바로잡고 '군신의 대의'를 분명히 하는 법률로 처분을 내릴 것을 주장하였다. 그리고 대다수가 이야기하는 것처럼 아이즈 처분론이 아이즈를 정말로 미워해서라든가 사적인 이해관계에서 비롯된 것이 아니라, 한 쪽을 희생시켜 궁극적으로 민심 안정 및 항구적인 신정부 권위, 즉 국가기강의 확립과 천황에 의한 국가통치의 토대를 세우기 위한 충정에서 나온 것임을 강조했다. 특히 기도 스스로는 대의명분론에 입각해 아이즈 '엄벌론'을 줄곧 주장해 왔지만, 천황의 판단에 따라 불가피하게 관대한 처분이 내려진다면 이를 받아들이겠다고 밝힌 점도 주목된다.

이어서 4개 번은 아이즈번과는 다르게 센다이번·요네자와번의 감봉, 쇼나이번의 감봉 후 전봉, 난부번의 전봉으로 관대히 처분하되,

4개 번 모두 영지를 일단 몰수한 후 새로운 토지를 원래보다 적게 지급하는 것이 타당하며, 아이즈를 포함한 5개 번을 우선 조치하면 기타 군소 번들의 처분은 쉬워질 것으로 전망했다. 요컨대 기도는 아이즈번을 도호쿠 전쟁 발단의 원인 제공자라 하여 중죄로 다스릴 것을 분명히 하면서도, 천황의 재단으로 '관대'한 처분이 내려질 것을 전망하고, 나아가 죄의 경중에 따라 아이즈와 기타 번들의 처분 기준을 달리하여 어디까지나 처분이 공명정대하게 이루어져야 함을 강조하였다.

한편 기도는 오무라와 이와쿠라의 요청대로 4일 가가와를 개인적으로 만나 도호쿠 제번 처분의 '득실'과 '조리'의 확립 여부 등에 관해 자신의 견해를 설명했다.[35] 그리고 같은 날 오무라에게도 서한을 보내, 가가와와 함께 오키가 5일 도호쿠 제번 처분 문제를 협의하기 위해 도쿄로 급파될 예정임을 전하고, 구체적인 평의 후 처분 명령이 발령되기를 기대했다. 그러면 여기서 기도가 오무라에게 밝힌 도호쿠 처분에 대해 구체적으로 알아보도록 하자.[36]

① … 이번에 일부러 찾아와 센다이·요네자와 처분이 시급하다고 요청한 것은 실로 지극히 타당한 지적이라고 생각합니다. 신속히 신정부 '평정'이 이루어져 이와쿠라도 생각이 있으시니, 천황께도 말씀드려 이번에 오키 다카토를 속히 가가와와 함께 먼저 도쿄에 올라가도록 조치하였으니, 구체적인 평의가 있은 연후 명령이 있기를 희망합니

---

35) 『木戶日記』 1, p.116 ; 『木戶關係文書』 2, pp.14~15.
36) 『木戶文書』 3, pp.155, 157, 158. 한편 오쿠보도 전쟁의 종식이 확실해지자 도호쿠 제번 처분이 천황의 의지로 결정될 것이라고 전망하며, 국정 전반에서 '국체'를 조기에 확립하고 '실적'을 거두는 일이 '급무'임을 강조하고, 이 과정에서 기도의 진력을 크게 기대하였다(『大久保文書』 2, p.436).

다. (단순)협력자라고는 하나 '소번' 등이 함께 일단 관군에 저항한 일에 대해서는 약간의 문책이 있지 않고서는 장래의 '대율大律'을 세우기 어렵다고 생각합니다. 따라서 '엄관嚴寬의 차별'이 있어야 한다고 생각합니다.…

② … 새삼 언급할 필요도 없습니다만, 센다이·요네자와 처분도 '평의'가 잘 이루어지길 기도합니다. '천재의 형률'은 반드시 세워져야 하며, '관전寬典'에 대한 제각각의 생각으로 '옥석혼효玉石混淆'가 되어서는 아니 된다고 생각합니다. 제 생각으로는 어찌 되었든 센다이도 미워해야 할 '적'이기는 하지만, 장본인은 아이즈이며 다년의 누적된 '죄정罪情'이 있음을 천하가 다 아는 바로, 수만 '왕사王師'를 일으키도록 한 것도 결국은 이에 기인합니다. 따라서 첫 번째 '죄괴罪魁'인 것입니다. 센다이·요네자와는 150~160일 전부터 참으로 미워해야 할 대상이 되었으나, 지금까지는 '선'도 '악'도 없었습니다. '심사'를 헤아려 보면, 이렇게 나서게 된 것은 판단을 그르쳐 간곡했기 때문으로 이것이 두 번째 죄에 해당합니다. 기타 '소번' 등은 힘이 부쳐 (오우에쓰 열번동맹에) 가담한 협력자로서 그 세 번째 죄가 됩니다.

③ … 결국 '황국' 내의 일로, 처분 과정에서 '낭인'이 다수 발생하게 되면 언제나 '정사政事'에 매우 방해되는 존재가 됩니다. 따라서 가능하면 그럭저럭 '의식衣食'을 해결할 수 있을 정도로만 처분함이 합당하다고 생각합니다.…

기도가 앞서 이와쿠라에게 건의한 처분안이 처분의 판단 기준과 처분 정도를 제시했다고 한다면, 여기에서는 처분의 이유와 처분에 임하는 신정부의 자세를 구체적으로 언급하고 있다. ②에서는 그 첫 번째 처분 대상이 된 주모자로, 도쿠가와 막부 말기 단계부터 조수번 등에 적대한 이래 도바·후시미 전쟁을 거쳐, 마침내 도호쿠 전쟁의 직접 계기를 제공하여 수만 관군을 출정시킨 '조적' 아이즈번을 재차 지적하고 있다. 두 번째, 세 번째 처분 대상으로는 아이즈번을 구제하려는 그릇된 정세 판단으로, 5개월여 전부터 전쟁에 참가한 센다이·요네자와번 같은 '대번'과 함께 '번력藩力'이 미약한 탓에, 센다이 등 유력번의 눈치를 보며 열번동맹에 단순 가담한 기타 '소번'으로 각각 구분했다.

아이즈번을 포함한 이들 항복 제번에 대한 처분과 관련해, 기도는 중구난방식의 무원칙한 '관대론'을 경계하며, '엄관嚴寬'의 자세로 시시비비를 분명히 가린 공평한 처분에 의해서만 국가기강을 확립할 수 있다고 강조했다. 그리고 ①·③에서는 에도 대총독부 오무라의 신속한 처분 실행 요청에 따른 후속조치 전달과, 이와쿠라에게 제출된 자신의 처분책 등을 기초로 한 신속한 '평결'을 기대하는 한편, 처분 과정에서 국정 수행에 장애가 될 '낭인'이 다수 발생하지 않는 선에서 적절히 '관대'한 처분이 이루어지기를 아울러 희망했다.

이처럼 기도는 '군신' 관계를 저버린 '반역' 행동이 중죄임을 분명히 적시한 후, 적대의 정도 즉 아이즈번에서 기타 군소 번에 이르기까지 죄의 경중에 따라 '형률'을 차등 적용함으로써, 조기에 신정부의 권위와 국가기강을 함께 세워나가야 한다고 주장하였다. 처분에 대한 기도의 이 같은 자세는, 앞서 언급한 서일본 제번(주)에 처분을 내릴 때 신정부가 서일본에 대한 조기 평정과 군비 조달을 내세워, 죄의 경중에 대한 철저한 조사와 처분 원칙에 대한 충분한 논의 과정을 생략한 채, 지나치게 관대히 처리해버렸던 점을 크게 유의한 것으로 보인다.

3. 도호쿠 전쟁 제번諸藩 처분과정과 행정구역 분할

1) 도쿄 도착 후의 도호쿠 전후처리 과정 -10월 중순~12월 7일-

메이지 천황의 1차 '동행' 수행원으로서 10월 13일 도쿄에 도착한 기도는 오무라 등을 통해 도호쿠 전황 및 간토의 최신 사정을 들었다.[37] 그렇다면 도착 후 항복 제번 처리에 임하는 기도의 정치적 움직임에 대해 살펴보도록 하자. 기도는 15일경 동향의 노무라 모토스케野村素介 (山口藩參政兼公議人·軍政主事)에게 서한을 보내, 지지부진한 제번 처리 상황에 대한 답답한 심정을 토로하였다.[38]

① … 참으로 장래의 일을 추찰해보건대, 지금까지의 상황으로 보아 아무래도 '황국 유지'가 어떻게 될지 심히 고통스럽습니다. 게다가 산조공三條公이 자주 나에게 직접 서한을 보내고 오쿠보도 수편의 서한을 보내오고 있는데 그 내용이 오직 '의뢰'뿐입니다. 그리고 '의정議定'·'제공諸公'과의 논의도 일정하지 않고, 여러 '참여參與'는 혹은 건강, 혹은 출장 때문에 신정부 논의에는 불참하는 상황이고, 세상의 '비방'·'매도罵倒'·'원언怨言'은 모두 이와쿠라경岩倉卿에게로만 돌아가니, 참으로 이를 방관 좌시하며 세상 사람들 눈치만 보면서 잠자코 있을 수만은 없습니다. 나도 국내 문제에서는 다소 '고심'도

---

37) 『木戶日記』 1, pp.123~124. 이때 기도는 15일 오무라, 16일 산조·이와쿠라·오쿠보·오키, 17일 오무라·이와쿠라·오쿠보·오키 등과 만나 정국 현안을 논의했다.
38) 『木戶文書』 3, pp.171~175. 기도는 스스로가 '공명심'을 버리고 월급의 반절을 반납하거나 감봉을 청원할 정도로 사심 없이 직무에 임하고 있음을 밝히고, 신정부의 권위를 확립하기 위해 그 누구보다도 출신번인 조슈번의 탈번적인 정국인식의 전환과 전폭적인 협조를 요청했다.

… 심적으로 불안한 점도 있고 해서 과감히 결심해 15, 16일 정도 사이에 '참여' 중에는 나 혼자 근무에 나서, 세상 사람들이 이와쿠라 경에게 보내는 원망의 반절은 내가 떠맡겠다는 마음으로, 미력하나마 열심히 노력을 다할 참입니다. … 또 도쿄에 도착해 보니, 도착을 기회로 이곳에서의 제반 논의를 일신하기로 하고, 이미 '평의' 등을 거쳐 발표가 될 시점이었으나, 마침 운 나쁘게도 모든 '참여'가 건강이 안 좋아 내가 또 이 원망을 받을 수밖에 없는 처지입니다. 그렇다고 꾀병을 부려 이 일을 맡지 않는 것도 바람직하지 않으니, '천지'에 맹세하는 심정으로 계속 출근하여 실로 세상의 비난을 감수하는 것도 좋지 않을까 싶습니다.

② 게다가 도호쿠 제번 처분은 여전히 해결되지 못한 채로 남아 있는데, 이 또한 세상의 논의가 백출百出하는 모습으로, 애초 '어리석은 견해[愚論]'가 관철될 일이야 없겠지만, 그래도 가능한 한 후세에까지 세상으로부터 비난받지 않도록 조심하고, 이번에는 최선을 다해야 할 것이라 생각해 '성부成否'야 어찌되었든 '직분'만큼은 최선을 다하려고 합니다. …

③ … 늘 우리 조슈번의 임무는 매우 중요하다고 생각합니다. 그(천황) '주의主意'는 처음부터 주선해드릴 생각으로, (그 일은 다름아닌) '황국 유지'는 물론 '황위'를 새롭게 확장시키는 일로, 그저 막부를 매도하는 것만이 아니라 앞으로의 처분으로 '대정일신大政一新'도 진정한 '대정일신'이 되도록 해야 한다고 생각합니다. 해외 각국은 지금의 신정부를 크게 불신하고 있으며 현재의 번주들 역시 불신하고 있으나, 이는 별 생각 없이 겉으로 드러난 것만을 추측해서 생긴 일로 생각됩니다. … '황국 유지'는 (일본의) 장래를 후세에 맹세해 하나된 마음으로 일관되게 임할 수밖에는 없을 것입니다. 예를 들면 현재까

지의 형세는 〈그림 ⓐ〉처럼 각자 자기의 '산'만 높이려 하니 '황국 일치'가 원래부터 의심스럽고, 따라서 '기맥氣脈' 등도 제각각이니 언제나 '천하의 일력一力'으로 외국에 맞서기는 어렵습니다. 따라서 〈그림 ⓑ〉와 같은 형태를 '조정의 기본'으로 삼고 차례차례 순서를 세워 '일체일력一體一力'으로써, 함께 '황국'을 '유지'해 나간다면 '오주 강대五洲強大'도 전혀 두려워할 것 없다고 굳게 생각합니다. … 앞으로 못된 버릇이 나오게 된다면 반드시 '대정일신'도 그저 명목상의 성과로만 끝나게 될까 싶어 깊게 '고심'하고 있습니다. '황국 유지'가 안 된다면 '대정일신'도 막정幕政과 마찬가지로 '오십보백보'가 될 것입니다. …

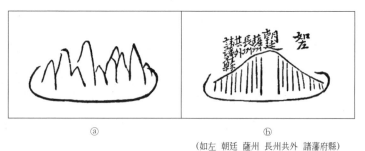

ⓐ　　　　　　　　ⓑ

(如左 朝廷 薩州 長州共外 諸藩府縣)

①·②를 보면, 기도는 도호쿠 전쟁의 '전후처리' 등이 아직 해결되지 않은 채로는 '황국 유지'가 어렵다고 깊이 고심하고 있다. 이때 서한을 통해 산조·오쿠보 등에게 사태 해결을 위한 의뢰를 계속 받은 기도는, 현실적으로 실제 정무를 담당하지 못하고 있는 신정부 요인들의 여러 사정과, 항복 제번 처리와 관련한 다양한 비판여론과 의견들 때문에 제반 문제를 심도 있게 논의하고 이를 실행에 옮길 상황이 아닌 중에도, 이와쿠라 한 사람에게만 쏟아지는 비난을 애써 나누어 갖겠다는 마음으로 후세에 비난을 받는 일이 없도록 성심성의껏 '직분'에 충실하여

도호쿠 제번 처분 등의 현안 처리에 적극 나설 각오임을 밝히고 있다.

③에서는 내란(보신 전쟁)과 서양열강의 신정부 불신(국외중립) 등의 대내외적 어려움에 직면해 있는 상황에서, 조슈·사쓰마 등의 제번이 자기 이익만 앞세우는 현재의 모습이 '대정일신'과 '황국 유지'가 불가능했던 막말기 도쿠가와 막부시대와 매우 유사하다고 지적했다. 이에 〈그림 ⓐ〉 상황에서 〈그림 ⓑ〉 상황으로의 전환, 즉 '황국 유지'·'황위' 과시 달성, 만국대치를 위해 제번의 난립이라는 상황에서 신정부를 중심으로 한 제번 단합의 상황으로, 도호쿠 항복 제번 처리 등의 제반 조치를 통한 진정한 의미의 '대정일신', 다시 말해 국내통일을 통한 신정부 권위의 조기 확립의 필요성을 강조하며, 특히 출신 번인 조슈번의 적극적인 협조를 요청하고 있다. 이 서한은 기도가 당시 일본 정국을 예리하게 판단하고, 국가 장래에 대해 깊게 고민하고 있음을 보여주는 것이라 하겠다.

이어 기도는 18일 동향의 마에바라 잇세前原一誠(會津征討·越後口總督參謀)에게도 서한을 보내, 아이즈 번주에 대한 처분과 관련해 처벌 등급을 하나 내리려는 '관대론'이 자주 흘러나오고 있는데, 아이즈 처분은 애당초 합당한 것이니 '조리'에 기초한 처분을 내릴 것을 건의하였으며, 아직 결정된 바 없지만 공식 논의를 충분히 거친 후 후세에 실책으로 남지 않을 결정이 이루어지길 간절히 희망하였다.[39]

20일 기도는 와병중인 이와쿠라를 방문해 도호쿠 항복 제번 처리 등 장래 문제를 깊게 논의했다.[40] 다음 날 이와쿠라는 신정부 제도에 관한 의견서를 '조의'에 상정했다.[41] 이때 이와쿠라는 제번 처리방침의

---

39) 『木戶文書』3, p.163.
40) 『木戶日記』1, p.126.
41) 『岩倉公實記』中, p.605. 의견서에는 도호쿠 민정·형률·군제·전공 포상·회계·학제 등, 국정 전반에 걸쳐 다양한 내용이 담겨 있다. 이와쿠라도 지적한

확정을 기대하는 한편, '사일등死一等' 완화의 '가부', 즉 '사일등'을 관대하게 처분할 경우에는 그 취지를 알기 쉽게 설명한 〈유고諭告〉를 내려달라고 요청했다. 아울러 처리방침의 '평결' 후에는 총독과 참모 등에게도 '하문'을 하고, 별다른 이의가 없으면 공식 발표가 이루어지기를 희망했다. 기도와 더불어 도호쿠 제번 처분에서 일정한 역할을 담당한 이와쿠라 의견서는, 특히 도호쿠 항복 제번 처리와 관련하여 철저한 조사 후의 처분 사유 적시와, 죄의 경중에 기초한 공평한 처벌 등을 강조해온 기도의 주장이 반영된 결과라고 할 수 있다.

도쿄 도착 이후 심신의 피곤을 토로할 만큼 격무에 시달리던 기도는, 도호쿠 제번 처리 및 에노모토 다케아키(구막부 해군 부총재)의 탈함 폭동 등과 관련하여 긴급회의가 필요하다고 판단하고, 28일 이와쿠라에게 서한을 보내고 다음 날 그의 대리인 나와 도이치名和道一를 만나기도 했다.42) 이어 도호쿠 평정을 계기로 도쿄에 개선한 '동정' 대총독 다루히토 친왕熾仁親王, 아이즈 정토·에치고越後 총독 요시아키 친왕嘉彰親王이 각각 11월 2일과 4일에 '긴키錦旗·셋토節刀'를 봉환43)하고, '조적' 아이즈 번주 부자가 도쿄로 압송되는 가운데, 11월 3일 기도는 병중의 이와쿠라를 대신하여 도호쿠 제번 처분 및 민정 시설에 대해 토의하고

것처럼, 평소 산조를 비롯한 주요 인사들이 제기한 문제가 다수로(『岩倉公實記』中, p.602 ;『岩倉關係文書』4, pp.155~157), 특히 여기에 남다른 관심을 보여온 기도는 20일 이와쿠라를 만나 건의서 내용과 관련하여 심도있는 협의를 했던 것으로 보인다(『木戸日記』1, p.126). 그 결과 뒤에서 언급하는 것처럼, 천황의 항복 제번 처분 조서에 처분 이유가 명확히 담기게 된다.

42) 기도는 오쿠보의 천황 수행, 오키·이와쿠라의 병환 등으로 거의 혼자서 업무를 처리하다시피하며 매우 바쁜 나날을 보내고 있었다(『木戸日記』1, pp.129, 131, 133~134).

43)『明治天皇紀』1, pp.874, 886 ;『岩倉公實記』中, pp.609~610. 긴키錦旗는 천황의 깃발로서 칙명을 받은 정토군의 표식으로 사용되었으며, 셋토節刀는 출정 관군의 총독에게 하사된 칼을 말한다.

싶다는 산조 사네토미三條實美(輔相)의 서한을 받고 등청했으나, 의견이 분분하여 결정에는 이르지 못했다.[44]

이처럼 기도와 함께 이와쿠라·산조 등의 노력에도 불구하고 뚜렷한 성과는 보이지 않았다.[45] 이때의 상황에 대해 기도는 동향의 이토(11/12)·노무라(11/13)·가타야마(11/15) 등에게 서한을 보내, 도호쿠 지역은 거의 평정되었으나 항복 제번 처분에 대한 제번의 건의와 논의가 제각각인데다 에노모토 탈함세력의 진압 건 등에 밀려 제번 처리가 지연되고 있어서 장래를 반드시 낙관적으로만 볼 수 없다고 지적했다. 나아가 평정 후 반드시 '황국 유지의 목적'이 확립되지 않으면 '대정일신', 즉 정권교체도 유명무실해지지 않을까 싶어 답답한 심정을 토로하는 한편, 지금의 제반 문제는 '대의명분'에만 치우친 것이 많아서, '군신' 관계에 기초한 모두가 납득할 수 있는 공평무사한 '조리'로써 처리되어야 함에도, '중의衆議'만을 좇아 결정해버리려는 경향이 적지 않으니 후세의 비난을 면하기 어려운 일이 많을 것으로 전망했다.[46]

---

44) 『木戸日記』 1, p.133 ; 『木戸公傳』 上, p.1076. 기도가 요코하마 출장에서 도쿄로 돌아온 12일, 제번 처분 등과 관련해 논의가 있었으나 결정은 되지 못했다(『大久保日記』 1, p.492). 23일 산조는 이와쿠라에게 도탄에 직면한 도호쿠 민중을 구제하고자 신정부 요인의 파견을 강조하며 직접 '수무緩撫' 임무를 자청할 정도로 적극적인 움직임을 보였다(『岩倉公實記』 中, pp.608~609). 또한 26일 도호쿠 제번 처분에 대한 산조의 '하문'에 의견서를 제출한 후, 소에지마와도 논의(『大久保日記』 1, p.494)를 한 오쿠보는, 다음날 이와쿠라에게도 서한을 보내 도호쿠 제번 처리가 '급무'임을 지적하고, 우선 군무관을 시켜 아이즈 문제를 조사케 하고 그 보고를 토대로 '평결함이 시급하다고 주장했다(『大久保文書』 2, p.449 ; 『大久保利通傳』 中, pp.584~585). 이처럼 도호쿠 처분 문제는 정국의 주요 관심사로 떠오르며 최종 논의를 앞두고 있었다.

45) 11월 4일 산조도 이와쿠라에 이어 다루히토 친왕 이하, 주요 관리들의 의견을 청취하고 기도를 비롯해, 오쿠보·오무라(軍務官副知事)·요시이 도모자네吉井友實(軍務官判事) 등과 협의하여 조속히 결정을 내리고자 하였다. 주로 '관대론'를 주장한 의견이 많았으나, 구체적 처분 내용에 대해서는 제각각이었다. 이에 산조는 5일 기도에게 거듭 서한을 보내 논의에 참석해줄 것을 요청했다(『木戸日記』 1, p.134).

한편 기도는 너무 바쁜 정무와 정국에 대한 노심초사로 컨디션 난조에 빠져, 20일 이후 8~9일간 등청도 하지 못한 채 자택에서 몸을 추스르고 있었는데 돌아가는 정국이 그를 가만 놔두지 않았다.[47] 그동안 와병중이던 이와쿠라가 22일 도호쿠 제번 처리 문제 등을 포함한 '급무' 사항을 기재한 서한을 산조에게 보내, 이를 신정부 논의에 회부시켜 결정해줄 것을 요청[48]하는 한편, 기도에게도 '밀서'를 보내왔다.

이에 기도는 24일 그간의 전말을 설명하는 형태로 수개 조를 작성하여 이와쿠라에게 제출했다.[49] 기도는 특히 도호쿠 항복 제번 처리와 관련해서는, 이와쿠라의 대리인 나와에게 직접 서한[50]을 보내 이와쿠

---

46) 『木戸文書』 3, pp.182, 189~190, 196~197 ; 『伊藤關係文書』 4, p.180. 평생 '대의명분'과 '조리'를 강조(『木戸日記』 1, p.143)해 왔던 기도는, 산적한 제반 문제를 처리할 때 시류를 의식한 지나친 '관대론'이나 당면의 정치성과에 급급하여 원칙 없는 결정을 내릴 경우, 이것이 반드시 장래의 신정부의 중앙집권화 정책 추진에 걸림돌이 될 것을 크게 우려하였다.

47) 『木戸日記』 1, p.144. 기도는 이와쿠라(11/15) 및 산조와 정국 주요 사항을 협의(11/19)하는 등, 일반 정무 외에도 끊임없이 찾아오는 인사들과의 면담·서한 작성 등으로 기력이 매우 쇠해 있었다.

48) 『大久保文書』 2, pp.462~463 ; 『岩倉關係文書』 4, pp.188~189, 193~194 ; 『岩倉公實記』 中, pp.614~615 ; 『明治天皇紀』 1, p.903. 이와쿠라는 산조에게 항복 제번 처리는 '관맹寬猛' 중의 하나로 반드시 결정되어야 하는데도, 여전히 실무 논의가 제대로 진행되지 않은 점을 지적하며, '백인백단百人百端'이 아닌 '동심육력同心戮力'의 자세로 신정부 요직(議定·參與) 회의에서, 흉금을 터놓고 한 점의 의혹도 없이 논의를 거쳐 최종 결정이 이루어져야 정부의 '실권實權'도 세워질 것으로 전망했다. 또한 그는 설령 항복한 제번 처리에서 '관대론'에 기초한 결정이 이루어지더라도, 신정부의 권위가 확립되지 않은 상태에서 처분이 실시된다면 곤란하다고 보고, '황국사도道皇國土道'를 더욱 진작시키기 위해서라도, 잘잘못을 철저히 가려 아이즈·센다이·쇼나이·난부·요네자와번과 같은 '대소大小' 번을 '죄의 경중'에 따라 처분할 것을 주장했다. 이러한 이와쿠라의 주장은 대부분 기도의 입장을 반영한 것으로 보인다.

49) 기도가 받은 '밀서'의 내용은 도호쿠 제번 처분을 비롯한 도호쿠 민정 처리·정부 회계·병제 기초·상벌 문제 등으로, 이와쿠라가 산조에게 요청했던 내용과 맥락을 같이했다(『木戸日記』 1, p.146 ; 『木戸文書』 3, p.202 ; 『木戸公傳』 上, pp.1092~1094 ; 『明治天皇紀』 1, p.903).

50) 『木戸文書』 3, p.202. 기도는 이와쿠라에게 보낸 답서를 하치스카에게도 전달

라·오쿠보와 마찬가지로 이를 '급무'로 규정하고, 하치스카 모치아키蜂
須賀茂韶(議定)에게 담당을 맡겨 군무관에 매일 출근하여 당분간 조사를
맡아보게 신속 조치하되, 이 중대한 일을 소홀히 하면 도호쿠 민중도
절대 납득하지 않을 것이라고 강조했다. 이처럼 참여 기도가 항복
제번 처리와 관련해, 이와쿠라에게 도쿠시마德島 번주 출신의 하치스카
를 조사담당자로 추천하고, 동향의 오무라가 책임자로 있는 군무관과
의 협조를 통해 제번 처리를 신속하게 진행시키려 했음을 볼 수 있다.

기도는 이날 저녁 보상輔相 이와쿠라의 지시를 받고 찾아온 나와에게
"금일에 이르러 국정 전반의 상황을 주의해서 보지 못하는 사람이
많고, 대정일신의 참뜻을 깨닫지 못해 그저 도쿠가와씨를 무너뜨린
것만으로 크게 기뻐할 따름이니, 대정일신의 실상이 나타나지 못하고
황국을 유지하지 못하면 대정일신도 막정幕政도 오십보백보"에 지나지
않다고 재차 강조한 뒤, 주야로 안타까운 현실 속에서 장래를 깊이
걱정하는 우국충정의 인물이 절대적으로 부족한 데서 오는 국정 수행
의 어려움을 토로했다.[51]

25일 등청한 기도는 도호쿠 항복 제번 처리를 포함한 '중대 사건'
수개 조를 논의한 후 저녁에 이와쿠라를 찾고, 다음 날에도 산조·이와
쿠라의 부름에 따라 등청 후 국정의 중요 사항을 논의했다. 이와쿠라는
기도의 제안대로 제반 사항에 대한 조사담당자를 선정하여 명단을
미리 기도에게 보여주고, 오는 27일 신정부 '평결'에 회부할 것을 표명했
다.[52] 26일 이와쿠라는 기도에게 서한을 보내, 도호쿠 제번에 대한

해주라고 나와에게 부탁했다.

51) 『木戶日記』 1, p.146.
52) 이때 기도는 도호쿠 민정 처리뿐 아니라 군무軍務·형률을 오쿠보·야마나카
  세이쓰山中靜逸(行政官權弁事)와 함께 맡아보았고, 그 밖에 정부회계 기초 확립
  조사작업 참여인사의 인선도 아울러 위탁받았다(『木戶日記』 1, p.147 ; 『木戶
  公傳』 上, pp.1094~1095 ; 『木戶關係文書』 2, p.19).

'상벌' 조치를 우선 처리해야 할 '선무先務'로 규정하고, 이 문제를 27일 수뇌부 회의에서 논의해 결정하겠다고 전했다.[53] 신정부 '평의'는 27일이 아닌 29일에 열렸다.[54] 이날 도호쿠 제번 처리와 관련하여 참석자들 사이에서는 '관대론'과 '엄벌론'이 충돌하여 의견 집약이 어려웠다. 기도가 오쿠보와 함께 의견 통일에 나섰으나 여의치 않았다.[55] 다음 날에도 등청하여 결정을 내리려 했으나 뜻을 이루지 못한 기도는, 퇴청 후에도 오쿠보·오키와 다시 만나 제번 처분 논의를 계속했다.[56]

그동안 항복 제번 처분을 둘러싼 의견대립과 함께, 에노모토 다케아키 탈주군함의 하코다테 점령 대책 마련 건 등에 밀려 지지부진했던 항복 제번 처분 심의[57]는, 메이지 원(1868)년 12월에 들어 최종 국면을 맞이하였다. 1일 등청하여 제번 처분 회의에 참석한 기도는 특히 처분과 관련한 천황의 '하문'에 평소의 지론을 건의했다. 즉 "저는 사람을 미워하지 않고 다만 그 죄를 미워할 뿐입니다. '천하 후세'로 하여금 '불충의 신'을 벌하고, 국가의 법률[大典]로 다만 '상벌' 여부[當否]를 논하고자 할 따름입니다. 아이즈번의 죄는 신하의 죄입니다. 오랜 동안 '왕정복고[王事]'에 힘썼다가 아이즈번 때문에 죽은 자가 헤아릴 수 없을 정도입니다. 오늘날 신하에 해당하는 아이즈번의 죄를 관대하게 처벌하고자 논함은, 아이즈번에 동조해 '대법大法'을 왜곡시키는 것이 됩니다.

<hr>

53) 『木戸關係文書』 2, p.17. 여기서의 수뇌부 회의란 '의참議參'(議定·參與) 모임을 말한다.
54) 『木戸日記』 1, pp.148~149 ; 『大久保日記』 1, p.495.
55) 『明治天皇紀』 1, p.919 ; 『木戸公傳』 上, p.1077 ; 『大久保文書』 2, p.471. 항복 제번 처분을 둘러싸고는 대체적으로 조슈번은 '엄벌론', 사쓰마번은 '관대론'의 입장을 취하였다[松尾正人(2007), 『木戸孝允』, p.37].
56) 『木戸日記』 1, p.149 ; 『木戸文書』 3, p.204 ; 『大久保日記』 1, p.495.
57) 『木戸文書』 3, pp.189~190 ; 『大久保日記』 1, p.492. 도호쿠 제번 처분과 관련한 신정부 '평의'는 11월 12·26·29·30일, 12월 1·5일 개최되었다(『木戸日記』 1, pp.147, 149~151, 153 ; 『大久保日記』 1, pp.492, 494~496).

'법'은 '천하의 법'으로서 조금도 꺾여서는 아니 됩니다"라며 여태까지 신정부 논의에 참여하여 대의명분에 어긋나는 무원칙한 아이즈 '관전寬典'설에 동의하지 않은 이유를 분명하게 밝혔다.58)

이미 천황의 재단에 의한 '관대' 처분은 수용하겠다는 의사를 표시한 바 있던 기도의 이 '엄벌론'은, 새롭게 천황을 중핵으로 한 신정부가 탄생한 상황에서 군신간의 도리를 저버리고 도호쿠 전쟁의 단초를 제공한 아이즈번을 엄벌로 다스려 국가기강을 조기 확립해야 한다는 평소의 소신을 재차 강조한 것이다. 이는 앞서의 서일본 제번 처분에서 보여준 신정부 내의 지나친 '관대론'을 사전에 차단 내지 견제하기 위해서였을 것이다.

바야흐로 항복 제번 처리에 대한 논의가 막바지에 이르고 있었다. 신정부는 이날 군무관에 도호쿠 제번 처분 조사 담당부서를 설치하고, 그 담당자로 오하라 시게토미大原重德(刑法官知事)·가가와 게이조香川敬三(軍務官權判事)·히시다 시게요시菱田重禧(行政官權弁事) 등을 임명했다.59) 그리고 이틀 후인 3일에 제번의 공의인公議人 등에게 제번 처분과 관련해 처벌 수준의 정도를 묻는 최종 여론수집 작업에 나섰다.60) 평소 민정관을

---

58) 『木戸日記』1, pp.150~151 ; 『木戸公傳』上, p.1078 ; 『明治天皇紀』1, p.919 ; 『大久保日記』1, p.492. 대다수 관대론자들이 아이즈번 등의 처분을 기다리고 있는 상황에서, 항복인을 '사죄死罪'에 처하면 안 된다고 하거나, 혹은 세상 사람들이 '완급'과 '시의時宜'를 주장하면서, 다른 한편으로는 도쿠가와 막부 말기 이래의 조슈와 아이즈 사이의 정치적 반목 관계를 들어, 기도의 '엄벌론'이 사적인 감정에서 비롯된 게 아닌가 하는 의구심을 가진 데 대해, 기도는 어디까지나 '직분'에 충실하고 또 '국가'를 우선한 충정에서 비롯된 공적인 건의였음을 강조했다.

59) 『木戸日記』1, p.151.

60) 『佐々木高行日記』3, p.400 ; 『法令全書』〈明治 元年〉第3冊 第912, p.341 ; 下山三郎(1976), 『近代天皇制研究序說』, 岩波書店, p.171. 제번 공의인이란 메이지 초년, 입법기관에 해당하는 공의소公議所에서 제번 혹은 그 부속 학교들을 대표하여 도쿄로 올라와, 폐도령廢刀令 등의 개명적인 의안을 제출하는 국사에 관여했던 사람을 가리킨다.

찾아 스스로 결정하기 어려운 영지 삭감·전봉 등의 문제를 담당 관리들과 논의해왔던 기도는, 이날도 재차 방문하여 의견을 나누었는데 구체성이 결여된 '중의'만을 좇는 경향을 우려[61]하는 등, 끝까지 정치적 노력을 게을리하지 않았다.

이러한 우여곡절 끝에 마침내 7일에 이르러 기도를 포함한 신정부 고위급 인사들이 참석한 가운데 모반 제번주·가신에 대한 처분이 내려졌다. 도쿄성東京城 오히로마大廣間 상단 중앙에 하치스카 모치아키가 착석하고, 그 좌우에 기도 다카요시·미쓰오카 하치로三岡八郎(參與)·소에지마 다네오미·오키 다카토·이케다 아키마사池田章政(刑法官副知事)·오하라 시게미大原重實(弁事), 중단에는 이와야 우야巖谷迂也(史官)·가가와 게이조(軍務官判事)·다나카 후지마로田中不二麿(弁事)·나카지마 나오토中島直人(刑法官判事) 등이 참석한 가운데, 도호쿠 제번주의 친척 혹은 그 중신 등을 소환해서 한 명씩 불러내어 천황〈조서〉를 읽게 한 후, 각각 처분 내용을 하달했다.[62]

상벌'은 '천하의 대전大典'으로 짐 혼자서 결정하는 것이 아니다. 마땅히 '천하의 중의'를 모아 지극히 공평정대하게 털끝만큼도 잘못이 없도록 정해야 한다. (아이즈 번주)마쓰다이라 가타모리를 비롯하여 (센다이 번주)다테 요시쿠니 등을 '백관장사百官將士'로 하여금 논의토록 한바, 각자 약간의 차이는 있었다 하더라도 그 죄는 한결같이 '역과逆科'에 해당하며, 마땅히 '엄형'으로 처벌해야 한다. 특히 가타모리의 죄는

---

(61) 『木戸日記』1, p.152 ; 『木戸公傳』上, p.1078.
(62) 『木戸日記』1, p.154 ; 『明治天皇紀』1, pp.917~919 ; 『法令全書』〈明治 元年〉第3冊 第1036·1037, p.378 ; 「東京城日誌」10, p.26, 橋本博 編(1934), 『維新日誌』第2期 第2卷, 靜岡鄕土硏究會 所收 ; 『岩倉公實記』中, pp.617~624 ; 『大久保利通傳』中, pp.585~586 ; 『佐々木高行日記』3, pp.402~403.

세상 사람들이 모두 노하는바 '사(형)'이며, 여전히 여죄가 있다고 상주한다. 짐이 곰곰이 생각해보건대, '정교政教'가 천하에 널리 알려지고, '명의名義'가 사람의 마음 속에 분명히 각인되었다면, 본디 주군을 시해하는 신하와 지아비를 죽이는 아들은 없었을 것이다. 바야흐로 짐의 '부덕'으로 인해 '교화'의 길이 아직 세워지지 않았다. 그뿐 아니라 700년 이래의 기강이 쇠퇴하고, '도리'에 어긋나 혼란스러우며 나쁜 습관으로 나타난 지 오래다. 본래 가타모리의 경우는 저명한 문벌 집안이자 관위 수여자이나, 오늘날은 '역모'자이다. (이것은)가타모리 한 사람의 소행이 아니고 반드시 주모자인 신하가 있다. 따라서 짐은 단호히 말하건대, 그 사실을 헤아려 그 이름을 용서하고, 그 정을 불쌍히 여겨 법으로 용서하여 가타모리의 '사일등死一等'을 완화하고, 주모자를 '주살誅殺'하는 '비상의 관전寬典'에 처하고자 한다. 짐은 또한 바야흐로 지금부터 스스로 마음을 잡아 정치에 힘써 '교화'를 국내에 펼치고, '덕위'를 해외에 빛나게 함을 희망한다. 너희 '백관장사'는 이것을 실현시키도록 노력하라.

처분 〈조서〉의 내용을 보면, 아이즈번을 포함한 도호쿠 제번의 모반에 대한 중론은 본래 대역죄로서 마땅히 엄벌에 처해야 하나, 아직 국내통일이 이룩되지 않은 혼란스러운 국내 사정 등을 고려한 천황의 최종 판단(신단宸斷)[63]으로, 도호쿠 전쟁의 빌미를 제공한 마쓰다이라 가타모리 이하 항복 제번주에 대한 처벌을 완화하는 대신, '반역'을

---

63) 12월 7일 행정관은 '조서'와 관련하여 처분 제번에 "이번 마쓰다이라 가타모리 등의 처분은 천하의 중의를 청취한바, 형전의 엄과嚴科로 처벌해야 한다는 건의가 있었으나, 별지에 기재된 대로 신단에 의해 처분되었으니, 조서의 취지를 각자 깊이 실행에 옮기도록 지시한다"는 이른바 천황의 정치적 재단에 의해 죄의 경중에 따라 관대히 처분되었음을 알리는 행정명령서를 하달했다 (『東京城日誌』 10, p.26 ; 『岩倉公實記』 中, p.618 ; 『大久保文書』 2, p.483 ; 『大久保利通傳』 中, p.586 ; 『佐々木高行日記』 3, p.403).

주도한 가신들은 처형함으로써 궁극적으로 천황 권위의 확립과 그 권위의 해외 과시라는, 신정부 본래의 과제를 달성하겠다는 의지를 표현하고 있다. 이로써 기도의 바람대로 아이즈번 등의 중죄를 천황의 정치적 판단인 〈조서〉로 일단 확인한 후, 적절히 '관대'한 조치를 실시할 수 있는 정치적 환경이 조성되었다. 또한 여기에서 말하는 천황의 '교화'와 '덕위'의 대내외 과시는, 앞서 언급한 것처럼 신정부 요인 가운데서도 특히 기도 다카요시가 중요시한 정치적 목표였다.[64] 한편 12월 7일 단행된 항복 제번 처분 내용을 표로 정리하면 다음과 같다.

〈표 1〉 도호쿠 제번 처분

번명藩名 (번주명)	구석고 舊石高(石)	몰수감봉 녹고祿高(石)	처벌
會津藩 (松平容保)	230,000	230,000	· (전번주)마쓰다이라 가타모리·노부노리喜德 부자의 영지 몰수 · 부자에게 '사일등死一等'을 감면해 돗토리鳥取·구루메久留米번으로 '나가킨코永禁錮'[65] 처분 · '반역'을 주모한 가신의 조사 보고
仙臺藩 (伊達慶邦)	625,600	345,600	· (번주)다테 요시쿠니의 영지 몰수·무네아쓰宗敎(양자)와 함께 도쿄 '근신' 처분 · 가독 상속 허용·신영지 28만석 하사 · '반역'을 주모한 가신의 조사 보고
盛岡藩 (南部利剛)	200,000	70,000	· (번주)난부 도시히사의 영지 몰수·도쿄 '근신' 처분 · 가독 상속 허용·신영지 13만석 하사 · '반역'을 주모한 가신의 조사 보고
二本松藩 (丹羽長國)	100,700	50,700	· (번주)니와 나가쿠니의 영지 몰수·도쿄 '근신' 처분 · 가독 상속 허용·신영지 5만석 하사 · '반역'을 주모한 가신 조사 보고
庄內藩 (酒井忠篤)	170,000	50,000	· (번주)사카이 다다즈미의 영지 몰수·도쿄 '근신' 처분 · 가독 상속 허용·신영지 12만석 하사 · '반역'을 주모한 가신의 조사 보고

---

64) 『木戶文書』 3, p.332 ; 『同』 8, p.84.

米澤藩 (上杉齊憲)	180,000	40,000	· (번주)우에스기 나리노리 은퇴·영지 몰수(감봉) · 가독 상속 허용 · '반역'을 주모한 가신의 조사 보고
棚倉藩 (阿部正靜)	100,000	40,000	· (번주)아베 마사기요의 영지 몰수·도쿄 '근신' 처분 · 가독 상속 허용·신영지 6만석 하사 · '반역'을 주모한 가신의 조사 보고
磐城平藩 (安藤信勇)	30,000	4,153	· (번주)안도 노부다케의 도쿄 '근신'·'전봉' 처분
一關藩 (田村邦榮)	30,000	3,000	· (번주)다무라 구니요시의 은퇴·영지 몰수(감봉)
上山藩 (松平信庸)	30,000	3,000	· (번주)마쓰다이라 노부쓰네의 은퇴·영지 몰수(감봉) · 가독 상속 허용
羽後松山藩 (酒井忠良)	25,000	2,500	· (번주)사카이 다다요시의 은퇴·영지 몰수(감봉) · 가독 상속 허용
福島藩 (板倉勝尙)	30,000	2,000	· (번주)이타쿠라 가쓰히사의 은퇴·영지 몰수(감봉 후 '전봉') · 가독 상속 허용
泉藩 (本多忠紀)	20,000	2,000	· (번주)혼다 다다요시의 은퇴·영지 몰수(감봉) · 가독 상속 허용
天童藩 (織田信敏)	20,000	2,000	· (번주)오다 노부토시의 은퇴·영지 몰수(감봉) · 가독 상속 허용
龜田藩 (岩城隆邦)	20,000	2,000	· (번주)이와키 다카쿠니의 은퇴·영지 몰수(감봉) · 가독 상속 허용
湯長谷藩 (內藤政養)	15,000	1,000	· (번주)나이토 마사야스의 은퇴·영지 몰수(감봉) · 가독 상속 허용
七戶藩 (南部信民)	10,384	1,000	· (번주)난부 노부타미의 은퇴·영지 몰수(감봉) · 가독 상속 허용
長岡藩 (牧野忠訓)	74,000	50,000	· (번주)마키노 다다쿠니 도쿄 '근신' 처분·영지 몰수 · 가독 상속 허용·신영지 2만 4천석 하사 · '반역' 주모의 가신 조사 보고
三根山藩 (牧野忠泰)	11,000	500	· (번주)마키노 다다히로의 영지 몰수(전봉: 12/9)
합계	1,971,684	899,453	

*『法令全書』〈明治 元年〉, 第1038 ;『復古記』第8冊 ;「東京城日誌」10 ;『明治天皇紀』1 ;『岩倉公實記』中 ;「諸藩一覽」;「維新史」附錄 ; 松尾正人(1995),『維新政權』에 의거해 정리

오우에쓰 열번동맹에 참가한 제번(오우 25개 번, 호쿠에쓰 6개 번)과 아이즈·쇼나이 동맹 가운데, 신정부에 끝까지 저항한 19개 번이 처분을 받았는데, 처분 내용은 ① 멸번滅藩, ② 영지 몰수·번주 교체 후의 감봉減封·도쿄 근신 처분, ③ 번주 교체와 감봉, ④ 감전봉減轉封 등으로 크게 구분할 수 있다. 도호쿠 전쟁 처분의 주요 대상으로 지목된 아이즈번은 번 자체의 폐지라는 멸번의 운명을 맞았으나, (전번주)마쓰다이라 가타모리 부자는 '사일등'을 감면받은 후 제3의 다이묘(돗토리번鳥取藩·구루메번久留米藩)에 위탁구금 처분을 받았다. 그리고 센다이번 이하 5개 번(모리오카번盛岡藩·니혼마쓰번二本松藩·쇼나이번庄內藩·다나구라번棚倉藩·나가오카번長岡藩)은 일단 영지 몰수와 번주 교체 후 감봉을, 요네자와번 이하 8개 번(이치노세키번一關藩·가미노야마번上山藩·우고마쓰야마번羽後松山藩·이즈미번泉藩·덴도번天童藩·가메다번龜田藩·유나가야번湯長谷藩·시치노헤번七戶藩)은 번주 교체와 감봉을, 그리고 기타 2개 번(후쿠시마번福島藩·미네야마번三根山藩)은 감봉 후 전봉 및 전봉 처분을 각각 명령받았다.[66]

2) 도호쿠 행정구역 분할 과정과 기도

한편 기도는 항복 제번 처분의 최종 국면을 앞두고 도호쿠 '전후처리'의 일환으로서, 도호쿠 지방을 재편하려는 구상을 병행 추진하고 있었

---

65) '나가킨코永禁錮'는 도쿠가와 막부시대 형벌의 하나로서, 종신토록 사면되지 않은 채 다른 다이묘 집안에 맡겨져 구금 생활을 하는 금고형으로, 일명 '다이묘 아즈케大名永預け' 혹은 '나가아즈케永預'라고도 한다.

66) 처분 받은 19개 번 이외의 도후쿠 제번은, 도호쿠 전쟁 중 관군에 협조한 공을 인정받아 영지를 가증받거나, 혹은 기존 토지의 소유를 재확인 받았다. 약 90만석에 달하는 몰수영지는 대부분 메이지 2(1869)년 6월과 9월 두 차례에 걸쳐 보신 전쟁에서 전공을 세운 개인·제번주 등에게 '상전록賞典錄' 형태로 분할 지급되었다.

다. 현재 도호쿠 지방은 6개 현, 즉 아오모리현青森縣, 이와테현岩手縣, 미야기현宮城縣, 아키타현秋田縣, 야마가타현山形縣, 후쿠시마현福島縣으로 구성되어 있으며 혼슈本州의 약 3할에 해당하는 면적을 가진 일본에서 가장 넓은 땅을 보유한 지역이다. 여기에서는 기도 다카요시의 도호쿠 행정구역 분할 구상안이 어떻게 신정부 정책에 반영되어, 오늘날과 같은 도호쿠 6현의 모습을 갖추게 되었는지 간략히 살펴보도록 한다.

기도가 도호쿠 분할 문제에 관심을 갖게 된 것은 대략 6월 하순경이었다. 당시 기도는 도쿄 상경을 앞두고 있었는데 동향 출신의 정치적 맹우인 오무라에게 서한을 보내, 도쿄 체류 때 도호쿠 부현府縣 문제가 논의되기를 희망[67]했으나 여의치 못했다. 이에 7월 17일 오쿠보 등에게 서한을 보내 도호쿠 '전후처분' 시에 제번을 유력 번에 관리케 하는 안, 즉 민심이 안정될 때까지 우선 유력 대번과 중번 규모의 특정 번에 위탁관리 시킨 다음, 점차적으로 부현지사府縣知事를 인선하여 파견할 것을 주장했다.[68] 이는 뒤에서 언급하는 도호쿠 행정구역 개편에 앞선 민심 안정과 신정부 권위의 조기 확립을 위한 '평정 후의 도호쿠 제번 처리', 즉 지배 방향의 구상이었다. 이러한 기도의 구상에 오쿠보·오키·오무라도 기본적으로 동의하고, 그의 정치적 진력을 크게 기대하였다.[69]

한편 10월 20일 기도와 국정 전반에 걸친 장래 문제를 논한 바 있었던 이와쿠라는, 다음 날 도호쿠 조기 평정 달성에 따른 동 지역의 면모를 일신하기 위해 '분할국명分割國名' 논의를 촉구하고 나섰다.[70] 그동안

---

67) 『木戶文書』 3, p.97.
68) 『木戶文書』 3, p.111 ; 『大久保關係文書』 2, p.373. 같은 날 기도는 오키에게도 서한을 보내 도호쿠 평정이 이루어지면 바로 착수해야 할 일이 적지 않음을 밝히며, 도호쿠 행정구역의 재편성과 그에 따른 부현지사의 인선작업을 염두에 두고 있음을 시사하였다(『木戶文書』 3, p.113).
69) 『木戶關係文書』 2, pp.162~163, 170, 276.

앞서의 사정들 때문에 지연되었던 도호쿠 항복 제번 처분이, 12월 들어 막바지 작업[71]을 거듭하며 7일 최종 발표를 앞두고 있는 가운데, 이틀 전인 5일 기도는 항복 제번 민정 처리의 일환으로 도호쿠 지방을 7개 지방으로 나누는 분할안을 건의했다.

즉 오슈奧州(무쓰노구니陸奧國)를 5개 국으로 분할하고, 우슈羽州(데와구니出羽國)를 2개 국으로 분할한다는 구상을 우선 야마나카 세이쓰山中靜逸(行政官權弁事)에게 설명해서 동의를 얻고, 다음 날 신정부에 논의를 요청하기로 했다.[72] 6일 기도는 찾아온 이와쿠라의 측근인 나와에게도 이 같은 행정구역 분할 구상안을 설명하여 이와쿠라에 이 내용을 전달토록 한 후 등청해서 내결했다.[73] 이 결과 신정부는 도호쿠 제번 처분이 발표되는 7일, 동 지역에 '부현제'를 실시하고 천황의 도호쿠 민중에 대한 '교화'와 '무육撫育'을 용이하게 하기 위해, 오슈를 분할해서 이와키磐城(후쿠시마현福島縣 동부·미야기현宮城縣 남부)·이와시로岩代(후쿠시마현福島縣)·리쿠젠陸前(미야기현宮城縣)·리쿠추陸中(이와테현岩手縣)·무쓰陸奧(아오모리현靑森縣)의 5개 국으로 하고, 우슈를 분할해 우젠羽前(야마가타山形縣)·우고羽後(아키타현秋田縣) 2개 국으로 구획하는 내용을 포고했다.[74]

---

70) 『木戸日記』1, p.126 ; 『岩倉公實記』中, pp.603~604.

71) 『木戸日記』1, pp.150~152 ; 『大久保日記』1, pp.495~496.

72) 『木戸日記』1, p.153 ; 『木戸公傳』上, p.1079.

73) 『木戸日記』1, pp.153~154.

74) 『法令全書』〈明治 元年〉第3冊 第1038, pp.378~379 ; 『明治天皇紀』1, p.920 ; 『岩倉公實記』中, pp.624~625 ; 『大久保利通傳』中, p.587 ; 『佐々木高行日記』3, pp.403~404 ; 「東京城日誌」11, pp.30~32. 이와키노구니磐城國는 65만여 석의 13군郡(白下·石川·田村·菊多·白川·磐前·磐城·楢原·標葉·行方·宇多·伊達·亘理), 이와시로노구니岩代國는 70만여 석의 10군郡(會津·大沼·耶麻·河沼·岩瀨·安達·安積·信夫·刈田·伊具), 리쿠젠노구니陸前國는 69만여 석의 14군郡(柴田·名取·宮城·黑川·賀美·玉造·志田·遠田·栗原·登米·牧鹿·桃生·本吉·氣仙), 리쿠추노구니陸中國는 42만여 석의 10군郡(磐井·膽澤·江刺·和賀·稗貫·紫波·岩手·鹿角·閇伊·九戸), 무쓰노구니陸奧國는 38만여 석의 4군郡(二戸·三戸·北·津輕), 우젠노구니羽前國는 80여만 석의 4군郡(置賜·村山·最上·田川), 우고노구니羽後

맺음말

이상으로 메이지 신정부가 도호쿠 전쟁의 '전후처리'(항복 제번 처리·행정구역 분할)를 실시하는 과정에서, 기도 다카요시가 보여준 정치적 노력을 중심으로 살펴보았다. 메이지 원(1868)년 12월 7일 단행된 도호쿠 처분 결정의 가장 큰 특징은 천황 〈조서〉에서도 시사한 것처럼, 첫째 제번주諸藩主·녹고祿高에 대해 전반적으로 '관대' 처분이 실시되었다는 점이다. 특히 센다이 이하 6개 번은 번주의 은퇴를 전제로 삭감된 봉록분이 새롭게 지급되었다. 더구나 가장 무거운 처분을 받았다고 할 아이즈번도 메이지 2(1869)년 11월 3일 은퇴를 전제로 한 가문의 재흥을 허용받아, 아이즈 마쓰다이라 가문은 당시 농사를 지을 수 없는 척박한 땅이기는 해도, 현재의 아오모리현·이와테현 일부 지역에 해당하는 도나미번斗南藩 3만석을 지급받아 이주했다.[75] 둘째 신정부에 대한 '반역'죄를 번주들이 아닌, 기도의 주장대로 가신家臣들에게 전가시켜 '사죄死罪'를 명령했다는 점이다.[76]

國는 65만여 석의 8군郡(飽海·秋田·河邊·仙北·雄勝·山本·平鹿·由利)으로 구성되었다.

75) 신정부는 메이지 2(1869)년 9월 28일 센다이·난부南部·니혼마쓰二本松·다나구라棚倉 등의 전번주의 죄를 각각 용서하고, 요네자와·후쿠시마福島·이즈미泉의 전번주를 종5위에 서임하기도 했다. 또 고겐뉴도 친왕公現入道親王(열번동맹의 맹주)·전장군 요시노부의 근신을 해제하였다. 메이지 5(1872)년 1월 6일에는 아이즈 전번주 마쓰다이라 가타모리·양자 노부노리, 구와나번 전번주 마쓰다이라 사다아키, 니와 도미다카丹羽富敬(二本松 번사)·아키즈키 데지로秋月悌次郎(會津 번사) 등 16명의 죄를 사면했다. 고겐뉴도 친왕은 3품, 요시노부는 종4위, 센다이·난부·니혼마쓰·다나구라의 전번주는 각각 종5위에 서임되어, 관군에 협조한 제번과 마찬가지로 천황의 '덕화'를 입게 되었다. 그리고 감봉된 제번도 대부분 실제로 반절도 감봉되지 않았으며, 신정부에 대한 헌금으로 그 처분을 면제받거나 전봉을 회피한 번도 있었다.

76) 처분 제번 가운데, 8번(아이즈·센다이·모리오카盛岡·니혼마쓰·쇼나이·요네자와·다나구라·나가오카)에 '반역수모叛逆首謀' 가신 조사 명령이 내려진 후,

셋째 처분 발표 과정에서 기도가 신정부 요인과 번주들 가운데, 처분 문제에 깊은 관심과 구체성을 가지고 논의에 적극적으로 임했다는 점이다.77) 처분 과정에서 기도가 가장 유의한 것은, 앞서의 서일본 제번주 처분 때 드러난 원칙 없는 지나친 '관대' 자세가 아닌, 적대 행위의 경중을 따져 개별적으로 구체적인 범죄 사실과 처분 내용을 적시한 차별적인 '관대' 처분이었다. 즉 경솔하게 이루어진 서일본 제번주에 대한 처분을 교훈 삼아, 도호쿠 전쟁을 일으킨 장본인에 해당하는 아이즈 번주에 대해서만큼은 대의명분상 '엄벌'을 주장하며 지나친 '관대론'을 견제하되, 현실적으로는 아이즈번을 포함한 항복 제번 처분에서 국내외 사정을 고려하고, 천황의 고도의 정치적 판단에 기초한 '관대' 처분을 희망했다.78)

메이지 2(1869)년 5월 14일 이들 중신에게 전적으로 '반역'의 책임을 물어 '사죄死罪'를 집행하였다.
77) 신정부 요인 가운데서도 도호쿠 항복 제번 처분 문제와 관련하여, 동향의 오무라와 함께 가장 앞장서 노력해 온 조슈 출신을 대표하는 기도에게, 사쓰마 출신을 대표하는 오쿠보가 12월 24일 서한을 보내, 처분 단행에서 천황의 '존의尊意'가 관철된 이면에는 기도의 지대한 정치적 노력이 있었음을 인정하고, 또 이는 두 사람에게도 '대행大幸'임을 밝혔다(『木戸關係文書』2, p.182 ; 『大久保文書』2, p.487). 또한 기도 스스로도 메이지 2(1869)년 1월 30일 오무라에게 보낸 서한에서, '대의명분'을 바로잡아 "황국 일치의 기초"를 확립해야 한다는 지론을 달성하기 위해, 작년 봄 이래 알게 모르게 계속 노력해 온 것이 이제 좀 결실을 거두는 느낌이어서 내심 크게 기뻐하고 있음을 전하였다(『木戸日記』1, p.183 ; 『木戸文書』3, p.228). 2월 1일에는 작년 이래 노력해 온 '(대의)명분'을 바로잡는 지론이, 현재 대부분 '실행'되어 나가게 된 것에 대해 함께 노력해 온 야마나카 세이쓰(行政官權弁事)에게도 알리며 기쁨을 같이하였다(『木戸日記』1, p.185).
78) 당시 신정부는 보신 전쟁의 미종결 상태, 특히 불평등조약 체제 하에서 보신 전쟁의 마지막 단계인 하코다테 전쟁을 종식시키기 위해, 요코하마에서 서양열강과 '국외중립' 해제 협상을 진행하고 있었고, 강경한 진압으로 국내 통일을 추진하면서도 다른 한편으로는 평정 지역을 대상으로, 민심 안정·융화를 통한 신정부의 권위 확립에 노력하였다(沈箕載(2010), 「木戸孝允과 戊辰戰爭」, pp.488~489). 따라서 도호쿠 지역에서도 천황의 '교화'·'덕화'를 강조하며 관대한 처분을 내렸던 것이다. 한편 기도도 신하로서의 책임을 다하지

기도는 또 가혹한 처분에 따른 실업무사, 즉 '낭인'의 배출이 신정부의 국정 수행에 곤란을 줄 것을 크게 염려해 가혹한 감봉[79]을 피하되, 대신 번주들을 선동해서 '반역'으로 이끈 가신들에게는 책임을 묻는 형태로 엄중 처벌을 건의하여 이를 관철시켰다. 마지막으로 도호쿠 전쟁의 제번 처분과 동시에 추진되었던 기도의 도호쿠 행정구역 분할 청사진, 즉 오우를 분할해 7개 지방으로 만든다는 구상은 별다른 반대 없이 신정부에 그대로 받아들여져, 폐번치현(1871) 이후의 부현府縣 통합 과정을 거쳐 현재의 도호쿠 6현이 형성되었다. 12월 24일 오쿠보가 기도에게 서한을 보내, 도호쿠 항복 제번 처리 등에서 기도가 그간 보여준 정치적 노력을 인정한 것은 이를 입증한다고 할 수 있다.[80]

　　못하고 신정부에 저항한 '조적' 아이즈번은 엄벌을 면할 길이 없다고 하는 대의명분론적 입장을 취하였으나, 현실적으로는 아이즈번을 포함한 도호쿠 제번에 대한 천황의 정치적 판단('신단宸斷')에 의한 '관대' 처분, 즉 제번의 개별적 죄상을 명확히 적시한 후 차별적인 '관대' 처분이 내려지기를 건의하였다.

79) 기도는 '낭인'의 다수 배출이 '정사政事', 즉 정책 추진에 장애가 될 것으로 판단하여 가능한 한 생활에 지장이 없을 정도의 조치가 필요하며(『木戶文書』 3, p.158), 혹은 지나친 '삭봉削封'은 '화란禍亂'의 우려가 있다고 보았다(藤原相之 助(1980), 『仙臺戊辰史』 1, 東京大學出版會, p.879].

80) 『木戶關係文書』 2, p.182 ; 『大久保文書』 2, p.487.

제2장

기도 다카요시와 도호쿠 전후 민정民政처리

머리말

메이지 신정부 발족 직후 일어난 보신 전쟁 가운데 최대의 전란은 도호쿠 전쟁이었다. 이 전쟁은 보신 전쟁 최초의 단계인 도바·후시미 전쟁 때 구막부군의 주력으로 참가해 각각 '조적' 내지 동류로 취급받고 있던 아이즈번·쇼나이번, 그리고 양 번에 동정적인 태도를 보이며 처분 완화를 주장한 오우에쓰 열번동맹[1]과 신정부군 사이에 벌어진 전투를 가리킨다. 도호쿠 전쟁은 메이지 원(1868)년 9월 하순경 관군에 저항한 구막부 지지세력, 즉 아이즈·쇼나이 동맹[2]과 열번동맹에 참가

---

1) 도바·후시미 전쟁 직후, 신정부는 아이즈·쇼나이 양 번에 대한 '추토령'을 내렸다. '추토'를 명령받은 센다이·요네자와 등의 도호쿠 제번은, 본래부터 양 번에 대해 동정적으로 설득하는 공작에 나서는 한편, 신정부를 상대로 사면을 탄원하는 등의 노력을 기울였으나 이것이 받아들여지지 않자, 결국 오우에쓰 열번동맹을 결성하여 관군에 저항하기에 이르렀다(『明治天皇紀』 第1, pp.700~702, 719~720).
2) 본래 신정부의 주축 세력인 조슈번·사쓰마번과 구막부 지지세력인 아이즈번·쇼나이번은 '구원舊怨' 관계였다. 즉 아이즈 번주 마쓰다이라 가타모리는 겐지 원(1864)년 교토 슈고직京都守護職에 재임해 있던 중 교토 치안부대인

한 제번의 잇따른 항복으로 마침내 종식되었다.

한편 봉건적 영유체제의 이완과 전란에 따른 피폐 등이 발단이 되어 일어난 농민봉기가 도호쿠 전 지역으로 확산되는 가운데, 열번동맹 제번의 처분과 점령지 처리는 중앙집권적 지방지배를 목표로 하는 신정부의 중요 과제로 대두되었다.[3] 신정부는 앞서 언급한 대로 12월 7일 우선 이들 제번에 대한 '전후처리'로서, 아이즈번을 포함한 19개 번에 대한 처분을 멸번, 영지 몰수·번주 교체 후의 감봉과 도쿄 근신 처분, 번주 교체와 감봉, 그리고 감봉 후의 전봉 형태로 단행하고, 아울러 도호쿠 지역을 7개 지방으로 분할해 현재의 도호쿠 6현의 효시가 되었다.[4] 그러나 이 같은 도호쿠 항복 제번에 대한 정치적 처분과 행정구역 분할 조치로 '전후처리'가 완전히 종료된 것은 아니었다.[5] 그것은 당시 점령지 도호쿠 지역의 경우, 신정부의 통일적 지방지배를 확고히 하기 위한 사회적 민심 안정과 지방행정체제의 확립이라는 후속 조치가 최우선적으로 고려되어야 할 상황이었기 때문이다.

수하의 미마와리구미見廻組를 동원하여 존왕양이파를 탄압하고, 또 같은 해 긴몬노헨禁門の変이 발생했을 때도 구막부 측의 핵심세력으로서 조슈번 세력과 공방을 벌이기도 하였다. 한편 쇼나이번은 '왕정복고' 직후 구막부 측과의 전쟁의 대의명분을 획득하려는 사쓰마번의 지시에 따라, 에도에서 도발적인 파괴 공작(방화·약탈·폭행)을 벌인 낭사들이 피신한 에도 사쓰마 번저를 불태운 죄 때문에, 신정부에게 '조적' 취급을 받고 있었다. 이들 두 번은 신정부 측의 항복 사죄 요구를 받아들이지 않고, 아이즈·쇼나이 동맹을 맺고 저항했다[沈箕載(2012), 「木戸孝允과 戊辰전쟁 전후처리-東北戰爭을 중심으로-」, p.266].

3) 松尾正人·千田稔(1977), 『明治維新研究序說: 維新政權の直轄地』, 開明書院, p.48.
4) 沈箕載(2012), 앞의 논문, pp.292, 297.
5) 도호쿠 전쟁 종식 후 신정부 지배는, 메이지 원(1868)년 12월 7일부의 오우에쓰 열번동맹 제번 처분, 도호쿠 지방의 행정구역 분할, 점령지에 대한 제번의 민정 단속의 세 가지 결정으로 시작되었다[松尾正人·千田稔(1977), 앞의 책, p.51], 여기에서는 후술하는 것처럼 연구사적인 성과가 거의 전무한 점령지 민정 단속과 관련한 신정부, 특히 기도의 정치적 노력에 중점을 두고자 한다.

신정부의 발족에 공헌한 유력 번인 조슈를 대표하는 신정부 지도자 기도 다카요시는, 도호쿠 전쟁이 한창일 때도 전쟁 때문에 도호쿠 현지가 황폐화되고, 나아가 신정부군의 교만하고 포악한 행위가 지역 민중에게 원성을 사고 있다는 점에 유의해, 조기에 백성을 편안히 안정시키고 '황위' 발양을 확립하는 것이 급선무라고 주장하였다.[6] 본장에서는 이러한 도호쿠 지역의 민심 안정과 지방지배의 확립을 목적으로 한 민정民政 처리와 관련해, 신정부 특히 기도가 도호쿠 전쟁 발발 전후 단계에서 보여준 인식과 정치적 노력에 대해 살펴보고자 한다.[7]

---

6) 『木戸日記』 1, p.108.
7) 보신 전쟁의 일환으로서의 도호쿠 전쟁에 관해서는 선행 연구[原口淸(1963), 『戊辰戰爭』, 塙書房 ; 佐々木克(1977), 『戊辰戰爭-敗者の明治維新-』, 中央公論社 ; 石井孝(1984), 『戊辰戰爭論』, 吉川弘文館 ; 保谷徹(2007), 『戊辰戰爭』, 吉川弘文館 등]가 존재한다. 필자는 선행 연구에서 결여된 보신 전쟁과 그 '전후처리' 과정에서 기도가 보여준 적극적인 언행과 정치적 노력 등을 이미 규명한 바 있다[沈箕載(2010), 「木戶孝允과 戊辰戰爭」, 『日本語文學』 47 ; 同(2012), 「木戶孝允과 戊辰戰爭 전후처리-東北戰爭을 중심으로-」, 『韓日關係史硏究』 41]. 이번 연구는 그 연장선상에 있는 것으로, 도호쿠 전쟁 종식 후 신정부가 직면한 도호쿠 민정 처리와 지방행정체제의 구축을 다룬 선행 연구는 매우 부족하다고 할 수 있다. 마쓰오松尾의 여러 연구[松尾正人(1986), 『廢藩置縣』, 中央公論社, pp.10~14 ; 同(1995), 『維新政權』, 吉川弘文館, pp.77~81 ; 同(2007), 『木戶孝允』, 吉川弘文館, pp.36~38 및 松尾正人·千田稔(1977), 앞의 책, pp.48~63] 등에서 약간 다루고 있으나, 기도와의 관련성 즉 도호쿠 지역의 민정 처리·지방행정체제의 구축 과정에서, 그가 어떤 인식을 가지고 어떤 정치적 노력을 경주했는지에 대해서는 구체적인 서술이 없다. 특히 후술하듯 신정부의 중앙집권적인 지방지배(번치직제藩治職制·부현제府縣 실시) 노력과 단계적인 도호쿠 민정 단속법령 제정 등을 통해, 보신 전쟁의 최대 전란지역이었던 도호쿠 지방이 점차 안정을 되찾고, 마침내 신정부의 직할 지배에 들어가게 되었는데, 이는 이른바 도호쿠 '전후(민정)처리' 과정이 판적봉환 및 폐번치현 등의 중앙집권화 과정에서, 신정부의 통일적 지방지배를 가능케 하는 시금석 이 되었다는 점에 주목하고자 한다.

1. 도호쿠 〈처분조서處分詔書〉·〈인민고유人民告諭〉 포고와 기도

도호쿠 전쟁을 대정일신의 전쟁,[8] 즉 신정부의 운명을 좌우하는 전쟁으로 간주한 바 있었던 기도는, 나가사키 기독교도 처분 임무를 마치고 게이오 4(1868)년 6월 3일 교토로 돌아온 후, 10일 처음 개최된 도호쿠 제번 처분 회의에 참석해 관군의 증파를 통해 도호쿠 반정부군을 제압하고, 나아가 평정 후의 국가 백년대계를 위한 근본 대책의 수립 필요성을 신정부 요인 소에지마 다네오미 등에게 강조했다.[9] 이어 천황 '동행' 준비작업차 도쿄로 출발하기에 앞서, 기도는 동향 출신의 정치적 맹우로 도호쿠 전쟁을 포함한 보신 전쟁에서 관군의 총사령관 역할을 맡고 있던 오무라 마스지로에게 체류 기간 동안 도호쿠 부현 문제가 논의되기를 희망했다.[10] 기도는 25일 도쿄에 도착한 이후, 오무라·오쿠보 도시미치 등과 도호쿠 지역의 '진무책' 등을 논의했으나 구체적인 결론에는 이르지 못했다.[11]

논의가 기대한 만큼 충분하지 못했다고 판단한 기도는, 교토로 돌아온 다음 날인 7월 8일 동향 출신의 구보 마쓰타로久保松太郎(伊崎代官·豊前企教郡代官)에게 보낸 서한[12]에서, 9월 중순 이전에 도호쿠가 평정될 것으로 전망하면서도, '천하' 문제는 평정보다 평정 후 국가 '대목표'를 설정하

---

8) 『木戶文書』 3, p.95. 기도는 도호쿠 전쟁을 평정하지 못하면 필연적으로 '천하재와해天下再瓦解'로 이어질 것이라고 경고하였다(『木戶文書』 3, pp.103~104 ; 『大久保文書』 2, p.335).

9) 『木戶公傳』 上, pp.1024~1025 ; 『木戶日記』 1, p.53 ; 沈箕載(2010), 「木戶孝允과 戊辰戰爭」, p.480.

10) 『木戶文書』 3, p.97 ; 『大久保關係文書』 2, p.373.

11) 『大久保文書』 2, p.330 ; 『木戶日記』 1, pp.61~64. 여기서 말하는 '진무책'이란 천황의 '황화皇化'와 '덕위德威' 보급(과시)이라는 명분 아래 도호쿠 전쟁을 평정하고 나아가 도호쿠 지역민의 민심을 위무하는 정책을 의미한다.

12) 『木戶文書』 3, p.104.

고 '황국'의 규모를 해외에 과시하는 것이 중요하며, 나아가 도호쿠 지역의 사회 안정이 중요하다고 재차 역설했다. 이어 기도는 신정부의 수반격인 이와쿠라 도모미에게도 서한을 보내,

도호쿠 평정 시, 도호쿠 제번 처분 문제는 정식으로 천황으로부터 명령이 되었던바, 하부기관에까지 침투되지 못하면 반드시 이후 장래에 걸쳐 '조정'을 위해서도 '천하'를 위해서도 바람직스럽지 못하므로, 지금부터라도 외람되나 심사숙고하여 '책략策略'이 정해지기 바랍니다. 결국 '삿초' 등이 권력을 휘두르는 것처럼 보인다면 끝끝내 '조정의 주의'는 관철되지 못하고, 도호쿠가 천황의 '왕화'에 굴복하는 것도 용이하지 않을 것으로 생각됩니다.

라고 도호쿠 '처분책'의 조기 마련과 함께 사쓰마·조슈에 반감을 가지고 있는 도호쿠 민중에 대한 '교화책'이 동시에 마련되어야 한다고 강하게 건의했다.13) 이처럼 도호쿠 제번·민중에 대한 '처분책'·'교화책'의 조기 마련을 주장한 기도의 바람은, 우선 8월 4·13일 두 차례의 ① 〈오우 처분의 조奧羽處分 ノ詔〉(=奧羽士民ニ諭告 ノ詔書)14), 12월 7일의 ② 〈도호쿠 제번

---

13) 『木戸文書』 8, p.84. '조정의 주의主意'란 빠른 시일 내에 도호쿠 제번 처분을 실시하여, 이 지역을 '왕화王化'에 복종시킬 수 있는 민정 지배 방향을 설정하라는 메이지 천황의 명령을 의미한다. 따라서 기도는 이와쿠라에게 오늘날의 가장 '급무'는 호쿠에쓰의 반정부군을 진압하는 데 있다고 하며, 도호쿠 제번 처분 등의 후속조치가 이루어지기를 간절히 희망했다(『同』 8, p.85). 즉 기도는 지나친 '관전寬典론'과 '옥석혼효玉石混淆론'을 경계하며, '천재千載의 형률'에 입각한 차별적인 '황국' 유지·'황위' 과시의 달성·만국대치를 위해, 제번의 난립 상황에서 신정부를 중심으로 제번이 단합한 모습으로, 도호쿠 제번 처분 등의 '전후처리'를 통한 진정한 의미의 '대정일신', 즉 국내통일에 기초하여 신정부의 권위가 조기 확립될 필요성을 강조했다(『同』 3, p.157).

14) 太政官, 『太政類典草稿』 第1編 第1卷, 件名番號: 3, 件名: 奧羽ノ民人ニ諭シ速ニ其方向ヲ定メシム; 『勅語類·明治詔勅』, 件名番號: 6, 件名: 奧羽士民ニ諭告; 『法令全

처분조서東北諸藩處分詔書)15), 그리고 메이지 2(1869)년 2월 20일의 ③〈오우 인민고유奧羽人民告諭〉16) 형태로 나타났다.

① (전략) 도호쿠 지역(오우奧羽: 무쓰노구니陸奧國·데와노구니出羽國)은 아직까지도 '황화皇化'에 굴복하지 않고, 제멋대로 날뛰어 그 화가 지방에까지 미치고 있으니, 짐은 심히 이를 걱정한다. 천하의 어느 지역도 짐의 백성이 아닌 자 없으며, 온 천하가 짐의 일가이다. 짐은 백성에게 아무런 차별을 두지 않는다. 애써 도외시하는 일은 절대 없다. 생각해 보건대, 짐의 '정체政体'를 방해하고 짐의 백성을 해치니 할 수 없이 관군을 내려보내 그 잘못을 바로잡았다. 되돌아보면, 도호쿠 지역의 백성은 어째서 모두 도리에 어긋나 혼미한 상태인가. 반드시 '대의大義'를 분명히 하고 '국체國体'를 대변할 사람이 없는가. 혹은 그 힘이 미치지 못하고, 혹은 그 기세를 떠받들지 못하고, 혹은 '정실情實'이 통하지 않고, 혹은 상황이 어긋나 오늘에 이르렀다. 이와 같은 모습이라 이 기회를 놓치지 않고 속히 방향을 정하고, 평소의 마음을 나타내기 위해, 짐은 친히 선택할 여지가 없었다.

書』第3冊 第603·626, pp.241, 257 ;『明治天皇紀』第1, pp.786~787 ;『岩倉公實記』中卷, pp.507~508.

15)『法令全書』第3冊 第1036, p.378 ;『明治天皇紀』第1, pp.917~918. 예를 들어 '처분조서'는 10월 20일 기도가 이와쿠라를 방문해 도호쿠 항복 제번의 처분·민정 문제 등의 장래 문제를 논의하고(『木戶日記』1, p.126), 다음날 이와쿠라가 국정 전반에 관한 의견서(도호쿠 민정·형률·군제·전공 포상·회계·학제 등)를 '조의'에 상정하면서, 아이즈 번주 가타모리를 '관대처분'할 시에는 그 취지를 알기 쉽게 설명한 '유고諭告'를 내려달라고 요청한 데서 비롯되었다(『岩倉公實記』中卷, p.605). 이와 관련하여 기도가 이와쿠라를 비롯한 신정부 요인을 향해 평소 항복 제번에 대한 철저한 조사와 처분 사유의 적시, 죄의 경중에 따른 공평한 처벌 조서의 포고를 희망해 왔다는 점[沈箕載(2012), 「木戶孝允과 戊辰戰爭 전후처리-東北戰爭을 중심으로-」, p.278]에서, '처분조서'는 기도의 주장이 반영된 결과라고 할 수 있을 것이다.

16)『法令全書』第4冊 第178, p.90 ;『明治天皇紀』第2, pp.52~53.

설령 반정부 측과 관련되었더라도 그 죄를 뉘우치고 마음을 고쳐먹고 돌아온다면, 짐이 어찌 이를 모르는 체할 수 있단 말인가. 처벌하는 데 있어 반드시 합당한 법률로 하되, 옥석을 가리지 않거나 선악이 구별되지 못하거나 하게 하지 않겠다. 도호쿠 백성들은 짐의 뜻을 충분히 깨달아 일시적인 잘못으로 '천재千載의 욕辱'을 남기지 말지어다.

② 상벌'은 '천하의 대전大典'으로 짐 혼자서 결정하는 것이 아니다. 마땅히 '천하의 중의'를 모아 지극히 공평정대하게 털끝만큼도 잘못이 없도록 정해야 한다. (아이즈 번주)마쓰다이라 가타모리를 비롯하여 (센다이 번주)다테 요시쿠니 등을 '백관장사百官將士'로 하여금 논의토록 한바, 각자 약간의 차이는 있었다 하더라도 그 죄는 한결같이 '역과逆科'에 해당하며, 마땅히 '엄형'으로 처벌해야 한다. 특히 가타모리의 죄는 세상 사람들이 모두 노하는바 '사(형)'이며, 여전히 여죄가 있다고 상주한다. 짐이 곰곰이 생각해보건대, '정교政教'가 천하에 널리 알려지고, '명의名義'가 사람의 마음 속에 분명히 각인되었다면, 본디 주군을 시해하는 신하와 지아비를 죽이는 아들은 없었을 것이다. 바야흐로 짐의 '부덕'으로 인해 '교화'의 길이 아직 세워지지 않았다. 그뿐 아니라 700년 이래의 기강이 쇠퇴하고, '도리'에 어긋나 혼란스러우며 나쁜 습관으로 나타난 지 오래다. 본래 가타모리의 경우는 저명한 문벌 집안이자 관위 수여자이나, 오늘날은 '역모'자다. (이것은)가타모리 한 사람의 소행이 아니고 반드시 주모자인 신하가 있다. 따라서 짐은 단호히 말하건대, 그 사실을 헤아려 그 이름을 용서하고, 그 정을 불쌍히 여겨 법으로 용서하여 가타모리의 '사일등死一等'을 완화하고, 주모자를 '주살誅殺'하는 '비상의 관전寬典'에 처하고자 한다. 짐은 또한 바야흐로 지금부터 스스로 마음을

잡아 정치에 힘써 '교화'를 국내에 펼치고, '덕위'를 해외에 빛나게 함을 희망한다. 너희 '백관장사'는 이것을 실현시키도록 노력하라.
③ 천황은 '천손'의 후예로서 이 땅에 군림하고, 국토를 보전하고 만물의 영혼을 감싸 기르듯이 천지간 어디에 가더라도 '왕토'가 아닌 곳이 없으며, 한백성으로서 천황의 자식이 아닌 자가 없다. 그러므로 천황에 적대하는 자는, 설령 제후라고 하더라도 처벌하는 데 아무런 주저함이 있을 수 없다. 그러나 여기 그저 '교화'가 널리 미치고 있지 않았다고 하는 천황의 뜻에 의해, 아이즈처럼 반정부군의 핵심 세력조차 관대하게 처분해 처벌하지 않고, 더군다나 기타 제번주도 가벼운 처분으로 끝냈다. 도호쿠 백성들은 이것을 구분하지 못하고, 어째서 함부로 소요를 일으킬 수 있단 말인가. 그것은 단지 번주의 죄를 증가시킬 뿐이다. 천황의 넓은 아량으로 적어도 이 땅에 생을 부여받은 자가 천황의 자식인 것처럼, 일개 백성도 이 점을 깨닫지 않으면 천황의 마음을 어지럽힌다는 이유에서, 산간벽지, 에조치蝦夷·마쓰마에松前에 이르기까지 널리 백성을 어루만져 위로하며 은혜를 베풀고자 한다. 도호쿠 지역의 백성들은 부디 신정부의 취지를 잘 받들어 각자생업에 열심히 힘써 주기 바란다.

오우, 즉 도호쿠 〈처분조서〉 및 〈인민고유〉에서는, 공통적으로 천황은 '천손'의 후예이자 '황국' 일본의 주인에 해당하는 부모로서, 천황의 자식에 해당하는 백성을 차별 없이 보호해야 한다는 천황제 이데올로기에 기초한 '왕토왕민' 사상 및 '인휼仁恤'에 기초한 '만민애무'의 입장이 강조되고 있다. 이어 ①에서는 천황의 '황화'에 복종하지 않고 관군에게 계속 저항한 도호쿠 민중에 대해서는 시시비비를 가려 처벌할 예정임을 강조하는 한편, ③에서는 평정 후에도 아직 안정을 되찾지 못한 도호쿠 지역의 민심을 안정시키기 위한 천황의 '무휼撫恤' 실행17)이 강조되고 있다.

한편 ②에서는 아이즈번을 포함한 도호쿠 제번의 모반은 본래 대역 죄로서 엄벌로 다스려야 마땅하나, 천황의 '부덕'과 '교화'의 미정립을 이유로 천황의 정치적 재단18)에 따라, 도호쿠 전쟁의 빌미를 제공한 마쓰다이라 가타모리 이하 제번주에 대한 처벌을 완화하는 대신, '반역' 을 주도한 가신들을 처형함으로써, 궁극적으로 천황의 '교화'와 '덕위'를 대내외에 과시하여 천황 권위를 확립하는 것은 물론, 도호쿠 지방의 민심 안정 및 신정부의 정치 안정까지 도모하겠다는 뜻이 담겨 있다. 여기서 강조하는 천황의 '황화'·'교화'와 '덕위'의 대내외 과시는, 앞서 언급한 것처럼 신정부 수뇌부 가운데서도, 특히 기도 다카요시가 중요 시한 정치적 과제였다.19)

2. '번치직제藩治職制' 제정·도호쿠 '부현제府縣制' 실시와 기도

도호쿠 민중의 '교화책' 및 '진무책'의 조기 마련을 계속 촉구해왔던

---

17) 천황의 '무휼' 실행은 도호쿠 평정 시에 '전화戰火'를 입은 도호쿠의 민심을 획득할 목적으로, 8월 신정부가 발령한 연공반감령年貢半減令, 즉 세금면제령 이 대표적이다『法令全書』第3冊 第665·666, p.269 ; 松尾正人(1986), 앞의 책, pp.18~19].

18) 12월 7일 행정관은 '처분조서'와 관련해 처분 제번에 대해 "이번 가타모리 등의 처분은 천하의 중의를 청취한바, 형전刑典의 엄과嚴科로 처벌해야 한다는 건의가 있었으나, 별지에 기재한 대로 신단에 따라 처분하였으니, 조서의 취지를 각자 충실히 실행에 옮기도록 지시한다"는 천황의 정치적 판단에 의해 관대히 처분되었음을 알리는 행정명령서를 하달했다(「東京城日誌」10, p.26 ;『岩倉公實記』中卷, p.618 ;『大久保文書』2, p.483 ;『大久保利通傳』中卷, p.586 ;『佐々木高行日記』3, pp.402~403).

19)『木戶文書』3, p.332 ;『同』8, p.84.

기도는, 8월 중에 '부현재직府縣在職' 등과 관련한 '규칙' 문제가 대두[20])되자, 9월 29일 이 업무에 관여하고 있던 고토 쇼지로後藤象二郎(參與)에게 서한[21])을 보내,

(전략) '부현재직의 면면·규칙' 취급 문제는, 대소에 따라 인원 상 다소의 차별은 있더라도 대략적인 것은 제정해야 합니다. 8월중에 제부현諸府縣의 의견을 제출하라는 지시도 있었는데, 그 후 어떻게 되었는지 궁금합니다. 어찌됐든 서둘러 조사를 행해 정해지면, 도쿄를 비롯한 '도호쿠 부현'에도 그 '규칙'을 가지고 '결정'하는 것이 타당하다고 생각합니다. 제각각이 되어서는 반드시 실제적 성과를 거둘 수는 없다고 봅니다. '번직제藩職制' 명령이 있은 후, 드디어 '부번현府藩縣'의 '정체'대로 '정도'를 펼치지 않으면 안 되므로, 현재로서는 우선 '부현'에서부터 반드시 실행에 옮겨 번에까지 영향을 미치지 않고서는 어렵다고 봅니다. 우선 현재의 '직제' 문제는 정부 입장에서 전국적으로 균일하게 적용되는 것이 바람직하므로, 이 일에서부터 착수되기를 희망합니다. 자연히 늦어지면 속히 '포령'이 발령되도록 진력해주길 바랍니다. 이 또한 간토 지방 제후와 제번의 '직제'를 개정하기 위한 하나의 전략이 되지 않을까 생각합니다.

라고 언급하며 평정을 이룩한 후, 행정개편이 단행될 도호쿠 '부현'에도 통일적으로 적용시킬 수 있는 '규칙' 마련을 조기에 결정할 것을 촉구했다. 나아가 전국 제번의 '직제'를 통일할 필요성, 즉 신정부의 전국

---

20) '부번현'의 '정령政令'이 통일적으로 발령되지 못한 데서 오는 폐해가 적지 않자, 신정부는 이것을 하나로 묶을 목적으로 우선 교토부 신설 직제 등을 제시하는 형태로 의견수렴을 시도했다(『明治天皇紀』第1, p.788).

21) 『木戶文書』3, p.149.

지배를 쉽게 하기 위한 '직제' 상의 일관된 '규칙'을 포함한 '부번현 삼치일치府藩縣三治一致'의 '정체' 확립안을 마련해, 이를 제번에 포고하는 것이 매우 시급하다고 주장했다.[22]

한편 참여 오쿠보도 10월 4일 기도에 보낸 서한에서, 도호쿠 평정에 따른 '처분책' 마련과 더불어, 정책의 기본을 세우고 그 실적을 올리는 것이 '급무'인 만큼, 개혁적인 자세로 '국체' 정립을 위해 국가 통치 운영시스템의 조사(정체취조政体取調) 작업 등이 신속히 이루어질 필요가 있음을 지적하고, 그 과정에서 기도가 정치적 진력을 다해줄 것을 당부했다.[23] 이 시점에서 오쿠보가 기도에게 부탁을 한 것은, 당시 기도가 천황의 '동행' 수행원으로서 도쿄에 머물며 직제·인사 등을 비롯한 개혁을 추진할 입장에 있었기 때문이다.[24]

기도는 20일 와병중인 보상 이와쿠라를 만나 도호쿠 민정 문제를 포함한 제반 문제에 대해 깊이 논의했다.[25] 다음 날 이와쿠라는 앞서의 기도 제안에 호응하여 처분책의 조기 마련과 함께 '부번현 삼치제'에 기초한 제번의 직제 제정을 건의하고 나섰다.[26] 그 결과 28일에 제번에 대한 내정 개입의 첫 단계로서, 번 행정과 번주의 가정家政·가신 분리를

---

22) 『維新史料綱要』 卷9, p.500.
23) 『大久保文書』 2, p.436.
24) 沈箕載(2010), 「木戸孝允과 戊辰戰爭」, p.487 ; 松尾正人(2007), 『木戸孝允』, p.35. 당시 기도는 신정부 요인들의 사정, 예를 들면 오쿠보의 천황 수행, 오키·이와쿠라의 와병 등 때문에 거의 혼자서 국무를 관장할 정도로 정국의 중심에 서 있었다(『木戸日記』 1, pp.129, 131, 133~134).
25) 『木戸日記』 1, p.126.
26) 『岩倉公實記』 中卷, pp.605~607. '부번현 삼치제'란 메이지 초년의 지방행정제도를 가리킨다. 게이오 4(1868)년 윤4월 21일 '정체서政体書' 제정 후, 도쿠가와 막부 직할지에 설치되었던 재판소를 폐지하고, 구막부의 직할도시에 해당하는 조다이城代·교토 쇼시다이京都所司代·부교奉行의 지배지를 부府(9), 기타 지역을 현縣(22)으로 정해 신정부의 직할지로 삼고, 종래의 번藩(274)은 그대로 두었다. '삼치제'는 메이지 2(1869)년 판적봉환의 단행으로 확립되었다(『明治天皇紀』 第1, p.710).

규정한 '번치직제藩治職制'를 제정·포고하였다.[27] 즉,

> 천하는 지방 '부번현'의 '삼치제'로 돌아가 '삼치일치'에 의해 '국체'가 세워질 것이다. 그런데 '번치' 문제는 종래 제번에 따라 직제가 달랐기 때문에, 앞으로 동일한 취지의 '번치직제'를 대략 별지대로 시행함을 하달한다.

라고 하여 신정부는 제각각이던 제번의 직제를 '부현'과 마찬가지로 통일적으로 제정해, 종래의 가로家老 등을 집정執政·참정參政·공의인公議人으로 개정토록 했다. 이것은 직제 간소화와 함께 번주의 가사家事와 번정藩政을 명확히 구분함으로써, 문벌세습에 얽매이지 않는 인재 등용[28]을 통해 번정 혁신을 시도하고, 나아가 신정부의 지방행정구획으로 자리매김한 것이었다. 이 같은 신정부의 결정은 기도의 지론인 인재육성론과도 맥락을 같이하였다. 평소 출신지역과 신분에 관계없이, 능력 있는 인물의 정치참가 내지는 적재적소 발탁이 필요하다는 생각을 가지고 있던 기도는 늘 행동으로 보여주고 있었다.[29]

---

27) 太政官(1876), 『太政官日誌』 第15冊 第127, pp.3~4 ; 『法令全書』 第3冊 第902, p.337 ; 『明治天皇紀』 第1, p.879 ; 『大久保利通傳』 中卷, pp.578~580. 종래의 문벌 세습 위주의 가로 제도에 대신해, 번정에서 가장 주요 직책인 집정에는 종래의 가로 혹은 중급 무사층이, 그 다음 요직인 참정에는 중급 무사층이, 마지막으로 제번의 번론을 대변하는 대표자로서 공의인이 각각 발탁되었다.

28) 松尾正人(2007), 『木戸孝允』, p.35 ; 同(1995), 『維新政權』, p.82.

29) 예를 들면 도쿠가와 막부 말기 단계에서 이토 히로부미 등의 영국 유학 주선, 오무라 마스지로의 조슈 번정(병제 개혁 담당자) 추천에 이어, 신정부에 들어와서는 전장군 요시노부의 외무대보 등용 건의, 에토 신페이江藤新平의 대총독부 군감 및 이토 히로부미·이노우에 가오루井上馨·마에바라 잇세前原一誠·오쿠마 시게노부大隈重信·가쓰라 다로桂太郎의 추천 등, 기도가 추천하거나 발탁한 인물들은 상당수에 달했다(『木戸日記』 1, pp.16~17, 30, 32, 104, 179 ; 絲屋壽雄(1971), 『大村益次郎』, 中央公論社, p.94 ; 『木戸逸事』, pp.151~154). 이러한 기도의 인재 등용은, 메이지 원(1868)년 12월 2일 신정부에 건의한

'번치직제'가 포고된 28일, 기도는 이와쿠라의 대리인 나와 도이치名
和道一에게 서한을 보내, 신정부의 중요 정책이 실행에 옮겨지지 않는
주된 이유로 '규칙'의 미확립을 들고, 설령 '규칙'이 만들어졌다 하더라
도 정책 담당부서 상하 간에 '규칙'에 기초하지 않은 정책 혼선이 적지
않게 존재한다면서, 어디까지나 '규칙'에 근거한 철저한 정책 집행을
전제로 할 때만 신정부의 권위가 굳건히 세워진다고 강조하였다.30)

한편 평정을 이룩한 도호쿠 지역에도 마침내 '부현제'가 실시되었다.
후술할 것처럼 기도의 건의로 12월 7일 발표된 점령지 도호쿠 행정구역
분할 결정에 즈음하여, 신정부는 "도호쿠 지역은 고래로 광대하고 멀리
떨어져 있어 교화가 보급되지 못해 다스리기 어려운 지방으로 알려져
왔으나, 바야흐로 소란이 진정됨에 따라 천황의 의지로 널리 교화를
베풀고 풍속을 바꾸어 인민을 무육시키고자 부현제를 실시하고자 한
다"고 하여, 도호쿠 전쟁에서 관군에 패배한 열번동맹 제번에 대한
'전후처리'의 일환으로서, 무쓰노구니陸奧國를 5분할해 이와키磐城(현재의
福島縣 동부·宮城縣 남부)·이와시로岩代(福島縣)·리쿠젠陸前(宮城縣)·리쿠추陸中
(岩手縣)·무쓰陸奧(靑森縣)의 5개 지방으로, 그리고 데와노구니出羽國를 2분
할해 우젠羽前(山形縣)·우고羽後(秋田縣) 2개 지방으로 구획했다.31)

그의 국민교육 보급을 통한 인재 양성 목적이라는 보통교육진흥책 건의와
무관하지 않다. 기도는 "국가의 부강은 국민의 부강을 기초로 하니, 국민이
무직빈약無職貧弱의 영역을 벗어나지 않고서는, 왕정유신王政維新의 미명美名이
공명空名이 되어 세계열강과의 대치라는 목적도 반드시 실효가 사라질 것이
다. 따라서 일반 국민의 지식 진보를 꾀하고, 문명 각국의 규칙을 참고로
해서 일본의 학제를 제정하고, 점차적으로 학교 설립을 진작시켜 활발하게
교육을 보급하는 일이 급무다"라는 보통교육진흥책을 12월 2일 신정부에
건의했다(『木戸文書』 8, pp.78~79). 요컨대 기도는 국가의 운영에서는 소수의
영웅-(엘리트)이 국가와 지방을 움직이는 것이 아니라, 일반 국민 전체의
교육을 통해 번벌·문벌에 얽매이지 않는 능력에 따른 인재 등용이 매우
중요하다는 점을 일찍부터 강조하였다.
30) 『木戸文書』 3, p.166.

도호쿠 지역의 '부현제' 실시와 관련해, 행정구역 분할이 결정된 20여 일 전인 11월 3일, 기도는 산조로부터 도호쿠 점령지에 '부府'를 설치하는 문제로, 긴히 만나 협의 후 결정하고 싶다는 서한을 받았다.[32] 이후 앞서의 12월 7일 도호쿠 '부현제' 실시라는 신정부 발표도 있고 해서, 기도는 12월 18일에 이르러 도호쿠의 쇼나이·후쿠시마·모리오카에 3부 설치를 구상하고, 후술할 것처럼 센다이에 1부 설치를 검토한 바 있던 오쿠보에게 서한[33]을 보내, 3부 설치를 정책화하려고 했으나 목적을 달성하지는 못했다. 신정부는 도호쿠 전쟁에 이어 마지막 과제였던 하코다테 전쟁을 끝으로 권력기반을 확립해 나가고, 이른바 막번체제에 기초한 봉건사회 질서는 그 권위를 상실하게 되었다. 번 지도체제의 완전한 타파는 메이지 4(1871)년의 폐번치현을 기다려야 했으나, 이처럼 메이지 2년의 판적봉환 전 단계에서, 기도 등의 요인들이 평정직후 도호쿠 지역을 포함한 제번에 대한 신정부의 중앙집권적인 지방지배('번치직제'·'부현제' 실시)가 추진되고 있었음은 주목할 만하며, 이는 뒤에서 언급할 것처럼 특히 도호쿠 전쟁의 상흔이 아직 깊게 남아 있던 도호쿠 지역의 민심안정책에도 직결되는 것이었다.

---

31) 『法令全書』第3冊 第1038, pp.378~379 ; 『明治天皇紀』第1, p.920 ; 『岩倉公實記』中卷, pp.624~625 ; 『大久保利通傳』中卷, p.587 ; 『佐々木高行日記』3, pp.403~404 ; 「東京城日誌」11, pp.30~32. 후술하듯이 도호쿠 점령지를 주변 제번의 민정 단속에 위임시켜 왔던 신정부는, 메이지 2(1869)년 5월 이후 현을 설치하여 직접 지배에 나서게 된다. 즉 이와키노구니磐城國의 경우, 시로이시현白石縣·시라가와현白河縣(8월), 이와시로구니岩代國는 와카마쓰현若松縣(5월)·후쿠시마현福島縣(7월), 리쿠젠노구니陸前國는 모노우현桃生縣(7월)·도요마현登米縣·이시노마키현石卷縣(8월), 리쿠추노구니陸中國는 구노헤현九戸縣·에사시현江刺縣·이사와현膽澤縣(8월), 우젠노구니羽前國는 사카다현酒田縣(7월)을 각각 설치하였다(『明治天皇紀』第2, p.167).

32) 『木戸關係文書』4, p.143 ; 『木戸日記』1, p.133.

33) 『木戸日記』1, p.163.

3. 도호쿠 전후 민정처리 노력·민정 단속법령 제정과 기도

1) 기도의 도호쿠 민정처리 노력(1) -민정국民政局시대 전후과정-

도호쿠 평정이 이루어지면 곧바로 점령지 지배처리 문제가 기다리고 있음을 이미 지적[34]한 바 있던 참여 기도는, 7월 17일 오쿠보에게 점령지 지배와 관련해 중요한 제언을 하게 된다.[35] 즉 "도호쿠 부현 문제는 이미 착수한 것은 제쳐두고라도 실로 점령지역은 민심 안정이 매우 중요하므로, 우선 인심이 안정될 때까지는 대중번大中藩 중 하나의 번에 전부 맡기되 병력도 아울러 갖춰 신중히 처리하고, 부현지사의 인선도 점차적으로 실시하는 것이 매우 타당하다고 생각한다. 만일 점령지 처리를 처음부터 잘못하게 되면, 인심에도 크게 관계되어 결국 신정부의 권위도 서지 않게 되고 나중에 곤란해지게 될까 매우 걱정된 다"고 하였다. 무엇보다도 민심 안정이 신정부의 권위 확립과 밀접히 관계되어 있다는 점을 전제로 하여 도호쿠 평정 후의 점령지 지배처리, 즉 민심이 안정될 때까지 유력 번에게 지배 관리하게 하고 순차적으로 부현지사의 인선을 처리할 것을 강조했다. 또한 기도는 7월경 신정부에 제출한 「도호쿠 제현의견입서東北諸縣儀見込書」에서도, "도호쿠는 간사이 關西와 다르게 일단 부현 처리를 잘못하거나 하면 장래가 매우 어려워질 것"으로 전망하고, "특정 번에 도호쿠에 대한 지배를 위임한 후에는, 아울러 인물 등을 종합적으로 고려한 인선을 실시하는 것이 바람직하 다"고 재차 강조하였다.[36]

---

34) 『木戶文書』3, p.113. 기도는 7월 17일 오키 다카토大木喬任에게도 도호쿠 평정 이 대략 이루어지면 직접 손을 대야 할 사건이 적지 않음을 언급하고, 신정부 의 과제로서 점령지 지배(민정) 처리가 중요함을 강조했다.
35) 『木戶文書』3, p.111 ; 『大久保關係文書』2, p.373.

이 같은 기도의 제안에 동감을 표시한 참여 오쿠보도 도호쿠 평정 후의 점령지 지배와 관련해, 우선 센다이에 1부를 설치하고 아울러 1제후를 두지 않으면 곤란하다고 보았다. 또한 도호쿠가 광대한 지역인 만큼 둘 내지는 셋 정도의 제번 병력으로 '진무'하지 않으면 도호쿠 평정이 어려울 것으로 전망했다. 이것은 센다이 '민정부民政府'의 설치와 함께, 지배를 목적으로 한 병력의 동원 가능한 제번을 지정할 필요성을 강조한 것이다.[37] 이와 관련해 기도의 정치적 맹우였던 오무라도 10월 16일 기도에게 보낸 서한에서, 조기에 도호쿠 민정에 착수해야 한다는 기도의 제안에 전적으로 동의를 표하고, "도호쿠 점령지를 기도의 생각 처럼 합당한 번에게 우선 위임시킨 후, 추후 신정부에 여유가 생겼다고 판단될 때 직접 접수하는 편이 최상의 방법이 될 것이다"라며, 조속한 결의와 착수를 희망하였다.[38] 이처럼 기도의 점령지 지배책은 신정부 요인들로부터 전폭적인 지지를 얻고 있었다.[39]

한편 신정부는 구막부의 직할령 및 관군에게 저항한 제번의 몰수·감봉 영지를 직할지로 지배하기 위해, 해당 지역에 말단 행정기관인 '민정국民政局'을 각각 설치했다.[40] 도호쿠 점령지는 대체로 평정이 이루

---

36) 松尾正人·千田稔(1977), 앞의 책, p.52 재인용.
37) 『大久保文書』 2, pp.343~344 ; 『木戸關係文書』 2, p.170.
38) 『木戸關係文書』 2, p.276.
39) 이 밖에 오키도 10월 10일 기도에게 서한을 보내, 문명화가 뒤처진 도호쿠 지방에 '대번大藩'의 힘으로 크게 문명화의 기초를 세우고, 또 완급 정책으로 '동서'가 호응해 수도 방어 및 북방의 경비지역으로 삼아야 한다는 의견을 피력해 동의를 표시했다(『木戸關係文書』 2, pp.162~163).
40) 도호쿠 전쟁이 끝난 후, 신정부의 최대 공략대상이었던 아이즈번에도 '민정 국'이 설치되었다. 무라다 우지히사村田氏壽(福井 번사)를 민정 총괄자로, 기타 민정국원은 가나자와金澤·후쿠이 등의 여러 번에서 인선해 파견 근무토록 했다. 일반적으로 도호쿠 제번 점령지의 '민정국'에서는 '전후처리'와 사회질 서 유지를 위한 시책의 하나로서, 전화戰火와 관군의 약탈로 곤궁해진 제번 민중들에게 쌀 등을 지급하고, 구지배기구(봉건적 영유체제 하의 농촌지배체 제)를 통한 징세와 신정부 정책의 전달을 주요 임무로 하고 있었다(松尾正人

어진 9월 하순경 이후부터 설치되기 시작했는데, 이때 기도는 도호쿠 점령지 제번의 민정 문제에 관심을 갖고 적극적으로 제언을 계속하였다. 이미 9월 1일 도호쿠 현지 즉 호쿠에쓰 지역으로부터 민정 대책을 마련해달라는 요청[41]을 받고 있었던 기도는, 26일 메이지 천황 동행길인 아쓰타熱田에서 아이즈로부터 돌아온 산노미야 고안三宮耕庵(會津占領軍參謀)으로부터 최신 사정을 자세히 전해듣고 다음과 같이 언급하였다.[42]

관군이 싸울 때마다 승리를 거두고 있으나 그 "교만하고 포악한 폐해"가 이만저만이 아니다. 따라서 이번에 아이즈 '민심'을 크게 회복시킬 조치를 취하지 않으면 안 될 것이다. 실로 나의 상상을 뛰어넘는 일이 적지 않다. 오래 전부터 혼자서 매우 우려해왔던바, 지난 6월 도쿄로 상경했을 때 '진무책'을 건의한 바 있었으나 끝내 받아들여지지 않았다. 이번에야말로 대책을 세우지 않으면 결국 장래가 어려워질 터인데, 각 부서의 장들은 문제의 심각성을 이해하지 못하고 있음을 개탄한다. 또한 아이즈 지역에는 소실된 집 가운데 세 집 혹은 다섯 집꼴로 스스로 목숨을 끊은 사체가 있다고 하며, 한 집에 두 살 정도 되는 아이를 포함한 노소老少 일곱 명이 칼에 찔려 죽었다고 한다. 참으로 '애통'하기 그지없다. 그들은 모두 원래 똑같은 '황국'의 백성인데, 그저 '대도大道'를 잘못 걸었다는 차이로 끝내 여기에 이르렀다. 부녀자와 아이들에게 무슨 죄가 있는가. 아무리 '적인敵人'이라 해도 '애통'함을 견디기 어렵다. 천하 제후의 '급무'는 사적인 이해관계를 떠나 크게 '황기皇基'를 세우는 데 일조하고, 천하를 부강하게 하고 모든 백성을

(1986), 「明治新政權の會津處分」, pp.14~15, 小林淸治 編, 『福島の硏究』 4, 淸文堂 出版 所收].
41) 『木戶日記』 1, p.93.
42) 『木戶日記』 1, pp.107~108.

행복하게 하며 '황위'를 사방에 과시하지 않으면 실로 천하의 '대죄'이다. 그런데 나 또한 '교붕交朋'을 생각하면 매우 통탄스럽고 슬프며, 산만큼 깊이 탄식하며 덧없는 일이로다.

평소 도호쿠 평정이 이루어져도 민정대책이 강구되지 않으면 진정한 의미의 평정이라고 볼 수 없다[43]고 인식하였던 기도는, 아이즈 평정 과정에서 드러난 관군의 오만하면서도 난폭한 약탈 행위[44]에 따른 아이즈 민심의 동요를 막을 수 있는 '진무책'을 마련하기 위해 해당 부서 책임자들이 지혜를 모아 속히 작업에 착수해야 한다고 강조하고 있다. 나아가 평정 과정 속에서 아이즈 민중이 처한 처참한 현실에 '애민哀憫'의 정을 표시하는 한편, 신정부에 참여하고 있는 대소大小 번주를 포함한 전국 제번주의 '급무'는 신정부의 권위를 위협하는 사적인 이해관계의 추구가 아니라, 어디까지나 '황국'의 기초를 세우고 민심안정과 부국강병을 통한 '황위'의 과시이며, 이를 달성하기 위해서는 우선적으로 도호쿠 지역에 대한 '진무책'을 강구하는 일이 선결 과제라고 재차 강조하였다.

2) 기도의 도호쿠 민정처리 노력(2)
-민정국시대에서 근린제번近隣諸藩의 민정처리 위임시대로-

신정부 내에서도 도호쿠 점령지의 민정 처리가 시급하다는 점에 대해서는 공감대가 형성되어 있었으나, 뒤에서 언급할 것처럼 도호쿠

---

43) 『木戸文書』 3, p.189.
44) 당시 도호쿠 지역을 공략하고 있던 신정부 측의 오우 진무총독부가 '삿초' 중심의 번들로 구성된 관군에게, 민가에 대한 방화·약탈을 엄금하는 명령을 내릴 만큼 그 횡포가 매우 심했다(『維新史料綱要』 9, p.479).

제번 처분 문제를 둘러싼 갑론을박으로 처리가 늦어지면서, 자연히 민정문제의 처리도 원활하게 진행되지 못하였다. 10월에 들어와 산조·이와쿠라 및 오쿠보 등과 이 문제를 두고 긴밀한 논의[45]를 거듭해오던 기도는, 11월 3일 도호쿠 민정과 제번 처분에 관한 협의를 원하는 산조의 서한[46]을 받고 등청해, 도호쿠 민정 등에 관해 평의했으나 '이론백출異論百出'로 합의에 이르지 못했다. 기도는 이에 실망하지 않고 5일 이와쿠라를 만나 도호쿠 민정 문제 등에 관해 건의했다.[47] 이어 다음 날에는 앞서 언급한 것처럼, 도호쿠 민정문제 처리의 조기 착수를 주장[48]해 오던 군무관 부지사 오무라와도 만나 민정 처리 등과 관련해 폭넓은 의견을 나눈 끝에 그의 동의를 받아냈다.[49] 이처럼 기도는

---

45) 10월에 들어와 기도와 신정부 요인(산조·이와쿠라·오쿠보 등)들은 서로 서한을 보내거나 때로는 직접 만나는 방식으로, 도호쿠 민정 문제 및 '전후처분' 문제에 대한 합의를 도출하기 위해 동분서주하였는데, 기도는 그 중심에 위치하였다(『木戶日記』1, pp.116~117, 124, 127, 131, 133, 134 ; 『木戶關係文書』 2, pp.16·276 ; 『同』4, p.142 ; 『岩倉關係文書』4, p.156 ; 『岩倉公實記』中卷, pp.603~604, 606~607 ; 『明治天皇紀』第1, pp.873, 887 ; 『大久保日記』1, pp.486~ 487 ; 『大久保利通傳』中卷, pp.584~585 ; 『大久保文書』2, p.449).

46) 『木戶日記』1, p.133 ; 『木戶公傳』上, p.1076. 10월 18일에도 도호쿠 민정 및 기타 '급무 사건'에 관해 긴밀히 협의하고자, 19일 등청해 달라는 서한을 기도에게 보낸 바 있던 산조는 11월 3일에 이어 5일에도 재차 서한을 보내, 기도와 마찬가지로 '오우 제번'의 민정처리 문제가 반드시 해결해야 할 '급무' 라고 하는 인식에 공감하고, 아직까지 실질적인 논의에 이르지 못하는 현실을 우려했다. 따라서 하루라도 빨리 해결할 필요가 있음을 강조하며, 당장 오늘 밤 아니면 내일 아침에라도 우선 단 둘이 만나 '숙담熟談'을 나누며 대략의 결론을 도출하고 싶다고 말할 정도로, 도호쿠 민정 등에 관해 조슈번을 대표하는 정계 실력자 기도에 대한 기대감이 매우 컸다(『木戶關係文書』4, pp.142·144).

47) 『木戶日記』1, p.134.

48) 『木戶關係文書』2, p.276.

49) 『木戶日記』1, pp.134~135. 이날 기도는 '대정일신'의 실행 목표가 '황국'의 유지와 '황위'의 해외 과시에 있다는 평소의 지론을 강조하고, 정치적 맹우 오무라와 함께 도호쿠 민정을 포함한 장래의 정국 대책·병제 기초 확립·국가 재정 수입(배분) 등에 관해 상세히 협의했다.

다가오는 25일의 신정부 회의에서 민정에 관한 합의를 끌어내기 위해 총력을 기울였다.[50]

한편 기도 스스로는 도호쿠 민정 및 제번 처리 문제에 진력하였지만, 신정부 내의 제번주·제관리 내지는 제번·공가를 대표하는 신정부 요인들의 미묘한 입장차이 때문에 안심할 수 없는 상황이었다.[51] 요코하마 출장에서 돌아온 12일 기도는 이토 히로부미에게 보낸 서한[52]에서, 도호쿠는 평정되었으나 민정 문제를 포함한 '전후처리'의 지연과 농민봉기 등의 현지 사정으로 장래를 낙관할 수 없는 상황인데, 국내외 문제로 '고심통념苦心痛念'하며 국정에 전념한 나머지 기력이 매우 쇠한 상태이지만 국가 장래를 위해 오로지 '진충盡忠'할 자세임을 토로했다.

이어 다음 날 오무라 등과 만나 도호쿠 상황을 자세히 청취[53]한 기도는, 노무라 모토스케野村素介(山口藩參政·公議人)에게도 서한[54]을 보내, "도호쿠가 평정되었다고는 하나 '민사民事' 등의 문제가 남아 있어 진정한 의미의 평정에 이르렀다고는 볼 수 없고", 나아가 도호쿠 제번 처리와 관련해 다양한 주장 때문에 합의를 이끌어내지 못하는 상태가 지속되고 있음을 전했다. 이처럼 도호쿠 제번 처리 및 민정 문제 해결의 중요성을 계속 강조한 기도는, 가타야마 간이치로片山貫一郎에게도 서한을 보내 답답한 정국 상황을 전하며, 도호쿠 평정 후의 상황을 낙관할 수 없는 시점에서, 신정부 권위 확립과 '황위'의 세계 과시라는 '황국'의 유지 목적을 달성하지 못하면 '대정일신'도 유명무실해지지 않을까

---

50) 『木戸日記』 1, p.146 ; 松尾正人(1986), 「明治新政權の會津處分」, p.12.
51) 당시 신정부 내에서는 도호쿠 '전후처분', 즉 반정부군에 가담한 아이즈 등의 번들에 대한 처벌 수위를 놓고 '관대론'·'엄벌론'이 대립하여 합의를 쉽게 이끌어내지 못하고 있었다.
52) 『木戸文書』 3, p.182 ; 『伊藤關係文書』 4, p.180.
53) 『木戸日記』 1, p.142.
54) 『木戸文書』 3, pp.189~190.

하는 우려를 나타냈다.[55]

심신이 극도로 피곤한 상태였음에도 도호쿠 문제를 좌시할 수 없었던 기도는, 15일 이와쿠라·오쿠보를 직접 만나 장래 문제에 관해 수개조를 건의하고 협의[56]한 데 이어, 19일에는 이와쿠라의 대리인 나와를 통해 현지에서 돌아온 가쓰라 다로桂太郎(奧羽鎭撫總督參謀添役)로부터 자세한 현지 사정을 직접 청취할 것을 요청받았다.[57] 또한 같은 날 평정후 도호쿠 민심의 불안정에 적지 않은 위기감[58]을 느낀 산조가 보낸 사자를 통해 '직서直書'를 받은 기도는, 아픈 몸을 이끌고 등청해 3~4개의 '대사건'에 관해 논의했다.[59] 그리고 기도와 도호쿠 문제를 포함한 정국 전반에 대해 의견 교환을 해오던 와병중의 이와쿠라도 22일에 이르러, 도호쿠 민정 문제를 본격적으로 전담할 주요 인물의 선정 등을 촉구하는 건의서[60]를 보상 산조 이하 요인들에게 회부하고 '조의' 개최를 요구했다.[61]

바야흐로 그동안 고군분투해 왔던 참여 기도의 정치적 노력이 하나

55) 『木戸文書』 3, pp.196~197. 즉 기도는 '황국'을 유지하지 못하면 '대정일신'을 추진하는 신정부도 '막정幕政', 즉 봉건체제를 유지했던 도쿠가와 막부와 다를 바 없다는 인식을 보였다(『木戸日記』 1, p.146).

56) 『木戸日記』 1, p.144. 스스로 사임을 요청할 정도로 기력이 쇠한 상태였던 기도는, 이와쿠라에게 요코하마 출장 결과를 보고하는 자리에서, 도호쿠 제번 처리·민정 문제 등에 관해 건의한 후, 찾아온 오쿠보와도 같은 내용에 관해 의견을 나누었다.

57) 『木戸文書』 3, p.199.

58) 산조는 도호쿠 평정을 앞둔 시점에서 관군이 고군분투하고 있으나, 고통에 빠진 도호쿠 민중들 역시 참기 어려운 현실에 직면해 있음을 직시하고, '도탄'에 빠진 민중들에게 신정부가 '인휼仁恤'의 조치를 베풀어 '재생再生'의 은택恩澤'을 입도록 해야 한다고 주장했다(『明治天皇紀』 第1, p.906 ; 『大久保文書』 2, pp.405~406 ; 『岩倉關係文書』 4, p.117).

59) 『木戸日記』 1, p.144.

60) 『大久保文書』 2, pp.463~464 ; 『岩倉關係文書』 4, pp.194~195.

61) 『維新史料綱要』 卷9, p.615 ; 『明治天皇紀』 第1, p.903.

둘씩 결실을 맺는 방향으로 움직이기 시작했다. 기도는 22일에 이와쿠라의 '밀서'를 받고 도호쿠 민정 및 제번 처분·병제 기초·상벌 등을 포함한 10개조의 답서를, 24일 이와쿠라의 지시를 받고 찾아온 나와를 통해 전달했다.[62] 다음 날 도호쿠 민정·제번 처리 등을 포함한 '중대사건' 회의에 참석한 기도는, 그동안 도호쿠 민정문제에 남다른 노력을 기울여온 점이 인정되어, 도호쿠 민정을 조사할 적임자로 최종 결정되었다.[63]

이제 공식적으로 민정문제를 담당하게 된 기도는, 그날 저녁에 이와쿠라를 찾아가 늦게까지 장래 문제를 걱정하며 논의했다.[64] 기도는 26일 산조·이와쿠라의 요청으로 등청해, 재차 국정의 중요 사항을 논의하는 자리에 참석했다. 이때 이와쿠라는 기도의 건의대로 제반 사항에 대한 조사담당자를 선정하여 그 명단을 미리 기도에 보여주면서, 오는 27일에 신정부 '평결'에 회부할 것임을 표명했다.[65] 나아가 이와쿠라는 26일 기도 앞으로 서한을 보내 도호쿠 제번 처리와 마찬가지로, 도호쿠 민정문제도 우선 처리해야 할 '선무先務'임을 밝히고, 이 문제를 수뇌부 회의에서 논의해 결정하고 싶다는 의사를 전달했다.[66] 이날 기도는 이와쿠라의 뜻에 호응하여, 도호쿠 민정에 관한 의견을 정리한 건의서 3통을 신정부에 제출했다. 이때 기도는 향후 도호쿠

---

62) 『木戸文書』3, p.202 ; 『木戸日記』1, p.146 ; 『木戸公伝』上, p.1092 ; 『明治天皇紀』 第1, p.903.

63) 『木戸日記』1, p.147 ; 『大久保日記』1, p.494 ; 『大久保文書』2, p.481 ; 『木戸公伝』 上, p.1077. 이때 기도는 민정 문제뿐 아니라 도호쿠 제번 처분 문제에 대해서도 적극적인 관심을 갖고, 산조·이와쿠라에 수차례 건의와 면담을 행한 바 있으며, 또 그 결정 과정에도 적극 참여하였다. 이에 대해서는 沈箕載(2012), 「木戸孝允과 戊辰戰爭 전후처리」, pp.268~294 참조.

64) 『木戸日記』1, p.147.

65) 『木戸日記』1, p.147 ; 『木戸公伝』上, pp.1094~1095 ; 『木戸關係文書』2, p.19.

66) 『木戸關係文書』2, pp.17~18.

민정 처리문제가, 도호쿠 제번 처분문제와 맞물려 자신의 지론에 따라 결정될 것이라고 전망했다.[67]

그러나 정치 상황이 기도의 생각대로 순조롭게 흘러가지는 않았다. 민정문제와 직결되는 도호쿠 제번 처분문제를 심의하는 회의가 예정된 날짜보다 이틀 늦게 29일 개최되었으나, '엄벌론'을 주장하는 조슈번과 '관대론'을 주장하는 사쓰마번, 이 양 세력 간의 의견대립에 더해 에노모토 다케아키 탈주군함의 하코타테 점령 대책문제까지 겹치는 바람에, 민정문제의 상정은 12월 초순경까지 기다리지 않으면 안 되었다. 그러나 바삐 돌아가는 정치 일정 속에서도 기도는 정치적 노력을 게을리하지 않았다. 즉 기도는 오쿠보 등과 만나 장래를 걱정하며, 합의안을 도출하기 위해 분주히 움직였다.[68]

그동안 노력해온 도호쿠 제번 처분문제에 이어, 기도는 12월 6일 아침 일찍 찾아온 이와쿠라의 대리인 나와를 통해, 앞에서 언급한 처분 후의 도호쿠 행정구역 분할 구상안을 이와쿠라에게 전달했다. 다음 날 기도도 참석한 신정부 회의에서 마침내 기도의 제안대로 앞서의 도호쿠 지방 행정구역 분할이 최종 확정되었다. 기도는 여기서 한 걸음 더 나아가 도호쿠 민정문제뿐 아니라, 신정부의 민정문제를 담당할 '민부관'의 창설을 제안해 참석자 모두의 동의를 이끌어냈다.[69]

---

67) 『木戸日記』1, p.147.
68) 『木戸日記』1, pp.149~150 ; 『木戸文書』3, p.204 ; 『大久保日記』1, p.495 ; 『大久保文書』2, p.471. 기도는 산조·이와쿠라·오쿠보 등의 신정부 요인뿐 아니라, 평소 도호쿠 문제를 직접적으로 담당하고 있던 민정국을 자주 방문하여 관리들과 논의를 거듭하며 지론 설득에 나섰으나 적지 않은 어려움을 겪고 있었다(『木戸日記』1, p.152).
69) 『木戸日記』1, pp.153~154 ; 『木戸公伝』上, p.1079. 메이지 2(1869)년 4월 설치된 '민부관'은, 7월 민부성으로 개칭될 때까지 지방행정·징세 등을 관장했다. 이 시점에서 도호쿠를 포함한 일본 전역의 민정 문제를 총괄하는 관청의 신설이라는 기도의 제안은 탁견이라 할 만하다.

이 같은 기도의 정치적 노력에 힘입어 도호쿠 민정 시설작업은 더욱 탄력을 받게 되었다.

　신정부는 7일 반정부군의 열번동맹 측에 가담했던 도호쿠 18개 번에게서 몰수한 약 82만석에 달하는 구막부령의 민정 단속문제를 우선 구보타번久保田藩 이하 인근 11개 번에게 위임하는 명령을 내렸다.[70] 즉 신정부는 이들 11개 번의 번주들에게 민정에 밝은 가신을 발탁·파견하여, 전란으로 도탄에 빠진 해당 지역 민중을 '무육撫育'하고 정권교체에 따른 '조정일신朝政一新'의 취지를 널리 보급·관철시키도록 지시했다. 그리고 23일 이후에는 신조번新壓藩·누마다번沼田藩 등 6개 번에도 점령지 제번의 민정 단속을 위임하는 명령을 추가 발령했다.[71]

　이처럼 도호쿠 주변 제번에 몰수지의 민정 단속을 위탁·관리시키는 방책은, 현縣 설치를 전제한 신정부 요인들의 지지를 얻은 기도의 제안을 따른 것이다. 앞서 언급한 것처럼 기도는 도호쿠 민심이 안정을 되찾을 때까지 잠정적으로 대번 혹은 중번 규모의 제번에게 그 지배를 위탁시키고 동시에, 민정에 정통한 지방관료를 파견할 것을 주장하였었다.[72] 이때 점령지 제번에 파견된 민정에 능숙한 지방관료들은 도호쿠 점령지에 새로이 '부현제府縣制'가 실시되면서, 해당 지역의 치안확보는 물론이고 실지 조사를 통해 재정기반의 확보에도 노력했다.[73] 바야흐로 도호쿠 민정을 포함한 점령지 지배는, 종래의 민정국체제에

---

70) 『法令全書』第3冊 第1045, pp.385~386 ;「東京城日誌」14, pp.36~37 ;『維新史料綱要』卷9, p.639 ;『明治天皇紀』第1, p.920. 11번은 구보타번久保田藩·히로사키번弘前藩·마쓰시로번松代藩·시바타번新發田藩·쓰치우라번土浦藩·다카사키번高崎藩·가사마번笠間藩·나카무라번中村藩·다테바야시번館林藩·미하루번三春藩·모리야마번守山藩이다.

71) 『法令全書』第3冊 第1129, p.419 ;『明治天皇紀』第1, p.936.

72) 『木戶文書』3, p.111 ;『大久保關係文書』2, p.373.

73) 『法令全書』第3冊 第1045, p.386 ;「東京城日誌」11, p.30.

서 근린 제번의 위탁관리체제로 전환되었고, 이 과정에서 도호쿠 민중의 '교화'와 '무육'을 향한 기도의 정치적 노력은 계속되었다.

3) 도호쿠 민정 단속법령 제정과 기도

앞에서 언급한 바와 같이 신정부의 도호쿠 민정 단속 책임자가 된 기도는, 12월 14일 보상 이와쿠라로부터 장래 대책에 대해 '하문'을 받고서, 정한론과 판적봉환을 건의하는 자리에서 도호쿠 민정문제를 재차 거론했다.[74] 그리고 18일 도호쿠 민정에 관여할 인원 배치를 구상하고, 20일 등청하여 도호쿠 민정문제의 대략을 결정했다.[75] 그렇다면 기도가 구상한 도호쿠 점령지 지배에 임하는 유력 제번의 민정 단속 내용이란 어떤 것이었을까?

23일 신정부는 앞서의 도호쿠 점령지 제번의 단속을 위임받은 17개 번에 대해, 우선 〈단속규칙〉(제번취체 오우각현 당분어규칙諸藩取締奧羽各縣當分御規則)을 제정하여 하달했다.[76] 이 법령은 점령지의 수해·전란 등에 따른 조세의 차등징수 및 쌀생산량에 따른 '금찰金札'(신정부 발행의 금화金貨 대용지폐ㅣ필자 주) 교부, 그리고 권지현사權知縣事 이하의 민정에 정통한 유능한 관리의 인원수·급여 지급 등을 규정한 것이었다. 다시 말하면 도호쿠 몰수지에 대한 민정 단속을 집행할 때 유의해야 할 내용으로, 궁극적으로는 천황의 '무휼' 정치를 실현시키기 위한 조치의 하나였다고 볼 수 있다. 그리고 다음 날 등청한 기도는 도호쿠 부현의 쌀생산량

---

74) 『木戸日記』 1, pp.159~161.
75) 『木戸日記』 1, pp.163~164 ; 『大久保文書』 2, p.489. 이때 기도는 오쿠보에게 서한을 보내, 도호쿠 제번 처분이 미칠 영향 등을 논의했다.
76) 『法令全書』 第3冊 第1125, pp.416~418 ; 「東京城日誌」 16, p.42 ; 『明治天皇紀』 第1, pp.936~937.

에 따른 조세·촌락 운영비 등의 할당을 점령지의 항복 제번에 강제하고, 우선 토지 등을 구체적으로 논의한 후 부현 단속의 제번과 항복 제번에 각각 전달할 〈향촌장鄕村帳〉의 예비조사작업을 마쳤다.[77]

관군에 반기를 들었던 열번동맹의 '전후처분'(12/7), 점령지 도호쿠 지방의 행정구역 분할(12/7) 조치에 이어, 점령지를 위탁 관리할 제번에 대한 민정 단속법령 제정(12/23)으로 신정부의 도호쿠 지배가 본격화되는 시점에, 이전 도호쿠 제번 처리 등과 관련해 기도의 정치적 노력을 요청했던 오쿠보는 24일 기도에게 서한을 보내, 도호쿠 제번 처리 과정 등에서 천황의 '덕화' 정치가 관철되어 매우 다행스럽다고 지적하고, 그간 기도가 보여준 정치적 노력에 감사를 표했다.[78] 그러나 보신 전쟁의 마지막 단계인 하코다테 전쟁이 아직 끝나지 않은 상태에서, 이제 막 시작 단계인 도호쿠 민정이 아직 뿌리 내리지 못한 정국의 상황을 안타깝게 여긴 기도는, 12월 25일 재차 '대정일신'의 취지를 강조하고 나섰다.[79]

한편 해가 바뀐 메이지 2(1869)년, '산조·오쿠보 등은 천황을 수행해 이미 교토로 돌아갔으나 계속 도쿄에 남아 '황국' 일본의 유지와 '황위'의 세계 과시라는 신정부의 '대정일신'의 목적 달성을 깊이 우려하던 기도는, 앞서의 정국 상황을 개탄[80]하며 정치적 맹우였던 군무관 부지

---

77) 『木戸日記』1, p.167. 24일 신정부는 부현 관할의 각 행정구역의 지도 작성을 부현에 지시했다(『明治天皇紀』第1, p.937). 향촌장이란 본래 도쿠가와 막부가 도요토미 히데요시의 검지장檢地帳 제도를 모방하여 만든 1648년 농촌 지배의 기초자료로, 지도와 함께 지방영주들에게 작성하여 제출하게 한 일국 단위의 각 마을 이름·쌀 수확량 등이 기재된 장부를 가리킨다.
78) 『大久保文書』2, p.487 ; 『木戸關係文書』2, p.182.
79) 『木戸文書』3, pp.209~210. 기도는 진정한 의미에서의 정권교체 목적을 달성하기 위해서는, '황국 유지'를 통해 '황위'를 국내외에 과시하는 것이 절대적으로 필요함을 인식해야 한다고 강조했다.
80) 기도는 '약육강식'의 세계적 물결이 전년도부터 '황국' 일본에 세차게 밀어닥

사 오무라 등과 함께 도호쿠 민정·아이즈 항복인 처리문제, 하코다테 평정과 관련하여 긴밀한 협의를 계속하였다. 정월 6일 기도는 동향의 시시도 다마키宍戸璣(山口藩權大參事)에게 보낸 서한[81]에서, 민정의 착수 없이는 절대로 '민심의 방향'을 정할 수 없다고 지적하고, 민정이 조금이라도 이완되면 혼란스런 정국을 극복해나가기 어려울 것이라고 전망했다. 이와 관련해 동향의 참여 히로사와 사네오미에게도 도호쿠 제번의 '인심'이 여전히 계속 '동요'중임을 전했다.[82]

20일에 이르러서도 기도는 평소 전해듣고 있는 도호쿠 지방의 민심 불안정을 매우 중시해야 한다는 인식을 나타내고, 도호쿠 민정 문제·하코다테 조기 평정을 신정부가 절대 방심해서는 안 될 문제로 보고 후속 조치의 필요성을 이와쿠라에게 강조했다.[83] 나아가 기도는 불안정한 도호쿠 민심을 알아보기 위해 도호쿠 전쟁에 직접 참가하고 해당 지역의 지방행정관도 역임한 바 있는 사이온지 긴모치西園寺公望(奧羽征討越後口大參謀·新潟府知事)를 20·21일 이틀 연속으로 만나 현지 사정을 직접 청취했다.[84] 또한 21일 오무라에게 서한을 보내 도호쿠 사정을 문의[85]

치고 있는 시점에서, 오직 눈앞의 '평정'에만 관심을 쏟아 신정부와 일본 국민 모두가 정권교체의 본래 취지를 깊이 깨닫지 못하고, 나아가 '전도대흥기前途大興起'의 목적도 전혀 엿보이지 않는 현실을 매우 개탄하였다(『木戸文書』 3, pp.230~231).또한 기도는 '대정일신'이 제대로 실행되지 않는 경우, 일시적으로 일본의 국가 '생존'은 가능할지 모르나, 장래는 낙관할 수 없다고 지적했다(『木戸文書』 3, pp.220~221).

81) 『木戸文書』 3, pp.215~216.
82) 『木戸文書』 3, pp.234~235. 기도는 하코다테 평정을 위한 신정부 측의 제번 군함 집결이 지연되면 될수록, 도호쿠 민심의 안정에도 영향을 끼칠 수 있음을 지적하고 나섰다.
83) 『木戸文書』 3, p.222. 기도는 도호쿠 민심의 불안정은 점령지 민정정책상의 착오에 더해, 신정부 측 제번 군함의 미집결로 인한 하코다테 평정 지연에도 영향받고 있다고 보았다.
84) 『木戸日記』 1, pp.179~180.
85) 『木戸文書』 3, p.223 ; 『木戸關係文書』 2, p.277.

하고, 다음 날 오무라와 직접 만나 도호쿠 민정문제를 구체적으로 논의했다. 23일에는 등청하여 도호쿠 제번 사정 및 열번동맹의 맹주였던 센다이번 처분 후의 항복인 처리문제 등을 협의했다.[86]

한편 신정부에 참가한 이후 줄곧 군신간의 '대의명분'을 바로잡고 나아가 '황국 일치의 기초'를 마련해야 한다는 평소의 지론에 입각해, 도호쿠 '전후처분' 및 민정 대책 마련 등에 진력하였던 기도는, 차츰 성과를 내고 있는 현실에 기뻐하는 심정을 30일 오무라 등에게 토로했다.[87] 그러나 기도의 만족감 표시와는 다르게 최초의 민정 단속법령인 앞서의 〈제번취체 오우각현 당분어규칙〉에 기초한 제번의 민정 단속은 형식으로 그치고, 점령지 도호쿠 지방에 제대로 뿌리를 내리지 못하고 있었다. 그것은 후술하는 항복 제번의 저항에 더해 전화戰火에 따른 농촌의 피폐, 농민봉기 등이 여전히 계속되었기 때문이다.[88] 이러한 상황을 그대로 방치할 수 없게 된 신정부는, 2월 4일 후속조치로서 도호쿠 민정을 위탁관리하고 있는 제번에게 다음과 같은 6개조의 〈제번취체 오우각현 시행규칙諸藩取締奥羽各縣施行規則〉을 하달했다.[89]

---

86) 『木戸日記』 1, p.180.
87) 『木戸文書』 3, p.228. 기도는 도호쿠 민정 문제를 함께 논의해 온 야마나카 세이쓰에게도, '대의명분'을 정립하자는 주장이 대부분 정책으로 실행되고 있음을 전하면서 기쁨을 나누었다(『木戸日記』, pp.147, 185). 또한 기도는 2월 8일 오쿠보에게도 서한을 보내 그동안의 지론이 대부분 정부 건의로 수용된 데 대해 기뻐하고, '지중지대至重至大'의 국가 흥망성쇠에 관계하는 "만세불후의 황기皇基" 작업은 완급을 고려하면서 계속 추진할 필요성이 있다고 강조했다(『木戸日記』 1, p.189 ; 『木戸文書』 3, p.247 ; 『大久保關係文書』 2, p.378). 한편 기도는 시종일관 '대의명분'과 '조리'를 토대로 '만고불후의 황기'를 세우고, 또 '황위'를 세계에 과시해야 한다는 기본 입장을 누누이 강조하였다(『木戸日記』 1, pp.143, 183).
88) 松尾正人·千田稔(1977), 앞의 책, pp.56~57.
89) 『法令全書』 第4冊 第109, pp.55~56.

1. 도호쿠 제번 처분의 파격적인 '관대' 조치는, 남녀 모두의 구별이 상실되어 우려된다는 천황의 뜻이므로 그 취지를 받들고, 토착무사의 이주문제 등을 가능한 한 '인서仁恕'의 자세로 조치토록 할 것.

2. 요전에 하달한 〈고장高帳〉(=향촌장鄕村帳)은 덴포天保 연간(1831~1845)에 작성된 것이므로, 그 후의 신전新田 개발에 따른 수확량 등을 상세히 조사한 〈군촌장郡村帳〉을 제출토록 할 것.

3. 개발 신전·개항·광산 등의 장소 선정은 '국익'에 관계되므로, 조속히 보고토록 할 것.

4. 관원의 월급은 별지대로 멀리 떨어진 곳은 세금비용 중에서 지급되므로, 다음 해 정월중까지 총수확량을 보고할 것.

5. 포망리捕亡吏[90]의 역할은 평상시의 문번門番·옥번獄番·소사小使 등이 담당토록 명령하고, 기타 부족한 소사는 권지사權知事 계획대로 등용할 것.

6. 군촌郡村 관리는 모두 종래의 가격家格에 따라 근무해 왔으나, 향후에는 선거에 의해 '인망' 있는 자를 뽑도록 하고, 대장옥大莊屋 이하의 직책은 명령받은 인물의 재능 등을 고려해, 현 관리에도 등용하도록 할 것.

이 규칙에서는 제번 점령지의 민정을 꾀하고, 동시에 점령지 도호쿠 지방을 신정부의 재정 기반 범주에 편입시키기 위한 기초작업의 일환으로서, 도호쿠 '전후처분'으로 인한 이주 대상 무사의 형편을 고려한 조치를 마련하고, 개간토지의 쌀 생산량을 적시한 〈군촌장〉 및 개간지

---

90) 포망제도는 근대 경찰제도 개혁의 하나로서, 메이지 8(1875)년 3월 전국적인 나졸제도(10월 나졸에서 순사로 개칭)가 확립될 때까지, 유신 후의 혼란한 국내 정세 속에서 사법경찰(범죄 수사·범인 체포·압송 등) 임무를 담당하며, 치안유지에 공헌하였다.

·광산의 조사보고서를 제출할 것, 지방의 치안유지에 필요한 경찰인력을 확보하고 능력 위주의 관리를 발탁할 것을 지시하고 있다.[91] 그리고 5일 신정부는 〈부현 시정순서府縣施政順序〉를 전국에 포고했다.[92] 이는 도호쿠 지방을 포함한 신정부 직할의 제부현에서 점진적으로 실시하게 될 지방행정의 대강을 표시한 것으로, 13개 항목의 담당 직무를 적시하고 아울러 각 항목마다 세부 설명을 추가했다.

1. '지부현사知府縣事' 직무 관장의 '대규칙'을 표시할 것.
   '부번현府藩縣의 삼치일치三治一致'야말로 신정부의 '대급무'이며, 서민이 의혹에 현혹되지 않도록 속히 정령政令을 발령토록 한다.

2. 평년 조세액을 계산하여 부현의 일상 경비를 정할 것.
   부현 회계관의 '대급무'는, 해당 관내의 수입·지출을 정해 기본으로 삼는 일이다.

3. 의사법議事法을 제정토록 할 것.
   종래의 규칙을 개정하고 혹은 새로운 법제를 만들 때에는, 모두 '중의'에 의해 공정한 결과를 얻도록 하고, 일반 서민의 심정을 '안도' 시키는 일이 필요하다.

4. 호족 편제에 의한 '호오戶伍'(5인조 : 5가구의 구성)를 편성할 것.
   교토부 제도를 모방해 호적을 만들고 5인조를 편성할 것. 호수·인구의 '다과多寡'를 파악하는 일은 '민정의 기본'이며, 5인조는 '서민 화합의 근본'이다.

5. 토지를 상세히 조사할 것.
   '지면地面'을 자세히 조사해 '군촌시가郡村市街'의 경계를 분명히 하는

<hr>

91) 松尾正人·千田稔(1977), 앞의 책, p.56. 이 밖에 인망·능력을 고려한 지방관리의 등용기준 등이 언급되어 있다.
92) 『法令全書』 第4冊 第117, pp.59~62 ; 『明治天皇紀』 第2, pp.42~43.

일은 생산증가를 위해 소홀히 할 수 없는 일이다.

6. 흉황凶荒을 예방하도록 할 것.

지역 내 인구수에 맞춰 창고를 만들어 흉작·천재지변 시의 구조에 대비하도록 해야 한다.

7. 상전賞典을 실시할 것.

인정 풍속을 강화하기 위해 충의·효행·정절·의리가 뛰어난 사람을 표창하고, 아울러 양로養老에도 힘쓰도록 한다.

8. 궁민窮民을 구제할 것.

'빈민'을 상중하 3등급으로 나누어, 그 '구조방법'을 강구해 점차적으로 줄이도록 하고, 또한 '빈원貧院'·'양원養院'·'병원病院' 등의 비용은 설치하는 시정촌市町村의 호구戶口로 배정해 많은 공금을 사용하지 않도록 하며, 그 시설의 법은 신중한 심의를 거친 후 계획 입안토록 한다.

9. 제도를 만들어 풍속을 교정토록 할 것.

'민정 번영'의 토대는 '권선징악'에 있으며, 또한 화려하고 사치스런 생활을 금지하는 대신에, 소박하고 검소한 생활을 권장해 모든 사람이 안심하고 생업에 힘쓸 수 있도록 한다.

10. 소학교를 설립할 것.

소학교를 설립해 국어·산수·습자를 배우게 하고, 원서願書·편지·주산 등에 도움이 되도록 하며, 또한 때로는 국가의 형성이나 시대의 추세를 잘 알아, 충의·효행을 구분할 수 있도록 가르쳐 깨우치고 인정 풍속의 강화에 힘쓰도록 한다. 또한 재능이 뛰어난 자로 학업성적도 우수한 자는 지망하는 방향으로 나갈 수 있도록 유도한다.

11. '지력地力'을 일으켜 '부국富國'의 길을 모색할 것.

개간을 하거나 용수로를 만들고 교통·수송의 편리를 꾀하며, 종묘種

畜나 소·말·돼지·닭 등의 가축 종류를 늘려서 생산을 증가시킬 방법을 연구하고, 한 차원 높이 원대한 계획을 차분히 세워 추진해나간다.

12. '상법'을 활성화시켜 점차적으로 '상세商稅'를 거두도록 할 것.

상·하층을 불문하고 '이욕利慾'을 앞세우는 것을 경계하고, 서민의 '이익 촉진'에 눈을 돌려 점차 '세법'을 정해 '대성'시키는 일이 중요하다. 결코 주변의 작은 이익을 추구하고, 또한 눈앞의 성공에 초조하게 매달려 나쁜 정치를 해서는 안 된다.

13. '세제稅制'를 개정할 것.

'조세 개정'은 토지조사사업을 정확히 실시해 수확량을 확정하고, 상세히 연구를 끝낸 후에 착수해야 한다. 이것은 결코 정부 관청의 이익이 아니라 '빈부득실貧富得失'을 평균하는 방법이고, 과거의 산정 액수에 구애되어서는 안 된다. 현재 토지의 비옥에 정도가 있음에도 불구하고 수많은 불공평이 엿보이며, 토지가 척박한 빈촌은 날이 갈수록 인구가 감퇴하고, 비옥한 부촌은 상대적으로 번영해 인구가 증가하는 상황이니 빈민의 형편을 동정할 수밖에 없다.

1항은 '부번현府藩縣'을 중심으로 한 지방통치의 토대 구축, 즉 신정부와 '삼치체제의 일치'에 의한 지방행정 일체화를 강조한 것으로, 2항 이하의 전제를 나타낸다. 2항 이하는 민정뿐 아니라 조세제도·식산흥업·부국·호적 작성·소학교 설립·궁민 구제·흉황 및 풍속 교정책 등의 구체적인 업무가 내정의 영역임을 밝히고, 모든 '부번현'의 민정·재정 안정이 신정부의 기반에 직결된다는 것을 표시하고 있다.

한편 이 규칙 등이 발표된 직후, 기도는 8일 오쿠보에게 보낸 서한[93]

---

93) 『木戶日記』 1, p.189 ; 『木戶文書』 3, p.247 ; 『大久保關係文書』 2, p.378.

에서, 도호쿠 민정을 방해하는 농민봉기와 함께 '전후처분' 대상 제번의 전봉轉封 거부 등의 저항94)으로 인해, 도호쿠 민정 안정에 차질이 빚어지고 있음을 지적하고, 정체가 계속될 경우 민정 단속대상의 제번에 상당한 혼란이 초래될 것이므로 절대 방심해서는 안 되며, 특히 쇼나이번·난부번에서 농민봉기가 발생하면 초기 단계에서부터 강력히 진압해야, 그 영향이 전국적으로 파급되지 않을 것이라고 밝혔다.

그 후 20일에 이르러 신정부는 행정관 명의로 앞서의 〈오우 인민고유奧羽人民告諭〉를 발령하여, 천황의 '무휼' 원칙에 입각해 '교화'가 미치지 않은 도호쿠 반정부 세력의 주모자 아이즈 번주 및 기타 제번에도 감봉·전봉 등의 '관대' 처분을 내렸음을 재차 확인시키고, 또 현지 민중들에게는 별도의 처분을 내리지 않았음에도 농민봉기를 일으키는 것은, 해당 지역 번주의 책임을 증가시킬 뿐이라며 신정부의 민정정책에 따를 것을 촉구했다.

이처럼 기도 등이 도호쿠 '전후처분' 및 민정정책의 지방행정 집행 과정에서 차질이 빚어지고 있음에 유의해, 대비책의 강구를 촉구한 이후 신정부의 도호쿠 지방 민정정책이 변화되어 갔다. 즉 도호쿠 전쟁에서 관군에게 패한 열번동맹에 가담한 항복 제번에 대한 '전후처분'의 일환으로서, '신현新縣'의 설치를 상정한 제번 위임의 점령지 민정 단속이 결국 실패로 끝나면서, 신정부에 의한 직접 지배가 불가피해지게 되었다. 따라서 신정부는 3월 13일 아타라시 사다오新貞老(內國事務局權弁官)를 '오우 민정순찰사奧羽民政巡察使'로 임명해 도호쿠 지방을 직접 순회토록 하고, 4월 8일 기도가 이미 제창한 바 있던 민정담당 및 지방지배를

---

94) 12월 7일 신정부는 관군에 저항한 열번동맹 측에 '전후처분'을 내렸다. 그러나 영지의 몰수·삭감·전봉 등의 처분을 받은 일부 항복 제번에서는, 이 처분에 반발하여 전봉 등의 실행을 미루고 있었다.

총괄할 '민부관'을 설치했다.[95] 그리고 5월 4·13일에 이르러서는 앞서 기도가 지적한 것처럼, 쇼나이번·난부번 양 번의 전봉 지체나, 제번 민정 단속의 혼란 등과 같은 점령지 지배에 어려움을 겪고 있던 이와시로노구니岩代國·와카마쓰노구니若松國에도 순찰사 파견이 결정되었다.[96]

특히 5월 22일 이와시로노구니로 파견되는 순찰사에게 하달된 8개조에 달하는 위임장 전문[97] 중 1조에서, 보상 이와쿠라는 "민정은 치국治國의 대본大本이고 중대한 일로서, 메이지 유신 이래 오로지 백성이 생업에 열심히 노력하도록 하는 것이 천황의 뜻인데, 리쿠젠·이와시로 등의 도호쿠 지역에서는, 작년 이래 소란이 계속되어 평정이 이루어진 현재에 이르러서도, 천황의 인휼의 뜻이 아직까지 관철되지 못해 만민이 이를 위태롭게 여기고 의심하여 세상 인심이 소란스럽고, 실로 대정강체大政降替에 관계되어 내버려둘 수 없을 정도이므로, 이번에 순찰사를 파견해 지방관 및 출장 제관리들과 서로 협력하여 천황의 뜻을 받들고, 지역의 풍토와 민속을 깊이 고려하여 친절하고 자상하게 무육의 길에 온 힘을 다하고, 민심을 많이 얻어 상하의 정을 관철시키도록 노력할 것"을 주문했다.

이 밖에 민정 관리로서의 적합 여부를 따진 정예의 인재 선발, 구관례에 따르되 과다한 세금징수로 인해 하층민이 곤궁해지는 일이 없도록 유의한 세금징수 및 궁민구휼책과 전재戰災에 따른 구조책 마련, 법률의 공정한 집행·제관리의 뇌물수수 금지 등이 순찰사에게 지시되었다. 요컨대 순찰사 파견에서는 전쟁의 여파가 아직 남아 있는 도호쿠 지역에, 천황의 '덕화' 정치에 충실한 민심안정책을 통해 도호쿠에 대한

---

95) 『維新史料綱要』卷10, p.80. '민부관'은 관제개편으로 동년 7월 8일 '민부성'으로 개칭되었다. 이후 오쿠라성大藏省과의 합병·분리 후 재합병되어 폐지되었다.
96) 『維新史料綱要』卷10, p.103 ; 『法規分類大全』第1編 第19冊, pp.240~241.
97) 『法規分類大全』第1編 第19冊, pp.240~241.

직접 지배가 본 궤도에 오를 수 있도록 하겠다는 신정부의 강한 의지가 엿보인다. 그리고 7월 8일에 이르러서는 안찰사按察使를 파견해, 번·현정을 감독하고 지방관과 협력해 '정교치화政敎治化'에 힘쓰도록 했다.[98] 이어 27일에는 직할 부현정의 지방관 복무규칙 등을 담은 〈부현봉직규칙府縣奉職規則〉, 〈현관인원병상비금규칙縣官人員並常備金規則〉을 포고[99]한 후, 8월에는 도호쿠 직할지에 9개 현을 설치하여 이미 5월 4일 설치한 와카마쓰현若松縣을 포함해 10개의 '신현'을 개설했다.[100] 이로써 종래의 특정 제번에게 위임하였던 도호쿠 점령지 민정 단속은, 이제 신정부의 직할지배 하로 들어가는 새로운 단계를 맞이하였다.

---

98) 『法規分類大全』第1編 第19冊, p.244. 안찰사는 나라奈良시대(719)에 신설된 지방 행정감독관으로, 메이지 2(1869)년 7월 부활되었으나 이듬해 10월 폐지되었다. 태정관은 안찰사에게 첫째 번·현의 실상을 자세히 살피고 '민정의 득실'을 단속해 살피며, 사정에 따라서는 관리의 비위까지 적발 보고할 것, 둘째 비상사태 발생 시에는 해당 관내의 번병을 동원하여 임시조치하고, 신속히 병부성에 보고할 것을 지시했다(『太政官日誌』〈明治 2年〉第107號, pp.6~7).

99) 『法令全書』第4冊 第675·676, pp.281~285 ; 『明治天皇紀』第2, pp.160~162 ; 『維新史料綱要』卷10, p.176. '부현봉직규칙'은 부현 관리의 복무 규정 및 부현 행정(진휼賑恤=구휼救恤·토목·세제 개혁 등의 실시)과 관련해, 부현들이 멋대로 전결하는 일을 방지하기 위해, 사전에 민부·오쿠라성 등의 결재를 받게 하는 부현 지배에 대한 상세 지침을 지시한 것이고, '현관인원병상비금규칙'은 현의 관원 및 상비금과 관련해, 쌀의 총생산량에 따른 정원·정액을 규정한 것이다. 이 밖에 〈군중제법郡中制法〉[메이지 2(1869)년 6월 민부관 명령], 〈군촌규칙郡村規則〉·〈향촌역인직장규칙鄕村役人職掌規則〉(메이지 4년 3월) 등이 있다.

100) 신설된 현은 와카마쓰若松(5/4)·시라카와白河·시로이시白石·도요마登米·구노헤九戸·에사시江刺(이상 8/7)·이쿠노生野(8/10)·이사와膽澤(8/12)·이시노마키石卷(8/13)·가시와자키柏崎(8/25)다(『明治天皇紀』第2, pp.111, 167).

맺음말

이상으로 도호쿠 전쟁 전후 민정 처리와 관련해, 참여 기도 다카요시의 인식과 정치적 노력을 살펴보았다. 도호쿠 전쟁을 신정부의 운명을 가늠할 주요 전쟁으로 인식하고, 일찍부터 천황의 '황화'·'교화' 및 '덕위'에 기초한 도호쿠 '진무책'(처분·교화책)의 시급한 마련을 역설해 왔던 기도의 주장은, 신정부의 도호쿠 〈처분조서〉와 〈인민고유〉에 그대로 반영되었다. 기도는 '진무책'의 강구과 함께 도호쿠 부현문제의 조기 논의의 필요성도 지적해 왔는데, 도쿄에 남아 직제 등의 정치개혁을 추진할 수 있는 입장이 되자, 메이지 원(1868)년 9월 이후 '부번현 삼치일치'에 걸맞는 〈규칙〉의 제정이 시급하다는 점을, 보상 이와쿠라 및 실무 책임자 고토 등에게 촉구하고, 또 참여 오쿠보로부터도 정치적 진력을 요청받아 '번치직제'의 제정에 일조했다. 이것은 종래의 번 직제를 단순화시킴과 동시에 번주의 가사와 번정을 엄격히 구분함으로써, 문벌세습에 구속받지 않는 참신한 인재 등용을 통한 번정개혁을 시도하자는 데 그 목적이 있었다.

기도는 이러한 '규칙' 제정을 통해 중앙은 물론이고 지방에까지 체계적인 정책 집행이 이루어짐으로써, 신정부의 권위가 조기에 확립될 수 있고, 또 스스로의 경험에 비추어볼 때 문벌과 관계없는 능력 있는 인물을 발탁하여, 점령지 도호쿠를 포함한 제번의 번정 혁신까지 꾀할 수 있다고 보았다.

기도 등에 의해 추진된 도호쿠를 비롯한 제번에 대한 신정부의 중앙 집권적인 지방지배 노력은, 특히 도호쿠 전쟁의 상흔이 남아 있던 이 지역의 민심 안정 노력에도 그대로 투영되었다. 평소 민정대책이 선행되지 않은 '평정'이란 진정한 '평정'이 될 수 없다는 소신을 가지고 있던 기도는, 도호쿠 평정 후의 점령지 지배처리와 관련해, 민심이 안정될 때까지 유력 번에 의한 지배 관리·부현지사 인선안을 처음으로 제시해, 오쿠보 등의 신정부 요인들로부터 전폭적인 동의를 획득했다.

그 결과, 12월 7일 도호쿠 점령지 제번 처분 이후 관군에 저항한 열번동맹 측 제번은, 신정부의 명령에 따라 도호쿠 전쟁 전후 과정에서 설치된 종래의 민정국 체제에서, 신정부 측 제번에 의한 위탁관리 체제로 전환되었다.

이 과정에서 기도의 건의를 받아들인 신정부는 민정에 정통한 관리를 점령지로 파견하여 치안안정과 재정기반의 확보에 힘쓰는 한편, 다른 한편으로는 해당 지역의 민중들에게 천황의 '무육'·'조정 일신'의 취지를 보급시켜 천황의 '황화'와 '덕위'를 실현시키고자 노력했다. 이 점을 누구보다도 강조해 왔던 기도는, 이때 도호쿠를 포함한 일본 전국에 민중의 '교화'·'무육'을 촉진하기 위한 '민부관' 창설을 제창해 관철시키기도 했다.

한편 도호쿠 지역에 대한 민정처리는 민정국 체제에서 위탁관리 체제로 전환되는 과정에서, 점령지 제번에서의 농민봉기, 일부 제번의 '전후처분'에 대한 반발 등으로 차질을 빚기도 했다. 그러나 기도와 신정부는 이에 굴하지 않고, 통일적 지방지배에 대한 저항에 대해서는 단호한 태도를 보이는 한편, 다른 한편으로는 이 지역의 민정 안정이 곧 신정부 권위의 조기 확립으로 직결된다고 보고, 단계적인 노력(〈제번취체 오우각현 당분어규칙〉·〈제번취체 오우각현 시행규칙〉·〈부현 시정순서〉·〈오우 인민고유〉·순찰사·안찰사 파견 등)을 계속하여, 보신 전쟁 최대의 전란지역이었던 도호쿠 지방은, 마침내 신정부의 직할지배 하에 들어가 판적봉환·폐번치현을 맞이하게 되었다. 이 과정에 이르기까지 도호쿠 민정처리 담당자였던 기도 다카요시가 기울인 정치적 노력에 대해, 스스로

도 민정 처리의 설계자였다고 자평했으나, 그보다 정치적 협력자이자 경쟁자였던 오쿠보 도시미치도 이를 인정한 사실은, 신정부 수뇌부 중에서도 기도의 역할이 매우 컸음을 말해준다고 생각한다.

제3장

기도 다카요시와 아이즈會津 전후처리

머리말

메이지 신정부 성립 직후 일어난 보신 전쟁 중에서 가장 치열했던 것은 도호쿠 전쟁으로, 전쟁 발단의 중심지역은 아이즈번會津藩이었다. 이곳은 현재의 후쿠시마현福島縣 서부와 니가타현新潟縣 일부에 해당하는 지방이다. 도호쿠 전쟁은 신정부가 '조적'으로 낙인찍고 '추토'의 대상으로 삼은 아이즈번에 대한 처분을 둘러싸고, 신정부군과 아이즈·쇼나이 동맹 그리고 아이즈번에 동정적인 오우에쓰 열번동맹의 구막부 지지세력 사이에 벌어진 전쟁이었다.

도호쿠 전쟁 초반에는 관군이 병력과 탄약 부족으로 수세에 몰렸으나, 에치고越後의 나가오카성長岡城(新潟縣)·니혼마쓰성二本松城(福島縣)을 함락시키면서 전세는 신정부 쪽으로 기울기 시작했다. 특히 최대 격전지였던 아이즈 전쟁에서 사쓰마·도사 양 번에서 차출된 3만여 명의 병력으로 구성된 관군은, 공격 명령을 받은 지 3일 만에 주성인 쓰루가오카성鶴ヶ岡城을 포위했다. 번주 마쓰다이라 가타모리松平容保 이하 5천여 명의 가신과 민중들은 한 달 가까이 저항하였으나 9월 22일 마침내 관군에 항복하였다.

이후 12월 7일 단행된 도호쿠 항복 제번에 대한 '전후처분'에서, 아이즈번은 일차적으로 번의 폐지와 그에 따른 영지 23만석의 몰수, 번주를 '조적'으로 이끈 죄를 물어 가신의 참수와 번주·번사의 근신을 명령받았다.[1] 이후 뒤에서 언급할 것처럼 이차적으로 아이즈 번사, 즉 항복인降伏人의 홋카이도北海道로의 이주와 구아이즈번의 재흥 허가에 따른 도나미번斗南藩의 창설 및 이주 명령으로 이어졌다.

본장에서는 도호쿠 전쟁 '전후처리'의 일환으로서, 아이즈 항복인의 처리 과정을 고찰하고자 한다. 이미 선행 연구가 존재하는 구아이즈 번령에 설치된 와카마쓰현若松縣 및 도나미번의 신설, 그곳으로의 항복인의 이주 과정[2]이 아닌 아이즈 전후처분(인식), 홋카이도 이주개척 문제와 관련해, 신정부의 실력자 기도 다카요시의 인식과 정치적 노력을 구체적으로 살펴보고자 한다. 이 주제에 대한 연구는, 도나미번의 성립 과정 등을 다룬 연구에 비하면 거의 전무하다. 다만 아이즈 항복인의 홋카이도 이주개척사업에 대한 기도의 관여 문제는 단편적으로 지적[3]은 되고 있으나 구체적인 언급에는 이르지 못하고 있다. 따라서

---

1) 沈箕載(2012),「木戸孝允과 戊辰戰爭 전후처리-東北戰爭을 중심으로-」,『韓日關係史研究』41, pp.290~292.
2) 대부분의 연구가 아이즈 전쟁의 경과, 폐지된 구아이즈 번령에 새로운 와카마쓰현의 창설 및 와카마쓰 현정, 구아이즈번에 대신하는 도나미번의 신설과 동 지역으로의 항복인 이주문제에만 천착하였다. 여기에 대한 선행 연구로는 會津戊辰戰史編纂會(1941),『會津戊辰戰史』, 井田書店 ; 相田泰三(1964),『斗南藩·未定稿』; 會津若松史出版委員會 編(1966),『會津若松史』, 會津若松市 ; 葛西富夫(1992),『會津·斗南藩史』, 東洋書院 ; 松尾正人(1977),「明治新政府の地方支配-若松縣政を中心として-」,『地方史研究』146 ; 同(1986),「明治新政權の會津處分」, 小林清治 編,『福島の研究』4, 清文堂 所收 ; 星亮一(2005),『會津戰爭全史』, 講談社 등이 있다.
3) 松尾正人(1986), 위의 논문, p.18 ; 星亮一(2006),『會津藩斗南へ-誇り高き魂の軌

연구가 미진한 아이즈 항복인의 홋카이도로의 이주개척 문제와 관련해, 기도와 그의 정치적 동반자인 동향의 오무라 마스지로가 어떤 인식하에 어느 정도의 정치적 노력을 기울였는지를 살펴보고자 한다. 이것은 메이지 초년의 보신 전쟁에 관한 기도 다카요시의 전후처리상을 조망하는 데 도움이 될 것으로 기대한다.

1. 아이즈 전쟁 전후처분

1) 기도 다카요시의 아이즈 전후처분 인식

도호쿠 전쟁은 메이지 원(1868)년 9월 22일 아이즈번, 23일 쇼나이번 그리고 9월 25일 모리오카번 등의 항복으로 종식되었다. 이후 신정부 내에서 도호쿠 '전후처분'에 관한 다양한 의견수렴이 행해지는 가운데, 참여 기도는 10월 4일 아이즈번을 포함한 5개 번의 처분 초안을 작성하여 보상 이와쿠라 도모미에게 정식으로 제출했다.[4] 이 건의서에서 기도는 아이즈 처분에 대해 어떻게 언급하였을까?

아이즈는 '조적의 장본(인)'으로 금일의 처분에 이르러 '천지天地의 대도大道'를 바로잡고 '군신의 대의'를 명확히 하는 '대전'으로 처벌해야 합니다. 원래부터 조금도 '활로'는 없습니다. ⋯ 세상에서 빈번히 죽음을

跡一』, 三修社, p.22. 마쓰오松尾·호시星는 기도가 항복인의 홋카이도 이주에 관여했음을 간단히 언급하고 있으나, 기도가 어떤 인식 아래 어떤 정치적인 노력을 기울였는가 하는 점에 대해서는 구체적인 설명이 전혀 없다. 본장에서는 이 점을 중점적으로 다루고자 한다.

4) 『木戶日記』 1, p.116 ; 『木戶公傳』 上, pp.1057~1059.

명령해야 한다고 주장하는 것은 아이즈를 매우 미워해서라거나 '사심'에서 나온 것이 아닙니다. 오랜 세월의 '대□의'를 사사롭거나 편벽됨 없이 당당히 명백하게 하고, 한 사람을 사형시킴은 많은 백성들로 하여금 '천하 후세'를 도와 '조위'를 영원히 세우고, 또한 '국체'의 큰 토대를 세우고자 하는 취지를 □□. 이 '(대)전'으로 처분하지 못할 때는 '천하 후세'가 군주를 배반한 신하에게 어떤 처분이 있어야 할 것인가를 깊이 고민해야 합니다. '혈식血食' 등의 문제는 자연히 □□□, '평의'가 이루어지면 반드시 '천하'가 '해체'하는 일은 없을 것입니다. 신하의 책임을 논할 때는 전혀 '활로'는 없으나, 그 이상은 천황의 판단을 삼가 받들고자 합니다.

기도는 우선 아이즈번이 '조적'의 장본인임을 지적한 후에, 천하의 '대도'를 바로잡고 군신의 '대의'를 분명히 하는 국가법률로써 처분할 것을 주장하며, 대다수가 이야기하는 아이즈 처분론은 아이즈를 미워하는 사적인 이해관계 때문이 아니라, 어느 한 쪽을 희생시켜 궁극적으로 민심을 안정시키고 및 항구적인 신정부의 권위를 확립시키며, 천황에 의한 국가통치의 토대를 세우기 위한 충정에서 나온 것임을 강조했다. 아울러 대의명분론에 입각해 아이즈 '엄벌론'을 줄곧 주장하면서도, 천황의 고도의 정치적 판단에 따라 불가피하게 '관대' 처분이 내려진다면 이를 수용할 것임을 밝히고 있다. 요컨대 기도는 아이즈번을 도호쿠 전쟁 발단의 원인 제공자로서 중죄로 처벌해야 한다는 점을 분명히 지적한 후, 죄의 경중에 따라 아이즈와 기타 도호쿠 항복 제번의 처분 기준을 달리하여 처분 자체가 공명정대하게 이루어져야 함을 강조하면서도, 천황의 재단에 의해 관대한 처분이 내려질 것임을 전망했다.[5]

---

5) 沈箕載(2012), 앞의 논문, pp.274~276.

한편 도호쿠 항복 제번에 대한 '전후처분'은 여러 사정6)으로 유보되어
오다가 뒤에서 언급할 것처럼 12월 7일에 단행된다. 처분이 단행되기
6일 전인 1일, '전후처분'의 주요 대상이 된 아이즈번 처분과 관련한
천황의 '하문'에 기도는 다음과 같이 대답하고 있다.7)

저는 사람을 미워하지 않고 다만 그 죄를 미워할 뿐입니다. '천하
후세'로 하여금 '불충의 신'을 벌하고, 국가의 법률[大典]로 다만 '상벌'
여부[賞罪]를 논하고자 할 따름입니다. 아이즈번의 죄는 신하의 죄입니
다. 오랜 동안 '왕정복고[王事]'에 힘써 왔던 사람들로 아이즈번 때문에
죽은 자가 헤아릴 수 없을 정도입니다. 오늘날 신하에 해당하는 아이즈
번의 죄를 관대하게 처벌하고자 논함은, 아이즈번에 동조해 '대법[大法]'을
왜곡하는 일이 됩니다. '법'은 '천하의 법'으로 조금도 꺾여서는 아니
됩니다. …

기도는 신정부의 처분 논의에 주도적으로 참여하면서, 처음에는
'대의명분'에 어긋나는 무원칙한 아이즈 '관전[寬典]설'에 동의할 수 없었
던 이유를 분명히 밝히고 있다.8) 그러면서도 이미 천황의 정치적 재단

---

6) 항복 제번 처분과 관련된 제번 등의 다양한 건의와 논의에다가, 에노모토
   다케아키 구막부 탈함세력의 진압에 밀려 처리가 지연되고 있었다[沈箕載
   (2012), 위의 논문, pp.283, 286].
7) 『木戸日記』1, p.150 ; 『明治天皇紀』第1, p.919 ; 『木戸公傳』上, p.1078 ; 『大久保
   日記』1, p.492.
8) 『木戸日記』1, pp.150~151 ; 『木戸公傳』上, p.1078 ; 『明治天皇紀』第1, p.919
   ; 『大久保日記』1, p.492. 아이즈번 등이 처분을 기다리는 상황에서, 대다수
   관대론자들이 항복인의 '사죄死罪' 불가 혹은 '완급'·'시의時宜'를 주장하면서
   다른 한편으로는 도쿠가 막부 말기 이래의 조슈와 아이즈 사이의 정치적
   반목관계를 이유를 들어, 기도의 '엄벌론'이 사적인 감정에서 비롯된 것이
   아닌가 하는 의구심을 제기하자, 기도는 어디까지나 직분에 충실하고 또한
   '국가'를 우선한 충정에서 비롯된 공적 건의였음을 강조했다[沈箕載(2012),

에 의한 '관대' 처분을 수용할 의사를 표시[9]한 바 있던 기도의 아이즈 '엄벌론'은, 새롭게 천황을 중핵으로 한 신정부가 탄생한 상황에서, 군신간의 '도리'를 저버리고 도호쿠 전쟁의 단초를 제공한 아이즈번을 엄벌로 다스려, 국가기강을 조기에 확립해야 한다는 평소 소신을 재차 강조한 것이었다.

2) 아이즈 전후처분

지지부진하던 도호쿠 항복 제번에 대한 '전후처리'가, 드디어 12월 7일 기도를 포함한 신정부 고위 관리들이 참석한 가운데, 모반 제번주·가신에 대한 처분 형태로 내려졌다.

'상벌'은 '천하의 대전大典'으로 짐 혼자서 결정하는 것이 아니다. 마땅히 '천하의 중의'를 모아 지극히 공평정대하게 털끝만큼도 잘못이 없도록 정해야 한다. (아이즈 번주)마쓰다이라 가타모리를 비롯하여 (센다이 번주)다테 요시쿠니 등을 '백관장사百官將士'로 하여금 논의토록 한바, 각자 약간의 차이는 있었다 하더라도 그 죄는 한결같이 '역과逆科'에 해당하며, 마땅히 '엄형'으로 처벌해야 한다. 특히 가타모리의 죄는 세상 사람들이 모두 노하는바 '사(형)'이며, 여전히 여죄가 있다고 상주한다. 짐이 곰곰이 생각해보건대, '정교政敎'가 천하에 널리 알려지고, '명의名義'가 사람의 마음 속에 분명히 각인되었다면, 본디 주군을 시해하는 신하와 지아비를 죽이는 아들은 없었을 것이다. 바야흐로 짐의 '부덕'으로 인해 '교화'의 길이 아직 세워지지 않았다. 그뿐 아니라 700년 이래의

위의 논문, pp.266, 287].
9) 『木戸公傳』上, p.1057 ; 沈箕載(2012), 위의 논문, p.276.

기강이 쇠퇴하고, '도리'에 어긋나 혼란스러우며 나쁜 습관으로 나타난 지 오래다. 본래 가타모리의 경우는 저명한 문벌 집안이자 관위 수여자이나, 오늘날은 '역모'자이다. (이것은)가타모리 한 사람의 소행이 아니고 반드시 주모자인 신하가 있다. 따라서 짐은 단호히 말하건대, 그 사실을 헤아려 그 이름을 용서하고, 그 정을 불쌍히 여겨 법으로 용서하여 가타모리의 '사일등死一等'을 완화하고, 주모자를 '주살誅殺'하는 '비상의 관전寬典'에 처하고자 한다. 짐은 또한 바야흐로 지금부터 스스로 마음을 잡아 정치에 힘써 '교화'를 국내에 펼치고, '덕위'를 해외에 빛나게 함을 희망한다. 너희 '백관장사'는 이것을 실현시키도록 노력하라.

상기의 천황의 처분 〈조서〉[10]에는, 아이즈번을 포함한 도호쿠 항복 제번의 모반은 본래 대역죄로서 마땅히 엄벌에 처해야 한다는 중론이 었으나, 아직 통일이 이루어지 않은 혼란스런 국내 사정 등을 고려한 천황의 판단[11]에 의해, 도호쿠 전쟁의 빌미를 제공한 아이즈 번주 마쓰다이라 이하 제번주의 처벌을 완화해주는 대신, '반역'을 주도한 가신들을 처형함으로써 궁극적으로 천황 권위의 확립과, 그 권위의 해외 과시라는 신정부의 과제를 달성하겠다는 강한 의지가 담겨 있었다. 이로써 기도의 희망대로, 아이즈번 등의 중죄 사실을 천황의 고도의 정치적 판단인 〈조서〉를 통해 재확인한 후, '관대' 조치를 실시할 수 있는 정치적 환경이 마련되었다.[12]

---

10) 『木戶日記』 1, p.154 ; 『明治天皇紀』 第1, pp.917~919 ; 『法令全書』 〈明治 元年〉 第1036·1037, p.378 ; 『勅語類·明治詔勅』, 件名番號: 8, 件名: 松平容保等ヲ寬典ニ 處スルノ詔 ; 「東京城日誌」 〈明治 元年〉 第10, p.26 ; 『岩倉公實記』 中, pp.617~624 ; 『大久保利通傳』 中, pp.585~586 ; 『佐々木高行日記』 3, pp.402~403.

11) 「東京城日誌」 〈明治 元年〉 第10, p.26 ; 『岩倉公實記』 中, p.618 ; 『大久保文書』 2, p.483 ; 『大久保利通傳』 中, p.586 ; 『佐々木高行日記』 3, p.403.

12) 沈箕載(2012), 앞의 논문, p.290.

그렇다면 도호쿠 전쟁 처분의 주요 대상으로 지목되었던 '조적' 아이즈번은 실제 어떤 처분을 받았을까. 도호쿠 항복 제번 가운데 유일하게 번 자체가 폐지되는 멸번의 운명을 맞았던 구아이즈번[13]의 마쓰다이라 가타모리·노부노리 부자는 천황 〈조서〉에서도 언급된 것처럼, '사일 등'을 감면[14]받은 후, 제3의 지역 즉 돗토리번鳥取藩·구루메번久留米藩에 서 위탁구금되는 종신 근신 처분을 받았다.[15] 그리고 9월 22일 항복 후 군무관 통제 하의 아이즈의 시오카와塩川·이나와시로猪苗代에서, 각 각 근신[16]하고 있던 5,000여 명의 아이즈 항복인에게는 메이지 2(1869)

---

13) 아이즈번이 폐지된 후 구아이즈 번령에는 메이지 2(1869)년 5월 신정부의 직할현인 와카마쓰현若松縣이 설치되었다.

14) 『太政類典』第1編 第217卷, 件名番號: 56, 件名: 松平容保以下降賊ヲ處斷ス附容保 死一等ヲ減スル詔勅.

15) 그러나 10월 19일 신정부에 의해 번주 부자 및 그 가족의 도쿄 송환이 결정되 었고, 이들은 11월 3일 도쿄에 도착하여 근신 생활에 들어갔다(『太政類典』 第1編 第217卷, 件名番號: 27, 件名: 白川口總督府長門肥前大垣三藩兵ニ命シテ松 平容保父子及ヒ其老臣內藤某介右衛門等四人旧幕臣及ヒ諸藩降兵四百六十人ヲ東 京ニ監送セシム尋テ至ル乃チ容保ヲ因幡藩ニ喜德及ヒ內藤某ヲ筑後藩ニ幽シ降兵ハ 各藩ニ交付シテ謹愼セシム ;『同』, 件名番號: 38, 件名: 阿州藩ニ命シ松平容保父子東 京ニ護送セシム).

16) 에치고 방면 총독부에 명령해 아이즈 민정·진무 등의 임시 관리를 맡겼던 진장부鎭將府는, 10월 12일 아이즈 항복인에 대한 임시처분을 결정하여 사족士 族·병대兵隊·관리에 대해 근신을 명하고 신정부의 결정을 기다리도록 조치했 다. 그 결과 쓰루가오카성鶴ヶ岡城 내에서 항복한 아이즈 번사는 이나와시로에 서, 성 밖에서 항복한 번사는 시오카와에서 근신하되, 최종 근신 장소는 신정부에 요청하여 그 판단에 따르기로 했다. 또한 10월 15일 대총독부는, 군무관 판사 나카네 유키에中根雪江·나카네 젠지로中根善次郎 등을 아이즈 항복 인 단속 감독으로 임명하여 항복인 업무를 감독하도록 조치했다(『明治天皇紀』 第1, pp.864~865 ;『太政類典』第1編 第217卷, 件名番號: 16, 件名: 是ヨリ先鎭將府 越後口總督府ニ牒シテ仮ニ會津ノ民政及ヒ鎭撫等ノ事ヲ管理セシム是日鎭將府會津 降人ノ處分ヲ定メ士族兵隊官吏ニ謹愼ヲ命シ其事ニ与カル者ハ朝裁ヲ俟タシメ其余 ハ悉ク放免ス幷ニ口俸ヲ給シ婦女之ニ準ス其創者ハ官軍病院ニ入ルヲ許ス大總督府 モ亦軍務官判事中根貞和・善次郎・高田藩士ヲ遣シテ降人ヲ監シ備前藩ヲシテ會津 ヲ鎭セシム ;『同』, 件名番號: 21, 件名: 大總督府中根雪江等ヲ會津ニ派シ其地ヲ提理 セシム) ;『維新史料綱要』9, p.543 ;『東京城日誌』〈明治 元年〉第2, p.2).

년 1월 18·20일, 각각 다카다번高田藩(新潟縣)과 마쓰시로번松代藩(長野縣)에
서의 위탁구금 처분 명령이 내려졌다.[17] 그러나 마쓰시로번에서 번
사정으로 이들의 수용이 어렵다고 하여, 3,253명은 6월 도쿄로 호송하
여 여러 곳(增上寺山內·一橋御門內御宿屋·飯田元火消屋敷·小川講武所·山下御門內松平豊前
守元屋敷·神田橋御門外騎兵屋敷·麻布眞田屋敷·護國寺)으로 분산 근신시키고, 나머
지 1,742명은 다카다번의 다카다데라초高田寺町 지역 내의 여러 사찰을
활용하는 형태로 근신케 하였다.[18]

한편 보신 전쟁의 마지막 단계인 하코다테 전쟁을 앞두고 있던 신정
부는, 번정의 궁핍 등을 이유로 들어 장기 수용에 난색을 표하는 앞서의
제번에게 아이즈 항복인을 영구적으로 맡길 수는 없었다.[19] 특히 다카
다번의 경우, 마쓰시로번과 함께 신정부로부터 항복인을 위탁받으면
서 3만석 토지에 해당하는 수용비용을 받기로 되어 있었으나, 약속이
제대로 지켜지지 않았다. 이에 대흉작으로 궁핍한 재정에 시달리던
다카다번은, 항복인을 수용하는 데 드는 비용과 수용상의 어려움을
들어, 위탁비용의 조기 지급과 기타 제번으로의 분산수용을 요청하는
탄원서를 제출할 정도였고, 급기야 신정부로부터 위탁 보조비용이

17) 『東京城日誌』〈明治 元年〉第2, pp.1~2. 기도도 24일 양 번으로의 위탁이
    결정되었음을 전했다(『木戶日記』1, p.181). 후술하는 것처럼 아이즈 항복인
    은 당초의 13,000명보다 늘어난 15,000여 명으로 밝혀져, 재정 상황이 취약했
    던 신정부는 그 처리 비용의 염출에 애를 먹고 있었다(『木戶文書』3, p.248).
    또한 위탁받은 번들도 '번력藩力'의 취약 등을 이유로 들어 부분 수용을 주장하
    였다[池田嘉一(1969),「維新哀史, 會津藩降伏人預り」, 上越鄕土硏究會 編,『頸城
    文化』27, p.35].
18) 會津若松史出版會 編(1966),『會津若松史』5, 會津若松市, pp.226~227. 메이지
    2(1869)년 1월 18일부터 21일에 걸쳐, 다카다번으로 호송되어 온 아이즈
    항복인의 수용 상황에 관해서는 池田嘉一(1969), 앞의 논문을 참조.
19) 池田嘉一(1969), 위의 논문, pp.36~37. 이러한 상황은 다카다번뿐 아니라 위탁
    받은 번들이 모두 비슷하였기 때문에, 기도와 오무라는 후술하듯이 제3의
    지역, 예컨대 홋카이도나 신설 도나미번으로의 이주를 점차 구상하게 된
    것으로 보인다.

제때 지급되지 않자 영양실조로 인한 병사와 탈주 사건 등이 발생하기도 했다.

다카다번 등을 비롯한 제번의 이러한 번정 상황이 게이오 4(1868)년 7월 이후, 단조다이彈正臺 등의 신정부 부서들에 각각 보고[20]되어, 이전부터 논의되었던 영지몰수에 따른 아이즈 항복인의 처리문제가 주요 국정 과제로 채택되는 데 적지 않은 영향을 미쳤다. 상기 번들에 위탁 구금중인 항복인 처리에 대해 신정부 내에서도, 제번의 탄원과는 별도로 메이지 원년 후반기부터 의견들이 수렴되고 있었는데, 기도 다카요시는 뒤에서 언급할 것처럼 항복인의 구제와 북방경비 등의 차원에서 그들을 에조치蝦夷地, 즉 현재의 홋카이도[21] 등으로 이주시켜 개척에 임하도록 한다는 정치구상을 가지고, 이를 실천에 옮기고자 적극 노력했다. 다음 장에서는 그 과정을 구체적으로 살펴보고자 한다.

2. 아이즈 항복인의 홋카이도 이주 개척

그동안 지지부진하던 도호쿠 항복 제번 처분에 관해 구체적인 심의로 넘어가기 전에, 메이지 원(1868)년 12월 3일 아이즈를 포함한 제번의 항복인 처리 문제와 관련해, 신정부는 제번의 공의인公議人에게 여론을

---

20) 『太政類典』第1編 第217卷, 件名番號: 69, 件名: 會津降伏人三十余名謹愼中脫走. 또한 8월과 9월에는 항복인이 도쿄 근신 중에 탈주하거나, 시오카와 근신지를 탈주한 항복인이 구막부 관료 등과 결탁하여 역모를 꾀하다가 참수당하는 사건이 각각 발생하기도 했다(『太政類典』第1編 第217卷, 件名番號: 70, 件名: 會津降伏人加藤兵次郎等東京ニ於テ謹愼中脫走ニ依リ刎首ニ處ス;『同』第1編 第217卷, 件名番號: 72, 件名: 旧會藩龜田安兵衛等逆謀再擧ヲ企ルニ依リ刎首ニ處ス).
21) 메이지 2(1869)년 8월 15일 신정부는 종래의 에조치를 홋카이도로 개칭하였다(『明治天皇紀』第1, p.175). 이하 에조치는 편의상 홋카이도로 기술한다.

수집하여 그 결과를 10일까지 제출하라고 지시했다.[22] 이러한 정치
상황 속에서 기도는 천황을 수행해 교토로 돌아가지 않고, 도쿄에
계속 남아 정치적 맹우인 군무관 부지사 오무라와 함께 아이즈 항복인
등에 관한 협의를 계속해 나갔다.[23] 26일 항복인의 이송[24]을 전해들은
바 있던 기도는 이듬해 1월 6일 오무라에게 서한을 보내, 그들의 임시
근신 장소인 아이즈 지방의 시오카와·이나와시로부터의 이동을 일단
정지시켰다.[25] 그것은 항복인의 새로운 근신지 지정을 둘러싸고 신정
부 내에서 약간의 논란[26]이 있었기 때문으로, 결국 24일 기도는 아이즈
항복인 처리 '조의'에 참석해 마쓰시로번·다카다번 2개 번에 위탁 근신
시키기로 결정했다.[27] 이후 앞서 언급한 것처럼, 마쓰시로번에서의
위탁수용이 번내의 사정 때문에 무리라는 이유로, 3,253명은 6월 도쿄
로 호송되어 근신 생활에 들어갔다.

---

22) 『佐々木高行日記』3, p.400. 신정부는 제번 공의인에게 10월 29일과 11월 3일에
　　도 도호쿠 제번의 항복인 처리에 대한 의견서를 제출하도록 지시하였다(『太
　　政類典』第1編 第217卷, 件名番號: 36, 件名: 諸藩公議人ニ命シ奥羽北越降賊處置意
　　見書ヲ東京城ニ呈出セシム ; 『同』, 件名番號: 44, 件名: 諸藩公議人ヲシテ奥羽北越降
　　賊處置意見書ヲ非藏人ニ呈出セシム ; 『東京城日誌』〈明治 元年〉第2, p.8).
23) 『木戸公傳』上, pp.1099~1100.
24) 『木戸日記』1, p.167.
25) 『木戸日記』1, p.174 ; 『東京城日誌』〈明治 元年〉第2, pp.1~2.
26) 오무라는 메이지 원년 말로 추정되는 기도에게 보내는 서한 속에서, 아이즈
　　항복인의 이와키다이라岩城平로의 이동을 계획했으나, 그곳이 적당하지 않다
　　는 이야기도 있어, 그 대체지로 산단三丹을 고려하고 있음을 알렸다(『木戸關係
　　文書』2, p.278). 그러나 와카마쓰 등의 어려운 지역 사정을 고려한 끝에
　　우선 5천 명을 앞의 다카다번과 마쓰시로번으로 보내기로 결정되었다.
27) 『木戸日記』1, p.181 ; 『東京城日誌』〈明治 元年〉第2, pp.1~2. 기도는 이송
　　후에도 처자 부모와 함께 일가를 구성하는 문제 등 아직 해결해야 할 사항이
　　많음을 지적하는 등, 아이즈 항복인의 근신 생활에 유의했다. 이러한 항복인
　　에 대한 기도의 인식은 후술하는 것처럼 계속 유지되었고, 25일에는 항복인
　　위탁 근신 문제와 관련하여 '조의'가 개최되었다(『大久保日記』1, p.16).

1) 기도의 아이즈 항복인 인식과 홋카이도 이주개척 구상

한편 뒤에서 언급하는 것처럼 기도는 오무라와 함께, 도쿄에 근신중
인 아이즈 항복인을 홋카이도로 이주시킨다는 계획을 실행에 옮기게
되는데, 이하에서는 그 구상의 내용을 알아보도록 하겠다. 기도는 앞서
언급한 바와 같이 전년 12월 1일, 아이즈 처분과 관련한 천황 '하문'에
대해 "사람을 미워하지 않고 다만 그 죄를 미워한다"고 하면서 천황에
대해 '군신'의 죄를 범한 아이즈 번주·가신과 항복인의 죄를 물었을
뿐, 항복인에 대한 사적인 감정에서 나온 것이 아님을 강조[28]하였다.
이 말을 입증하기라도 하듯 이미 오무라를 통해 알게 된 구아이즈번
출신의 가와이 젠준河井善順 등으로부터, 메이지 2(1869)년 1월 28일 소개
받은 후 수차례 면담을 하여 항복인들의 궁핍한 생활상을 전해듣고,
개인적으로 산조 사네나루三條實愛(議政) 등에게 사정을 이야기하여 위로
금 1천 냥을 전달하기도 했다. [29]

그렇다면 기도는 왜 이 같은 행동에 나섰고, 더 나아가 항복인을
홋카이도 등지로 이주시키려고 했을까. 기도의 구상 목적을 엿볼 수
있는 대목이 있다. 즉 항복인 출신으로 기도와 함께 이와쿠라 사절단에
동행하였던 구사카 요시오日下義雄[30]가, 기도로부터 받은 서한 내용을

---

28) 『木戶日記』1, p.150 ; 『明治天皇紀』第1, p.919 ; 『木戶公傳』上, p.1078 ; 『大久保
日記』1, p.492.
29) 『木戶文書』3, p.227 ; 『木戶日記』1, pp.182, 188~190. 기도는 아이즈인들과의
만남을 통해 구아이즈번의 이전 영지에서의 '재흥'을 경계하면서도, 그들이
처한 궁핍한 상황과 구아이즈 번주에 대한 변함없는 충성심을 동정 내지는
이해하고, 어디까지나 똑같은 '황국'의 백성인 아이즈인 모두에게 천황의
'인자정치仁慈政治'가 실현되기를 희망했다.
30) 구사카는 기도와 동향인 이노우에 가오루의 추천으로 사절단에 참가한 후
미국에 유학한 인물로, 나가사키·후쿠시마 현지사 등을 역임한 후 실업가로
활약했다. 기도의 서한은 메이지 4(1871)년 1월 26일 기도와 첫 만남을 가진

다음과 같이 언급하고 있다.

　서한의 '취의趣意'는 구아이즈번이 일단 '조적'이 되었음에는 틀림이 없다. 그때는 '유신維新' 초창기 무렵으로 이미 '대사大赦의 은전'을 입었기 때문에 역시 '일시동인一視同仁의 국민'이다. 본래 23만석 다이묘가 불과 3만석이 되니 참으로 불쌍해, 홋카이도에 '상당의 토지'를 수여해 가능한 한 '편의'를 도모해, 구아이즈 항복인이 '생활'에 '곤궁'함이 없게 해야 한다는 의견이다. 정치적 의견이 달랐기 때문에 적군과 아군으로 나누어진 것은 별 수 없다고 하나, '대적大敵'이 되었다가 '일시동인'의 천황의 자비로움을 입게 되었음은 아이즈 항복인들도 잘 알고 있을 것이다. 그러나 세상 사람들은 그 반대로 생각하는 경우가 있기 때문에, 나는 항상 이를 매우 유감스럽게 생각하고 있다. 기도의 서한은 대단히 중요한 것으로, 세상사람들에게 널리 알리고 싶다.

　여기에서 기도는 아이즈 번주 이하 항복인이 신정부에 저항한 '조적'임에는 분명하나, 천황으로부터 대사면을 받은 이상 모두가 '황국'의 백성이며, '전후처분'(멸번)으로 생활 터전이 사라진 마당에, 그들을 구제할 목적으로 홋카이도 등지로의 이주를 계획한 것이지, 세상사람들이 생각하듯 도쿠가와 막부 말기 이래의 조슈와 아이즈번 사이의 악연[31]이라든지 사적인 아이즈 혐오에서 비롯된 것이 전혀 아님을 강조했다. 또한 그렇게 생각하는 세간의 인식 자체를 기도 스스로 매우 안타깝게 여기고 있고, 또 그것을 바로잡고 싶어했음을 구사카는

구사카가 미국에서 귀국한 후, 기도를 만나 근황을 보고하는 과정에서 받은 것이다(『木戸逸話』, pp.340~341).
31) 조슈-아이즈 관계가 악화된 사정에 대해서는 沈箕載(2012), 앞의 논문, p.266 참조.

전하고 있다.[32]

　그렇다면 기도가 누누이 강조한 대로 사적인 감정에서 항복인을 미워해서가 아니라, 그들을 구제하는 차원에서 시작된 항복인의 홋카이도 이주개척 구상은 구체적으로 어떻게 진행되었을까. 도호쿠 평정 후 항복 제번 지역의 민심 불안을 크게 염려[33]하던 기도는, 군무관이 1월 30일 아이즈 항복인 처리안을 신정부에 제출하자, 메이지 원(1868)년 말부터 주장해 온 바를 야마나카 세이쓰(行政官權弁事)에게 전달했다.[34] 그리고 2월 4일 오무라와 항복인 문제를 협의한 바 있던 기도는, 6일 아이즈 현지 상황을 전하는 서한을 군무관으로부터 전달받아 일독한 후, 다음 날 항복인 등의 문제들을 결정하는 자리에 참석했다.[35] 그리고 기도는 8일 오쿠보 도시미치에게도 서한[36]을 보내, 항복인

---

32) 기도가 지적한 것처럼, 구아이즈번에 대한 '전후처분'에서 '조적' 아이즈 번주에 대한 죄를 일부 사면하여 종신 근신에 처하되, 대신 번주를 꼬드겨 관군에 저항하게 한 가신을 처형하고, 다른 한편으로 구아이즈번이 '멸번'된 상태에서 일단 주변 제번에 위탁 근신케 한 항복인에 대해서는 천황의 자비 정치를 구현하고자 구제 차원에서 홋카이도 등지로 이주케 한 일련의 정치적 과정에 대해, 당시 세간에는 구아이즈번을 포함한 도호쿠 항복 제번에 대한 '전후처분' 자체가 가혹했으며, 아이즈 항복인의 홋카이도 이주 등도 기도 혹은 조슈의 아이즈번에 대한 사적인 증오에서 나온 것으로 보는 시선이 존재하고 있음을 기도 역시 인지하고 있었던 것으로 보인다. 이러한 인식은 아이즈번에 대한 '전후처분'의 가혹성만 과대하게 강조하며, 역사적 사실에 기초하지 않은 채 모든 책임을 조슈 측에 돌리려 한 호시星처럼, 후세 사람들에게도 그대로 계승된 측면이 있었다[星亮一(2008), 『僞り)の明治維新』, 大和書房, pp.175~176].
33) 『木戶文書』 3, pp.215~216, 222~223 ; 『木戶日記』 1, p.180 ; 『木戶關係文書』 2, p.277.
34) 『木戶日記』 1, p.185. 전년 말의 도호쿠 '전후처분' 과정에서, 기도는 야마나카와 함께 도호쿠 민정을 처리하는 위치에 있었다(『同』 1, p.147). 도호쿠 민정 처리 과정에서 보인 기도의 정치적 대응에 관해서는 沈箕載(2013), 「木戶孝允과 東北戰爭戰後民政處理」, 『歷史學報』 218 참조.
35) 『木戶日記』 1, p.188.
36) 『木戶日記』 1, p.189 ; 『木戶文書』 3, p.248 ; 『大久保關係文書』 2, pp.378~379.

숫자가 예상보다 크게 늘어나 항복인을 위탁한 앞의 마쓰시로번·다카다번 양 번에 위탁비용으로 지급하기로 결정한 3만석이 여의치 않은 상황이며, 늘어난 숫자를 감안하면 도호쿠 점령지 9만석을 보태도 항복인 처리비용으로 12만석이 든다는 점을 지적했다.

특히 게이오 4(1868)년 봄 이래 신정부가 홋카이도 개척을 염두에 두었던 이상, 항복인을 홋카이도로 이주시켜 개척에 종사시킬 경우, 초기 비용으로 9만석 이상이 필요한 현실 문제에 직면하고 있음을 상기시키며, 오쿠보를 비롯한 신정부 요인들과의 논의와 협조를 요청하였다. 이처럼 막대한 재정비용이 소요되는 아이즈 항복인 처분문제는, 뒤에서 언급할 것처럼 홋카이도 등지로의 이주개척을 시야에 넣으면서 기도와 군무관을 중심으로 이루어지고 있음을 알 수 있다.

2) 기도·군무관의 아이즈 항복인 홋카이도 이주개척 총괄

이처럼 메이지 원년 후반기부터 아이즈 항복인 문제를 주도해 온 기도와 군무관에 대해, 신정부는 2월 9일 다음과 같이 각각 지시했다.[37]

- 군무관에 대한 하달
  와카마쓰(구아이즈 번령 | 필자 주) 지역 항복인 처분은 군무관에 위임을 명하니, 제반 사항을 처리토록 한다. 단 항복인의 '부조수당지扶助手當地' 문제는 홋카이도 이외, 기타 적당한 토지를 조사해 건의토록 한다.

---

37) 『東京城日誌』〈明治 2年〉第4, p.5 ; 『太政類典』第1編 第127卷, 件名番號; 62, 件名: 會津降伏人取扱ヲ軍務官ニ委任ス ; 『明治史要』, p.125 ; 『明治天皇紀』第2, p.45 ; 『木戶日記』1, p.190 ; 『大久保關係文書』2, pp.378~379.

– 기도 다카요시에 대한 하달

아이즈 항복인 문제는 군무관에 처분을 지시해 '당관'에서 갑자기 담당하게 되었으므로, '동관'과 협의해 처분토록 한다.

즉 신정부는 아이즈 항복인 이주개척 문제를 군무관에게 맡기고 동시에 현실적인 해결이 필요했던 처리비용 문제는, 항복인 스스로 자급자족 형태로 식량을 조달할 수 있는 지역으로 홋카이도를 포함한 기타 지역을 선정하여 건의토록 조치하고, 나아가 기도에게도 항복인 이주개척 문제를 군무관과 협조하여 추진토록 명령하였다. 요컨대 기도와 군무관이 항복인의 홋카이도 이주개척 문제를 전담하게 되었고, 이때 홋카이도 이외의 지역도 고려 대상38)이 되었음을 볼 수 있다.

신정부는 20일, 이미 9일부로 기도와 군무관에게 하달한 명령, 즉 항복인의 이주개척 추진과 관련해 홋카이도의 이시카리石狩·오타루나이小樽內·핫사무發寒 세 곳을 군무관 관할지로 지정하고, 항복인을 그곳으로 옮겨 개척에 종사시킬 예정이니, 대상지역을 군무관에 양도하도록 하코다테부에 명령했다.39) 이처럼 게이오 4(1868)년 봄부터 신정부의 홋카이도 개척 논의에 적극적으로 발언40)해 왔던 기도는, 항복인 구제 차원에서 정치적 동반자로 당시 군무관의 실력자였던 오무라와 함께, 아이즈 항복인 문제를 처리할 수 있는 최적임자로 발탁되어

---

38) 홋카이도 이외의 제3의 장소는 후술할 것처럼 아이즈 마쓰다이라 가문의 재흥 허가에 이어, 도호쿠 지방의 도나미번 신설 및 이곳으로의 항복인 이주로 이어졌다.
39) 『法令全書』〈明治 2年〉第179, p.91 ; 『東京城日誌』〈明治 2年〉第5, pp.3~4 ; 日本史籍協會 編(1997), 『百官履歷』1, 北泉社, p.59 ; 『維新史料綱要』10, p.43.
40) 게이오 4(=메이지 원)년 신정부의 홋카이도 개척정책과 관련한 기도의 정치적 대응에 관해서는 沈箕載(2014), 「明治 元年의 에조치(蝦夷地) 개척문제와 木戶孝允」, 『日本學報』99 참조.

계획을 실천해 나갈 수 있는 정치적 명분까지 획득했다.

이처럼 군무관과 함께 항복인의 홋카이도 이주개척 사업의 담당자가 된 기도는, 2월 10일 홋카이도의 지리·사정에 정통한 인물로 하코다테 부 판사 부임을 앞두고 있던 마쓰우라 다케시로松浦武四郎에게 서한[41]을 보내, '조적' 아이즈 항복인도 '황국'의 백성인 이상 차별 없이 대우하라 는 천황의 의사를 존중하고, 나아가 신정부를 위해 봉사할 각오가 서 있는 1만여 명의 항복인을 구제할 목적으로, 홋카이도로의 이주개척 이 결정되어 자신과 군무관의 주관 하에 추진될 것이라고 전하고, 홋카이도 사정에 정통한 마쓰우라가 임무를 마친 대로 도쿄로 올라와, 사업 추진에 조언해줄 것을 부탁하였다.

한편 군무관 부지사 오무라는 14일 함께 항복인 처리 문제를 담당하 게 된 기도에게, 신정부의 당면한 '급무'가 아이즈 항복인 처리와 도쿄 문제에 있음을 밝히며, 세상 사람들이 이 두 문제에 주목하여 메이지 유신의 '정부正否'를 논하는 경우가 많은데, 정권교체의 성공 여부는 항복인 처리와 도쿄의 안정적 지배에 달려 있으니 여기에 진력하겠다 는 각오를 전하면서, 인슈번因州藩(鳥取縣)에 위탁한 항복인 2명에 대한 지시를 부탁했다.[42] 이에 기도는 같은 날 오무라에게 보낸 답서[43]에서,

---

41) 『木戶文書』 3, pp.255~256. 한편 신정부는 2월 12일 마쓰시로번의 항복인 위탁을 면제하고 군무관에로의 양도를 지시했다(『東京城日誌』〈明治 2年〉 第4, p.8). 13일 기도는 도쿠가와 막부 말기 이래 친교가 있던 에도 검객 출신의 사이토 신타로齋藤新太郎에게도 서한을 보내, 인슈번에 위탁한 항복인 2명을 군무관에 양도하고 아울러 자신과 군무관이 항복 문제를 '총괄'하게 되었음을 전했다(『木戶文書』 3, p.259).

42) 『木戶關係文書』 2, p.279. 당시 천황의 '동행' 수행차 상경했던 오쿠보 등의 신정부 요인들은 천황과 함께 교토로 돌아갔고, 정무 때문에 더 머물러 있던 기도마저 18일 도쿄 출발이 예정된 상태였기 때문에, 그 사이 사업 추진의 공백을 오무라는 크게 염려하였다.

43) 『木戶文書』 3, p.260.

앞서의 두 문제가 깨끗하게 해결되어야 하며 또한 항복인 처리는 어디까지나 군무관 중심으로 이루어져야 함을 강조했다. 그리고 비록 교토로 돌아가게 되어 '상담 평의' 과정에는 참여하지 못하겠지만, 계속해서 긴밀한 협의를 할 것임을 전했다.

또한 기도는 번 폐지 후의 아이즈 항복인의 존재가 신정부에 중대한 재정 부담으로 작용하게 될 것을 우려[44]해, 오무라에게 항복인의 이주 개척지로서 홋카이도 외에, 3만석 규모 대체토지의 선정작업의 진행 여부를 물었다.[45] 이것은 앞서의 9일자 군무관에게 내려진 지시, 즉 홋카이도 이외의 대체지역 물색과도 관련된 사항으로, 후술하는 도나미번의 신설·항복인 이주로 연결된다. 이처럼 기도는 항복인의 도나미번으로의 이주에도 관심을 가지고 있었다.[46] 요컨대 도쿄 출발을 앞둔 기도가 종래의 위탁제번 중심에서 군무관 중심의 항복인 처리를 강조하고, 정치적 동반자인 오무라와의 의견교환을 통해 해결해 나갈 것임을 밝힌 점은 주목된다.

한편 도쿄 출발을 이틀 앞두고 마음이 바빠진 기도는, 16일 오무라를 찾아갔다가 만나지 못해 남긴 서한 속에서, 항복인 처분은 군무관이 전적으로 맡아 착수할 사항으로, 스스로는 처음부터 그 착수에 '동의'를 표시할 생각이었으며, 또 항복인들을 수차례 면담해 본바, 그들도 홋카이도 이주개척에 상당한 의욕을 가지고 있어, 자립할 수 있는 토지만

---

44) 松尾正人(1986), 앞의 논문, p.13. 기도는 메이지 원년 10월 4일 오무라에게 보낸 서한에서, 이미 아이즈를 포함한 도호쿠의 '전후처분' 과정에서 국정 수행에 부담으로 작용할 가능성이 있는 다수의 '낭인' 발생을 막도록 노력하고, 아울러 그 구제책에도 신경 쓸 필요가 있음을 언급하였다(『木戶文書』 3, p.158).

45) 『木戶文書』 3, pp.260~261.

46) 『木戶文書』 3, p.260. 한편 5월 구아이즈번에 설치된 와카마쓰현에서도 현정의 안정 차원에서, 항복인의 도나미번으로의 조기 이주 승인을 신정부에 요청하고 있었다[松尾正人(1986), 앞의 논문, pp.21~24].

확보된다면 이보다 더 나은 '상책'이 없음을 지적하고, 향후 전개될 군무관의 추진사업에 기대감을 표시했다.[47] 다음 날 군무관으로 오무라를 찾아간 기도는 항복인 처분에 관한 구체적인 협의를 가졌다.[48] 18일 출발할 예정이었으나 신정부로부터 잠시 연기하라는 지시를 받은 기도는, 22일 가슴통증 때문에 하루 종일 자택에서 요양을 한 후, 다음 날 동향의 마에바라 잇세前原一誠(越後府判事)에게 서한[49]을 보내, 항복인의 홋카이도 이주개척 문제로 그들과 접촉하여 가없은 사정을 알게 된바, 이제 신정부도 항복인을 적대시하지 말고 '황국'의 백성으로 똑같이 대우할 필요가 있음을 강조하는 한편, 홋카이도 개척문제를 추진해 나가는 과정에서 약간의 논란과 어려움이 존재함을 피력했다.[50]

한편 5월 10일 에노모토 다케아키가 이끄는 구막부 탈주군함 세력과

---

47) 『木戸文書』 3, p.262.
48) 『木戸日記』 1, p.193.
49) 『木戸文書』 3, pp.269~270. 기도는 같은 날 오키 다카토를 만나 대화하는 가운데, "정부가 정부다움은 인민으로 하여금 그 존재가치를 납득시키는 일이 가장 중요하며, 설령 일단 죄가 있다 하더라도 관대히 처분한 이상, 오로지 신정부에 유용한 것이 되기를 바라며, 일단 죄 있는 자를 신정부가 적대시하고 원수 대하듯 사람을 사람답게 취급하지 않는다면, 이 또한 정부의 죄"에 해당한다는 지론을 피력했다(『木戸日記』 1, p.195). 이처럼 기도가 한때 '조적'의 백성이었던 아이즈 항복인에 대해 '황국'의 백성으로 대우할 것을 주장한 것은, 신정부가 같은 달 20일 발표한 '인민고유' 속에서 '교화'가 널리 미치지 않았던 아이즈를 천황의 의지로 관대히 처분하고, 나아가 홋카이도 등의 지역에까지 '무휼'을 베풀고자 한다는 취지와 정치적 맥락을 같이하였다 (『明治天皇紀』 第2, pp.52~53).
50) 24일 이후 칩거하며 귀경을 준비중이던 기도는 3월 3일 교토에 도착한 이후 오무라·오키 등의 지인들에게 서한을 보내, '황국' 일본의 기초·'홍국흥기興國興起'의 성패 여부는 '성의성심'으로 제 세력(정책)을 '유도요리'하는 데 달려 있다고 강조하고, 신정부의 확고한 조치 없이는 정권교체는 수포로 돌아갈 수도 있음을 지적하였다(『木戸日記』 1, pp.195, 199 ; 『木戸文書』 3, pp.273, 277, 288, 310~311).

의 하코다테 전쟁이 평정되고, 21·22일 홋카이도 개척의 '개척교도開拓教導' 방법과 인구증가책의 이해득실에 관한 관리들의 의견을 묻는 천황의 두 번째 '하문'이 내려오자51), 기도는 아이즈 항복인의 이주개척 문제를 본격적으로 추진할 필요가 있다고 판단하였다. 이에 29일 도쿄에 도착한 이후 6월 2·3일 산조 사네토미·이와쿠라 도모미·오쿠보 도시미치 등과 연이어 면담을 한 후, 4일에는 오무라와 따로 만나 장래 문제를 논의한 후 의견을 같이했다.52) 그리고 11일 이와쿠라·산조, 15일에는 이와쿠라·오쿠보와 만나 정국 상황을 논의했다.53)

이처럼 기도가 3개월여 만에 도쿄로 돌아오자마자 신정부 수뇌부를 잇달아 만나는 등 바쁜 정치적 행보를 보인 것은, 바로 항복인의 홋카이도 이주개척 사업 때문이었다. 이때 기도는 항복인과 그 가족 17,000여 명의 7할인 12,000여 명을 홋카이도로, 그리고 나머지 3할에 해당하는 5,000여 명을 난부번南部藩(후의 도나미번)54)으로 각각 이주시켜 개간에 종사시킨다는 구상55) 하에, 이주개척 문제의 주무 관청인 군무관의 실무 책임자인 오무라와의 긴밀히 협의하고, 후술하는 관할 이의제기 등의 정치적 어려움에도 불구하고 항복인의 홋카이도 이주를 강력히 추진하고자 했다. 한편 오무라도 항복인의 홋카이도 이주개척을 군무

---

51) 21일에는 '황도흥륭皇道興隆'·'지번사 선임知藩事選任'·'에조치 개척'이 신정부의 6관, 부현 등 5등관 이상의 관원, 그리고 친왕親王·당상堂上 등에게, 22일에는 '황도흥륭'·'에조치 개척'이 도쿄에 머물고 있던 제번주 등에게 각각 자문되었다(『太政官日誌』〈明治 2年〉第53號, pp.1, 3 ;『明治天皇紀』第2, pp.125~127 ;『佐々木高行日記』4, pp.69~70 ;『大久保利通傳』中, pp.675~677).

52) 『木戸日記』1, pp.230~231.

53) 『木戸日記』1, p.233 ;『大久保日記』2, p.45.

54) 아이즈 번령을 몰수당한 마쓰다이라 가문에게는, 홋카이도 이외의 전난부번령前南部藩領의 기타군北郡·산노헤군三戸郡·니노헤군二戸郡 지역 내 3만석(도나미번)을 우선 지급하고 아이즈 항복인들을 이주시키게 된다.

55) 『木戸文書』3, pp.248, 420 ; 星亮一(2009), 『會津藩斗南へ』, 三修社, p.22.

관이 관장한다는 신정부의 방침에 따라, 기도의 정치구상을 구체화시키기 위해 〈아이즈 항복인 시말황목도會津降伏人始末荒目途〉를 작성하여 홋카이도 이주를 본격적으로 추진하려고 했다. 즉 오무라는 우선 항복인 4,000명을 홋카이도로 이주시킨 다음, 이듬해에 8,000명을 더해 총 12,000명을 이주시킨다는 계획을 세우고, 가옥 3천 호 등의 신축·농구 비용을 포함한 460만 엔과 쌀 9만 석의 지급을 신정부에 건의했다.[56]

3) 기도·병부성 총괄 아이즈 항복인 홋카이도 이주개척사업의 위기

적어도 메이지 2(1869)년 6월 상순경까지 항복인 이주개척 문제는 추진 담당자와 관할 관청, 그리고 대상지역 선정에 이르기까지 신정부의 방침에 따른 기도와 군무관의 정치적 노력으로 비교적 순조롭게 진행되었다. 그러나 기도가 공들인 그동안의 노력이 후술할 정국의 변화로 무산될 수도 있는 상황이 연출되었다. 즉 시급을 요하는 항복인의 홋카이도 이주개척을 위한 시설·비용 문제 등이 관제개혁과 맞물리면서, 신정부 내에서 쉽사리 결정을 내지 못한 것이다. 안타까움을 느낀 기도는 현재의 정국 상황과 장래를 고려해보건대 실로 '개탄'해마지 않는 사항이 적지 않다면서, 6월 13일 오무라와 이토에게 서한을 보내 논의되고 있는 상황을 전했다.[57] 그리고 같은 날 기도는 오무라에게 "아이즈 항복인의 홋카이도 이주 문제는 본래 군무관이 담당하게 되어 있어 순차적으로 착수되었으리라 생각되며, 어렴풋이 회계관과

---

56) 星亮一(2009), 위의 책, p.22. 호시료는 이때 기도가 참여를 그만두고 대조원학사侍詔院學士라는 한직에 있었기 때문에, 동향의 오무라를 통해 아이즈 항복인의 홋카이도 이주를 추진하려 했다고 주장하나, 이는 사실 관계가 매우 잘못된 것이다. 앞서 언급한 것처럼 기도와 군무관은 2월 9일 신정부로부터 홋카이도 이주개척 문제의 추진을 이미 지시받고 있었다.

57) 『木戸日記』 1, p.234.

모종의 교섭을 하는 것으로 알고 있다"면서, 이주비용 조달의 진척 여부를 물었다.[58]

요컨대 기도는 도쿄 부재중에 군무관이 관장하는 항복인 이주개척 사업의 진행 여부를 오무라에게 물은 것인데, 이후 상황은 예상 밖으로 난관에 부딪치고 있었다. 즉 7월 8일 신정부는 관제개혁을 단행해 군무관을 병부성으로 개칭[59]함과 동시에, 태정관 산하에 사실상 홋카이도 개척을 관장할 개척사開拓使를 설치하고, 13일에는 나베시마 나오마사鍋島直正(前佐賀藩主)를 초대 장관에 임명했다.[60] 개척사가 신설됨에 따라 병부성과의 관장 영역의 설정·관리 인선·회계 기초의 확립 등을 둘러싸고 신정부 내에서 다양한 논의가 이루어지게 되고, 이에 따라 항복인의 홋카이도 이주개척사업에 대한 관할이 모호해지게 되었던 것이다.

때마침 기도는 오쿠보 등의 주도로 단행된 태정관개혁 등과 관련해 불만을 품고 있었고, 이러한 삿초 대립은 자칫 항복인 이주개척 관장문제의 대립으로 발전될 개연성이 충분하였다.[61] 10일 기도는 평소 우호

---

58) 『木戸文書』 3, p.374.
59) 오무라는 병부대보로서, 군무관 부지사 시절과 마찬가지로 실무상 최고책임자였다.
60) 『明治天皇紀』 第2, pp.150, 155 ; 『太政官日誌』 〈明治 2年〉 第82號, p.3.
61) 직원령 개혁, 지번사 인선, 병제 문제 등을 둘러싸고 사쓰마와 조슈를 각각 대표하는 오쿠보와 기도 사이에 이해관계가 대립하고 있었다[『木戸日記』 1, pp.241~242 ; 『佐々木高行日記』 4, pp.93~94, 119~120 ; 松尾正人(1995), 『維新政權』, p.123]. 즉 기도는 7월 3일 등청해 앞서의 관제 개혁·제관청의 인선 등에 관해 진척 상황을 청취했는데, 지론과 상당 부분이 달라져 있었고 또한 누누이 건의한 지론이 수용되지 않고 개혁 내용 자체도 '불철저'한 데 크게 실망하여 논의도 없이 퇴청했다. 8일에는 본인의 동의 없이 그동안의 격무를 위로한다는 명목으로 오쿠보와 함께 한직인 대조원학사에 임명되자, 여기에 반발해 다음 날 곧바로 사퇴했다. 그리고 25일에는 지인인 후쿠바 분자부로福羽文三郞(津和野藩士)에게, 최근 오쿠보·이와쿠라 주도의 관제개혁 등으로 대표되는 태정관의 돌아가는 형편을 보면 우려할 문제가 산적해

적인 우대신 산조를 만나 '시폐時弊' 수건을 건의하는 자리에서, 신정부의 방침이 정립되지 않아 일관성 있는 정책을 추진하기 어려운 답답한심정을 토로했다.[62] 그리고 '병제' 문제를 둘러싸고 사쓰마파와 갈등을빚어 사의를 표명한 오무라를 만나 장래의 '군무軍務' 구상, '시폐' 등의구제방법을 논의하고 견해를 같이했다. 다음 날 찾아온 오쿠마 시게노부·이토 히로부미와도 정국 상황을 논의하며 크게 한탄해마지 않았다.[63]

한편 사쓰마 주도의 개척사 신설과 관련해 장관 포스트를 노리고있던 나베시마는, 11일 오쿠보를 만나 '개척 일조一條'에 관해 모종의대화를 나누고 이틀 만에 초대 개척사 장관에 임명되었다.[64] 그리고16일에 오쿠보는 홋카이도 개척문제가 대강 확정되었음을 선언했다.[65] 이어 후속 조치로서, 20·22일에는 기도 등 조슈파의 반발을무마시키기 위해, 조슈 출신의 민부대보民部大輔 히로사와 사네오미廣澤眞臣를 겸임 형태로 개척사 출사出仕에, 나베시마와 동향의 시마 요시타케島義勇를 개척사 판관에 임명하는 인사조치를 전격 단행하였다.[66] 이처

있어, 장래가 매우 걱정된다면서 우회적으로 그들을 비판하였다(『木戸日記』 1, pp.240, 242~243, 249 ; 『岩倉關係文書』 4, pp.288, 290).

62) 『木戸日記』 1, pp.243, 246~247.

63) 『木戸日記』 1, p.244.

64) 『佐々木高行日記』 4, p.132. 도쿠가와 막부 말기부터 홋카이도 개척에 관심을가지고 있었고 이미 개척 독무로 임명되었던 나베시마는, 오쿠보를 찾아가밀담을 나눈 후 개척사 장관으로 임명되고, 후술하듯 시마 요시타케가 개척사판관으로 임명되었다. 나베시마와 시마가 비록 홋카이도 사정에 밝았다고는하나, 이는 기도(조슈파)가 사쓰마·사가파의 정치적 담합으로 오해하기 충분했다.

65) 『大久保日記』 2, p.53. 한편 오쿠보는 16일 아침 찾아온 사가 출신의 참의소에지마 다네오미에게, 태정관 개혁 등의 정체 개혁·인선·개척사로의 관할변경 문제와 관련하여 '기도 일파'가 대단히 '불평'을 가지고 있음을 언급하고,그러나 이는 번복될 수 없는 사안이라는 점에 대해 소에지마와 의견을 같이하였다(『大久保日記』 2, p.53 ; 『佐々木高行日記』 4, pp.136~137).

럼 오쿠보는 실질적으로 개척사 신설 등을 주도하면서도 홋카이도 개척과 관련해, 이미 아이즈 항복인의 이주를 추진하고 있던 조슈 측의 기도와 병부성(오무라)의 반발을 고려해, 명목상 사가파佐賀派가 주도하는 것처럼 연출하면서, 조슈 출신의 히로사와를 살짝 끼워넣는 고도의 정치전략을 구사했다.

이로써 태정관 개혁 등에서 이미 오쿠보에게 정국의 주도권을 빼앗기고, 나아가 '병제' 개혁 등을 둘러싸고서도 오쿠보와 첨예한 갈등을 빚고 있던 기도가 보기에, 홋카이도 개척 관장 문제는 항복인 이주개척 사업에도 영향을 미칠 것이고, 관할 관청도 기존의 병부성에서 자칫 신설된 개척사로 이관되는 것이 기정사실이 될 가능성이 커졌다. 요컨대 기도와 병부성(오무라) 중심이었던 아이즈 항복인 이주개척사업의 주도권이, 오쿠보 등의 정치공작으로 크게 위협을 받고 있었다.[67]

이러한 돌발적인 정치 상황의 변화에 대해 기도와 병부성은 어떤 반응을 보였을까. 먼저 병부성의 움직임부터 살펴보도록 하자. 항복인의 홋카이도 이주개척 업무를 주관하던 병부성은 위와 같은 정치 상황에 크게 반발해, 24일 관할 변경 조치 가능성 등으로 인한 입지의 약화와 성내 상황을 이유로 들어, 홋카이도 개척 포기 청원서를 태정관 사무국인 변관弁官에 제출했다.[68]

---

66) 『職員錄』〈明治 2年 9月〉, p.65.

67) 변경 과정에는 태정관 개혁 등을 주도한 사쓰마 측의 오쿠보, 그와 평소 친밀한 관계였던 이와쿠라, 그리고 사가 측의 소에지마·나베시마 등의 협조가 있었던 것으로 보인다. 메이지 3(1870)년 3월 사사키 다카유키佐々木高行는 전년 이래의 정국 상황에 대해, "삿초는 서로 의심하고 있으며, 여기에 사가인 도 오쿠마는 조슈 측, 소에지마는 사쓰마 측, 도사 세력도 고토·이타가키는 기도와 친밀한 관계에 있다"고 평했다(『佐々木高行日記』 4, p.298).

68) 병부성 지배지 다성국多城國은 전성국田城國의 오기로 보인다. 다성국은 홋카이도의 이시카리石狩·핫사무發寒(=發作部)·오타루나이小樽內 지역을 가리킨다. 이때 병부성은 항복인의 이주개척 담당은 포기하나, 업무의 연속성을 고려해

홋카이도 다성국多城國으로 구아이즈 항복인을 '이주개척'시키려는 문제는 일찍이 '당성當省'에 위임되어 있었는데, 이번에 홋카이도 '개척사'에게 명령이 내려져서 병부성 '관할'을 전부 '개척사'로 이관하지 않으면 모양새가 좋지 않다고 하므로, 이후 (병부성 지배지)다성국도 모두 '개척사 관할'로 해주기 바랍니다. 병부성은 아무래도 업무가 많고, 여러 부서를 상대하게 되면 업무에 차질을 빚을 것이 예상되므로 '개척' 관련 문제는 모두 반납하고자 합니다. 다만 여태까지의 관계자가 다성국에 출장해 있는 상태이고, '개척'에 상당한 의욕도 가지고 있으니 그대로 써주시기 바랍니다. 또한 항복인 이주와 관련해서, 이미 쌀·소금·기타 잡물을 운송하기 위해 군함 한 척에 이를 선적해, 모레 26일에는 도쿄를 출항할 예정이니 서둘러 지시를 내려주기 바랍니다. 아무래도 날짜가 지연되면 항복인의 이주를 금년중으로 해결하기 어려울 것 같아 매우 걱정하고 있습니다. 상기 사항은 어제 후나코시 마모루船越衛 에게도 이야기해 둔 바 있음을 아울러 아뢰오니, 부디 빠른 시일 안에 명령을 내려주시기 바랍니다.

태정관 요인인 참의 앞으로 보낸 일명 〈에조치 개척반상원서蝦夷地開拓返上原書〉로도 불리는 청원서에서, 기도의 정치적 동반자 오무라가 실질적인 실력자로 있던 병부성은, 표면상 업무 폭주 등으로 인해 아이즈 항복인의 이주개척 문제에 신경 쓸 여유가 없어 개척 포기를 운운하였으나, 사실은 태정관의 일관성 없는 갑작스러운 관할 방침 변경에 크게 반발하여, 항복인 이주개척문제에는 더 이상 관여하지

이주개척에 관여해 온 관리 내지는 이주개척에 필요한 물자수송만은 차질 없이 진행되어 나가기를 희망하였다(『公文錄』〈明治 2年〉第16卷, 件名番號: 13, 件名: 蝦夷地開拓關係御免等 ノ儀申立).

않겠다며, 일종의 내던지기 식으로 불만을 강력히 표시하고 있음을 알 수 있다. 이러한 병부성의 청원 내용은 후술할 오무라가 기도에게 보낸 서한에서도 재확인된다.

이러한 상황에 대해 기도도 크게 우려하고 있었다. 기도는 23일 오무라를 찾아가 '장래 사건'을 논의한 후, 다음 날 컨디션 난조로 자택에서 요양하던 중에 찾아온 이와쿠라의 사자 나와에게, 오쿠보와 유착관계인 이와쿠라에 대한 실망감을 표시하며, 장래의 '보좌' 문제를 논의했다.[69] 같은 날 이토에게 서한을 보내 작금의 어려운 상황을 토로[70]한 바 있던 기도는, 26일 실의에 빠져 있을 오무라에게 다음과 같은 서한을 보냈다.[71]

홋카이도 문제는 '개척'의 관장과 관련해서, 제가 수차례 의견을 낸 결과 병부성이 '관할'하게 되었습니다. 부득이한 사정은 알 길 없으나, 작년 겨울 이 문제는 선생에게도 누누이 말씀드렸고 또 숙고를 한 끝에 단호히 결정되었습 니다. (아이즈 항복인)1만여 명의 거주 장소와 나아가 '불모지'를 힘들이지 않고 개척하는 '양책良策'은 '공사'에 있어 이보다 더 좋은 일은 없다라고 생각되어, 장래를 위해서도 반드시 모범 적인 사례를 남겨야 한다는 생각으로 노력을 다해 왔습니다. 그런데 오늘에 이르러 (병부성 관장이)'와해'되어 참으로 '유감천만'입니다. 결코 개척에 충분히 착수할 수 있는 상황이 아니라고 당연시하는 것은 일시 적인 것으로, 1만여 명의 항복인을 위해서도 (추진하는 입장의) 오무라 자신을 위해서도 착수하지 아니하면 '유감천만'한 일입니다. 사정이

---

69) 『木戶日記』 1, p.248.
70) 『木戶文書』 3, p.399.
71) 『木戶文書』 3, pp.402~403.

이와 같으니, 가능한 한 병부성에서 떠맡아 '장래 목적'을 반드시 달성해 주기를 간절히 희망합니다. 부디 계속해서 맡아주기 바랍니다.

이 서한에서 주목되는 점은 다음 몇 가지다. 첫째 기도가 언제부터 아이즈 항복인에 의한 홋카이도 개척에 관심을 두었는가 하는 점이다. 이미 게이오 4(1868)년 3월경부터 홋카이도 개척에 관심을 두어 왔던 기도가, 도호쿠 평정 후인 그해 겨울부터 오무라에게 항복인의 홋카이도 이주개척 문제를 제안하였고, 마침내 다음 해 2월 9일 기도 자신과 오무라가 실력자로 있던 병부성의 전신인 군무관이 신정부로부터 이주 개척 담당자 및 주관 관청으로 각각 선정되어, 함께 착수를 위한 정치적 노력을 계속해 왔다.

둘째 앞서의 정치 상황의 변화에도 불구하고, 항복인의 홋카이도 이주개척에 대한 기도의 확고한 의지가 재확인되었다는 점이다. 홋카이도 이주개척사업을 어렵게 한 앞서의 제반 사정으로, 개척포기 청원서를 제출할 정도로 동요하는 모습을 보인 오무라에게, 기도는 아이즈 항복인을 통해 신정부 이주개척정책의 모범 사례를 남기기 위해, 그 누구보다도 항복인의 홋카이도 이주개척 문제에 관심을 가지고 일에 착수하려 했던 초심을 잃지 말고, 병부성이 계속 일을 담당해 줄 것을 요청하고 있다.

앞서 언급했던 것처럼 태정관 개혁·지번사 문제·'병제' 개혁 등의 정국 현안에서, 오쿠보 등의 사쓰마파에게 계속 밀리고 있던 조슈파의 거두 기도에게 홋카이도 이주개척 문제는, 더 이상 밀릴 수 없는 정치적 사활이 걸린 중대 문제였다. 따라서 기도는 앞서의 이와쿠라·산조 등 신정부 요인과 동향의 이토 등에게 실망감을 표하거나 불만을 토로 했던 것이고, 오쿠보 등의 정치공작 등으로 시시각각 변하는 일관성 없는 신정부 정책에 질린 나머지, 사업에서 손을 떼려 한 오무라의 동요하는 마음까지 붙잡으려고 애썼던 것이다.

한편 이미 개척포기 청원서를 제출한 후 기도가 보낸 서한을 받은 오무라도 27일자로 추정되는 서한을 기도에게 보냈다.[72]

ⓐ '홋카이도 개척' 문제는 개척사가 신설되면서 한 기관이 '관할'해야 할 상황이 되어서, 병부성(추진의 아이즈 항복인 이주개척)도 개척사 '관할'이 된다라고 듣고 있으며, 개척사의 '지배'를 받아 추진하라는 지시도 있었습니다. 그렇게 되면 병부성은 분주한 가운데 개척문제에 관여할 필요가 없어진 상당한 업무가 있으므로, 전부 개척사에게 양도하기로 결정했습니다. 그 이유는 신정부의 결정으로 다多(→전田)성국城國 일대를 병부성이 맡아 개척하라는 명령이 내려진 지 불과 50일도 안 되어, 이렇게 '대사건'이 생겨 갑자기 바뀌는 모양새가 되어 버리니, 정부 지시도 믿을 수 없어 깊게 관여하지 않고 손을 떼는 쪽이 낫다고 봅니다.

ⓑ 또한 지장이 생긴 급무로, 도슈선土州船에 명령을 내려 이불, 소금, 쌀 등을 선적해 그저께 25일 출발할 예정이었던 것이, 앞서의 사정으로 연기되는 바람에 도슈선의 출발도 장담할 수 없게 되었습니다. 적어도 4~5년 (앞을 내다보는)결정을 내리지 않고서는 진척이 어려울 것이고, 몇 년 지나지 않아 도중에 중단되고 말 것입니다. 참으로 안으로는 아이즈 항복인 2만여 명의 처분 문제가 있고, 밖으로는 홋카이도 개척이라는 중대 문제가 있는데, 이렇게 되어버리니 매우 '유감'스럽습니다. 병부성도 '장래 목적'이 있는 이상, 무리하게 떠맡아 종래대로 관여해야 할지를 이야기해 봐야 할 것이나, 갑작스레

---

72) 『木戸關係文書』 2, pp.280~281.

바뀌어 버리면서 분주한 병부성 문제조차 맡기 벅찬 상황에서, 이렇게 귀찮은 일을 남겨두면 병부성 내의 관리들에게도 미안해지니, '개척' 문제는 개척사에게 넘기기로 결심했습니다.

ⓒ 또한 개척사에 대해 언급하자면, "개척사는 아직 '회계'에 대한 전망도 서 있지 않고, 그저 관리 수준에서 홋카이도 전 지역을 대상으로 일시에 착수한다"고 한 논의로는, 도저히 금년중으로 해결이 어렵고, 이미 이번 도슈선의 출발이 정지되면서 병부성의 아이즈 항복인 이주개척사업도 지체되는 바람에 불과 500명만이 홋카이도로 이주하게 될 것 같습니다.

ⓓ 또한 5년, 10년을 병부성이 위임받아 충분히 홋카이도를 개척한 후, 홋카이도 전 지역을 (개척사가)관할하게 되더라도 별 문제가 없을 것이라고 생각해서 앞장서 떠맡았던 것입니다. 그런데 개척사가 전체를 '관할'해야 한다고 '결의'해 버리는 식으로, 상황이 이리 갑자기 꼴사납게 바뀔 줄은 눈치채지 못했습니다. 따라서 홋카이도 개척 문제를 누누이 설명해서 수긍하여 10년 정도 위임 형태를 취하게 된다면, 후나코시 마모루에게 이야기해둔 것도 있고 하니, (병부성내의 관리들도)납득하지 않을까 생각합니다.

오무라는 ⓐ에서 신정부가 병부성에서 신설 개척사로 갑작스럽게 '관할' 변경을 지시하는 바람에, 앞서의 홋카이도 이주개척 포기 청원서를 제출할 수밖에 없었던 전후 사정과 함께, 정부정책에 대해 깊은 불신감을 갖게 되었음을 설명하였다. ⓑ에서는 일관성 없는 정책 때문에 아이즈 항복인의 이주개척에 필요한 물자수송작업이 차질을 빚게 되었다고 지적하는 한편, 항복인 이주개척을 포함한 홋카이도 개척문제는 중대 문제로서, 장기계획 아래 추진되어야 하는 것임에도 그렇게 되지 못하여 부득이 '병제' 개혁 등 할 일 많은 병부성으로서는, 포기 청원서를 제출하게 되었다고 재차 설명하고 있다.

ⓒ에서는 홋카이도 개척문제를 전담하기로 한 개척사는 신설기관으로, 아직 재정 문제도 확립되어 있지 않아 현실성 없는 탁상공론식의 홋카이도 개척론만 존재하는 상태에서, '관할권' 변경 다툼이라는 상황의 변화로 인해 출발이 정지되면서, 병부성의 항복인 이주개척사업도 불과 500여 명 수준의 소규모로 이루어질 가능성이 있음을 지적했다.73) 마지막으로 ⓓ에서는 병부성은 적어도 5년에서 10년 동안 항복인 이주개척을 포함한 홋카이도 개척사업을 진행시킨 후 개척사로 넘긴다는 양해 아래 사업을 떠맡았던 것인데, 하루아침에 신설 개척사가 독점 관장하는 식으로 정책이 바뀌도록 공작한 신정부 일각의 정치적 움직임을 간접적으로 비판하였다. 마지막으로 항복인 이주개척사업을 신정부 요인들에게 재차 설명하여 병부성에 10년 정도 장기 위임한다는 결정을 이끌어낸다면, 병부성 관리들도 이를 납득하고 개척사업에 힘쓸 것이라고 하여, 여전히 홋카이도 개척사업에 강한 미련을 갖고 있음을 보여주고 있다.74) 오무라의 이 같은 생각은 항복인 이주개척사

---

73) 이날 천황 참석의 고고쇼小御所 회의에서는, 병부성 '관할'의 이시카리로 아이즈 항복인 수백 명의 이주개척이 결정되었다[『大久保日記』 2, p.61 ; 榎本洋介 (2009), 『開拓使と北海道』, 北海道出版企劃センター, p.57].

74) 이때 병부성도 홋카이도 개척사업은 궁극적으로 개척사가 관장하는 것이 바람직하다는 점에 동의하였으나, 특정 세력의 입김으로 신정부 정책이 일관성을 상실하여, 아이즈 항복인의 이주개척 사업이 차질을 빚게 된 데 대해 강한 불만을 표시했다. 재정적인 면에서 개척사의 한계성을 언급한 오무라의 지적대로, 홋카이도 개척사업은 신정부가 메이지 2(1869)년 7월 22일 분령 지배를 선언한 데(『太政官日誌』〈明治 2年〉第83號, p.1 ; 『法令全書』〈明治 2年〉第660, p.275) 이어, 8월 15일 11국 86군으로 분할된 홋카이도를 17일 병부성을 포함한 제번·사족·서민 등에게 할당하여 개척을 추진하게 되었다(『法令全書』〈明治 2年〉第734·745, pp.298~299, 302 ; 『太政官日誌』〈明治 2年〉第91號, pp.1~9).

업을 구상 추진하려 했던 초심을 돌아보고, 홋카이도 개척 포기를 재고해 달라고 한 기도의 요청을 받아들인 것으로 생각된다.

신정부가 애당초 아이즈 항복인 이주개척사업에 대해 병부성(군무관) 관장을 인정하고 이에 따라 사업이 추진되는 중이었음에도 불구하고, 오쿠보 등 특정 세력이 여기에 개입하여 개척사 관장이라는 형태로 갑작스럽게 상황이 바뀌자, 기도는 개척 포기 청원서를 제출한 오무라를 설득하고, 같은 날인 27일 보상 산조와 우대신 이와쿠라를 만나 자신의 견해를 강력히 피력했다.[75] 신정부의 일관성 없는 정책 때문에 병부성이 홋카이도 개척문제에 손을 떼고, 이 때문에 항복인의 홋카이도 이주개척까지 차질을 빚게 될 것을 크게 염려한 기도는, 앞서의 세 사람에 이어 이번에는 변경을 추진한 당사자인 오쿠보를 직접 만나 강력히 항의하여 결국 원래대로 되돌려놓았다.[76] 애당초 기도파의 '불평'을 알고 있으면서도 변경된 정책을 절대로 고수하려 했던 오쿠보도, 병부성과 함께 항복인 이주개척사업의 주요 담당자였던 기도가 강력히 반발을 보인데다, 보신 전쟁 종식 이후 신정부의 중앙집권화를 위한 기반작업을 추진하는 데에 조슈를 대표하는 기도의 정치적 협력이 절대적으로 필요하였기 때문에, 이때는 한 발짝 물러선 것으로 보인다.[77]

---

75) 『木戸日記』 1, p.249.
76) 『木戸日記』 1, p.250 ; 『木戸公傳』 下, p.1182.
77) 『大久保日記』 2, p.53. 그동안 독주해왔던 오쿠보파는 당면한 대내외 위기(보신 전쟁 종식 후의 국내 안정, 관제개혁 후유증의 최소화, 러시아 남하에 따른 러일 대립) 속에서, 불가피하게 기도와 손을 잡고 국정의 제영역에서 '삿초 합일'을 이뤄 신정부 기초를 확립해야 한다는 국가적 책무를 강하게 느끼고 있었다(『大久保日記』 2, p.69 ; 『佐々木高行日記』 4, pp.216, 313). 사쓰마와 조슈를 각각 대표하는 오쿠보와 기도는 정국 운영에서 정치적 대립과 협력을 계속 반복하는 점도 있었으나, 보다 더 현실적인 요인을 든다면 보신 전쟁 등으로 신정부의 재정 상황이 열악해진 가운데, 오쿠보 등의

이로써 어려운 정치적 노력 끝에 일단 아이즈 항복인 이주개척사업은 병부성이 '관장'하게 되었지만, 심사가 편치 못했던 기도는 지병 요양차 도쿄를 떠나 하코네로 향했다.[78] 그러나 요양지에서도 줄곧 이주개척 문제에 매달렸다. 즉 기도는 5일 오무라에게 서한을 보내 항복인의 홋카이도 이주개척 문제가 다시 병부성 '관할'로 바뀌었다는 내용을 전하면서도, 작년 겨울 '백년의 전망'으로 올해 2월 9일 결정되었던 사업 자체가 지금에 이르러 '동요'하는 바람에, 전체 계획이 어그러질 수도 있었음을 매우 '유감'스럽게 여긴다고 재차 언급했다.

기도는 아울러 동향의 이노우에 가오루井上馨에게도 부재중인 자신 대신 정치적 진력을 다해 줄 것을 부탁했다고 하면서, 병부성 관장 하에 이주개척사업을 계속 추진해줄 것을 재차 부탁했다.[79] 한편 심신이 매우 피곤해져 있던 상황에서, 항복인의 홋카이도 이주개척문제를 비롯한 정국의 형세가 오쿠보 중심으로 돌아가는 데 반발하여, 하코네로 요양을 떠나버린 기도를 정국의 상황이 가만 놔두지 않았다. 평소 우호적이었던 산조는 러시아의 남하에 따른 홋카이도 상황을 우려해 기도에게 귀경을 독촉[80]하였고, 동향의 이토도 14일 러시아의 홋카이

주도 하에 추진된 관제개혁으로 탄생되어, 에조치 개척을 위임받은 신설 개척사가 에조치 전 지역을 담당하기에는 예산과 인원이 너무 부족하여 개척사업을 실천으로 옮길 만한 상황이 아니었다는 점이다. 더구나 사할린 영유를 둘러싼 러시아와의 갈등까지 대두된 상황이라, 제 기능을 발휘하려면 시간적 여유가 필요하여 개척에 관심을 가진 다양한 세력이 개척에 대한 부담을 나눠 갖는 식의 분령 지배정책을 실시해야 하는 급박한 사정도 고려되었다고 생각한다.

78) 『木戸日記』 1, p.250.
79) 『木戸日記』 1, p.250 ; 『木戸文書』 3, p.411 ; 『木戸公傳』 下, pp.1182, 1188. 이때 기도는 오무라의 높은 식견에도 불구하고, 신정부의 갑작스러운 정책 변경 때문에 시일을 허비하여, 아이즈 항복인의 이주개척에 필요한 물자를 실은 도슈선의 출발이 연기된 데 따른 '손익'이 매우 크다는 점을 지적하기도 했다.
80) 『木戸公傳』 下, p.1189.

도로의 남하 가능성과, 그 대책의 협의 과정에서 조슈파를 대표하는 기도의 부재를 크게 우려해, 산조의 귀경 요청에 응해줄 것을 적극 권유했다.[81] 이에 기도는 15일 이토에게 보낸 답서에서, 신정부의 일관성 없는 정책 결정의 난맥상과, 아이즈 항복인의 홋카이도 이주개척사업에 전념하게 된 전후 사정을 재차 언급했다.[82]

ⓐ 어리석은 나의 의견으로는 홋카이도만이라도 확실하게 '보유' 목적을 세워야 한다고 줄곧 생각해 왔습니다. 작년 말 도쿄에 머물고 있던 신정부 요인들을 설득해 아이즈 항복인을 홋카이도로 이주시켜 '개척' 목적을 반드시 세워야 할 것이라며, (병부성 전신인)군무관에도 취지를 설명하고 논의했습니다. 군무관에서도 기간을 정해 '성공'을 달성한다는 '약정'까지 하고, 순차적으로 그 '수단'을 강구해 왔습니다. 어쨌든 아이즈 항복인을 이주시키는 일은 '급무'로서, 그들은 온갖 어려움을 견뎌온 사람들로 가장 중요한 1만여 명을 이주시키는 것은 공적으로나 사적으로나 참으로 바람직한 일이니, 이를 '총괄'할 기관이 없으면 목적의 '성공'을 기약할 수 없어, 수차례의 고민 끝에 필사적으로 '진력'해 왔습니다.

---

81) 『木戸日記』1, pp.255~256 ; 『木戸關係文書』1, pp.237~239 ; 『木戸公傳』下, p.1180. 그리고 8월 17일 동향의 히로사와 사네오미도 러시아의 남하 가능성에 따라 홋카이도의 보전이 위태로워진 정국 상황과, 아이즈 항복인의 이주개척 사업을 본격화하기 위한 논의를 위해, 기도에게 이와쿠라의 귀경 요청에 적극 응해줄 것을 재차 촉구하였다. 이때 히로사와는 홋카이도 문제가 매우 중대한데도 불구하고, 기도와 오무라가 지적한 것처럼 "오전에 일단 결정이 내려졌음에도 또 다른 주장이 제기되어 오후에 바뀌는" 마치 조령모개朝令暮改식 정책이라고 전하면서, 조슈파를 대표하는 기도가 정책 결정 과정에 꼭 참석할 것을 강조하였다(『木戸公傳』下, pp.1189~1190).
82) 『木戸文書』3, pp.420~422 ; 『木戸日記』1, pp.255~256 ; 『伊藤關係文書』4, pp.191~192 ; 『木戸公傳』下, pp.1183~1184.

ⓑ 그런데 이번 (도슈선)출발 전에, 신정부의 지시가 바뀌어 군무관의 '총괄'을 해제하고 업무를 개척사로 이관시켰다고 합니다. 이 일 하나만도 결코 '장래의 목적'을 확립하기 어려운 셈이니, 비록 군무 관에 (아이즈 항복인 이주개척)'관할'을 지시했다 하더라도 군무관이 반드시 다하는 것은 아니고, 일이 '성공'한 후에는 개척사 소속으로 넘어가는 것은 당연합니다. 개척사가 '개척'을 맡아볼려면, 홋카이도 전도의 형세를 '일람'하고 자체적인 '개척의 목적'을 세워 정성을 다하여, 특히 그 '정실'을 파악한 후 마음을 열어 '신임'하고, 그 '실행' 을 감독할 때만 주변의 성의를 이끌어낼 수 있을 것입니다. … 어쨌 든 작은 권력을 다퉈 마을 유력자의 논둑길을 이웃 마을이 빼앗는다 는 식이었다가, 전체 국면을 그르치는 일이 적지 않습니다. 나도 가능한 한 인원을 이주시키되 소야宗谷 쪽부터 시작하고, 요충지에는 나중에 반드시 부현도 설치될 수 있도록 기초를 세워야 하니, 결국 이 모든 문제는 개척사의 임무로서 내부에서 작은 일을 다투기보다 는, 내부 결속을 다져 러시아인의 야욕을 꺾는 것이 가장 시급한 것이니, 진정 요전의 처사에 함묵해야 한다고 생각하나,

ⓒ 작년 이래의 '고심' 했던 것들을 수포로 돌릴 뿐 아니라 장래를 생각해 보더라도 지극히 '유감'이어서, 이미 (도슈선)출발 전 2~3일 동안 크게 '격론'을 벌이고 산조·이와쿠라 2경에게 건의를 한 끝에, 드디어 29일 아침 정부 명령을 종래대로 원점으로 되돌리게 되었을 즈음, 오쿠보의 승낙도 얻어내어 겨우 안심하고 출발하게 되었습니 다. … 홋카이도에서 '토대'를 닦아 놓지 않으면, 사할린도 결코 손에 넣기 어려울 것이고 그저 위안으로 삼는 데 지나지 않을 것입니 다. 따라서 반드시 홋카이도에 '기초'를 확립하는 일이 가장 시급하 다고 생각합니다.…

ⓐ에서 기도는 러시아의 홋카이도 남하가 우려되는 상황에서, 대내외적으로 홋카이도의 일본영토화를 공고히 할 목적으로 작년 말부터 신정부 요인 및 군무관을 상대로, 시급한 당면 과제인 아이즈 항복인의 홋카이도 이주개척과, 그 관장 기관으로서 군무관을 선정하기 위해 정치적으로 노력해 왔음을 밝히고 있다. 이어 ⓑ에서는 이주개척사업의 '관할' 기관이 군무관에서 개척사로 갑작스레 변경된 일은 도저히 납득할 수 없는 사안으로, 필요물자를 실은 선박이 출발 직전에 출항을 못해 사업 지연이 초래되고, 또한 항복인 이주개척사업을 통해 홋카이도 개척과 북방 경비라는 목적을 달성한다는 계획도 차질을 빚게 되었음을 지적하고 있다.

이와 관련해 특히 주목되는 점은, 기도가 오무라와 마찬가지로 병부성이 항복인 이주개척사업을 맡아보게 되었다 하더라도, 홋카이도 개척사업을 계속 떠맡을 생각은 전혀 없으며, 이주개척사업 자체만 본 궤도로 올려놓은 후 개척사업 전반은, 신설 개척사가 전담하는 것이 마땅하다는 견해를 밝히며, 병부성의 담당 영역을 침해하려 한 개척사를 비판한 점이다. ⓒ에서는 '관할' 기관의 갑작스러운 변경이 아이즈 항복인의 홋카이도 이주개척을 위한 그동안의 정치적 노력을 무위로 돌리고, 또한 홋카이도 방어를 통한 사할린 점유라는 장래의 대외목적을 달성하는 데도 매우 부적절하다고 판단되어, 결국 직접 나서서 정부내 격론을 거쳐 산조·이와쿠라에게 건의하고, 정책 변경의 당사자인 오쿠보로부터도 동의를 얻어내, 일단 원래대로 항복인 이주개척사업을 병부성이 계속 맡는 것으로 재결정된 우여곡절을 구체적으로 토로하고 있다.

한편 러시아의 위협이라는 새로운 정치적 변수의 등장, 즉 러시아의 사할린으로의 남하에 이어 홋카이도마저 위협받는 상황 속에서, 신정부 내에서는 다양한 의견이 표출되었으나, 여러 세력간의 충돌을 피하고 내우외환을 극복하는 방향으로 움직였다. 신정부는 우선 개척사 설치에 따른 명칭 변경을 검토하여 15일 종래의 에조치를 홋카이도로 개칭하고, 17일에는 재정 미확립이라는 개척사의 한계를 인정하여 홋카이도 개척을 병부성·제번 등에 분담시키는, 이른바 홋카이도 분령 지배정책을 발표했다.[83]

이처럼 러시아의 위협이라는 새로운 돌발 변수가 나타난 가운데, 신정부는 홋카이도 개척을 '황위강체皇威降替'의 공간이자 '급무'로 인식하고, 토지 개간·이주자 증가를 통해 북방 러시아로부터의 위협을 막는 것을 개척의 목적으로 삼고, 공가 출신의 히가시쿠제 미치토미東久世通禧를 2대 개척사 장관에 임명했다.[84] 그리고 9월 2일에는 특별 '관대' 조치에 따른 아이즈 항복인의 홋카이도로의 '이주'가 병부성에 최종

---

83) 『佐々木高行日記』4, p.150 ; 『明治天皇紀』第2, pp.175, 177. 이때 병부성은 태정관으로부터 이시카리노구니石狩國의 이시카리노군石狩郡, 시리베시노구니後志國의 다카시마군高島郡·오타루군小樽郡 총 3군의 지배를 명령받았다. 아울러 태정관은 개척사에 병부성으로의 3군 양도를 명령했다(『太政官日誌』〈明治 2年〉第91號, p.9 ; 『公文錄』〈明治 2年〉第16卷, 件名番號: 13, 件名: 蝦夷地開拓關係御免等ノ儀申立). 그리고 후술하는 9월 2일 병부성에 항복인의 홋카이도 이주개척 승인을 통보한 후인 5일에는, 이시카리노구니石狩國 하마마스군濱益郡, 아쓰다군厚田郡의 오쇼로고쓰忍路コツ·삿포로군札幌郡의 쓰이시카리ツイシカリ, 시리베시노구니後志國의 오쇼로군忍路郡·요이치군余市郡·비쿠니군美國郡·후루비라군古平郡, 2국 내의 총 7군(『法令全書』〈明治 2年〉第851, pp.338~339 ; 『太政官日誌』〈明治 2年〉第95號, p.4 ; 『公文錄』〈明治 2年〉第16卷, 件名番號: 19, 件名: 北海道ノ内兩國本省支配ノ旨達), 14일에는 시리베시노구니後志國의 후토로군太櫓郡·세타나군瀨棚郡, 이부리노구니膽振國의 야마코시군山越郡, 구시로노구니釧路國의 시라누카군白糠郡·아쇼로군足寄郡·아칸군阿寒郡, 3국 내의 총 6군의 개척 지배를 추가로 명령했다(『法令全書』〈明治 2年〉第872, p.361 ; 『太政官日誌』〈明治 2年〉第96號, pp.7~8 ; 『公文錄』〈明治 2年〉第16卷, 件名番號: 24, 件名: 北海道國々ノ内本省支配ノ儀達).

84) 『太政官日誌』〈明治 2年〉第92號, p.7 ; 『明治天皇紀』第2, p.180 ; 『大久保日記』2, p.61.

통보되었다.85) 이에 따라 병부성은 관할 하의 항복인 이주개척사업을
본격적으로 추진한 결과, 도쿄에서 근신중이던 항복인과 그 가족 103가
구의 1진 338명이, 조슈 출신의 이노우에 야키치井上弥吉의 인솔 아래
미국 기선 얀시호에 탑승해 21일 홋카이도 오타루에 도착하였고, 10일
후인 30일에는 2진 98가구가 도착했다.86) 사업 자체는 약 700여 명에
이르는 소규모 이주로서, 이주 인원은 병부성의 당초 목표에 크게
미치지 못했으나, '관할권'을 둘러싼 첨예한 권력투쟁 끝에 얻어낸
항복인 이주개척사업은, 기도·오무라의 희망대로 마침내 일부 실현되
었다.

　한편 신정부는 앞서의 이주 승인에 이어 기도가 하코네에서 돌아온
당일인 26일, 한때 '조적'이었던 아이즈 전번주 마쓰다이라 가타모리
등의 죄를 완전히 사면하고, 그의 적자 마쓰다이라 가타하루의 가독
상속을 허용했다.87) 그리고 11월 3일에는 마쓰다이라 가문 재흥을
허가받은 가타하루에게 화족 지위를 부여함과 동시에, '무쓰노구니陸奥
國'(靑森縣·岩手縣 일부) 내의 3만석 지배를 명령했다.88) 그리고 메이지
3(1870)년 1월 5일에는 근신이 해제된 항복인 4,700여 명과, 그 가족을
포함한 2,800가구 약 17,000여 명을 신설된 도나미번으로 이주시켜
지배하도록 조치했다.89)

---

85) 『法令全書』〈明治 2年〉第840, p.336 ; 『太政官日誌』〈明治 2年〉第95號, p.1
　　; 『維新史料綱要』 10, p.202.
86) 星亮一(2009), 앞의 책, p.24.
87) 『勅語類·明治詔勅』, 件名番號: 20, 件名: 德川慶喜·松平容保以下ヲ寬宥ニ處スル／
　　詔書.
88) 『法令全書』〈明治 2年〉第938·944, pp.381~382, 384 ; 『太政官日誌』〈明治 2年〉
　　第103號, p.2 ; 『維新史料綱要』 10, pp.215~216. 3만석은 무쓰노구니의 기타군北郡·
　　산노헤군三戸郡·니노헤군二戸郡 지역으로, 이곳에 도나미번이 신설되었다.
89) 『法令全書』〈明治 3年〉第8, p.3 ; 『太政官日誌』〈明治 3年〉第9號, pp.1~2
　　; 『明治天皇紀』第2, p.250 ; 『佐々木高行日記』 4, pp.257~258. 도나미번으로

이처럼 홋카이도 이주개척의 아이즈 항복인 처리가 미흡하나마 마무리되고, 제3의 대체지역인 도나미번으로의 이주가 시작되려는 시점인 1월경, 병부성은 기존의 개척지 '관할'을 개척사로 이관하거나 신설 도나미번에 양도하고 이주개척사업에서 완전 철수했다.[90]

이주시킨다는 구상은 메이지 2(1869)년 5월 이후, 구아이즈 번령을 직할 지배하고 있던 와카마쓰현이 현내에 거주하고 있는 아이즈 항복인이 치안 악화 등의 요인으로 작용하여 현정을 매우 어렵게 한다는 이유를 들어, 현정 안정 대책으로서 아이즈 항복인이 바라는 마쓰다이라 가문의 재흥 및 그들의 도나미번으로의 조기 이전 실현이 급무임을 수차례에 걸쳐 태정관에 탄원하였다[松尾正人(1986), 앞의 논문, pp.15~18]. 한편 신정부로서도 도호쿠 전쟁 '전후처리' 과정에서 가신단의 구제가 신정부의 주요 과제로 떠오르는 가운데, 특히 아이즈 항복인의 존재는 중대한 재정 부담으로 작용할 여지가 컸다[『木戶文書』 3, p.158 ; 沈箕載(2012), 앞의 논문, p.278 ; 松尾正人(1986), 위의 논문, pp.23~24]. 따라서 신정부는 병부성과 개척사 사이에 항복인의 홋카이도로의 이주개척을 둘러싸고 벌어진 '관할권' 다툼으로, 병부성의 이주개척 사업포기 청원서가 제출된 상황에서, 1만 여명이 넘는 항복인의 이주 대체지를 찾을 수밖에 없었다. 그러던 차에 앞서의 와카마쓰현의 탄원과 기도의 구상(본래 기도는 아이즈 항복인과 그 가족 17,000여 명의 7할인 12,000여 명을 홋카이도로, 나머지 3할인 5,000여 명은 도나미번으로 이주시켜 개간에 종사시킨다는 구상을 하였다. 그러나 앞서의 사정들로 인해, 결과적으로 이주 숫자·대상지 면에서는 그 반대가 되었다)을 토대로, 아이즈 마쓰다이라 가문의 부활을 허가하고 농지개척으로 재정을 확보한다는 조건하에, 좀 더 농업에 유리하다고 판단된 도나미번으로의 이주를 결정하였다. 아울러 도나미번은 메이지 3(1870)년 1월 5일 신정부의 분령 지배책의 일환으로 홋카이도 시리베시노구니後志國의 우타스쓰歌棄·세타나瀨棚·후토로太櫓 및 이부리노구니胆振國의 야마코시山越 등 총 4군의 지배를 명령받았다. 도나미번은 메이지 4(1871)년 폐번치현으로 도나미현이 된 후, 다른 현과 합병을 거듭한 끝에 아오모리현에 최종 편입되었다.

90) 개척사업 지휘 차 메이지 2(1869)년 9월 25일 하코다테에 도착한 시마 요시타케島義勇(開拓使判官)는, 10월 29일 현지에서의 항복인·파견 관원의 이주 수용 및 식량 확보의 어려움을 들어, 홋카이도 제일의 장소인 병부성 '관할' 하의 이시카리·오타루·다카시마高島의 3군 중에서, 오타루·다카시마 2군의 개척사로의 이관을 이와쿠라에게 강력 요청했다(『岩倉關係文書』 4, pp.324~325). 이후 이듬해 1월 8·9일 신정부는, 병부성에 이시카리·시리베시後志·구시로노구니釧路國 3국 중의 지배지를 개척사에, 시리베시·이부리노구니膽振國 2국 중의 3군을 도나미번에 각각 양도하도록 조치했다(『法令全書』〈明治 3年〉第11·12·17, pp.4~5).

맺음말

이상으로 아이즈 항복인의 홋카이도 이주개척과 관련해 기도 다카요시의 인식과 정치적 노력을 살펴보았는데, 그 내용을 정리하면 다음과 같다. '조적' 아이즈번은 도호쿠 전쟁 발단의 원인 제공자로 지목되어 메이지 원(1868)년 12월 7일 번 자체가 폐지되고, 번주 이하 가신 및 항복인들은 각각 참수 혹은 제3 지역에서의 종신 근신처분을 명령받았다. 처분 과정에 깊이 관여했던 기도는 아이즈 '전후처분'이 '군신'의 죄를 범한 공적인 죄를 물었던 것이지, 결코 사적인 감정에서 나온 것이 아님을 강조하고, 이제 '황국'의 백성이 된 항복인을 접촉하는 과정에서 알게 된 그들의 궁핍한 처지를 동정하며 위로금을 전달하기도 했다.

그런데 이러한 일시적 조치는 처리비용이 막대하고 국정 수행에서 재정적·정치적 부담으로 작용하게 될 가능성이 큰 위탁제번에 근신중인 항복인에 대한 근본 처방이 될 수 없다고 인식하고 있던 기도는, 항복인을 떠맡은 위탁제번의 어려움까지 고려하여 항복인의 홋카이도 등으로의 이주 개척을 추진하여 그들의 생활을 구제하고, 아울러 홋카이도를 러시아 남하로부터도 방어하고자, 원년 후반기부터 군무관의 실력자 오무라를 비롯한 신정부 요인들에게 자신의 구상을 제안하였다. 그 결과, 이듬해 2월 9일 태정관으로부터 군무관과 함께, 항복인의 홋카이도 이주개척과 기타 지역 선정사업을 맡아 추진하라는 명령을 받게 되었다.

이로써 아이즈 항복인 처리문제는 종래의 위탁제번 중심에서 기도·군무관 중심으로 옮겨져, 항복인과 그 가족을 포함한 12,000여 명을 홋카이도로, 나머지 5,000여 명을 도나미번으로 이주시켜 개간에 종사시킨다는 구상이 막대한 개척비용 조달의 현실적인 어려움에도 불구하고, 6월 상순경까지는 군무관과의 긴밀한 협조 속에 비교적 잘 진행되어 가는 듯 보였다. 그러나 7월 8일 관제개혁이라는 예기치 않은 정국의 변화 속에서, 홋카이도 개척을 전담하는 개척사가 신설되고, 아울러 개척사 장관 이하 주요 인선마저 조슈파의 좌장 기도가 배제된 채 전격적으로 이루어지면서, 종래 병부성이 전담하던 항복인 이주개척사업이 개척사로 양도될지 모르는 상황에 직면하였다. 이에 병부성의 실력자 오무라는 내심 10여 년 정도의 기한부 사업 추진을 바라면서도, 표면적으로는 일관성 없는 '관할' 변경방침에 크게 반발하며 개척 포기 청원서를 제출했다.

한편 사쓰마파의 오쿠보와 유착관계인 이와쿠라가 주도한 관제개혁에 불만을 품고 있던 기도는, 참의 소에지마와 개척사 장관 나베시마 등의 사가파까지 가세하면서, 자칫 본인과 오무라가 그동안 추진시켜 왔던 항복인 이주개척사업이 무산될지 모른다는 위기감에 휩싸였다. 이에 기도는 오무라에게 개척 포기의 철회를 촉구하는 한편, 자신에게 우호적인 산조·오쿠마 그리고 이토·이노우에 등의 지인들에게, 신정부 정책의 일관성 부재에 대해 불만을 강력히 토로하며, 개척사업을 계속할 수 있도록 협조를 부탁했다. 나아가 '관장' 변경을 추진한 당사자로 지목된 오쿠보와 이와쿠라에게도 강력히 항의한 끝에, 아이즈 항복인의 홋카이도 이주개척사업은 원래대로 추진할 수 있게 되었다.

그러나 항복인 홋카이도 이주개척사업의 관장을 둘러싼 줄다리기 과정에서 사업 지연은 불가피하였고, 때마침 신정부의 홋카이도 분령 지배정책과도 맞물리면서 사업 규모는 원래보다 대폭 축소된 채, 대신 도나미번의 신설과 함께 항복인의 대거 이주가 이루어졌다. 그런데 홋카이도 이외의 제3 지역으로의 이주는 애당초 이미 기도의 구상에 포함되어 있었으며, 항복인의 홋카이도 이주가 일부 실현된 후 병부성은 일정을 앞당겨, 메이지 3(1870)년 1월경 홋카이도 개척사업에서 철수했다.

요컨대 도호쿠 전쟁의 최대 격전지였던 아이즈에 대한 '전후처리'로서 항복인의 홋카이도 이주개척사업은, 게이오 4(1868)년 봄 이래 홋카이도 개척에 관심을 가지고 있던 기도가 항복인의 생활 구제·홋카이도 개척·북방 방비라는 차원에서 구상하여, 기도 자신과 정치적 맹우 오무라가 책임자로 있던 군무관(병부성)의 정치적 노력에 힘입어 추진되어 오다, 그 '관장'을 둘러싼 권력다툼에도 불구하고 부분적으로나마 마침내 실천되기에 이르렀다.

제3부

기도 다카요시와 하코다테 箱館 전쟁

제1장

기도 다카요시와
도쿠가와가德川家 하코다테 출병론

머리말

하코다테箱館 전쟁은 메이지 초년에 일어난 보신 전쟁의 마지막 단계 전투로서, 도호쿠 지역 등을 평정한 신정부 측에게는 막강한 해군력을 보유한 구막부 세력과의 한 치 앞을 내다볼 수 없는 절체절명의 한판 승부였다. 게이오 4(1868)년 4월 11일, 에도성 '무혈개성'으로 보신 전쟁의 전선은 간토·도호쿠 등지로 옮겨졌다. 같은 날 구막부 해군 부총재였던 에노모토 다케아키榎本武揚는 에도성 접수에 반발해, 신정부 측에게 약속한 구막부 군함의 양도를 이행하지 않고, 기상 악화를 이유로 함대를 다테야마館山로 이동시키는 1차 탈주를 감행했다.[1]

그러나 공순파 구막신인 가쓰 가이슈勝海舟의 설득으로 후지야마마루富士山丸 등 수척을 28일 신정부 측에 넘겨주었으나, 최강 군함 가이요마루開陽丸 등 주력함은 후일을 위해 온존시켰다. 5월 24일 스루가駿河·도토

---

1) 『復古記』第3冊, p.494.

미遠江 지역으로의 70만석 감봉이라는 도쿠가와가德川家에 대한 신정부 처분으로 인해, 약 8만여 명에 달하는 구막신의 경제적 부양이 어렵게 되었다고 판단한 에노모토는, 그들을 에조치蝦夷地로 이주시켜 북방 방비와 개척에 전념하려는 구상을 하게 된다.[2] 때마침 6월 초순경 도호쿠 지방의 반정부 세력인 오우에쓰 열번동맹 측으로부터 지원 요청을 받은 에노모토는, 8월 19일 8척의 구막부 함대를 이끌고 2차 탈주를 시도해 센다이로 향했다.[3]

그러나 에노모토 탈함세력은 출항 다음 날부터 기상 악화로 운송선 2척을 잃고, 9월 중순경 센다이에 도착했으나 얼마 되지 않아 열번동맹 은 와해되고 말았다. 이에 에노모토는 기존 병력에 도호쿠 전쟁에 참가했던 잔여 구막부 지지세력을 태운 채, 10월 12일 센다이를 출발해 20일 에조치의 와시노키鷲/木 해안에 상륙했다. 원래 에조치의 대부분 은 구막부 직할지였으나, 신정부는 '왕정복고' 후 하코다테의 고료카쿠 五稜郭에 하코다테부箱館府를 설치하여 통치하려고 했다. 그러나 탈함세 력이 상륙 후 5일 만인 26일 하코다테를 점령하고, 12월 15일에는 에조치 전체를 석권해 에노모토 탈함정권을 수립했다.

한편 신정부는 에조치에 상륙한 탈함세력을 피해 아오모리青森로 임시 피신해 있던, 하코다테의 부지사 시미즈다니 긴나루清水谷公考를 11월 27일 아오모리 방면 총독에 임명하고, 제번병을 결집해 탈함세력 을 공략할 것을 명했다. 하지만 해군력이 본디 취약했던데다 동한기 결빙이라는 기상 조건의 어려움까지 겹쳐, 해빙을 기다려 공략은 다음 해로 미루기로 했다. 이윽고 메이지 2(1869)년 2월 제번병 8,000여 명을 아오모리로 집결시킨 신정부는, 탈함정권의 해군력에 균형을 맞추기

---

2) 『復古記』 第7冊, p.214.
3) 『復古記』 第7冊, p.217.

위해 미국에게서 인도받은 최신예 장갑군함 갑철함甲鐵艦과 제번 군함으로 함대를 편성하여 3월 9일 시나가와品川를 출항했다. 이미 전년 말에 최강 군함 가이요마루를 상실하였던 탈함정권은 점차 상황이 불리해지고, 5월 11일 총공격에 나선 관군에 의해 하코다테를 점령당하고 18일 붕괴되었다.4)

한편 에노모토 탈함세력의 하코다테 점령 소식이, 메이지 원(1868)년 10월 27일 도쿄에 전해진 시점을 전후하여, 신정부는 탈함세력을 제압하기 위한 세 가지 트랙의 정책을 추진하고 있었다. 첫째 신정부를 지지하는 제번의 병력과 군함을 동원한 무력진압책이었다(제1책). 이것은 신정부에겐 최우선 전략이었으나, 본디 탈함세력에 비해 해군력이 현저하게 열악하였던 상황에서, 제번 병력과 군수물자를 수송할 군함을 수배하기 어려웠고, 아울러 탈함정권의 막강한 함대를 공략할 수 있는 갑철함 획득이 지연되면서, 무력진압책은 상당한 곤란을 겪고 있었다.5) 둘째 탈함세력의 주군에 해당하는 도쿠가와가의 혈통을 잇는 상징적인 대표 인물을 관군의 선봉으로 내세워 무력화시키는 방법이었다(제2책). 그리고 마지막 수단이 탈함세력을 교전단체가 아닌 반란세력으로 격하시키고, 동시에 갑철함을 획득하기 위한 선결과제인 '국외중립'의 철폐를 달성하는 정책이었다(제3책).6)

이처럼 다각적인 형태로 추진된 하코다테 전쟁은 보신 전쟁사에서 중요한 위치를 차지하고 있음에도 불구하고, 이제까지 매우 소홀하게 다루어져 왔다가 최근 이를 보완하는 연구가 등장하여 다행이라 하겠

---

4) 『明治天皇紀』第2, pp.115~116, 123~124.
5) 여기에 관한 기도의 정치적 노력에 대해서는 沈箕載(2015), 「戊辰戰爭과 木戸孝允의 군함 확보 노력」, 『日本語文學』66 참조.
6) 이것은 본래 메이지 원년 초 한때 추진되었으나 서양열강의 비협조로 진전이 없다가, 하코다테 점령 소식 이후 각국 공사의 천황 예방과 국서 제출을 계기로 본격적으로 다시 추진되었다.

다. 여기에서 필자가 일관되게 주목한 것은 하코다테 평정작업과 관련해, 기도 다카요시를 중심으로 한 신정부 요인들의 정치적 움직임, 즉 인식과 대응의 문제였다. 종래 연구는 주로 하코다테 전쟁의 경과 과정에 중점을 두었고, 필자가 관심을 가진 위의 분야에 대한 연구는 매우 적은 편이었다.[7]

따라서 이번 연구에서는 기존의 보신 전쟁 연구에서 거의 다루지 않았던 '도쿠가와가 하코다테 출병론'을 구체적으로 검토해 보고자 한다.[8] 즉 그동안 하코다테 전쟁 연구에서 소홀히 취급되었던 '도쿠가

---

7) 보신 전쟁 연구로는 原口淸(1963), 『戊辰戰爭』, 塙書房 ; 佐々木克(1977), 『戊辰戰爭-敗者の明治維新-』, 中央公論社 ; 石井孝(1984), 『戊辰戰爭論』, 吉川弘文館 ; 保谷徹(2007), 『戊辰戰爭』, 吉川弘文館의 연구가 대표적이다. 하라구치原口는 하코다테 전쟁 자체를 아예 취급하지 않았던 반면, 사사키佐々木 · 호야保谷는 이 전쟁의 경과를 부분적으로 다루었다. 한편 이시이石井도 약간 언급은 하고 있으나, 주로 대외적인 측면에서의 '국외중립' 철폐 과정만 다루었다. 최근 樋口雄彦(2012), 『戊辰戰爭と榎本武揚』, 吉川弘文館 ; 沈箕載(2010), 「木戶孝允과 戊辰戰爭」, 『日本語文學』 47 ; 同(2015), 「戊辰戰爭과 木戶孝允의 군함 확보 노력」, 『日本語文學』 66 등의 등장으로 하코다테 전쟁 연구가 본격적으로 활성화되리라 기대한다.

8) '도쿠가와가 하코다테 출병'과 관련해서는, 友田昌宏(2003), 「國外中立撤廢の過程と德川箱館出兵論」, 『日本史硏究』 496 ; 沈箕載(2010), 앞의 논문, p.488이 유일하다. 특히 앞서의 이시이 다카시石井孝 연구를 비판적으로 계승한 도모다友田는 '도쿠가와가 하코다테 출병론'을 '국외중립'의 철폐 교섭을 위한 하나의 '방편'으로 취급(友田, 앞의 논문, p.46)하였으나, 필자는 이 같은 시각에 동의하지 않는다. 앞서의 세 가지 평정책 가운데 '도쿠가와가 출병론'과 '국외중립' 철폐 문제는, 엄밀히 말하면 신정부에 의해 어느 한쪽이 다른 한쪽에 종속적이지 않은 형태로 상호 밀접한 관계를 유지하면서 진행되어 나갔고, 마지막에 가서 '국외중립' 철폐 협상이 성공하여 갑철함을 획득함으로써, 굳이 도쿠가와가의 출장 없이도 탈함정권을 제압할 수 있게 되어 출병론은 자연스레 그 정치적 효력을 상실하였다. 따라서 도모다의 연구는 '도쿠가와가 출병론'을 언급한 최초의 논고라는 의미에도 불구하고, 출병론 자체를 '국외중립' 철폐 교섭의 부수적 수단으로 간주해 출병론이 갖는 정치적 의미를 퇴색시키고, 또한 출병론 논의 자체의 정치 과정도 구체적으로 설명하지 못한 근본적인 한계를 안고 있었다. 본장에서는 특히 이 점에 유의하여 중점적으로 다루고자 한다.

와가 출병론' 논의 과정에서 나타난 기도를 비롯한 신정부 수뇌부의
정치적 움직임과 함께, 도쿠가와가 측 출장 대상 인물의 잦은 교체
배경 및 출병론 자체의 소멸 과정 등을 통해, 보신 전쟁의 최종 단계인
하코다테 전쟁 연구를 한층 더 진전시키고자 한다.

1. 선례로서의 도쿠가와가 간토關東 출병론 -윤4/4~8/26-

   메이지 원(1868)년 10월 이후의 본격적인 '도쿠가와가 하코다테 출병
론' 논의에 앞선 하나의 선례로서, 간토 전쟁 무렵의 '도쿠가와가 출병
론'에 대해 간략히 살펴보기로 하자.[9] 보신 전쟁의 시작을 알리는
도바·후시미 전투 이후, 에도로 피신한 '조적' 도쿠가 요시노부(전장
군)에 대한 '추토령'이 1월 7일 발령되고 이른바 관군의 '동정'이 개시되
었다.[10] 요시노부는 에도 우에노의 간에이지 다이지인寬永寺大慈院에 근
신하면서 '공순'의 자세로, 신정부 상대의 협상 전권을 위임받은 가쓰
가이슈 등을 내세워 정치적 목숨을 보전하려 했다. 그리고 에도성
접수 직후에는, 관군과 쇼기타이 등의 구막부 지지세력과의 충돌을
피해 미토로 내려가, 고도칸 시젠토弘道館至善堂에서 근신 생활을 이어
나갔다.
   요시노부가 에도를 떠난 후 혼란이 계속되자, 도쿠가와가 측의 가쓰
는 윤4월 4·19일과 5월 10일 요시노부를 에도로 '귀주歸住'시켜 에도
민심을 진정시키자고 건의했으나 받아들여지지 않았다.[11] 그러나 신

---

9) 앞서 언급한 것처럼, '도쿠가와가 하코다테 출병론'의 정치 과정에 대한 분석
   도 거의 이루어지지 않았지만, 그 선구적 사례로서 도쿠가와가의 '간토 출병
   론'에 대한 연구는 더더욱 전무하다.
10) 『岩倉關係史料』 下, pp.26, 274.

정부의 도쿠가와가 '후속처분' 단행으로, 요시노부 대신 도쿠가와가 종가 가독을 상속한 도쿠가와 이에사토德川家達가 5월 24일 슨푸번駿府藩 (현 靜岡縣) 번주로 임명되어 70만석의 감봉된 영지를 수여받았다.[12] 이후 7월 10일 요시노부를 슨푸로 이주시켜달라는 이에사토의 탄원이 신정부에 수용되어, 14일 요시노부는 슨푸의 보다이인寶臺院에서 세 번째 근신생활에 들어가게 된다.[13]

요시노부의 거듭된 근신 생활을 안타깝게 여기던 가쓰는, 8월 9일 신정부 측의 하세가와 니우에몬長谷川仁右衛門(軍務官判事)에게 요시노부의 '사면'을 탄원했다.[14] 이는 도쿠가와가 '후속처분' 이후 신정부에 협조적인 태도를 보여왔던 가쓰가 처음 들고 나온 요시노부 '사면론'으로, 후술할 기도의 도쿠가와가 하코다테 '사면출병론'에 앞선 도쿠가와가 측 대응으로서 주목된다. 한편 요시노부의 사면을 탄원한 이 시기는, 간토 평정 이후 구막부 지지세력의 준동이 도호쿠 지방으로 확산될 조짐을 보이고, 또한 에노모토 함대의 2차 탈주 소문이 나돌 때였다.[15] 19일 과연 에노모토의 2차 탈주가 이루어지자 곤혹스런 입장에 처하게 된 가쓰를 비롯한 도쿠가와가 측은 감독 불충분에 대해 사죄하였고,

---

11) 『復古記』 第9冊, pp.740~741 ; 『同』 第10冊, pp.119~121 ; 『勝海舟全集』 19, pp.59~60 ; 『太政類典』 第1編 第208卷, 件名番號: 35, 件名: 勝海舟書ヲ大總督督府ニ上リ德川慶喜ヲシテ江戸ニ歸住セシメ以テ士民ヲ鎮輯セント請フ尋テ屢上書シテ其事宜ヲ陳ス.

12) 『明治史要』, pp.56, 64~65. 도쿠가와가 처분 과정에 대해서는 沈箕載(2010), 「木戸孝允과 戊辰戰爭」, pp.474~478 ; 同(2019), 「德川家 1차 처분과 大久保利通」, 『日本語文學』 80, 韓國日本語文學會 ; 同(2022), 「德川家 2차 처분의 산파역, 오쿠보 도시미치(大久保利通)」, 『比較日本學』 55, 漢陽大學校 日本學國際比較研究所 참조.

13) 『明治史要』, p.76 ; 『太政類典』 第1編 212卷, 件名番號: 76, 件名: 德川慶喜謝罪降伏後水戸表へ謹愼被仰付置タル處德川家達等歎願ニ依リ改テ駿府宝臺院へ轉移謹愼セシム.

14) 『勝海舟全集』 19, p.99.

15) 『勝海舟全集』 19, pp.94~98.

25일 신정부는 진압대책을 책문했다.[16] 이에 가쓰는 이날과 다음 날 거듭 구막부 지지세력('간토여적關東余賊'·'탈함脫艦' 세력)의 진압과 신정부의 '인기'에도 도움이 될 것이라면서, 이전 하세가와에게 내밀히 청원했던 요시노부 '사면' 문제 등을, 이번에는 신정부 요인 중의 한 사람인 오쿠보 도시미치에게도 서한을 보내 거듭 요청했으나, 오쿠보의 회답은 없었다.[17]

그렇다면 이러한 도쿠가와가 측의 움직임에 맞서, 신정부 측은 어떤 대응을 보였을까. 본래 도쿠가와가 처분 전후 과정에서 신정부를 창출한 그룹 중 하나인 사쓰마파를 대표하는 사이고 다카모리·오쿠보 도시미치는, 2월 중순경까지만 해도 '조적' 요시노부 처분에 대해 매우 강경한 태도를 취했다.[18] 그러나 3월 상순 이후 사이고가 가쓰 등 구막부 공순파와 에도성 '무혈개성'에 대해 협상을 벌이는 전후 과정에서, 가쓰의 요시노부 구명을 포함한 도쿠가와가 존속 탄원, 혼란스런 에도·간토 주변 사정 및 양측 충돌이 가져올 정국 혼란, 그리고 주일

---

16) 도쿠가와가 측이 진장부鎭將府에 2차 탈주를 사전에 막지 못한 데 대해 사죄하자(『大久保利通傳』中卷, p.592), 진장부는 도쿠가와가 측에 탈주에 대한 감독 태만과 진압 대책을 책문했다(『復古記』第7冊, p.319).

17) 서한을 보낸 후 26일 오쿠보의 내방을 청하는 답서를 받은 가쓰는, 직접 오쿠보를 찾아가 요시노부 '사면' 건 외에 탈주 군함 사정을 설명하는 한편, 도쿠가와가의 요구 사항(녹지祿地의 슨푸 주변 지역으로의 대체, 시미즈가淸水家 10만석 수여)을 구두로 탄원하며 서한도 전달하면서, 세 가지 청원 사항이 구막신들이 불러온 사태를 '진정'시킬 수 있는 대책임을 강조했다(『勝海舟全集』別卷1, pp.14~15 ; 『勝海舟全集』19, p.104 ; 『大久保文書』2, pp.377~379 ; 『大久保日記』1, p.480). 특히 당시 도쿠가와가 측은, 신정부로부터 에노모토 탈주 사태를 사전에 막지 못한 책임이 도쿠가와가의 '대사大事'에 관계된다는 엄중한 견책 서한을 수령하였다(『勝海舟全集』19, p.104). 한편 동시에 주목해야 할 점은, 오쿠보가 앞의 2개 사항에 대해서는 주선 노력을 보였으나(『同』19, pp.106, 108), 뒤에서 언급하는 것처럼 정국의 민감사안인 요시노부 '사면' 문제에서만큼은 가쓰에게 전혀 언급을 하지 않는 신중한 태도를 취하였다.

18) 『大久保文書』2, pp.207, 217 ; 『大久保關係文書』3, p.346.

영국공사 파크스의 권고를 정치적으로 고려하여 '관대' 처분 쪽으로 입장을 급선회했다.[19]

이에 반해 조슈파의 대표 인물인 기도 다카요시는 막정개혁을 성공시킨 요시노부에 대해 '도쿠가와 이에야스德川家康의 재래再來'를 보는 것 같다며 경계하면서도, '왕정복고' 이후 정치적 목적에서 동향의 히로사와 사네오미廣澤眞臣(參與) 등과 함께, 요시노부의 일련의 행동은 엄벌을 받아 마땅하지만 '사죄謝罪' 탄원서의 진정성 등을 고려해, '사죄死罪' 같은 가혹한 처벌은 피해야 한다는 '관대론'을 처음부터 주장하고 있었다.[20] 그 이면에는 요시노부를 비롯한 도쿠가와가에 대한 강경조치는, 구막부 지지세력의 반발과 저항만을 가져올 뿐이라는 인식 하에, 오히려 요시노부의 목숨을 포함한 도쿠가와가의 존속을 보장해 줌으로써, 단기적으로는 반정부 세력의 진압에 도움이 될 뿐 아니라, 장기적으로는 국내 평정 후의 정국안정 및 황위의 국내외 과시에도 충분히 활용 가치가 있다는 정치적 계산이 작용한 것으로 보인다.

이러한 기도의 고도의 정치적 판단을 뒷받침할 수 있는 첫 사례로서, 윤4월 4일 히로사와에게 보낸 서한을 들 수 있다. 여기에서 기도는 에도성이 '무혈개성'되고, 도쿠가와가 '후속처분'이 4월 25일 이후 본격적으로 논의되는 가운데, 윤4월 4일 에도를 포함한 간토 지방에서 구막부를 지지하는 잔존 세력('간토여적'·쇼기타이)을 진압하기 위해, 신정부 요인 중에서는 처음으로 '요시노부 선봉론慶喜先鋒論'을 제창하고 협조를 요청하였다.[21] 이는 에도성 접수 이후의 도쿠가와가 '후속처분'

---

19) 沈箕載(2010), 앞의 논문, pp.472~473.
20) 『木戶文書』 3, pp.20, 51 ; 『伊藤關係文書』 4, p.176.
21) 에토 신페이江藤新平·고토 쇼지로後藤象二郎와 연명으로 보낸 서한에서, 기도는 당일 아침 에토와 긴밀히 '상담'한 바 있으며, 또한 같은 입장의 '요시노부 출격론'이 에토로부터 이와쿠라 도모미에게 건의될 예정임을 전하고, 특별히 에토와의 '밀의'를 요청하였다(『木戶文書』 3, pp.48~49).

과정에서, 일관되게 '조리條理'와 '공평지당公平至當의 재결裁決'에 기초한 '관대' 처분을 주장하면서도, 요시노부를 추종하는 반정부 세력의 준동에 대해서는 '전쟁'을 통한 강경 진압을 주장한 기도의 입장22)에서 보면 당연한 주장이었다. 무엇보다도 이는 간토 전쟁을 수행하기 위해 요시노부를 이용해 구막부 지지세력을 제압하려 한 정치적 용병술로서 주목된다. 이러한 고도의 정치책략은, 후술하는 도쿠가와가 하코다테 파견 논의 때의 요시노부 '사면출병론'이라든지, 폐번치현 후의 요시노부 외무관리 추천, 도쿠가와 아키타케德川昭武의 관리 발탁 주장에서도 쉽게 찾아볼 수 있다.23)

그러나 에도 대총독부는 논의 끝에 근신중인 요시노부 대신, 윤4월 13일·5월 14일에 다야스 요시요리田安慶賴·도쿠가와 이에사토德川家達에게 각각 지시를 내려 구막부 지지세력의 '진무'에 나서게 조치했다.24) 비록 기도의 요시노부 선봉 출병 그 자체는 성사되지 않았으나, 간토 전쟁 단계에서 '도쿠가와가 출병론'은 이미 실행이 되고 있었다. 이런 점에서 뒤에서 언급할 '도쿠가와가 하코다테 출병론'은, 어느 날 갑자기 튀어나온 것이 아니라 앞선 논의의 연장선상에서 나온 정치적 책략이며, 기도가 선구적으로 정치적 상징성이 매우 큰 요시노부 '사면 출장론'

---

22) 『木戸日記』 1, pp.15, 23 ; 『木戸文書』 3, pp.58, 61~62, 65, 72.
23) 沈箕載(2010), 앞의 논문, p.473 ; 『木戸日記』 1, pp.134, 136~137 ; 『同』 2, p.77.
24) 『太政類典』 第1編 第211巻, 件名番號: 65, 件名: 德川氏ノ臣隷往々亡命嘯聚スル者アリ大總督督府田安慶賴ニ申諭シテ之ヲ鎮輯セシム ; 『復古記』 第9冊, p.824 ; 『同』 第13冊, p.11 ; 『岩倉關係史料』 上, pp.185~186. 다야스는 후술하는 도쿠가와 이에사토德川家達(田安龜之助)의 아버지로, 보신 전쟁 중에 에도 대총독부의 요청을 받고 근신 중인 요시노부 대신 에도의 치안유지를 맡는 등 신정부에 협조적이었다(『復古記』 第9冊, p.710). 한편 이에사토는 다야스의 3남으로 태어나, 윤4월 29일 신정부로부터 요시노부 대신 도쿠가와 종가의 상속을 허가받고, 5월 24일 슨푸 번주로 임명되어 영지 70만석을 수여받았다(『明治史要』, p.56).

을 제창한 사실에 특히 주목하고 싶다.

2. 도쿠가와가 하코다테 출병론 논의(1)

1) 요시노부慶喜 사면 출장론 -10/5~10/20-

　기도를 비롯한 신정부 요인들이 탈함 사태로 천황 '동행'이 지연되지 않을까 우려하며, 9월 7일 하코다테부 경비를 목적으로 한 병력 파견을 결정한 가운데, 열번동맹의 와해와 도호쿠 제번의 잇따른 항복으로 연대 협력이 무산된 에노모토 탈함세력이, 10월 12일 센다이를 떠나 당초 목적지인 에조치로 향하면서, 이번에는 하코다테 전쟁을 상정한 '도쿠가와가 출병론'이 재부상하였다. 앞서의 요시노부 '사면'건과 관련해 오쿠보로부터 확답을 듣지 못했던 가쓰는, 10월 5일 오쿠보와 면담하고 '사면'을 재차 탄원했으나 역시 언급은 없었다.[25]

　이 문제는 기도 등의 신정부 요인이 천황을 수행해 도쿄에 도착한 이틀 후인 15일, 가쓰 등의 도쿠가와가 측이 요시노부 '사면' 출장 청원서를 신정부에 다시 제출하면서 본격적인 논의의 여건이 조성되기 시작했다.[26] 그날 이전에 요시노부 '간토 선봉출장론'을 주장한 바 있던 기도는, 산조 사네토미三條實美가 보낸 사자의 요청으로 산조와

---

　25) 『勝海舟全集』19, p.120 ; 『大久保日記』1, p.485. 가쓰의 거듭된 '사면' 요청에도 오쿠보가 줄곧 침묵을 유지할 수밖에 없었던 것은, 단독으로 결정할 수 없을 만큼 문제 자체가 정치적으로 매우 민감한 사안이었기 때문으로 추정된다. 따라서 천황을 수행하고 있던 기도를 비롯한 신정부 요인들의 10월 13일 도쿄 도착과 더불어, 27일 에노모토 탈함세력의 하코다테 점거 소식이 도쿄에 전해진 이후에야 논의가 본격화되었다.
　26) 『木戶關係文書』4, p.141.

만나 요시노부 '사면' 출장 청원건을 전해들은 후, 동향의 군무관 실력자 오무라 마쓰지로와 만나 논의했다. 다음 날에도 등청해 '사면' 출장 청원건과 관련해, 산조의 심중을 재차 청취한 기도는, 그날 저녁 오키 다카토大木喬任(參與)와 함께 오쿠보도 동석한 이와쿠라의 숙소를 찾아가, 요시노부 '사면' 출장 청원건에 대해 논의를 거듭했다.[27] 이처럼 산조의 요청으로 신정부 요인과 만남을 거듭한 기도는, 16일 산조로부터 위의 건과 관련해 다음과 같은 서한을 받았다.[28]

… 내밀히 함께 말씀드리고자 하는 것은, 지난번 이래 논의해 온 '요시노부 건'인데, 이미 어제 '도쿠가와(가)'로부터 '(청)원서'도 제출되어 약간 '평의'가 있기는 했지만, 아직 회답 명령에는 이르지 못했습니다. 그러나 '기밀'이 누설되어 제관諸官 중 군무·형법 등에서는, 논의가 점점 고조되어 가는 것으로 전해듣고 있습니다. 물론 처음부터 '물의'가 '비등'할 것이라고 알고 있었으나, 이 정도로 '중대한 사건'을 불과 '의참議參(議定·參與)'[29] 한두 사람이 비밀리에 의논하고 '천황의 재결'에 의탁하여 '중의衆議'를 거치지 않게 된다면, 첫째로 제관(청) 사이에 '불화'가 생겨, 혹은 누구의 간사한 계책에서 나온 것이라는 둥, 아무개의 '주선'으로 된 것이라는 둥 각종 '의혹'이 일어나, 마침내 정부 분열에까지 이르게 되어 기회를 엿보는 세력도 있고, 참으로 '국가'를 위해서도 바람직한 일이 아니기 때문에, 역시 애매하고 은밀한 방식으로 일을 도모하지 말고, 드러내놓고 3등관 이상 관리에게 각자의 의견을 질릴 때까지

27) 『木戶日記』1, p.124 ; 『大久保日記』1, p.487 ; 『木戶公傳』上, p.1072.
28) 『木戶關係文書』4, p.141.
29) 의정議定·참여參與는 총재總裁와 함께 '삼직三職'의 하나로서, 신정부 성립 직후 설치된 최고 관직명이다. 의정은 황족皇族·공경公卿·제후諸侯 출신자, 참여는 공경 및 조슈·사쓰마 등의 웅번雄藩 출신 유력 번사로 구성되며, 전자의 대표적 인물로는 산조·이와쿠라, 후자에는 기도·오쿠보 등이 있다.

'토론'하게 하여 '이해득실'을 깊이 따져 밝히고, '공명정대한 결단'을 내리게 된다면, 오히려 '이론異論'은 '이론'으로서 족할 것입니다. 어쨌든 신정부 내에서 발언의 자유를 금지하게 되면, 그 폐해는 신정부 내의 '일치'를 방해하고 내분만 초래할 뿐이니, 이를 우려하여 견디다 못해 내밀히 '상담'을 드립니다. 군무관 부지사 오무라는 조슈번 동향이니 그대께서 별도로 긴밀히 논의해 주시기 바랍니다.…

여기에서 산조는 우선 민감한 정치사항인 요시노부 '사면' 출장 청원 문제가, 본격적인 토론과 회답에 들어가기도 전에 사전 누설되는 바람에 군무관·형법관을 중심으로 논의가 점점 과열 양상을 띠고 있음을 전하면서, 중대 사항이 공식적인 의견수렴 과정을 거치지 않은 채 신정부의 소수 요인들에 의한 '밀실 협의'와 '천황 재결'에 의탁해 처리된다면, 정부 부서들 간의 불화와 각종 의혹만을 양산하게 될 것이라고 지적했다. 따라서 신정부는 문제 해결책으로서, 3등관 이상 관리들에게 공개토론 형식으로 여론 수렴을 거치게 하여, 철저히 '이해득실'을 따지는 공정한 결정 과정이 필요하다고 언급하고 있다.

나아가 산조는 보신 전쟁 하에서 정국의 안정이 절대적으로 필요한 시점에서, 요시노부 '사면' 출장 청원 문제를 둘러싼 과열 양상을 경계하면서도, 신정부 내의 언로 제약이 가져올 내부 분열을 염려해 자신의 생각을 도쿄에 갓 도착한 기도에게 털어놓으며, 기도에게 하코다테 전쟁을 후방지휘하고 있는 동향의 오무라를 만나 협의해줄 것을 요청하고 있음을 알 수 있다. 산조의 이 같은 문제제기와 협조 요청은 앞서 언급한 것처럼, 이제까지 주로 도쿠가와 측의 가쓰와 신정부 측의 오쿠보 사이에서만 단편적으로 거론되어 왔던 요시노부 '사면' 문제를 정면 겨냥한 것으로 보인다.

17일 앞서의 문제 등으로 오무라를 만나 협의한 기도는, 다음 날 산조·오쿠보·이와쿠라 도모미·오키 다카토 등과도 논의를 통해, 요시노부를 '사면'시킨 후 에조치에 출장시켜, 에노모토 탈함세력을 '진무'하는 효과를 거두는 쪽으로 입장을 정리[30]하고 있던 18일에, 산조로부터 재차 다음 서한을 전달받았다.[31]

    … '요시노부 건'에 관해 오늘 명령을 내릴 생각입니다. 지난번 이래 논의하여 내정한 바로는 근신을 '사면'한 '출장 명령'으로 조사해두었으나, 이번 '도쿠가와(가)'가 올린 청원서의 취지를 보건대 만약 '관대 명령'이 내려진다면 요시노부 스스로 '출장' 운운한 내용으로 되어 있어, 명령문에도 그냥 원하는 대로 파격적인 마음에서 '허용'하여 하달하는 쪽이 바람직하다고 생각합니다. 그렇게 되면 진정한 '사면'이라고는 할 수 없겠으나, 정말로 실제적인 공적을 쌓은 후 '사면'하게 된다면 '인심'도 크게 납득하게 될 것입니다. (요시노부가)아직 근신중이므로 별도 명령으로 '출장'을 '허용'하는 셈이라 지장은 없을 것입니다. 더욱 확실히 다짐해 두기 위해 저의 생각을 의논 드립니다. 번거롭지만 '회답' 부탁드립니다.

여기에서 산조는 근신중인 요시노부를 '사면'시킨 후 출장시키기보다는, 선출장 후'사면', 즉 특별명령 형태로 일단 출장시켜 에노모토 탈함세력의 '진무'라는 실질적인 성과를 올리게 한 후 확실하게 '사면'시키는 쪽이, 요시노부 '사면'에 대한 신정부 내외의 부정적 여론을 잠재우기 낫다는 것을 밝히며, 이에 대해 조심스레 기도의 의견을 구하였다.

---

30) 『木戸公傳』上, p.1072.
31) 『木戸關係文書』4, p.142.

그러나 이 견해는 뒤에서 언급할 것처럼 기도와는 입장을 달리하였기 때문에, 산조는 최종 결론을 내리지 못한 채 계속 미루고 있었다. 즉 기도가 오키와 함께 등청해 이와쿠라·하치스카 모치아키蜂須賀茂韶(議定)·다테 무네나리伊達宗城(議定·外國官知事)와 논의하며 특히 이와쿠라와 장래 문제를 협의[32]한 20일, 기도 등과의 의견 불일치로 고민에 빠진 산조는 이와쿠라에게 서한을 보내, "요시노부 건은 아무 관련 없는 사람들 사이에서 점점 논의가 과열되어 신정부 '유지有志'들이 '와해 상태'라 매우 걱정스럽습니다. 하치스카도 상당히 '고심'하며 더욱더 비밀리에 논의를 하는 것 같습니다. 아울러 '도쿠가와(家)'에 대한 명령도 지연되는 상황인데, 내일 아침에는 하치스카도 올 터이니 그때 상황을 보아 '상담'할 예정입니다"라며 하였다. 산조는 여러 부서에서 벌어지는 논의가 예상 밖으로 과열 양상을 보이고 있고, 이것이 기도 등을 비롯한 신정부 요인에게까지 영향을 미칠게 될까 크게 우려하며 최종 결정을 주저하고 있었던 것이다.[33]

2) 요시노부 사면 출장론에서 아키타케昭武 출장론으로 −10/21~10/26−

이처럼 도쿠가와가 측의 요시노부 '사면' 출장 청원건을 둘러싸고 신정부 내에서 찬반 논의가 과열 양상을 보일 것을 우려하여, 공개토론에 기초한 철저한 '이해득실' 규명과 공명정대한 처리를 주장한 산조가, 기도의 요시노부 선사면 후'출장'이라는 당초의 잠정방침에서 선출장 후'사면', 즉 우선 출장시킨 후 성과를 보아 사면하는 쪽으로 선회하는 듯 싶더니, 21일에는 기도에게 또 다른 제안을 내놓았다.[34]

---

32) 『木戸日記』 1, p.126.
33) 『岩倉關係文書』 4, p.156.

중요한 일로 간단히 말씀드립니다. '도쿠가와(가) 건'은 더욱 지연되어 사정이 좋지 않습니다. 그러나 '중대 사건'이라 장래가 몹시 걱정되는데 진척이 제대로 되지 않고 있습니다. 이제는 우선 '요시노부 출장'은 중지하고, '민부대보民部大輔'(도쿠가와 아키타케德川昭武 | 필자 주)에게 맡겨 '출장' 명령을 내리고, 또 가신에게 깊이 주군의 의지를 명심하여 '진력' 하도록 명령하는 편이 바람직하다고 생각합니다. 가쓰 가이슈 등에 대해서는 종래의 절차 때문에 '불신'의 정도가 매우 심할 것이나, 부득이 하다고 생각하므로 이번에 내밀히 말씀드립니다. 말로는 다 표현할 수 없는 내용이나, 너무 지체될 것 같아 일부러 말씀드립니다. 형편이 된다면 죄송스럽지만 내일 아침 혹은 저녁에라도 찾아와 주셨으면 합니다.

즉 산조는 중대 사항인 요시노부 하코다테 '사면' 출장 결정이 지체되고 있음을 전한 후, 기도 및 도쿠가와가 측의 입장과는 다른 가신 보좌 형태의 아키타케昭武 출장론을 새롭게 주장하고, 이에 대한 기도의 입장을 듣기 위해 만남을 희망했다. 그리고 산조는 같은 날 이와쿠라에 게도 서한을 보내 입장을 청취하려 했다.35)

간략하게 '급무'만 말씀 드립니다. '요시노부' 청원 문제, 하치스카 모치아키도 지적한 대로, 논의가 더욱 '비등'하여 '불온'한 분위기입니다. 저도 이 점을 몹시 걱정하고 있습니다. 현재 '의혹'스러운 점은 실제로 아는 것이 없어 확정된 의견이 없는 일로 매우 심각한 일이긴 하나, 지나치게 '물의'를 일으키는 일 역시 '당혹'스럽습니다. 이렇게

---

34) 『木戸關係文書』 4, p.142.
35) 『岩倉關係史料』 下, p.29.

된 이상 오직 그대와 나의 의견 여하에 달려 있으니, 그대의 생각은
어떠하신지 궁금합니다. 나는 실제로 '양단兩端'으로, 마음 속에 딱히
'정견定見'이 없어 여하간 정하기 어려워 걱정입니다. 그래서 오늘 저녁에
등청하려 했으나 퇴청도 늦어질 것 같아 그만두었습니다. 그러나 '도쿠
가와(가)'에 대한 답변도 너무 늦어지면 매우 곤란하므로, 어떻게 해서든
회답을 해야 하는 상황이라 정말 '당혹'스럽습니다. 하치스카 등은 우선
보류하는 편이 마땅하다고 봅니다. 부디 그대의 현명한 생각을 알려주
기 바라며, 만약 내일 아침이라도 가능하다면 등청해서 만나뵈면 좋겠
습니다.

산조는 도쿠가와 측에 대한 답변이 지체되는 상황에서, 요시노부
'사면' 출장 청원건과 관련해 신정부 내의 논의가 예상을 뛰어넘어
과열된 모습에 우려를 표하며, 현재처럼 각종 '의혹'이 난무하는 상황은
사태를 제대로 이해하지 못하여 통일된 결론을 내지 못하는 심각한
모습으로, 신정부의 내부분열 같은 '물의'가 초래되거나 하면 정말
바람직스럽지 않음을 지적했다. 따라서 이 상황을 타개하기 위해 본인
과 이와쿠라의 견해를 우선해 결정할 생각이며, 기도가 적극적으로
밀고 있는 요시노부 하코다테 '사면' 출장을 보류하자는 의견이 하치스
카 등으로부터도 제기되었다는 이야기를 전하면서, 이에 대한 생각을
묻고 아울러 다음 날 오전 회동을 요청했다.
　이처럼 기도에게 요시노부 하코다테 '사면' 출장 청원건과 관련해,
3등관 이상 관료들의 공개토론을 통한 의견수렴 방안을 제시했으나,
예상 밖으로 과열 양상을 보여 논의 자체가 현실적으로 어려워지자,
요시노부 '사면 출장론' 대신 아키타케 출장론을 기도에게 제시하였던
산조는, 이와쿠라에게는 본인 스스로 아직 결론을 내리지 않았다는

식으로 속내를 숨긴 채, 하치스카 등의 보류의견을 넌지시 흘리면서 이와쿠라의 입장을 청취한 후 정하려고 했다. 그러나 이마저도 사정이 여의치 못해 최종 판단은 11월로 미뤄지게 되었다. 결과적으로 '도쿠가와가 출병론' 결정에 혼선을 초래한 산조의 우유부단한 태도와 의견수렴에 대한 판단 착오는, 한편으로는 그만큼 도쿠가와가의 하코다테 출장건 자체가, 요시노부 '사면' 문제까지 포함된 민감한 정치사항임을 나타내나, 다른 한편으로는 이러한 혼란 상황을 미리 예측하고 신정부 요인에 의한 정치적 결정을 촉구하였던 기도와는 매우 대조적이라 하겠다. 어찌됐든 이처럼 신정부가 내부적으로 정권 초기의 난맥상을 드러내는 가운데, 에조치 사태는 더욱 악화되어 에노모토 탈함세력이 20일 와시노키 해안에 상륙한 후 진격을 계속하여, 마침내 26일 하코다테를 점령하는 긴박한 상황에 이르렀다.

3. 도쿠가와가 하코다테 출병론 논의(2)

1) 아키타케 출장론에서 이에사토家達 출장론으로 -10/27~11/6-

신정부 측이 가장 우려했던 에노모토 탈함세력의 하코다테 고료카쿠 점거 소식[36]이 10월 27일 도쿄에 전해질 무렵, 오쿠보의 천황 수행과 오키를 비롯한 신정부 요인 대부분이 병으로 정무 수행이 불가능한 상태에서, 기도는 11월 4일까지 혼자서 주요 행정업무를 처리하며, 동향의 군무관 부지사 오무라와 협력해 관군의 하코다테 파병과 군수물자 수송을 위한 군함 수배에 전력을 기울이고 있었다.[37] 이처럼

---

36) 『復古記』第8冊, p.678.

에조치 사태가 심각하게 돌아가자, 다음 날인 5일 기도를 비롯한 신정부 요인들이 오래간만에 모인 '평의'에서 '도쿠가와가 출병론'이 재차 거론되었다.[38] 먼저 그동안 도쿠가와가 측 가쓰의 거듭된 요시노부 '사면' 출장 청원 건의에도 침묵을 지켜오던 오쿠보는 "에노모토 탈함세력이 홋카이北海의 극심한 추위 속에서 생존을 임시모면하려 드는데, 지금 이들을 토벌하려 제번 군함을 파견하더라도, 아마 병사들은 병들어서 얼어 죽거나 쓸데없이 시일을 연장할 뿐이다. 이미 도쿠가와 종가를 상속한 이에사토에게 신정부가 특별히 명령해 토벌토록 하면, 탈함세력은 옛 주인에게 대항하지 못하고 스스로 면박해 항복을 요청해올지도 모른다"며, 요시노부가 아닌 이에사토 출장론을 처음 주장하고 나섰다.

이에 기도는 일단 오쿠보의 제안이 나쁘지 않다고 하면서도, "이미 요시노부가 근신한 지 오래되었고 충분히 회개도 했으니, 신정부가 아무쪼록 관대함을 베풀어, 그의 근신을 풀어 이에사토를 도와 탈함세력을 토벌하도록 해 이전의 죄를 갚도록 해야 할 것이다. 이렇게 할 때만, 국민은 모두 신정부가 죄를 미워하지 않고 사람을 버리지 않는 것을 보고, 심대하게 받아들일 것이고 장래의 정치에도 반드시 도움될 일이 많을 것이다"며, 에노모토 탈함세력을 토벌하기 위해 먼저 요시노부를 '사면'시킨 후, 이에사토를 보좌해 하코다테에 파견시킬 것을

---

37) 『木戶日記』1, pp.129, 131, 133~134 ; 『木戶文書』3, pp.180~182. 여기에 관한 기도의 정치적 노력에 관해서는 沈箕載(2015), 앞의 논문 참조.
38) 『岩倉公實記』中卷, p.626 ; 澁澤榮一(1968), 『德川慶喜公傳』4, 平凡社. p.264 ; 『大久保利通傳』中卷, p.598 ; 『木戶日記』1, p.134 ; 『大久保日記』1, p.491. 여기서 유의해야 할 점은 도모다友田의 경우, 요시노부 출장론을 오쿠보가 기도에게 제안하여 이날 기도가 이야기하였다고 보았으나[友田(2003), 앞의 논문, p.37], 이는 매우 잘못된 사실로 이날 오쿠보는 이에사토 출장론을 제안하였다.

건의했다.

도쿠가와가 처분 논의 때부터 특히 전장군 요시노부의 정치적 활용에 고심해 왔던 기도는, 탈함세력의 '위무' 역할을 도쿠가와가를 대표하는 인물인 요시노부의 '사면' 출장에 맡기자는 평소의 지론을 밝히고, 이는 국내적으로 정국 안정은 물론이고, 대외적으로 신정부 측의 '국외중립' 철폐 요구에 아직 응하지는 않고 있으나 요시노부의 '사면'에 관심을 표명한 서양열강 측을 의식한 정치적 '조치', 즉 신정부(천황)의 '관대(자비)' 과시라는 의미도 있다고 강조했다. 이와쿠라는 이 같은 기도의 건의에 찬성을 표했지만, 산조는 제번 군함으로 하여금 이에사토를 돕도록 조치할 것을 주장하며, 기도의 '사면'을 전제로 한 요시노부 파견에 부정적인 태도를 보였다.

이처럼 '조의'에서 '도쿠가와가 출병' 문제를 두고 견해 차이가 드러나자 요시노부 기용 여부는 재논의하되, 이에사토를 하코다테에 출장시키는 문제만큼은 모두가 찬성했기 때문에, 이날 이에사토에게 에노모토 탈함세력에 대한 '추토' 명령이 일단 내려졌다.[39] 6일 아침 하코다테 사태와 관련해 산조에게 서한을 받은 기도는, 하코다테 전쟁 책임자인 오무라를 만나 향후 대책을 협의했다. 그리고 오후에 등청해 '도쿠가와가 출병'과 관련해, 요시노부를 '사면'시켜 하코다테 '정토'에 참가시키는 문제는, 신정부 요인들 사이에 의견이 갈려 '미결未決'로 끝난 것 외에, 오무라 등도 '이론'이 없다고 함에 따라 도쿠가와가 측에 이에사토 출병 명령을 전달하였다.[40]

---

39) 『復古記』第14冊, pp.422~423 ; 『明治天皇紀』第1, p.889 ; 『太政類典』第1編 第218卷, 件名番號: 40, 件名: 脱走軍艦征討ヲ德川家達(龜之助)ニ命ス. 한편 신정부는 에노모토 탈함세력의 하코다테 점령 사태와 관련해, 9일 도쿠가와가 측의 오쿠보 다다히로大久保忠寬 등을 소환하여 '견책' 서한을 전달했다(『勝海 舟全集』19, p.124).

40) 『木戸日記』1, pp.135~136.

2) 이에사토 출장론에서 요시노부 재출장론으로 -11/7~11/15-

앞서의 '조의'에서 요시노부 '사면' 보좌출장론 관철에 실패했던 기도
는 7일 등청해 하코다테 평정책을 제시하는 가운데, 요시노부 본인이
직접 출장을 청원하게 해 에노모토 탈함세력을 '토벌'하는 공적을 세우
도록 하는 '일책', 이른바 자진출장 청원론을 새롭게 제시해 대략적인
동의를 얻어내는 듯했다.[41] 이처럼 신정부 내에서는 기도가 근신 사면
후 이에사토 보좌출장 청원이든 자진출장 청원이든 요시노부의 '사면'
출장을 줄곧 언급하는 가운데, 8일 공의정체파公議政体派 제후 출신의
다테 무네나리伊達宗城(議定)가 도쿠가와가 측의 세키구치 료스케關口良輔
에게, 요시노부를 추천해 탈함 처리에 임하도록 하면 '하코다테 소란'이
진정될 것이라고 제안하고, 나아가 한시적 발탁으로는 수습이 불가능
하니 신정부의 적절한 지위에 임명해야 한다고 주장했다. 기도의 제안
과는 별도로 도쿠가와가 측의 가쓰에 이어, 신정부 내의 공의정체파
등에서도 이 문제가 제기된 점이 주목을 끈다.[42]

한편 앞서의 이에사토 '추토' 명령 하달과 관련해, 가쓰가 11일 이에사
토의 부父 다야스 요시요리와 협의[43] 후, 도쿠가와가 측은 신정부에

---

41) 『木戶日記』1, p.137.
42) 早稻田大學中央圖書館所藏, 『宮島誠一郎文書』A18. 도모다友田는 공의정체파의
   '요시노부 하코다테 출장론' 주장은, 그 실현을 통해 신정부 관제개혁 과정에
   서의 세력 약화를 만회하려는 움직임과 관련 있다고 보았다友田(2003), 앞의
   논문, pp.39~40]. 한편 공가 출신의 나카야마 다다야스中山忠能도 이와쿠라에
   게 보낸 서한에서, 요시노부 출장건과 관련해 신정부 명령(참가 유보)에
   대한 '세평世評'에 '고심'되는 바가 있음을 전해, 궁정 그룹에서도 관심을 가지
   고 있음을 밝혔다(『岩倉關係文書』4, p.177).
43) 가쓰는 12일 하코다테 사태와 관련해, 궁정 그룹 출신인 호조 도시아야坊城俊章
   (前行政官弁事)로부터 '진력'과 '추토' 명령의 이행을 요청받고 있었다(『勝海舟全
   集』19, p.125).

청원서를 제출하여, 불과 다섯 살밖에 안 된 이에사토의 '유약幼弱'함과 번 내부 사정을 이유로 들어 하코다테 '정토' 임무는 타번에 명하고, 나아가 타번 정토군에 자번 병력의 출병 허락을 요청했다.[44] 예상치 못한 도쿠가와가 측의 이에사토 출장 거부 요청으로 인해 '도쿠가와가 하코다테 출병' 논의는 또다시 원점으로 돌아갔다. 8일 하코다테 평정·나가사키 기독교도 처리 문제 등으로, 서양 5개국 공사와의 회담차 요코하마 출장을 명령 받은 기도는, 주일 영국공사 파크스와의 회담을 마친 후 하코다테 문제와 관련해 오쿠보에게 서한[45]을 보내, 요시노부 자진출장 청원론을 재차 강조했다.

기도 일행이 도쿄로 돌아온 12일, 앞서의 기도 서한에 공감하였던 오쿠보는, '조의'에서 "바야흐로 도호쿠를 평정해 실로 나라 안을 통일하고, 다만 '잔적' 세력이 불과 '홋카이北海'에 의탁하고 있을 뿐이다. 그렇다면 요시노부 '근신'을 풀어, 그로 하여금 에노모토 탈함세력을 처분해 속죄시킬 수만 있다면, 오히려 한 가지로 두 가지 일을 이룰 수 있는 방책이 아니겠는가. 비상시국에는 모름지기 특단의 조치가 취해져야 한다"며 요시노부 '사면' 출장 청원론을 주장했다.[46] 이것은 앞서 오쿠보도 찬성했던 이에사토 출장이 도쿠가와가 측의 거부로

---

44) 도쿠가와가 측은 동일한 내용으로, 도쿠가와 이에사토·마쓰다이라 가쿠도松平確堂·다야스 요시요리田安慶頼·히토쓰바시 모치하루一橋茂榮 연명의 청원서 2통을 행정관 변사국에 제출했다(『復古記』第14冊, pp.423~424 ; 『岩倉公實記』 中卷, pp.627~628).

45) 『木戸日記』1, p.138.

46) 『大久保日記』1, p.492 ; 『大久保文書』2, p.452 ; 『大久保利通傳』, p.599. 여기서 유의할 점은 오쿠보는 기도의 '요시노부 사면 출장론'에 동의를 표하였으나, 그 의미가 조금 다르다는 사실이다. 즉 기도와는 달리 강력한 해군력을 가진 에노모토 탈함세력에 맞서 싸울 수 없던 상황에서, 그들의 주군인 도쿠가와가의 대표 인물을 내세워 '위무'하려는 '기계奇計'책의 일환으로서 부득이하게 나온 것이라는 생각(『大久保文書』2, p.467 ; 『岩倉關係史料』下, p.227)으로, 앞서의 산조 인식과 궤를 같이한다.

실현될 가능성이 보이지 않는 상태에서, 이에사토를 대신해 요시노부를 '사면' 출장시켜 에노모토 탈함세력을 '추토'해야 한다는 이야기로서, 이것은 본디 도쿠가와가 측의 가쓰와 신정부 측의 기도가 주장해 온 것이었다. 오쿠보의 주장은 논의 끝에 이와쿠라를 비롯한 참석자 모두로부터 동의를 얻었으나, 산조의 '이의' 제기로 이날 채택되지는 못했다.47)

그러자 신정부 내에서 요시노부 '사면'을 전제로 한 자진출장 청원론의 최초 제창자인 기도는, 이 제안을 하게 된 이유를 오쿠보와 이와쿠라에게 각각 설명하고, 실행에 옮길 수 있도록 협조해줄 것을 거듭 요청했다. 즉 기도는 13일 먼저 이와쿠라에 서한을 보내 그동안 일관되게 '요시노부 사면 출장론'을 주장해 왔던 소회를 밝혔다.48)

정치에는 설령 '일통우국─統憂國'의 충정에서 비롯되었더라도, '책策'에서 나온 것, '조리條理'에서 나온 것, '(대)의(大)義'에서 나온 경우가 있습니다. '책'에는 '당부당當不當'이 있으나, '(대)의'와 '조리'는 '천재일관千載─貫'하는 것이고, '요시노부' 하코다테 출병론은 '책'에 해당합니다. 그러므로 '중의'에 따라 '책'의 옳고 그름을 논하는 것이어서는 매우 바람직스럽지 않고 단지 (일시적)화합만을 바랄 뿐으로, 그 처리는 매우 어렵게 됩니다.… 오늘의 상황에서는 '대내외' 상황을 살피며 노력을 다하는

---

47) 『大久保日記』1, p.492.
48) 기도는 하코다테 전쟁을 관장하는 군무관을 제쳐두고, 후술하는 수뇌부 소수(議參四五輩) 즉, 오쿠보·하치스카·히가시쿠제東久世·소에지마에 의해 이루어지는 요시노부 출장 '내결'에 대해 잡음이 일 것을 예상하고, 동향의 오무라가 책임자로 있는 군무관의 입장도 아울러 고려하여 '제2책'(요시노부 자진 출장 탄원안ㅣ필자 주)을 고안하였으며, 이는 '일통지상정─統之常情', 즉 하코다테 전쟁을 조기에 종식시켜 국내통일을 원하는 모두의 바람에도 부합하는 안이라고 밝혔다[國立國會圖書館憲政資料室所藏, 『岩倉具視關係文書』(「川崎本」) 33-29, 北泉社 마이크로필름].

것이 가장 중요하다고 생각합니다.

여기에서 기도는 요시노부를 관대히 '사면'해 하코다테에 파견하는 일은 '조리'와 '대의'에 입각한 정치적 책략49)으로서, 요시노부 개인의 체면을 살려줘 속죄의 길을 열어주고, 국내적으로는 하코다테 조기 평정을 통한 국내 통일과 정국 안정, 대외적으로는 '국외중립' 철폐 달성을 통한 갑철함 획득과 에노모토 탈함세력의 교전단체 불인정, 국제적 관심을 받는 전장군 요시노부에 대한 '관대사면'을 통한 신정부 (천황)의 자비 과시 등을 종합적으로 고려한 정치적 판단이었음을 강조했다. 따라서 산조가 중시한 '중의' 처리 방식은, 오쿠보도 지적하였듯이 비상시국에는 적절치 않다면서 반대하고, 수뇌부 소수에 의한 고도의 정치적 결정이 필요하다고 했다.50) 이처럼 기도의 제안 이유를 알게 된 이와쿠라는, 저녁에 가쓰를 만나 요시노부 자진출장 탄원안의 작성을 요청하고, 구체적인 문안에 대해서는 14일 아침 내용을 알고 있는 오쿠보와 협의하도록 조치한 후, 산조에게도 가쓰를 만나보도록 권고했다.51)

한편 기도로부터 주선을 요청받은 오쿠보도 13일 이와쿠라에 앞서 가쓰를 만나, 요시노부 자진출장 청원의 취지를 설명한 후 탄원서 작성을 요청하고 산조·이와쿠라를 만나 협의해주기를 요청했다.52)

---

49) 『木戸逸事』, pp.289~290 ; 『木戸公傳』上, p.1074.
50) 기도는 평소 '대정일신'을 실현하기 위해서는 '중의'에 의한 '천하의 공론'을 수렴하는 '규칙'을 세울 필요가 있다고 주장하였으나(『木戸文書』 3, p.186), 요시노부 '사면' 출장 문제에서만큼은 국내외의 긴박한 특수 사정을 이유로 들어, 예외적으로 신정부 소수 요인만의 합의에 의한 신속 처리를 강조하였다.
51) 『木戸關係文書』 2, p.16.
52) 『大久保日記』 1, p.492 ; 『大久保關係文書』 2, p.263.

가쓰의 입장에서 보면 오쿠보의 제안은 본디 오래 전부터 신정부 측에 건의했던 사안인 만큼, 바로 그들을 찾아가 요시노부 '사면' 출장 등을 '탄원'하고 '황국' 일본을 위해 함께 노력해 나가기로 했다.53) 기도에서 시작되어 오쿠보·이와쿠라로 이어진 일련의 정책 추진은, 마침내 그 효과를 발휘해 가쓰와의 회동을 마친 산조가 당일 이와쿠라에게 서한을 보내, 다음과 같이 반대에서 찬성으로 돌아서게 된 심경을 피력했다.54)

… 미국기함 갑철함의 인도 교섭도 해결되지 못한 것은 참으로 뜻밖이고 분하기 짝이 없습니다. 이 시점에 이르러 '천하'를 위해 깊이 생각해본바, 요시노부를 '사면'해 '정토'하게 함은 오히려 '기계術計'로 생각합니다. 유감스럽지만 정부 '결의'가 바람직하다고 생각합니다. 여기에 관한 소생의 생각으로는 요시노부 출장을 결정한 후, 신정부가 명령을 내리는 것이나 '도쿠가와(가)'의 청원서 제출은 모두 '오십보백보'라고 생각하나, 한 발짝 물러나 '기도의 전망'을 생각해보면 또 타당한 점이 있는 것 같았습니다. 첫째는 '조리'도 세워지고, 신정부에 대한 '도쿠가와(가)'의 봉공奉公'도 표시되어 천황의 생각을 받들어 모시는 데 적합하기 때문이고, 아울러 요시노부 자신을 위해서도 '천하'에 대해 신하의 '충정'을 세워 신정부로부터 인정받을 수 있는 '조리명의條理名義'도 세워지니 이 또한 마땅하다고 생각합니다. 깊이 생각해주시기 바라며 필요한 용건만 말씀드렸습니다.…

---

53) 『勝海舟全集』 19, p.125. 가쓰는 오쿠보의 요청대로 이와쿠라와도 면담을 하고, 요시노부의 하코다테 출장 의사를 구두로 전달했다(東京都江戶東京博物館所藏, 『勝海舟關係文書』 마이크로 필름 FKA2/6, 「海舟日記」 11月13日 條).
54) 『岩倉關係文書』 4, p.178. 입장을 바꾼 산조는 이날 사자를 기도에게 보내 회동을 요청했으나, 기도의 병환으로 만남은 이루어지지 못했다(『木戶日記』 1, p.142).

여기에서 산조는 요시노부를 '사면'해 하코다테에 자진 출장케 함은 전략상 기묘한 계책으로, 신정부의 명령이든 도쿠가와가 측의 탄원서 제출이든 모두 같은 내용으로 선뜻 내키지는 않으나, 취약한 해군력을 보강해 하코다테 전쟁을 승리로 이끌 수 있는 갑철함 인도 협상이 실패로 돌아간 시점에서, 마지막 남은 과제인 하코다테 평정을 통한 전국의 통일과 정국 안정을 꾀해야 할 당위성과, 기도의 주장대로 도리와 대의명분에서 보더라도 타당하고, 또 도쿠가와가 측의 신정부 (천황)에 대한 충성으로도 볼 수 있어 생각을 바꾸게 되었다고 하였다. 어찌됐든 이 시점에 산조가 처음으로 기도의 요시노부 '사면' 자진출장 탄원론을 인정한 점이 주목된다. 한편 병으로 칩거 상태에 있던 기도는, 이와쿠라·오쿠보의 전폭적인 협조와 산조의 태도 변화로, 요시노부 '사면' 자진출장 탄원론이 탄력을 받자, 14일 재차 이와쿠라에게 서한[55] 을 보내,

어제 가쓰를 '대의'로 설득해 내시어, 그가 '경복敬服'한 것은 오로지 이와쿠라의 상대를 꿰뚫은 '성의'에서 비롯된 것으로 고맙게 생각합니다. 오늘 아침 오쿠보에게 가서 가쓰와 직접 '상담'하는 것 역시 바람직하다고 말했으니, 오쿠보도 결코 소홀히 하지 않을 것입니다. 현재 상황에서는 세상에 대해서도 대략 '안심'이 되며, 자연히 하코다테 문제가 '진정' 국면에 이르면, 요시노부 자신도 '세상'에 대해 '면목'이 서고, 참으로 여태까지 '미성微誠'이 있었음에도 아이즈·구와나 등 때문에 '(입장이)옹색'해져 있었는데 이번 '실행'으로 진정의 '미성'도 표시하고 세상에 그 '(오)명(汚)名'을 씻을 수 있다면, 이 또한 신정부의 '대인大仁'과 이와쿠라의 '공조公照'로부터 나온 일로서, '천하'를 위해서도 삼가 기뻐

55) 『木戸文書』 3, pp.195~196.

해 받들어야 할 것입니다. 이번 일은 특히 가쓰 등도 받들어 '실행'하지 않으면 안 될 것입니다.

라며, 근신 생활을 하고 있는 요시노부가 이번 하코다테 출장으로 조기 평정에 기여하게 된다면, 그동안 아이즈 등과 같은 과격한 구막부 지지세력의 저항 때문에 어려운 입장에 처했던 요시노부 자신의 정치적 체면의 정립, 즉 반정부 세력의 상징적 지도자라는 '오명'을 벗고 진정한 의미에서의 충성(='공순')을 표시할 수 있는 계기도 될 수 있음을 지적하였다. 나아가 이 같은 기회를 부여해준 신정부의 관대함과 더불어, 가쓰에게 요시노부의 자진출장을 탄원케 하는 데 수고한 이와쿠라의 노력에 감사를 표시했다.

한편 기도로부터 재차 협조 요청을 받은 이와쿠라는 오쿠보에게 서한[56]을 보내,

어제 저녁 가쓰 면담 건, 즉 요시노부의 '출원'을 요청하기로 논의하여 결정했습니다. 가장 사정에 맞는 협의 내용이라 '안심'됩니다. 여기에 대한 '출원서' 문장 등은 오늘 아침 오쿠보와 논의하도록 일러두었으니 조기 '출원'이 가능하리라 생각합니다. 오늘 산조에 건의해 관리들이 오후에 산조 자택에 모여 '결정'하도록 했습니다. 그때 그대께서는 '원문' 초안을 지참하시어 정부 논의 자리에서 결정했으면 합니다. 속히 공적인 자리에서 결정되어 진행될 수 있도록 해주시기 바랍니다. 서둘러 소식 전합니다. … 정말로 그대의 '주선' 노력 덕분에 일이 진행되어 참으로 '감명'하는 바입니다. 잘 부탁드립니다.

---

56) 『岩倉關係文書』 4, p.179 ; 『大久保文書』 2, pp.452~453.

라고 하며, 가쓰를 만나 요시노부 자진출장 탄원에 관한 합의를 이끌어 내고 탄원서 작성을 오쿠보와 협의토록 했음을 전한 후, 당일 오후에 탄원서 초안을 가지고 산조 저택에서 요시노부 출장 문제를 매듭지을 예정이라고 하며, 그간의 오쿠보가 보여준 주선 노력에 감사를 표했다. 이날 서한을 받은 오쿠보도 이와쿠라에게 보낸 답서[57]에서,

> 보내주신 서한 잘 읽어 보았습니다. 어제 저녁은 운 좋게도 협의가 잘 끝나 '(출)원서' 문장 등, 오늘 아침 '지참' 건과 관련해 가쓰와 협의하도록 하라는 이야기 알겠습니다. 오늘 오후의 산조 자택 '집회'에서 '결정'이 날 예정이니 초안을 '지참'해 오라는 이야기도 알겠습니다. 상기의 추진 과정 중에 본인의 '진력'에 대한 언급은 참으로 송구스럽습니다. 하지만 실제로 '급무'이니 신속히 진행된다면 매우 다행이겠습니다. 이상 말씀드립니다.

라고 이와쿠라의 요청을 수락하며, 요시노부 사면과 자진출장 탄원이 급박한 사항인 만큼 신속하게 결정이 이루어지기를 희망했다. 이처럼 기도의 요청을 받아 조정 역할을 하던 이와쿠라는, 같은 날 최초의 제안자인 기도에게도 서한을 보내 진행 과정을 보고했다.[58]

> 어제 저녁 자세한 이야기를 전해주셔서 매우 감명 깊었습니다. 그런데 어제 저녁 가쓰를 만나 대강 운좋게도 '제2책'(기도의 요시노부 '사면' 자진 출장 탄원안 | 필자 주)에 대해 동의를 받고, '출원(서)' 문장 내용 등을 어떻게 작성할지에 대해, 오늘 아침 오쿠보에게 가서 상담토록 권고했

---

57) 『大久保文書』 2, p.451.
58) 『木戶關係文書』 2, pp.16~17.

으니 '안심'하시기 바랍니다. 오쿠보에게도 상기 문제와 관련해 가쓰를 만나보는 것이 좋다고 알렸고, 산조에게도 마찬가지로 전했습니다. 오늘은 휴일이라 수뇌부 모두가 천황을 수행할 계획은 없으나, 상기 '일건'을 결정하기 위해 오늘 아침 산조에게 오후에 그의 저택에 모여 '제2책'을 '평결'하라고 말해 두었습니다. 틀림없이 올 것으로 생각하기 때문에 '평결'이 이루어질 것입니다. … 오늘 오후 '집회' 때 〈출원문〉 초안을 오쿠보가 지참해 올 터이니, '평의'하여 일동 '이의' 없을 시에는 공식적으로 잘 진척이 될 것입니다. '하코다테' 문제도 머지않아 '성공'할 것으로 생각합니다. 설령 에노모토 탈함세력이 '내외합력內外合力'의 책략에 넘어간다 하더라도, '군함기계'를 남김없이 거두어들이면 장래 문제는 걱정하지 않아도 됩니다. 위 사항에 대해 '안심'시켜 드리고자 일찍 알려드립니다. 오무라에게도 '안심'하도록 전해주시기 바랍니다.…

13일 기도로부터 '제2책', 즉 요시노부 '사면' 자진출장 탄원안의 성립 배경을 이미 전해들은 바 있던 이와쿠라가, 기도의 작업 추진 요청을 수락해 오쿠보·산조·가쓰에게 서한을 보내거나 직접 만나 탄원안의 작성을 부탁해 두었음을 전하면서, 불투명한 국내외 사정을 고려해 탄생한 기도의 제안에 전폭적인 지지를 보내고 하코다테 평정이 성공할 것으로 낙관했다. 이와쿠라의 답서는 도쿠가와가 측과 신정부 요인들의 지지에 힘입어, 기도의 건의가 순조롭게 추진되고 있음을 전한 것으로, 최초의 제안자인 조슈파의 좌장 기도에게 보여준 최소한의 정치적 예우였다고 하겠다.

한편 예고대로 14일 오후 산조 저택에서 열린 회동에 오쿠보·하치스카·히가시쿠제·소에지마가 참석하고, 오쿠보가 지참한 요시노부 '사면' 자진출장 탄원서 초안을 놓고 논의를 벌인 끝에, '선원先願 즉 도쿠가와가 측의 요청대로 '사면' 출장을 내결했다.59) 이때까지만 해도 기도의 고도의 정치적 판단에 따른 발의에서 시작된 요시노부 '사면' 자진출장 탄원은, 오쿠보·이와쿠라의 정치적 조율 과정을 거쳐 일단 성공을 거두는 것처럼 보였다. 그러나 안타깝게도 이날의 회동 결과는 근본적인 문제점을 안고 있었다. 즉 이날 만남에서는 후술할 탄원서가 아직 정식 제출도 되지 않은 상태에서 초안에 기초하여 성급히 결론을 도출하였고, 또 신정부 내에 요시노부 '사면'에 대한 부정적인 분위기60)가 여전히 존재하는 가운데, 공식적인 의견수렴 절차를 거치지 않았다는 점에서 또다시 '이론'이 제기될 소지를 충분히 안고 있었던 것이다. 14일 탄원서 초안 '상담'차 재차 찾아간 오쿠보로부터 다음 날 아침에 제출을 권유받았던 가쓰는 그날 저녁 서둘러 '가필加筆'을 끝내고, 후견인 이름으로 내일 아침 일찍 탄원서를 제출해주기를 오쿠보 다다히로大久保忠寬에 부탁했다. 그리고 다음 날 오쿠보의 권고대로, 시급히 마쓰다이라 가쿠도松平確堂(이에사토 후견인)를 통해 신정부에 정식 탄원서를 제출하였다.61)

---

59) 『大久保日記』 1, p.492 ; 『岩倉關係文書』 4, pp.185~186. 이날 산조는 사자를 기도에게도 보내 참석을 요청했으나, 기도는 병 때문에 이날 참석하지 못했다 (『木戶日記』 1, p.142).

60) 예를 들어 형법관에서는 "요시노부의 희망대로 하코다테에 출장한다면, 탈함 세력은 이를 크게 반기고 틀림없이 요시노부를 지도자로 삼으려 할 것이다. … 천하를 위해 다행이다"라면서 요시노부 '사면' 출장안에 반대했다[『岩倉具視關係文書』 12-5-(36)].

61) 『勝海舟全集』 19, pp.125~126 ; 『大久保日記』 1, p.492 ; 『岩倉公實記』 中卷, pp.627~628에는 제출 날짜가 13일로 되어 있으나 15일의 오기다. 14일 탄원서 제출 과정에서 오쿠보의 첨삭과 조언에 대해 가쓰는 감사를 표하고, 최종 결정 여부는 하늘에 달려 있으나, 신정부의 넓은 아량과 오쿠보의 도움으로 요시노부 '사면' 자진 출장 청원론이 채택되기를 희망했다(『勝海舟全集』 別卷 1, p.18 ; 『大久保關係文書』 2, p.263). 그러나 15일 저녁 무렵 오쿠보로부터 시급히 재첨삭을 가해 작성 후 제출하라는 권고를 받아, 세키구치를 통해

이번에 하달된 '탈함'세력에 대한 '추토' 명령에 저희들은 두렵고 놀라워서 밤낮으로 걱정했습니다. 아무쪼록 속히 '실효'를 거둘 수 있으면 하는 생각이나, 애당초 '이에사토'는 '유약'해서 특히 용의주도치 못한 저희들 모두가 실로 당혹스럽고 죄송스러울 따름입니다. 그래서 청원 드리기 외람되나, 삼가 하달 받은 '요시노부' 문제에 대해 각별한 '관대 명령'을 받고, 이미 속으로 이번 '거동'을 인지하고 있는 터라 송구스럽습니다. 일단 '관대 명령'이 내려지면, 스스로 '출장'해 '추토의 실효'를 세워 천황의 마음을 편안하게 해, '천은'에 만분의 일이라도 보답하고자 하는 마음이므로, 특별히 '관대 명령'을 내려주시기 간절히 바라옵니다.

이처럼 요시노부를 '사면'시켜 나이 어린 이에사토를 대신해, 하코다테에 자진출장 형식으로 파견시켜줄 것을 청원하는 탄원서가 정식으로 제출되자, 신정부내 에서는 요시노부 '사면' 출장 탄원론에 대한 찬반 논의가 재점화되었다.

3) 요시노부 재출장론에서 아키타케 재출장론으로 -11/16~11/24-

도쿠가와가 측으로부터 요시노부 '사면' 자진출장 탄원론이 수정을 거쳐 제출된 15일, 기도는 찾아온 오쿠보와 요시노부 문제에 대해 협의하여, 지론인 '사면' 자진출장론을 재차 강조해 오쿠보는 물론이고 동석한 오키로부터도 '동의'를 얻었다. 그리고 오후에는 이와쿠라에게 요코하마에서의 '국외중립' 철폐교섭 과정과 장래 대책 수건을 건의한 후, 재차 찾아온 오쿠보와 요시노부 문제에 대해 협의를 거듭했다.[62]

다시 제출하는 소동이 있었다(『勝海舟全集』 19, p.126).
62) 『木戶日記』 1, pp.142~144 ; 『大久保日記』 1, p.492. 이날 오쿠보는 요시노부

그런데 다음 날 요시노부 '사면' 출장론에 대해, 종래 반대 입장에서 마지못해 찬성으로 돌아섰던 산조가, 또다시 반대 입장으로 선회하면서 상황이 꼬이기 시작했다.

… 내밀히 말씀드리는 '요시노부 건', 어제 '도쿠가와가' 측으로부터 '(출)원서'가 제출되었으나, 바로 신정부 명령으로는 이어지지 못했기 때문에 내일은 반드시 답변할 생각으로 있습니다. 그러나 가장 비밀스러운 일이 차츰 '누설'되어 '군무'·'형법'·'변사府事' 등에서는 점점 더 논의도 '비등'해지는 모습을 보이고 있는데, 애당초 '물의'를 빚게 될 것임은 '각오'한 바이나, 참으로 더할 나위 없이 '중대 사건'을 불과 '의참議參' 4~5명으로 '밀의'하여 천황의 재결로 처리해버린다면, 크게 사람들이 '불복'하고 '불신'하는 폐해도 생기므로, 이제부터는 공개적으로 '3등(관)' 이상에게 '하문'하여 충분히 '이론異論'을 논의토록 하는 '결단'이 여하튼 필요하다고 생각합니다. 단지 이대로 '영단'이라고만 내세워서는, 첫째 신정부 내에서도 '대불복'을 낳고 화합 공평의 길에도 어긋나며, 자칫하면 이 문제는 누구의 간사한 '계책'이다, 누구의 '주선'에 의해 성사되었다는 등 영문 모를 '의혹'을 낳아 상태가 심각해지면 '내변內變'을 초래하고, 게다가 내정의 '불행'이 발생하면 실로 일본을 위해서도

문제로 가쓰를 도쿄로 자주 호출하여 협의해온 것을 기도에게 전했다. 한편 기도는 천황의 도쿄 행차 시, 가쓰가 도쿠가와가 종가를 상속한 슌푸번에 경비 명령의 하달을 자진 요청한 건에 대해, 슌푸번 가신의 의외의 모습이었다고 지적하고 천황의 '은위恩威'에 '경복敬服'할 것을 강조했다. 이와 관련해 기도는 평생을 '대의명분'과 '조리'에 기초한 삶을 살아왔으나, 혹자는 너무 '조리'에 치우친다고도 말하지만, 스스로 생각하기에 '천하의 조리'는 결코 치우침이 없으며, 오히려 그 치우침을 막는 것이 '조리'인데도 세상 사람들이 그 '조리'의 진면목을 이해하지 못하는 것을 개탄하였다(『木戸日記』1, pp.143~144). 여기에서도 요시노부 '사면 출장론'에 담긴 그의 정치철학을 엿볼 수 있다.

바람직스럽지 않습니다. '중론'만큼은 실천하여 '결단'을 내려야 한다고 저는 생각합니다. '군무(관)' 오무라에게는 기도가 잘 이야기 하도록 말해 놓겠습니다. '도쿄부'의 기타지마北島·가가와香川 등은 그대가 내밀히 이야기해 설득해 주시기 바랍니다.

이 서한[63]은 산조가 이와쿠라에게 보낸 것으로, 앞서의 10월 16일자 서한의 내용과 거의 동일하다. 신정부내 주요 부서의 관심 대상인 요시노부 '사면' 자진출장 청원 문제를, 수뇌부 소수 인원이 비밀리에 내결하고 천황의 재가 형태로 공식화하려는 행위는 절차상 문제가 많다고 지적하면서, 이 문제로 인한 신정부 내의 불협화음을 막기 위해서라도 '중의', 즉 3등관 이상의 공식적인 의견수렴 과정을 통해 결정이 이루어질 필요가 있음을 재차 강조하고 있다.

이러한 산조의 태도는, 기도의 제안을 수용하여 자신의 저택에서 개최한 14일의 신정부 요인 모임 자체를 스스로 부정한 것으로, 이와쿠라 등의 설득으로 찬성 입장으로 돌아선 산조가, 요시노부 '사면' 출장론을 '기계奇計'로 혹평하며 반대했던 속마음을 그대로 드러냈다고 할 수 있다. 이것은 아직 신정부의 권위가 확립되지 않은 내란중의 비상 상황에서, '중의'를 채용하는 방식은 화합을 가장한 정치적 요식 행위로서 진정한 의미의 사태 처리로 볼 수 없고 상황을 더욱 악화시킬 뿐이라고 하여, 소수 인사에 의한 특단의 정치적 결정으로 일을 처리하려 했던 기도와 재차 충돌하는 모습을 연출한 것이다. 이후 상황은 기도의 바람과는 정반대로 전개되어 나가기 시작했다.

다음 날 병으로 칩거중이던 이와쿠라는 산조에게 보낸 서한을 통해 "오늘 3등관 이상을 소집해 요시노부 출장건을 하문할 시 특별한 논란

---

63) 『岩倉關係文書』 4, pp.185~186.

은 없을 것으로 생각되나, 그 이해득실은 황국의 이해에 크게 관계되므로 '이론자異論者'가 납득할 때까지 신정부의 취지를 정중히 설명해야 합니다. 조금이라도 정부 취지가 어긋나게 되면 작은 차이가 나중에는 큰 화를 가져올 수 있다고 생각합니다"라며, 사실상 산조의 손을 들어주었다.[64] 이날 오쿠보를 비롯한 관리들이 참석하여 요시노부 '사면' 자진출장 청원 문제를 두고 토의했으나, '이론'의 속출로 결론을 내리지 못했다.[65] 특히 14일 산조 저택 모임에 참석하였던 요인 중 한 사람인 하치스카도 출장에 회의적이었다.[66] 이날 기도는 병으로 참석하지 못했는데, 그동안 우려하던 혼란스러운 논의 양상이 재연되었던 것이다.

애당초 요시노부 '사면' 출장에 부정적이었던 산조는, 오히려 이러한 혼란을 이유로 요시노부 '사면' 출장론 자체를 폐기시키려는 작업에 나섰다. 우선 19일 대리인을 기도에게 보내 만남을 청하였다. 이에 칩거중이던 기도가 등청하여 산조와 '대사건' 수개 조를 논의하며, 요시노부 문제에 대한 17일 토의 상황과 함께 자신의 견해를 재차 피력했다.[67] 산조는 역시 병으로 칩거중인 이와쿠라에게도 전말을 보고하고 자문을 구했다. 이에 이와쿠라는 22일 산조에게 '도쿠가와가

---

(64) 『岩倉關係文書』 4, pp.186~187.

(65) 17일의 3등관 이상 소집 토의와 관련해, 도모다友田는 그 실현 여부가 불투명하다고 했으나[友田(2003), 앞의 논문, p.40], 이와쿠라 서한에서 당일 소집을 적시하였고, 또 오쿠보도 참석 사실을 언급하고 있어 개최가 된 것으로 보인다(『大久保日記』 1, pp.492~493).

(66) 『岩倉關係文書』 4, p.156. 하치스카는 원래부터 요시노부 '사면' 출장 보류론자로서, 이날도 자신의 주장을 피력한 듯하다(『岩倉關係史料』 下, p.29).

(67) 『木戶關係文書』 4, p.144 ; 『木戶日記』 1, p.144. 당시 기도는 몸 상태가 좋지 않아 8~9일간 등청하지 않았다. 이날 신정부는 에노모토 탈함정권에 대한 정토령을 발하고, 이 사실을 가나가와神奈川 근무 판사를 통해 각국 영사에게 통보했다(『復古記』 第14冊, pp.442~443 ; 『岩倉公實記』 中卷, pp.631~633).

하코다테 출병'의 실천 여부와 관련해서는, 무엇보다도 "전국(통일)을 위한 이해득실" 차원의 정치적 고려를 판단 기준으로 삼아야 하며, "하코다테 처리는 가장 중요한 문제이므로, (신정부)요인 상호간에 끊임없이 각별히 노력을 다해 하루라도 빨리 회복시키고 싶다"고 전했다.[68] 이와쿠라는 이미 문제점을 노출한 공개적인 의견수렴 처리방식에 부정적인 의사를 내비치며, 요인 소수에 의한 특별처리를 주장한 기도의 손을 들어주면서도, 다른 한편으로는 도쿠가와가의 하코다테 파견 당사자는 '인심의 와해' 가능성이 큰 요시노부 '사면' 자진출장 청원론이 아닌, 이전에 산조가 주장하였던 요시노부의 동생 아키타케 출장론을 대안으로 제시했다.[69] 이것은 신정부 내에서 기도와 산조의 입장이 첨예하게 대립하고 있는 가운데, 병석의 이와쿠라가 하코다테 전쟁을 조기에 종식시켜 정국과 민심을 안정적으로 이끌기 위한 정치적 중재책이었던 것으로 보인다.

한편 산조에게서 상황을 전해들은 이와쿠라가 이 사실을 오쿠보에게 전하자, 오쿠보는 21일 이와쿠라에게 답서를 보내 다음과 같이 요청했다.[70]

… 대강 내밀히 말씀드린 바 있던 '요시노부' 문제를 오늘 아침에도 다시 여쭤본바, 매우 진행하기 어려운 상황이라고 합니다. 하치스카도 매우 걱정하는 모습이었는데, 산조로부터 얻어들은 바가 있는 것 같습니다. 정중한 설명도 있어서 이미 '기회'를 상실한데다가, 더 이상 이런저런 말씀을 드려도 실로 소용없는 일이기 때문에, 여하튼 결정되더라

---

68) 『岩倉關係文書』 4, pp.193, 195 ; 『大久保文書』 2, pp.462, 464.
69) 『岩倉具視關係文書』 360-3.
70) 『大久保文書』 2, pp.456~457 ; 『大久保利通傳』, pp.601~602.

198 제3부 기도 다카요시와 하코다테箱館 전쟁

도 결코 '이의'는 없을 것으로 사료됩니다. 본래 이 '조건'은 병중인 상태에서 각별히 신경써 주셨으나, 이렇게 되어 매우 유감천만입니다만, 좀처럼 그 사람이 아니고서는 '양책良策'도 도리어 화가 될 수 있는 것이므로, 차라리 그만두는 것만 못하니 '안심'입니다. 이것과 관련해 말씀하신 '비책秘策'도 여쭤보았으므로 특별히 유의하겠으며, 진행 상황을 말씀드리면 '요시노부' 출장 중지 후에는, 지금 일단 가쓰라도 소환하여 '비주秘籌의 단서'를 찾아내셔서, 그를 '실망'시키지 않을 하나의 대책은 이와쿠라가 아니고는 안 된다고 생각하므로, 반드시 '숙고'해 주시기 간절히 바라옵니다.…

이에 사토 출장의 대체안으로 강구된 요시노부 '사면' 자진출장은 14일 일단 결정이 되었으나, 일정 직급 이상 관리들에 의한 여론수렴 과정이 필요하다는 산조의 주장에 따라, 17일 개최된 신정부 논의에서 '이의'가 제기되어 그동안 노력해온 이와쿠라와 마찬가지로 자신도 마침내 단념하게 되었음을 밝히는 한편, 이에 대한 이와쿠라의 '비책', 즉 앞의 아키타케 출장론에 동의를 표하며 기도와 마찬가지로 요시노부 '사면' 출장론을 주장해온 도쿠가와가 측의 가쓰를 만나 설득해 출장 선후책을 마련해줄 것을 요청했다. 22일 오쿠보는 재차 이와쿠라에게 서한을 보내 "가쓰 건은 알겠습니다. 오늘 요시노부 대신의 아키타케 출장 명령에 반대의사는 없는가 하는 취지의 물음에는 이의 없습니다. 오늘 가쓰 등이 산조로부터 구두통보를 받기로 되어 있으나, 이것과는 별도로 가쓰를 만나 설득해주시기 바랍니다"라며, 미토번水戸藩 세자 아키타케 출장에 재차 동의를 표하며, 이와쿠라도 특별히 가쓰를 만나 명쾌하게 설명해 주기를 요청하였다.[71]

---

71) 『大久保文書』 2, pp.459~460.

또한 산조도 오쿠보·이와쿠라의 요청대로 20일 가쓰와 1차 면담을
한 데 이어, 22일에도 재차 만나 요시노부 '사면' 출장 청원이 무산되었
음을 전하고, 아키타케의 하코다테 '추토' 명령을 구두로 전달했다.[72)
이에 가쓰가 다음 날 오쿠보에게 서한을 보내, 산조·이와쿠라로부터
전달받은 사항을 슨푸번駿府藩의 '중역重役'·'제사諸士'에게 전달하고, 아
키타케의 출장 수속을 진행하기 위해 귀국 허가를 청원했다.[73) 이때
도쿠가와가 측은 요시노부 '사면' 출장에 아쉬움이 크게 남았을 것으로
보이나, 신정부의 교체 명령에 별다른 이의제기 없이 따랐다.

한편 22일 프랑스·네덜란드·이탈리아 3국 공사의 천황 예방 자리에
오쿠보 등과 참석했던 기도는, 따로 파크스 영국공사를 만나 소강
상태에 있는 '국외중립' 철폐의 기회를 엿보고 있었다.[74) 오쿠보도
기도가 병으로 등청하지 않은 23일, 영국·미국·프로이센 3국 공사의
국서 제출식 참석을 계기로, 역시 '국외중립' 철폐의 가능성을 탐색하였
다.[75) 이러한 신정부 요인의 외교적 노력은, 하코다테 전쟁을 끝내기
위한 전술대책의 하나, 즉 제3책으로서 이즈음 잦은 인물 변경 끝에
아키타케의 하코다테 출장 쪽으로 결정이 되어 가던 때로, '국외중립'
철폐 성공에 따른 에노모토 탈함정권의 교전세력 지위 박탈, 즉 반역세
력으로의 규정과 함께, 최신예 미국군함 갑철함의 획득이라는 국내외
정세를 고려한 양면 정책의 추진이라는 공통 인식에서 비롯된 것이었다.

---

72) 『勝海舟全集』 19, p.127.
73) 『勝海舟全集』 19, p.127 ; 『大久保文書』 2, pp.468~469 ; 『大久保關係文書』 2,
    p.264 ; 『岩倉關係史料』 下, p.48.
74) 『木戸日記』 1, p.145. 기도는 11월 27일 이와쿠라 등과 파크스를 면담한 후,
    국내(도호쿠)를 평정했음에도 불구하고 '일개 해적'에 불과한 에노모토 탈함
    세력 때문에, 서양열강이 '국외중립'을 고수하는 것은 명분이 없다고 비판하
    며, 외국에 통하지 않는 '정실' 때문에 현재까지의 교섭 상황이 매우 어렵다고
    토로하기도 했다(『同』 1, p.148).
75) 『木戸日記』 1, p.145 ; 『大久保日記』 1, p.493.

22일 보내온 이와쿠라의 서한에 기도가 답서[76]를 보냈던 24일, 오쿠보도 이와쿠라에게 가쓰의 슨푸번 귀국 허가와 함께 재면담을 통해 정부 명령을 수락하도록 당부를 요청하면서, "아키타케 정토 명령 문제에 주목해주셨는데, 소에지마도 지난번 논의 때부터 자주 이야기한 모양입니다. 정토 명령은 애당초 아무리 강한 병력이라도 정정당당하게는 (막강한 해군력의 에노모토 탈함정권과)싸우기 어려운지라, 요시노부 운운의 기계책奇計策이 나왔습니다. 그런데 아키타케로 하여금 요시노부를 대신해 사활의 기회를 잃지 않고 그 용무를 달성케 하려면, 보류가 중요하다고 생각합니다. 재차 숙고해주시기 바랍니다"라며, 요시노부 '사면' 자진출장론이 나오게 된 불가피한 사정을 설명하는 한편, 아키타케의 대체 출장에 회의적인 시각을 드러내고 재고를 요청했다.[77]

불과 3일 전까지 아키타케 출장론을 제시한 이와쿠라에게 동의를 표시했던 오쿠보의 이 같은 갑작스러운 태도 변화에는, 아마도 기도가 선창했던 요시노부 출장론에 미련을 갖고 있었기 때문으로 보인다.[78]

---

76) 답서에는 국가 회계·병제 기초·상벌 규정 확립 등이 담겨 있다(『木戸日記』 1, p.146).

77) 『岩倉關係史料』下, pp.227~228 ; 『大久保文書』 2, p.467. 오쿠보는 아키타케가 요시노부의 동생이긴 하지만, 영·프 양국 공사를 통해 도쿠가와가 '혈통'의 인물을 선임한다면, 에조치 개척에 노력할 생각을 밝힌 바 있던 에노모토 탈함세력(『復古記』第14冊, p.455)을 '진무'해야 할 인물로는, 아무래도 아키타케가 요시노부보다 그 정치적 효용가치가 떨어진다고 판단한 듯하다.

78) 오쿠보의 태도 변화와 관련해, 도모다友田는 오쿠보와 친밀한 관계였던 소에지마의 반대론에 영향받았을 가능성이 크다고 지적[友田(2003), 앞의 논문, p.43]했는데 수긍할 만하다. 즉 14일 요시노부 출장 '내결' 모임에 참석한 바 있던 소에지마가 이와쿠라에게 24일 이전에도 자신의 생각을 건의한 바 있고, 22일 저녁에는 오쿠보를 찾아가 '밀담'을 나눈 적이 있음을 예로 들었다(『大久保文書』 2, p.467 ; 『岩倉關係史料』下, p.227 ; 『大久保日記』 1, pp.492~493). 나아가 도모다는 오쿠보가 도쿠가와 '혈통'을 통해 에모토모 정권을 '위무'하기보다, '국외중립' 철폐교섭을 성공시켜 미국 기함 갑철함을 획득하는 편이 훨씬 더 효과적이라고 판단했을 가능성이 있다고 보았다. 즉 오쿠보가 앞서의 서양 6개국 공사에 대한 천황 알현 및 신임장 제출을

이처럼 오쿠보의 '숙고' 요청을 받은 이와쿠라도, 고민 끝에 산조에게 아키타케 출병이 무리라면 그 대리인으로 가신의 출장도 무방하다는 제안79)을 하는 등 흔들리는 모습을 보이기도 했으나, 산조의 강력한 요청으로 가쓰를 만나 아키타케 출장을 재차 구두로 통보하고, 정부 결정을 수용하도록 설득했다.80) 그리고 나서 신정부는 24일 당일 도쿠가와가 측에 아키타케의 하코다테 출장 명령을 정식으로 하달했다.81)

도쿠가와 요시아쓰德川慶篤에 명령

이번 '탈함 추토' 건, 이에사토에게 명령을 내린 바 있으나 '유약'한 점도 있고 해서, 요시노부 자신이 '출장'을 청원했으나 명령에 이르지 못한 관계로 미토 번주의 양자 아키타케에게 '출장'을 명령하니, 속히 '공'을 세워 천황의 마음을 편안하게 하는 데 진력할 것을 명령한다.

계기로, '국외중립' 철폐교섭의 성공 실마리를 찾을 수 있다고 보고, 도쿠가와가 출병 자체에는 회의적이었던 것으로 추측하였다[友田(2003), 앞의 논문, p.43]. 이 같은 가능성을 전혀 배제할 수는 없지만, 다만 여기서 유의할 점은 오쿠보가 제2책, 즉 도쿠가와가 '혈통'의 활용책에 대해 관심이 사라진 것은 결코 아니며, 다만 그 정치적 활용도 면에서 아키타케보다는 전장군 요시노부에게 더 비중을 두었고, 동시에 기도·이와쿠라와 마찬가지로 '내외 합력'의 인식 하에서, '국외중립' 철폐교섭의 성공이라는 제3책의 외교적 노력에도 경주하고 있었다고 봄이 타당하다.

79) 國立國會圖書館憲政資料室所藏, 『三條實美視關係文書』 360-3, 北泉社 마이크로 필름.

80) 산조는 요시노부 '사면' 출장을 희망해왔던 가쓰 등의 도쿠가와가 측이, 아키타케 출장 결정에 실망하여 '불복'할 것을 크게 염려하여, 이와쿠라에게 설득 작업을 요청하고 있었다(『岩倉公實記』 中卷, pp.629~630 ; 『勝海舟全集』 19, p.127). 이러한 산조의 가쓰 설득작업은 12월 초까지 계속되었다(『岩倉關係文書』 4, pp.200~201).

81) 이날 명령은 미토 도쿠가와가水戸德川家(도쿠가와 요시토미德川慶福)·슨푸 도쿠가와 종가駿府德川宗家(마쓰다이라 가쿠도松平確堂)에 각각 하달되었다(『太政類典』 第1編 第218卷, 件名番號: 42, 件名: 德川家達幼弱ニシテ脱艦追討ノ任ニ耐ヘサルヲ以テ慶喜自ラ其任ニ當ラント請フ慶喜出征ハ許サス養子昭武ヲ出張セシメ速ニ功ヲ奏スヘキヲ命ス ; 『復古記』 第14冊, p.445 ; 『岩倉公實記』 中卷, p.628).

마쓰다이라 가쿠도松平確堂에 명령

이번 '탈함 추토' 건, 이에사토에 명령을 내린 바 있으나 '유약'한 점도 있고 해서, 요시노부 자신이 '출장'해 '실효'를 거두어 천황의 마음을 편안히 하고 싶다는 청원 의사를 보인 것은 부득이한 일로 생각되나, '요시노부 출장' 문제는 받아들이기 어려운 것이어서 아키타케에게 '출장' 명령을 내리니, 아키타케와 협의하여 속히 '공'을 세워 천황의 마음을 편안하게 하는 데 진력할 것을 명령한다.

이날 결정으로 요시노부 '사면' 자진출장론을 제창한 기도의 정치적 노력은 무산[82]되었다. 그렇다면 기도가 미토번 세자 아키타케 출장 결정을 수용한 이유는 어디에 있었던 것일까. 기도는 게이오 3(1867)년 파리 만국박람회에 요시노부 대리인으로 참가한 후 파리 유학중에 정부 명령으로 귀국한 아키타케[83]에 대해, 이전부터 국가 인재로서 발탁할 것을 건의해 동의를 얻어 낸 적[84]이 있었다. 따라서 '사면'을

---

82) 신정부가 끝내 기도의 주장과 도쿠가와가 측의 요청에도 불구하고 요시노부 '사면' 출장론을 채용하지 않은 것은, 계속 제관리에 의한 여론수렴 과정이 필요하다는 논의 절차상의 문제를 주장한 산조의 '이의' 제기도 한몫했으나, 실제 논의 과정에서 한때 '조적'으로 근신중인 도쿠가와가의 상징적 인물인 전장군 요시노부의 '사면' 문제는 민감한 정치적 사안으로서, 자칫 탈함정권에게 역이용 당할 수 있다는 우려도 있었던 것으로 보인다. 이러한 여러 사정 때문에 요시노부가 정식으로 '사면'을 받은 것은 이듬해 9월 28일이었다 (『法令全書』〈明治 2년〉第942, p.384 ;『明治天皇紀』第2, pp.200~201). 한편 이와 관련해 도모다友田는 공의정체파에서도 요시노부 '사면' 출장론을 주장하였던 만큼, 청원이 이루어질 경우 신정부에서 점차 그 세력이 약화되고 있던 공의정체 노선이 부활될 위험성이 있어서, 이 주장이 받아들여지지 않았다고 추측했으나[友田(2003), 앞의 논문, pp.39~40] 설득력이 약하다.

83) 아키타케는 메이지 원(1868)년 11월 3일 귀국해 이듬해 미토 번주에 취임했다 (『岩倉關係史料』 下, p.46).

84) 『木戸日記』 1, p.137. 귀국한 아키타케는 11월 23일 천황을 예방해 외국 사정을 보고했다(『明治天皇紀』 1, p.904).

전제로 한 요시노부의 자진출장 청원론에 그리 호의적이지 않았던 신정부 내의 분위기로 보면, 불과 다섯 살 난 어린 이에사토보다는 그나마 아키타케가 차선책으로 무방하다고 판단했을 가능성이 크다.

4. 도쿠가와가 하코다테 출병론의 소멸

한편 신정부의 결정이 일단 도쿠가와가 측에 통보되었으나, 불과 열다섯 살밖에 안 된 아키타케의 출장론에 대해서는 신정부 요인들 사이에서도 확신이 아직 부족했다. 앞서 어린 아키타케 대신 그 가신을 대체 출장시키는 쪽이 나을지도 모른다고 언급한 적 있었던 이와쿠라는, 26일 아키타케 출장론에 소극적이었던 소에지마에게 서한을 보내, 도쿠가와가 측에 하달은 했지만 과연 출장시켜도 좋을지를 되물었다.[85] 산조도 여전히 이에사토 출장론에 미련을 두고 있었다. 28일 산조는 기도에게 요시노부 '사면' 자진출장론이 사람들의 의표를 찌르는 '묘책'이긴 하지만 막강한 탈함정권의 해군력을 상대할 수 없는 상황에서 나온 '궁책'에 가까워 '불신'이 있다고 재강조하는 한편, '공론' 절차를 밟아 이에사토 출장과 아키타케 진무총독 임명건에 대해, 군무관 부지사 오무라와 협의해주기를 요청했다.[86]

이때 산조는 하코다테 평정은 '국외중립' 철폐교섭 성공으로 갑철함을 획득함으로써 이루어지는 것이 최우선이나, 차선책으로 도쿠가와가 '혈통'을 고려한다면, 정통성 면에서 아키타케보다는 나이는 어려도 도쿠가와가 종가를 상속한 이에사토 쪽이 더 낫다고 생각하였던 것으

---

85) 國立國會圖書館憲政資料室所藏, 『副島種臣關係文書』 21.
86) 『木戶關係文書』 4, p.144.

로 보인다. 이처럼 이와쿠라와 산조의 동요에도 불구하고, 신정부는 12월 1일 아키타케에게 하코다테 부지사·아오모리 총독인 시미즈다니의 지휘에 따르도록 지시[87]함으로써, 하코다테 전쟁을 종식시키기 위한 세 가지 방책의 하나(제2책)로 추진되었던 '도쿠가와가 출병론'은 우여곡절 끝에 일단락되는 듯했다.

그러나 28일 또 다른 대책(제3책)인 '국외중립' 철폐교섭이 달성[88]되어 갑철함을 획득할 수 있게 되자, 도쿠가와가 가문의 '혈통'을 이용하여 에노모토 탈함정권을 '위무'한다는 목적은 완전히 정치적 의미를 상실하게 되었다. 최종적으로는 메이지 2(1869)년 1월 10일에 이르러 신정부가 아키타케의 하코다테 출장을 취소[89]함으로써, 더 이상 '도쿠가와가 출병론'은 거론되지 않고 역사 속으로 사라졌다. 이로써 도쿠가와가의 '혈통'에 의존하지 않고도, 최신예 미국기함 갑철함 등의 해군력을 확보하여 자신감을 갖게 된 신정부는, 해빙을 기다렸다가 정토군을 파견해 마침내 하코다테 전쟁을 승리로 이끌 수 있었다.

맺음말

이상으로 '도쿠가와가 하코다테 출병론'에 대한 논의 과정을 기도를

---

87) 『太政類典』第1編 第218卷, 件名番號: 45, 件名: 德川民部大輔(昭武)ヘ箱館賊徒追討ノ義ハ靑森口總督ノ指揮ヲ受クヘキヲ命ス.
88) 『佐々木高行日記』3, p.410.
89) 『太政類典』第1編 第218卷, 件名番號 46, 件名: 德川民部大輔ヘ賊焰折挫殆鎭定スヘキ形狀ナルヲ以テ出兵ニ及ハサル旨ヲ令ス;『復古記』第14冊, p.466. 다만 신정부는 25일 미토번의 탄원을 받아들여, 번 정예병력 200명의 파견을 승인하는 명령을 하달했다[『太政類典』第1編 第218卷, 件名番號 47, 件名: 德川少將(=昭武)歎願ヲ採用シ更ニ精兵二百人海路出張セシム;『復古記』第14冊, p.467].

비롯한 신정부 요인의 정치적 움직임을 중심으로 살펴보았다. '도쿠가와가 출병론'은 하코다테 전쟁에 앞선 간토 전쟁 단계의 반정부 세력을 제압할 목적에서, 신정부 수뇌부 중에서는 최초로 요시노부 '관대론'을 주장한 기도에 의해 제창되었다. 비록 기도의 요시노부 '선봉 출장론'은 무산되기는 했으나, 도쿠가와가 측 대체 인물의 출장으로 선례를 남겼다는 점에서 주목된다. 이후 2차 탈주를 감행한 에노모토 탈함세력이, 도호쿠 열번동맹 측과의 연대가 무산되어 당초 목적지인 에조치로 향하자, 이번에는 하코다테 전쟁의 조기 종식을 의도한 '도쿠가와가 출병론'이 재등장했다.

신정부는 하코다테 전쟁 평정책으로서 제1책인 무력진압책, 도쿠가와가의 '혈통'을 활용해 에노모토 정권을 '위무'하려는 제2책, 그리고 에노모토 탈함정권을 교전단체가 아닌 반란세력으로 격하시키고 최신예 갑철함을 획득하여 제압하려는 '국외중립' 철폐의 제3책이라는 세 가지 수단을 강구하고 있었다. 이 중 특히 제2책인 '도쿠가와가 출병론'은 '내외합력', 즉 국내외 정세를 고려한 기도에 의해 주장된 것으로, 10월 상순경부터 12월 초까지 출병을 둘러싸고 진행된 정부 논의 과정에서 도쿠가와가 측의 출장 대상 인물이 요시노부 → 아키타케 → 이에사토 → 요시노부 → 아키타케 순으로 자주 바뀌고, 또 결정 자체가 보류되는 정치적 난맥상을 보였다.

'도쿠가와가 출병론'의 정치 과정 속에서 '유약'함을 내세운 도쿠가와가 측의 이에사토 출장 거부 상황도 있기는 했으나, 출장 대상의 잦은 교체는 신정부 요인인 기도와 산조 간의 견해차이가 가장 큰 이유였다고 할 수 있다. 요시노부 '사면' 출장 처리방법에서, 기도는 내란(보신전쟁)과 '국외중립' 철폐교섭의 정체라는 국내외 비상 상황에서 요인 소수에 의한 특별 처리를 강조한 반면, 산조는 기도의 요시노부 '사면

출장론' 자체를 '기책'이나 '궁책'으로 깎아내리면서, 신정부 내의 불협화음을 막기 위해 3등관 이상에 의한 여론수렴 처리를 주장했다.

한편 장기 근신중이던 요시노부의 '사면' 출장건과 관련해 기도는, 에노모토 탈함정권을 '진무'하여 국내통일과 정국안정을 구축하는 외에, '조적'이라는 오명을 청산할 기회를 부여함으로써 신정부에 대한 충성 의사를 재확인하고, 나아가 천황의 자비를 국내외에 과시하기 위해 요시노부 '사면 출장론'[90]을 제창했다. 이에 반해 산조는 요시노부의 '사면' 자체에 대한 신정부 내의 일부 부정적인 분위기를 내세워, 선출장 후사면론이라든지 아키타케 출장론으로 맞섰다. 우여곡절 끝에 미토번 세자 아키타케의 출장으로 결론이 났으나, '국외중립' 철폐교섭의 성공과 이에 따른 갑철함의 획득으로 아키타케 출장의 정치적 효용성이 반감되면서 이 논의는 자연스레 소멸되고, 다만 미토번의 요청을 받아들여 정예병력 200명을 파견하는 것으로 그쳤다.[91]

결론적으로 '도쿠가와가 출병론'은 '국외중립' 철폐교섭을 위한 수단(방편)이 아닌, 신정부에 의한 하코다테 평정책의 하나로서 다른 두 방책과 밀접한 상호 연관성을 유지하면서 추진된 정책이었다. 특히 오쿠보·이와쿠라 등의 동의로 한때 채택 직전까지 갔으나, 산조·하치스카 등의 변심과 반대로 무산된 전장군 요시노부 '사면' 출장건과 관련해서는, 신정부 요인 중에서 기도가 가장 적극적이고 또 일관된 지지를 유지했다.

---

90) 기도의 요시노부 '사면' 출장론은 앞서 언급한 것처럼, 약간의 변화(선 '사면' 후 출장론 → '사면' 후 (이에사토)보좌 출장론 → 요시노부 자진출장 청원론)를 보이나, '사면' 후 하코다테에 출장시켜 탈함정권을 '진무'한다는 점에서는 변함이 없었다.

91) 『太政類典』第1編 第218卷, 件名番號: 47, 件名: 德川少將歎願ヲ採用シ更ニ精兵二百人海路出張セシム ; 『復古記』第14冊, p.467.

제2장

메이지 신정부와 하코다테 전쟁 전후처리

머리말

하코다테 전쟁은 신정부군과 구막부 탈함정권 세력 사이에 펼쳐진 내란, 즉 보신 전쟁의 마지막 단계 전투를 가리킨다. 게이오 4(1868)년 8월 19일 도호쿠 지역의 반정부 세력 연합체인 오우에쓰 열번동맹 측의 지원 요청에 응답하고자, 구막부 해군 부총재였던 에노모토 다케아키榎本武揚가 이끄는 8척의 탈주 함대가 시나가와를 출항했다. 26일 센다이에 도착했으나 열번동맹은 전열을 재정비한 관군의 공격 앞에, 9월 22일 아이즈번을 시작으로 참가 제번이 항복하면서 와해되었다.

이에 탈함세력은 구막부 가신의 경제적 구제 차원에서, 도쿠가와가에 에조치를 영구 임대하여 에조치를 개척하고 러시아 남하에 대비하여 국경을 경비할 것을 신정부 측에 탄원하며, 10월 12일 기타간토北關東·도호쿠 각지에서 저항하던 구막부 지지세력을 망라한 3,000여 명이 센다이를 출항해 에조치로 향했다. 20일 와시노키에 상륙한 탈함세력은, 신정부 측의 하코다테부병 제압을 시작으로 단기간에 에조치 전역을 장악했다. 그리고 12월 5일 에노모토를 총재로 한 이른바 탈함정권이 탄생하여, 하코다테에 입항한 영·프 군함의 함장을 통해 에조치의 영구 수여를 신정부 측에 거듭 탄원했다.

그러나 신정부는 이 같은 탄원을 단호히 거부하고 이듬해 3월 9일 정토군을 파견했다. 관군은 하코다테 부지사 시미즈다니 긴나루를 아오모리 방면 총독으로 임명하고, 그를 보좌할 해육군 참모에 조슈 출신의 야마다 아키요시山田顯義, 육군 참모에 사쓰마 출신의 구로다 기요타카黑田淸隆, 해군 참모에 마스다 아키미치增田明道 등을 각각 임명하고, 최신예 기함인 갑철함·제번 군함으로 함대를 편성하여 관군 병력과 군수물자를 수송할 수 있는 태세를 갖추었다.

신정부 함대는 야마다의 지휘 하에 전년도부터 이미 아오모리에 대기하고 있던 관군 중 일부를 태워, 4월 6일 아오모리를 떠나 9일 에조치의 오토베乙部에 상륙해 에사江差를 탈환한 후, 세 그룹으로 나누어 하코다테로 향했다. 야마다의 요청으로 16일 구로다 등이 이끄는 3,000명의 관군이 에사에 도착해 기코나이 등지를 제압해 나가자, 탈함정권은 하코다테의 외곽인 고료카쿠五稜郭로 퇴각했다. 5월 11일 총공격에 의한 기습작전으로 하코다테 시가지를 장악한 관군은, 에노모토 측과 교섭을 개시해 18일 마침내 항복을 받아냈다. 이로써 약 1년 반에 걸친 보신 전쟁을 종식시키고, 명실공히 천황 친정의 신정부가 재탄생하여 중앙집권화를 향한 첫 걸음을 내디딜 수 있게 되었다.[1]

하코다테 전쟁에 관해서는 종래 연구가 매우 미진했다. 그런데 최근 들어 조금씩 연구가 활성화[2]되어 보신 전쟁에 대한 연구 수준도 전반적

---

1) 『復古記』第14冊, pp.387~739 ; 『同』第15冊, pp.390~403 등 참조.
2) 보신 전쟁에 대한 3대 연구서[原口淸(1963), 『戊辰戰爭』, 塙書房 ; 佐々木克 (1977), 『戊辰戰爭-敗者の明治維新-』, 中央公論社 ; 石田孝(1984), 『戊辰戰爭論』, 吉川弘文館]에서, 하코다테 전쟁은 아예 언급되지 않거나 언급되어도 극히

으로 한 단계 끌어올리고 있으나, 아쉽게도 하코다테 전쟁의 '전후처리', 즉 에노모토 등 탈함정권 수뇌부 항복인에 대한 처분('榎本一條: 이하 에노모토 처분으로 약칭)을 둘러싼 신정부 내의 정치적 결정 과정에 대한 연구는 전무하다.3) 본장에서는 이러한 연구사 상의 공백을 메우기 위해, 전쟁의 주모자급 항복인 처분을 둘러싼 기도 다카요시·오쿠보 도시미치 등의 신정부내 요인들의 움직임을, 당시의 정치적 상황을 고려하면서 구체적으로 언급하고자 한다.

간단히 취급한 것이 현실이다. 최근 들어 友田昌宏(2003),「國外中立撤廢の過程 と德川箱館出兵論」,『日本史研究』496 ; 保谷徹(2007),『戊辰戰爭』, 吉川弘文館 ; 沈箕載(2010),「木戸孝允과 戊辰戰爭」,『日本語文學』47 ; 同(2015),「木戸孝允과 德川家箱館出兵論」,『日本學報』105 ; 同(2015),「戊辰戰爭과 木戸孝允의 군함 확보 노력」,『日本語文學』66 ; 若林滋(2016),『箱館戰爭再考』, 中西出版 등이 발표되어 하코다테 전쟁의 경과, 신정부의 대응 노력 등에 대한 연구가 심화되고 있는 점은 매우 고무적이다.

3) 하코다테 전쟁 '전후처리'와 관련해서는 櫻庭秀俊(1979),「箱館戰爭과 弘前藩」, 『弘前大學國史研究』68·69 ; 樋口雄彦(2004),「箱館戰爭降伏人과 靜岡藩」,『國立 歷史民俗博物館研究報告』109 ; 同(2012),『箱館戰爭과 榎本武揚』, 吉川弘文館 ; 牧口準市(2016),『箱館戰爭裁判記: 榎本釜次郎外數名糺問幷所置事件』, 北海道出 版企畵センター 등이 눈길을 끈다. 사쿠라바櫻庭의 논고는 전쟁 준비단계에서 관군의 출정 전초기지로서, 종식 직후 약 5개월에 걸쳐 항복인 위탁처리 업무를 담당한 히로사키번弘前藩 사정에 대해 언급하고 있다. 한편 정권교체 이후 구막신의 동향을 연구해 온 히구치樋口는, 주로 히로사키번과 마찬가지 로 위탁업무를 명령받은 시즈오카번靜岡藩에서 항복인들의 억류 생활, 신지식 을 지닌 구막부 해군 출신 항복인들이 신정부에 등용된 과정, 항복인 모임의 결성 등 여러 사정에 대해서만 언급하고 있다. 마키구치牧口는 에노모토 등의 탈함정권 수뇌부의 재판 등을 법률적인 시점에서 검토했다. 이들 연구에 서는 공통적으로 본고에서 다루고자 하는 하코다테 전쟁의 '전후처분', 즉 에노모토 등의 주모자급 항복인의 처분을 둘러싼 신정부 내의 정치적 결정 과정에 대한 구체적 언급이 생략되어 있다. 본고에서는 이 점에 특히 유의해 서술하고자 한다.

1. 메이지 2(1869)년의 에노모토榎本 처분 논의

1) 구로다黑田의 구명救命 탄원과 조슈파·사쓰마파의 대응

앞에서 언급한 것처럼 메이지 2(1869)년 4월 9일 신정부 측의 에조치에사 공략을 계기로 시작된 하코다테 전쟁은, 신정부와 에노모토 탈함정권 양측이 각각 8,041명, 3,500여 명의 병력을 동원해 286명과 670여명의 전사자를 내고 5월 18일 관군의 승리로 끝났다. 그렇다면 여기서는 패배한 에노모토 탈함정권 수뇌부 처분과 관련해, 신정부 탄생의 양대 산맥인 '삿초'를 중심으로 한 신정부 내의 정치적 움직임을 순차적으로 알아보도록 하자.

하코다테 전쟁이 종결되자 에노모토 등의 주모자급 항복인들은 하코다테의 상가 이쿠라야伊倉屋에 근신 조치되고, 고료카쿠의 일반 항복병사 1,008명은 하코다테 시내의 여러 사원 등에 분산 수용되어, 관군측 제번 병력의 감시 하에 신정부의 처분을 기다리는 처지가 되었다.[4] 일반 항복병들이 21일 이후 신정부가 위탁한 제번 등지에서 일정 기간 구금 생활을 거친 후 단계적으로 귀향 조치[5]된 반면, 에노모토를 비롯

---

4) 수용 장소는 稱名寺·實行寺·淨玄寺·舊會津屋敷 등이다(『復古記』第14冊, pp.690, 699~700 ; 『明治史要』, p.145).

5) 21일 항복인 580명은 영국·미국 선박을 이용해 다음날 아오모리로 이송되어 조코지常光寺 등의 제사원에 분산 수용되었다. 이 밖에 아키타번秋田藩·구보타번久保田藩에 위탁 근신 조치된 항복인 218명과 260명은 하코다테에서 아키타번·구보타번으로 각각 이송되었다. 앞서 아오모리로 이송되었던 항복인들은, 6월 11일 히로사키弘前로 옮겨져 7개 사원(最勝院·藥王院·耕春院·貞敎寺·貞昌寺 등)에 수용되었다. 22일에는 비사관非士官, 즉 일반 백성 출신의 병사·선원 등 약 100여 명의 귀향이 허용되었다. 히로사키의 기타 항복인들과 아키타번에 위탁되었던 항복인 218명은, 각각 7월 21일과 9월 15·16일 재차 아오모리로 이송되어 여러 사원에 분산 수용된 후, 10월 24일 아오모리를 떠나 하코다테의 벤텐미사키 다이바弁天岬台場에 수용되었다. 8월 25일 하코다

한 주모자급 항복인(거괴巨魁) 7명은 21일 도쿄로의 압송 명령을 받아, 히고肥後 번병의 엄호 하에 미국선박을 이용해 아오모리로 이송[6]된 후, 아오모리에서부터는 육로를 통해 6월 30일 도쿄에 도착해 군무관 군법회의소 부속의 임시 감옥소에 수감되었다.[7]

한편 하코다테 전쟁이 끝난 3일 후인 5월 21·22일 신정부는, 에조치 개척 등의 정책에 대해 행정관 등의 관리와 도쿄에 재류중인 번주들과 상급 관리 등에게 의견을 묻는 절차를 진행해, 전년도부터 본격화된 에조치 개척 논의를 점차 심화시켜 나갔다.[8] 이어 6월 10일에는 도쿄로 귀환한 구로다 기요타카·야마다 아키요시 등의 하코다테 전쟁 참전 관군 지휘관들을 대상으로, 에노모토 처분에 대한 '하문'을 실시했다.[9] 이들이 어떤 의견을 제시했는지에 대해서는 사료적 한계는 있지만,

---

테 항복인을 도쿄로 소환한 후 제번으로 '귀적歸籍' 조치하라는 신정부 명령(『明治天皇紀』第2, p.181)에 따라, 병부성은 시즈오카·센다이 2번 이외의 구와나 등의 제번 항복인들을 선박을 이용하여 11월 9일 도쿄로 이송해, 시바조조지芝增上寺에 임시 수용한 후 순차적으로 제번에 인도하고, 하코다테 잔류 항복인들은 에조치 개척에 동원하려 했다(『公文錄』〈明治 2年〉第26卷, 件名番號: 8, 件名: 降伏人各藩へ御預申立 ; 『太政類典』第1編 第218卷, 件名番號: 55, 件名: 箱館降伏人取扱方 ; 『維新史料綱要』卷10, p.129 ; 樋口, 앞의 책, pp.30~31). 그 밖에 군무관은 7월 10일 신조번新庄藩에 하코다테 항복인 6명의 근신을 위탁하는 등의 조치를 취했다(『太政類典』第1編 第220卷, 件名番號: 38, 件名: 箱館降伏人刎首ヲ檢使セシム).

6) 『復古記』第14冊, pp.709, 712~713 ; 『維新史料綱要』卷10, pp.122~123.
7) 주모자급 항복인은, 에노모토 다케아키榎本武揚·마쓰다이라 타로松平太郎·오토리 케스케大鳥奎介·아라이 이쿠노스케荒井郁之助·나가이 겐바永井玄藩·마쓰오카 반키치松岡磐吉·소마 가즈에相馬主計다(『復古記』第14冊, p.734).
8) 『維新史料綱要』卷10, p.121 ; 『明治天皇紀』第2, pp.125~127. 여기에 관해서는 沈箕載(2014), 「明治 元年의 에조치(蝦夷地) 개척문제와 木戶孝允」, 『日本學報』99 ; 同(2015), 「明治新政府의 에조치(蝦夷地) 개척과 木戶孝允」, 『日本研究』24 참조.
9) 이날 천황은 해육군 참모 이하 제함장 9명을 면담해 위로하고 술과 안주를 하사했다(『復古記』第14冊, p.732 ; 『明治天皇紀』第2, p.136 ; 『木戶日記』1, p.233).

고료카쿠 총공격을 이틀 앞둔 5월 9일, 사쓰마 출신 육군 참모 구로다의 발의로, 해군 참모 마스다 아키미치增田明道(佐賀)·소가 스케노리曾我祐準 (柳河) 3인이 '밀의'하여, 에노모토 등의 탈함정권 수뇌부가 항복해올 경우 목숨을 살려주기로 사전 약속을 한 점10)으로 미루어, 이날의 해육군 참모를 대상으로 한 '하문'에서는 '관대론'이 제기되었을 것으로 추정된다.

이러한 해육군 일부 참모들의 견해와는 달리, 에노모토 처분을 다룬 신정부의 첫 '평의'에서는 강경한 입장의 조슈파로 인해 '엄벌론' 즉 '사죄론死罪論'이 우세했다. 에노모토 탈함세력이 고료카쿠를 점령한 다음 날인 메이지 원(1868)년 10월 27일, 그들을 이미 '탈함폭거脫艦暴擧' 세력으로 규정하여 철저한 응징을 주장하며, 동향의 군무관 부지사 오무라 마스지로와 함께 병력·군수물자 수송을 위한 최신예 기함 갑철함의 획득 및 제번 군함의 신속한 수배에 정치적 노력을 경주11)해왔던 조슈파의 거두 기도 다카요시는, 앞서 관군의 해육군 참모에 대한 '하문'과 첫 처분 '평의'가 있던 메이지 2(1869)년 6월 10일 다음과 같이 알렸다. "정으로 (대)의를 그르치는 주장이 적지 않았으나, 가까스로 오늘 (대)의로 단죄하기로 대략 결정하였다." 해육군 참모 가운데 앞서의 구로다처럼 에노모토 '관대' 처분에 동조하는 주장도 상당했으나, '대의명분'에 따라 원칙대로 일단 '엄벌론'을 관철시켰음을 밝힌 것이

---

10) 維新史談會(1909), 『史談會速記錄』 第197輯, 原書房 참조.
11) 『木戶日記』 1, p.131 ; 『木戶文書』 3, pp.189, 193. 한편 기도는 하코다테 점거가 확실해지자, 그들의 전주군인 요시노부를 '사면'시켜 탈함정권을 섬멸하기 위한 관군의 선봉 역할을 맡기는 '적함토격책敵艦討擊策'을 적극 주장하기도 했다[沈箕載(2015),「木戶孝允과 德川家箱館出兵論」 참조]. 기도가 개진한 이 같은 하코다테 공략에 대한 의견의 배후에는, 하코다테 평정이 단순히 에노모토 탈함정권의 진압에 그치지 않고, 도호쿠 '전후처리' 작업과 정국의 안정에도 관계된 주요 과제라는 위기인식이 자리잡고 있었다(『木戶文書』 3, pp.228~229).

다.12)

기도는 신정부가 12일 군무관에 하코다테 항복인 처리를 위임13)한 다음 날, 정치적 동반자인 군무관 실력자 오무라에게 다음과 같은 서한을 보내 에노모토 처분에 대한 자신의 기본 입장을 밝혔다.14)

'조적' 처분 여부는 이제까지 약간 여의치 않은 사정도 있기는 했으나 대략 '조리'도 세워졌는데, 이번에 에노모토를 비롯한 주모자들을 관대 히 처분하자는 주장이 사쓰마인들에게서 처음부터 자주 건의되었습니 다. 그다지 신경 쓸 필요는 없으나, 어찌되었든 그 때문에 일이 지연되었 습니다. 에노모토 등도 그 '재예才藝'가 아깝기는 하지만 참으로 '조리'상 어찌 구제할 도리가 없으니 주모자만큼은 '사죄死罪'로 다스리고, '사령司 令' 이상은 제번에 구금 조치하고, 나머지는 군무관에 여하튼 '위임'하여 '도죄徒罪'와 동일하게 취급하여, 하나하나 합당한 처분이 이루어진다면 다행이다 싶어 다른 일에 앞서 말씀해 둡니다. 어제 이후로 몸 상태가 좋지 않아 등청할 수 없으니 부디 서둘러 조치되기를 희망합니다.

여기에서 기도는 하코다테 '전후처분'의 논리와 기준을 분명하게 제시하고 있다. 즉 에노모토 처분과 관련해 구로다 등의 사쓰마파로부 터 '관대론'이 끊임없이 제기되었으나, 도호쿠 '전후처분' 때의 '조적'에 대한 전범 처리사례15)에 비추어 에노모토 등의 주모자들은 사형, '사령'

---

12) 『木戸日記』 1, p.233.
13) 『太政類典』 第1編 第218卷, 件名番號: 52, 件名: 箱館降伏人處置ヲ軍務官ヘ委任ス ; 『法令全書』〈明治 2년〉 第526, p.208.
14) 『木戸文書』 3, pp.374~375.
15) 도호쿠 전쟁 '전후처리' 과정에서, 기도는 전쟁의 단초를 제공한 '조적'에 해당하는 아이즈번의 행위에 대해서는 '군신' 관계를 저버린 반역으로 규정하 고, 아이즈번을 비롯해 전쟁에 참가·협력한 군소 번들에 대해서는 죄의 경중

이상은 제번 위탁 금고형, 기타는 노역형의 형태로 국가법률에 따라 적절한 처벌이 이루어지도록, 항복인 처리를 위임받은 군무관이 앞장서서 조기 처리해주기를 희망하였음을 알 수 있다.

아울러 조슈파의 기도도 뒤에서 언급하는 구로다·오쿠보·사이고 등의 사쓰마파와 마찬가지로 에노모토의 능력을 높게 평가하면서도, 하코다테 전쟁을 촉발시킨 에노모토 등의 군사행동은 '조리', 즉 '대의명분'에 어긋나는 대역죄에 해당하는 만큼, 엄격한 처분이 불가피하다는 인식을 나타냈다. 기도의 이 같은 자세는 '관대론'의 입장에 선 사쓰마파와 극명한 차이를 드러내, 결과적으로 이러한 입장 차이가 에노모토 처분의 조기 해결을 어렵게 만든 주원인으로 작용했다. 이때 기도는 주모자급 항복인에 대한 '전후처분'을 신속히 마무리짓고, 기능 정지 상태인 하코다테부의 행정을 복원하기 위해, 동향의 이토 히로부미에게 판사로 근무할 인물의 추천과 조기 파견을 강조하였다.[16]

한편 앞서의 조슈파 논리에 밀려 강경처벌 쪽으로 논의가 흘러가는 신정부 내의 분위기를 바꾸기 위해, 구로다는 뒤에서 언급할 것처럼 일차적으로 동향 선배이자 정계 실력자인 오쿠보·사이고를 움직여 에노모토 구명을 시도하게 된다. 구로다는 먼저 5월 말 사이고와 함께 사쓰마를 대표하는 인물인 오쿠보 도시미치에게 서한[17]을 보내, 에노모토 탈함정권의 항복 과정을 대략 설명했다. 그는 "토멸討滅이 수중에

에 따라 국가 법률을 차등 적용하여, 신정부(천황)의 권위와 국가 기강을 정립해야 한다고 주장한 바 있었다[沈箕載(2012), 「木戶孝允과 戊辰戰爭 전후처리-東北戰爭을 중심으로-」, 『韓日關係史硏究』41, pp.273~278 ; 同(2013), 「木戶孝允과 아이즈(會津) 전후처리」, 『日本硏究』20, pp.240-245].

16) 『木戶文書』 3, p.371. 한편 에노모토 구명운동을 벌인 구로다를 기도가 처음 만난 것은 평정 후 2개월이 지난 7월 21일이었다. 아마도 이날 에노모토 처분과 관련해 각자의 입장을 언급하였을 것이다(『木戶日記』 1, p.247).
17) 『大久保關係文書』 3, pp.1~2.

있었으나 백성의 고통을 구해주려는 천황의 의사를 존중해, 진정 마음을 바꿔 사죄 항복을 실행에 옮긴다면 관대한 조치로 처우하리라 일찍부터 마음먹고 있음"을 항복 사자를 통해 간접적으로 수차례에 걸쳐 전했음에도 불구하고, 고료카쿠에서 옥쇄할 각오로 나온 에노모토의 저항이 "천황 의사에도 반하고 나의 뜻과도 맞지 않기에", 다른 참모들과 함께 에노모토 등을 직접 만나 천황의 생각을 재차 전하고, 협상이 결렬되어 천황에게 '항복 사죄'의 결과를 보고할 수 없게 된다면, 모든 수단을 동원해 부득이 공격할 수밖에 없음을 통보했다. 그리고 병량과 탄약이 부족하다면 이쪽에서 지원해줄 용의가 있으니 관군과 맞서 당당히 싸우든가, 아니면 앞장서서 저항하는 부하들을 설득해 순순히 항복할 것을 강력히 요구하여, 마침내 에노모토에게 무조건 항복을 받아내어 하코다테 전쟁을 성공적으로 마무리짓게 되었다고 보고했다.

그렇다면 구로다는 어떤 이유에서 도쿄로 압송되어 군무관에 구속된 에노모토의 탄원운동에 적극 나서게 된 것일까. 앞에서 언급한 것처럼, 항복 과정에서 비록 반역한 백성이라도 자비를 베풀어 용서하려는 천황의 생각을 받들어 '개심改心'의 '사죄 항복' 모습을 보이면, 애초부터 관대히 대우할 생각이었던 구로다는, 국가를 생각하는 정치적 혜안과 식견을 가진 해외유학파 관료이자 유능한 해군장교였던 적장 에노모토의 군인 자세에 주목해 구명운동에 나설 결심을 했다. 총공격을 앞두고 식량·탄약 등이 부족하다면 기꺼이 보내줄 수도 있다고 한 구로다의 후의에 감사의 마음을 가졌던 에노모토가, '전화戰禍'로 인해 구막부 시절 네덜란드에 유학한 이래 소장해온 『만국해율전서萬國海律全書』 2권[18])이 소실될까 우려하여, 5월 14일 일본 해군 발전에 도움이 되기를

---

18) 『維新史料綱要』卷10, pp.111~112 ; 『明治天皇紀』第2, p.116. 『만국해율전서』

바란다며 보내오자, 구로다는 국제법에 정통한 에노모토가 인재 부족에 허덕이던 신정부에 반드시 유용한 관리로 쓰일 것이라고 직감했다.[19] 또 비록 관군 측의 허가를 받지는 못했으나, 17일 에노모토가 본인을 포함한 수뇌부의 '복죄服罪' 처분 각오를 보이며, 대신 고료카쿠 등지에서 끝까지 항전의 의지를 불태우고 있는 일반 병사들에게만은 자비를 베풀어 목숨을 살려달라고 탄원한 사실에도 유의하고 있었다.[20]

한편 구로다의 보고를 받고 에노모토 '관대' 처분에 동의한 참의 오쿠보는, 6월 8일 구로다를 만난 후 첫 처분 '평의'에 참석한 다음 날인 11일, 대납언 이와쿠라 도모미와 함께 '삿초'를 도와 신정부 탄생에 일조한 공가그룹의 대표격인 우대신 산조 사네토미를 별도로 만나 에노모토 처분건 등에 대해 협의했다.[21] 하코다테 전쟁에 참전했던

는 프랑스인 오르톨랑이 1845년에 저술한 국제법·해사법의 기원이라 할 수 있는 서적으로, 에노모토가 네덜란드 유학시절에 입수해 현재는 궁내청에 보관되어 있다. 귀중본을 수령한 구로다는 기증에 대한 감사의 표시로, 5월 16일 고료카쿠의 에노모토군에 술을 전달하고 항복을 재차 권고했다.

19) 에노모토는 분큐 2(1862)년 6월 네덜란드 파견 유학생으로 선발되어 게이오 3(1867)년 3월까지 국제법·군사·조선 지식 등을 배운 후, 구막부가 네덜란드에 발주한 최신예 전함 가이요마루와 함께 귀국해 해군 부총재에까지 오른 인물로서, 인재 부족에 허덕이던 신정부로서는 절대적으로 필요한 존재였다.

20) 구로다는 탈함정권 수뇌부에게만 전쟁의 책임을 지우면, 에노모토를 비롯한 유능한 인재를 구명하기 곤란해진다고 판단해 에노모토의 요청을 거부한 것으로 보인다. 이 밖에 관군의 고료카쿠 공격이 임박한 시점에서 함락되었을 경우, 포로로 잡혀 있던 관군이 교전중에 죽을지도 모른다는 이유로 에노모토가 관군 포로 11명을 송환행했다는 점 등도 깊은 인상을 남겼다. 이처럼 구로다는 에노모토의 인간성·식견·능력을 높이 평가해, 동향의 오쿠보·사이고는 물론이고 이와쿠라 등의 신정부 수뇌부를 대상으로 에노모토 탄원에 나서게 된다.

21) 『大久保日記』 2, p.44. 기도가 군무관 부지사 오무라를 통해 항복인 처리에 관계했던 것에 반해, 오쿠보는 동향의 군무관 판사 요시이 고스케吉井幸輔를 통해 항복인 처리를 협의하였다(『大久保關係文書』 5, p.356).

군감·해육군 참모의 전황 보고서[22]가 제출된 다음 날인 16일, 오쿠보에게 서한을 보내 에노모토 처분에 관한 '평의' 진행 여부를 궁금해하던 구로다는, 23일 재차 서한을 보내 처분 '평의'의 개시 여부를 물었다.[23]

앞에서 언급한 것처럼 10일 처분과 관련한 첫 '평의'가 개최된 이후, 30일 에노모토 등의 주모자급 항복인들이 도쿄로 압송되기까지 20여 일에 걸쳐 이들의 처분을 둘러싸고 '삿초' 사이에 '이견'이 드러난 것을 두고, 구막신 출신으로 민부성 관리로 활약하게 되는 시부사와 에이이치澁澤榮一는 7월 2일, "사쓰마는 에노모토를 살려두려 하고, 조슈는 이에 반대하는 상황"이라고 언급했다.[24] 이 지적은 매우 적확한 표현으로 뒤에서 언급하듯 이러한 대립 양상은 메이지 4(1871)년 말까지 이어지게 된다. '엄벌론'(사죄론死罪論)과 '관대론'(사면론赦免論)을 각각 주장한 기도와 구로다의 바람과는 다르게, 에노모토 처분 논의는 관제(태정관 직제·인사)·병제 개혁 등의 정치 현안에 밀려 여전히 본격적인 논의는 미뤄지고 있었다.[25]

---

22) 『太政類典』第1編 第218卷, 件名番號: 53, 件名: 箱館賊徒榎本釜次郎以下降伏附其顚末 ;『太政官日誌』〈明治 2년〉第65號, pp.1~9. 하코다테 전쟁에 대한 종합적인 참전 준비와 전황 과정은 6월 30일 제출된 군무관「箱館征討合記」第1-4, 『太政官日誌』〈明治 2년〉第70-73號를 참조.

23) 『大久保關係文書』3, p.2.

24) 杉浦讓(1979), 『杉浦讓全集』第2卷, 杉浦讓全集刊行委員會 참조.

25) 당시 6~7월 사이에는 에노모토 처분 외에도 긴급의 정치 현안, 예를 들면 정체개혁에 따른 직원령 제정·인사 문제, 병제 개혁·에조치 개척 관장 등을 둘러싸고 '삿초' 사이에 첨예한 대립이 엄존했다(『大久保日記』2, p.53 ;『木戶日記』1, pp.234, 237, 240, 243, 246). 이러한 상황을 가리켜 도사 출신의 사사키 다카유키는 "삿초는 어쨌든 양 번 모두 생각대로 진척이 되지 않자, 삿초 상호 간에 의심하며 … 사쓰마는 이와쿠라를, 조슈는 산조를 각각 내세우는 경향으로 모두 다 공평하지 못하며," 특히 "조슈는 기도를 비롯해 사쓰마가 교활하다며 유신 무렵부터 기회 있을 적마다 불평한다"고 혹평했다(『佐々木高行日記』4, pp.93~94, 119~120).

2) 에노모토 처분의 본격 논의와 산조三條의 '이론異論'

8월 20일 하코다테 전황과 에노모토 '관대' 처분 전망이 신문에 보도[26]되어 일반에까지 알려진 가운데, 9월에 들어와 에노모토 처분에 관한 논의가 본격적으로 시작되었다. 1일 오쿠보와 기도가 불참[27]한 가운데 이와쿠라 도모미·산조 사네토미·도쿠다이지 사네쓰네德大寺實則(大納言) 등의 공경그룹은 에노모토 처분을 포함한 정부 현안에 대한 사전 협의[28]를 가졌다. 그리고 다음 날 천황 참석 하에 기도·이와쿠라를 제외한 요인들이 참석한 '어전회의'에서, 에노모토 처분 및 전장군 요시노부 이하 제번주 등의 '사면' 문제가 정식 심의되었다.[29] 이날 부득이 부친 제사로 인해 참석하지 못한 이와쿠라는 오쿠보에게 서한을 보내, 앞의 두 문제의 처리가 신정부 내의 첨예한 대립 때문에

---

26) '하코다테 전쟁 대첩기箱館戰爭大捷記'라는 타이틀로 항복 과정을 설명하며, 신정부 내에서 '관대론'이 설득력을 얻고 있다고 보도했다(新聞集成明治編年史編纂會 編(1936), 『新聞集成明治編年史』第1卷, 林泉社, p.306]. 신문보도에 앞서 8월 15일 신정부는 보신 전쟁에서 구막부를 지지했던 제번주의 형량(사죄死罪)을 '일등一等' 감하고 제번에 위탁 근신하는 조치를 단행해, 전장군 요시노부나 에노모토 '관대사면'에 대한 기대감을 낳았다(『明治史要』, pp.160~161 ; 『太政官日誌』〈明治 2년〉第88號, pp.3~7).

27) 에노모토 처분 등의 정치 현안이 산적한 가운데, 기도가 9월 신정부 '어전회의'에 등청하지 않은 이유는, 정체개혁 등의 정쟁에서 오쿠보파에 밀리면서 심신이 피곤해진 기도가 8월 1일 하코네로 요양을 떠나 9월 26일 도쿄로 귀경했기 때문이다. 기도는 이후에도 사쓰마가 주도하는 정국 상황에 불만을 표시하며 등청하지 않는 날이 많았다(『木戶日記』 1, pp.250, 271).

28) 『大久保文書』 3, p.281. 이때 요시노부 '사면' 문제 등 주요 정치 현안이 논의되었다.

29) 이날 에노모토 처분 외에 요시노부·고겐 뉴도 친왕公現入道親王(오우에쓰 열번동맹의 전맹주)·마쓰다이라 가타모리(전아이즈 번주) 등의 '관대사면'이 심의되었다(『明治天皇紀』第2, p183 ; 『大久保日記』 2, p.62). 이에 대한 본격 심의, 즉 천황이 참석한 '어전회의'는 후술하듯 9월중에만 총 14회(2·3·4·5·13·15·17·18·19·20·23·24·25·30일)나 개최되었다.

지체되고 있는데, 이는 일본의 장래를 위해서도 바람직스럽지 않으니 천황의 재단, 즉 '신단宸斷'으로 이를 조기 해결하고자 천황 '조서'의 초안 작성을 소에지마 다네오미副島種臣에게 맡겼으나 늦어지고 있다. 작성에 필요한 서류들은 도쿠다이지가 건네게 될 것이니 소에지마에게 작성을 독촉해줄 것을 부탁했다.[30]

3일 '어전회의' 참석 후 오쿠보는 이와쿠라에게 보낸 답서에서, 정치현안을 일거에 해결할 천황의 결단을 담은 초안 작성과 관련하여, 담당자인 소에지마와 협의하면 에노모토 처분과 요시노부 이하 '사면' 문제 등이 순조롭게 풀릴 것으로 낙관했다.[31] 이미 이와쿠라에게 3일까지 두 문제의 해결을 요청[32]한 바 있던 오쿠보는 그 시한이 지나자, 이번에는 적어도 5일까지 천황 '조서'의 발표가 이루어지길 희망했다.[33] 4일 에노모토 처분·요시노부 이하 '사면'을 다룬 '어전회의'에 참석한 오쿠보는 소에지마를 만나 초안의 작성을 독려했다. 다음 날에도 상기의 '어전회의'에 참석한 오쿠보는 7일 에노모토 탄원운동의 당사자인 구로다를 만나 협의했다.

10일 특히 요시노부 이하 '사면' 처분건에 대한 '평결'[34]이 이루어져

---

30) 오쿠보로부터 9월 3일까지 에노모토 처분 등을 신속처리해 달라는 요청을 받은(『大久保文書』 3, p.279) 이와쿠라는 논의가 양분되어 쉽게 결론이 나지 않자, 천황의 재단으로 해결하기 위해 오쿠보를 통해 소에지마에게 초안 작성을 요청한 바 있었다. 그리고 여기서 말하는 제서류란 도호후 '전후처분'·항복 제번에 내린 천황 명령서 등의 참고자료를 말한다(『同』 3, pp.280~281).

31) 『明治天皇紀』 第2, p.183 ; 『大久保日記』 2, p.62. 오쿠보는 소에지마의 초안이 작성되면 "(항복인)에노모토·(전장군)요시노부 이하 '사면' 및 아이즈 혈식血食" 처분이 마무리될 것으로 전망했다(『大久保文書』 3, pp.279~280 ; 『岩倉關係史料』 上, p.390).

32) 『大久保文書』 3, p.279.

33) 『大久保文書』 3, p.286. 요시노부 이하 '사면' 처분은 조금 늦어져 9월 28일 가까스로 단행되었으나, 에노모토 처분만은 '삿초'의 대립 외에 후술할 여러 정치사정으로 인해 메이지 5(1872)년 1월 6일에야 이루어졌다.

34) 『明治天皇紀』 第2, p.183 ; 『大久保日記』 2, pp.62~63.

일단 '사면' 쪽으로 의견이 모아진 후, 13일 '어전회의'에서 재논의[35]되었으나 하코다테 전공 포상이 이루어진 14일, 조슈 출신의 마에바라 잇세이前原一誠(參議)가 요시노부 이하 '사면'에 대해 '이론異論'을 제기하면서 새로운 국면을 맞이하게 되었다. 이에 오쿠보가 히로사와와 함께 참의 소에지마를 만나 협의를 하고 에노모토 처분·요시노부 이하 '사면' '어전회의'가 열린 15일까지 설득작업을 펼친 결과, 요시노부의 '사면'에 대해서만큼은 마에바라가 더 이상 반대하지 않도록 하는 데 성공했다.[36]

한편 오쿠보는 16일 저녁에 자신을 찾아온 구로다를 만나고 다음 날 열린 '어전회의'에 참석하여, 28일 단행된 요시노부 '사면' 문제에 비해 상대적으로 소홀히 취급되어 왔던 에노모토 처분 문제가, 산조의 관심 표명으로 주요 의제로 다뤄질 가능성에 상당한 기대감을 표시했다. 그러나 예상과는 달리 18일 개최된 '어전회의'에서는 에노모토 처분을 후술하는 '불담판佛談判' 이후로 연기하자는 산조의 의사를 추인하는 것으로 끝나 사쓰마 측은 대단히 실망하였다.[37] 산조가 오쿠보에게 보낸 서한은 "이미 에노모토 처분 내용('엄벌론'·'관대론'의 양립 | 필자 주)은 익히 알고 있으나, '불담판' 사정은 반드시 자세히 알고 있다고는

---

35) 『明治天皇紀』第2, p.183. 오쿠보는 11·12일 가쓰 가이슈와 소에지마를 각각 만나 에노모토 처분·요시노부 이하 '사면' 문제 및 천황 '조서'의 초안 작성 문제를 논의했다(『大久保日記』2, p.63).

36) 『大久保日記』2, p.63 ; 大塚武松 編(1931), 『廣澤眞臣日記』, 日本史籍協會, p.244 ; 『明治天皇紀』第2, p.183. 마에바라와 히로사와는 기도와 동향이었지만, 마에바라는 기도·오무라의 판적봉환·국민개병(=징병령) 노선에 반대하여 기도와 대립하고 있었다. 히로사와도 기도와 함께 조슈번을 대표하는 한 명이었지만 암살당할 때까지 기도와는 일정 거리를 유지했다. 여하튼 이때 오쿠보는 일단 조슈 출신의 양인을 우호적으로 만들기 위해 공을 들이고 있었다.

37) 『明治天皇紀』第2, p.183 ; 『大久保日記』2, pp.63~64.

볼 수 없으므로 (처분 연기를)논의해 결정해주었으면 한다"는 내용으로, 에노모토 처분을 둘러싸고 오쿠보 등의 사쓰마파와 기도 등의 조슈파가 대립하는 가운데, 기도와 친밀한 산조가 새롭게 '불담판' 연계론을 들고 나와 처분이 더욱 지연되는 상황이 연출되었다. 이것은 요시노부 '사면'과 함께 에노모토 처분의 조기 해결을 바라던 오쿠보·구로다 등의 사쓰마 측 의도와는 배치되는 것으로, 오쿠보는 이날 동향의 구로다·요시이를 만나 산조의 새로운 제안에 대한 대응책을 협의했다.[38]

그렇다면 기도·오쿠보 등과 함께 신정부의 한 축을 형성한 이와쿠라·산조는 각각 어떤 입장을 가지고 있었을까. 당시 이와쿠라는 사쓰마 측의 입장과 동일하게 에노모토 처분·요시노부 이하 '관대사면' 및 '왕정복고' 공신 포상이라는 세 가지 사항을 일괄해서 동시에 발표할 생각을 가지고 있었다.[39] 이에 반해 산조는 이와쿠라에게 후술할 '불담판'의 조기 추진을 전제로 하여, 에노모토 처분을 '불담판' 이후로 미루고 싶다는 생각을 오쿠보에게 밝혔고, 에노모토 처분과 관련해 9월 1일에 이어 17·18일 같은 공경그룹인 도쿠다이지와 협의를 거듭하였다.[40] 19일 열린 '어전회의'에서는 에노모토 처분을 '불담판' 이후로 미루고, 아울러 일단락된 요시노부 이하 '관대사면'도 아울러 30~40일간 연기하는 것이 바람직하다는 산조의 서한 내용을 두고 논의가 전개되었다. 이 자리에서 오쿠보 등의 대다수 참석자가 "요시노부 이하 '관대사면' 문제는 애당초 신정부의 대목적에 따라 결의 후 논의 끝에 마무리지은 건인데, 에노모토 처분 연기와 함께 요시노부 이하 처리도

---

38) 『大久保日記』 2, p.64.
39) 『岩倉關係史料』 下, p.87.
40) 『岩倉關係史料』 上, p.310.

연기하자는 주장은 타당하지 못하다"며 반대하여 동의를 얻는 데는 실패했다.[41]

이 같은 산조의 주장에 대해, 이날 저녁에 찾아온 소에지마와 개탄해 마지 않았던 오쿠보는 이와쿠라에게 서한[42]을 보내, 에노모토 처분 문제는 조슈 출신의 히로사와도 견해가 달라 '일조일석'에 해결되리라고 생각지는 않으나, 현실적으로 지연되고 있는 후술할 시마즈 히사미쓰島津久光(12대 번주 島津忠義의 아버지)·모리 다카치카毛利敬親(14대 번주 毛利元德의 아버지) 및 사이고 다카모리西郷隆盛(薩摩藩参政), 이른바 '삿초' 실력자들의 도쿄 상경 후의 국정 참여와 함께, 에노모토 처분은 당장 해결해야 할 주요 정치과제임을 강조했다.

오쿠보는 이를 뒷받침하기 위해 선행적으로 보신 전쟁에 대한 논공 행상을 실시한 후, 널리 전국적인 인재를 모을 생각으로 전장군 요시노부를 비롯해 관군에 저항한 사람들을 모두 포함한 전면 '사면'을 주장하였으나, 마에바라 등의 반대론자 때문에 결정이 쉽지 않았다. 이에 오쿠보는 우선 '사면' 불가론을 주장한 마에바라를 설득하여 동의를 얻어내는 데 성공했으나, 문제는 이것으로 끝나지 않았다. 오쿠보는 산조가 '불담판'의 추이를 지켜보면서 에노모토 처분을 결정하고, 이후 요시노부 이하 처분을 결정하자는 새로운 안을 내놓자, 요시노부 등의 처분문제는 이미 전년 말에 특별 '사면'하기로 '내결'한 바 있고, 제반 조사도 마친 상태라는 이유를 들어 산조의 주장이 부당하다는 점을 20일 '어전회의' 참석에 앞서 이와쿠라와 내밀히 만나 설명하고, 그의 동의를 얻어내고자 했다.[43]

---

41) 『大久保日記』 2, p.64.
42) 『大久保日記』 2, p.64 ; 『大久保文書』 3, pp.282~283.
43) 『大久保日記』 2, pp.63~65 ; 『大久保文書』 3, pp.283~285 ; 『明治天皇紀』 第2, p.183.

이처럼 오쿠보와 산조의 미묘한 견해차가 에노모토 처분 및 요시노부 이하 '사면' 결정에 적지 않은 영향을 미쳐, 신정부 논의가 수월하게 진행되지 못하는 가운데, 오쿠보가 동분서주하며 처리를 서두른 또 다른 이유는, 일처리를 방해하는 정치적 장애물이 가로놓여 있었기 때문이다. 그것은 다름 아닌 기도의 정치적 동반자였던 오무라가 9월 4일 교토에서 암살 미수를 당하고, 그 사건의 배후와 범인 처리를 둘러싸고 '삿초' 사이에 긴장관계가 형성되면서, 에노모토 '관대' 처분론을 주장한 사쓰마 측도 목소리를 계속 내기 어려운 상황에 놓였던 것이다.

따라서 오쿠보는 정국 불안정의 해소와 거국일치 목적의 인재 등용이라는 '대국적' 관점에서, 에노모토 처분과 요시노부 '사면' 문제를 신속히 마무리해 정국 안정을 도모해야 한다고 생각하고 있었다. 이처럼 '삿초' 간의 기본 대립 외에, 산조와 오쿠보 간의 미묘한 입장차까지 더해져 에노모토 처분 및 요시노부 '사면' 처리가 늦어지게 되자, 그 해결을 위한 정치적 타협이 시작되었다. 신정부의 분위기가 사쓰마파의 바람대로 점차 '관대론'에 우호적으로 바뀌어 가는 가운데[44], 20일 이와쿠라에 이어 저녁에 산조를 만난 오쿠보는 그동안의 조기 처분 주장에서 한 발 물러나, 일단 산조의 주장 일부를 수용하여 에노모토 처분을 '불담판' 이후로 연기하는 데 합의했으나, 요시노부 '사면'에 대해서는 타결을 보지 못했다.

이때 산조로부터 회동 내용[45]을 접하고 중재에 나선 이와쿠라는

---

44) 당시 형부성에서는 에노모토 처분에서 '관대' 입장이었다(『佐々木高行日記』 4, p.165).
45) 『大久保關係文書』 1, p.241 ; 『大久保文書』 3, p.285. 21일 오쿠보는 동향의 구로다·요시이와 만나 회동 내용을 전하고 향후 대책을 논의했다(『大久保日記』 2, p.65).

21일 오쿠보 등에게 서한을 보내, 에노모토 처분은 애당초 '사죄死罪'가 당연하나 외국과의 담판도 중대하여 '불담판' 이후로 보류하였음을 재확인하고, 그 대신 오쿠보의 주장대로 '왕정복고' 공신 포상과 요시노부 이하 '사면'은 신속히 집행하기로 합의했음을 전했다. 요컨대 오쿠보와 가까운 사이의 이와쿠라가, 양쪽의 명분을 살린 합의안을 도출해낸 것이다.[46]

　오쿠보와 산조의 입장을 절충한 이와쿠라의 정치적 노력으로 대략적인 합의가 이루어진 후, 23·24·25일의 '어전회의'에서 추인을 받아 26일에 우선 '왕정복고' 공신 포상[47]이 시행되고, 기도가 하코네에서 도쿄로 귀경한 지 이틀 후인 28일에는 천황의 '특지特旨', 즉 특별 사면령에 따라 전장군 요시노부 이하 제번주에 대한 '근신'이 해제되었다.[48] 오쿠보 등의 사쓰마 측과 이에 동조하며 중재에 나섰던 이와쿠라 입장에서 보면 절반의 성공이었고, 이제는 에노모토 처분의 단행이 과제로 남았다. 앞에서도 언급했던 것처럼, 이 문제를 둘러싸고는 애초부터 '관대론'과 '엄벌론'을 주장하는 '삿초'가 대립하고, 여기에 산조까지

---

46) 이와쿠라는 '엄벌론'을 주장하는 기도에 가까운 산조의 입장을 살려주고, 반대로 오쿠보의 주장도 관철시키면서, '왕정복고' 공신 포상이라는 지론의 조기 실천 기회까지 얻어내는 탁월한 중재 능력을 발휘했다. 한편 이와쿠라는 회동 내용에 대해 22일, 산조로부터 직접 이야기가 나올 것이라 전망했다(『大久保文書』 3, pp.285~286 ; 『岩倉關係文書』 4, p.314 ; 『岩倉關係史料』 上, p.355).

47) 이날 산조·이와쿠라·오쿠보·기도 사이고 등 신정부의 탄생에 공헌한 주요 인사들에 대한 '상전賞典'이 이루어졌다(『明治史要』, p.168 ; 『大久保文書』 3, p.287 ; 『大久保日記』 2, p.65 ; 『木戸日記』 1, pp.271~273).

48) 『明治天皇紀』 第2, pp.200~202 ; 『明治史要』, p.168 ; 『太政官日誌』 〈明治 2년〉 第103號, pp.1~9. 이날 오쿠보는 '근신' 해제 소식을 듣고 찾아온 가쓰 가이슈와 천황 '조서' 작성에 관여한 소에지마를 만났다(『大久保日記』 2, p.66). 특히 가쓰는 요시노부 이하 제번주 '사면'에 이어, 에노모토 등의 주모자급 항복인에게도 동일한 '관대' 처분이 내려질 것으로 낙관하며, 29일 오쿠보를 재차 찾아와 요시노부·(구막부 지지)제번주의 '근신' 해제에 감사를 표했다(『勝海舟全集』 19, p.193).

가세한 상황이었다. 나아가 강경론자 기도가 하코네에서 도쿄로 귀경한 다음이라 문제 해결은 순탄치 않아 보였다. 9월 30일 '어전회의'가 개최되는 날, 오쿠보는 동향의 구로다·요시이를 만나 이 문제에 대한 대책을 논의했다.[49]

3) 에노모토 처분 전제조건으로서의 '불담판佛談判'

한편 앞에서 언급한 것처럼, 산조가 에노모토 처분의 전제조건으로 내건 '불담판'은 또 다른 정치적 변수였다. 그렇다면 '불담판'은 하코다테 전쟁과 어떤 상관관계가 있는 것일까. 여기에 대해 간략히 살펴보도록 하자. 도쿠가와 구막부의 요청으로 육군의 근대화를 지원하기 위해, 게이오 2(1866)년 12월 8일 요코하마에 도착한 프랑스 군사고문단(19명)은 전습대傳習隊를 대상으로 약 1년간 군사훈련을 담당하였는데, 보신전쟁 발발 후 점차 구막부의 패색이 짙어지면서 군사고문단 역할을 수행하기 어려워지고, 더구나 신정부로부터도 국외 퇴거 명령을 요청받아 주일 프랑스공사의 결단으로 귀국 조치되었다.

그러나 포병대위 브류네는 부하 1명과 함께 근무지를 이탈해, 게이오 4(1868)년 8월 19일 에노모토 2차 탈주 시 구막부의 최강 군함 가이요마루에 탑승하여 센다이로 향했다. 그리고 센다이에서 군사고문단의 일행인 하사관 3명이 추가로 탑승하여 총 5명이 에노모토 세력과 함께 하코다테로 들어가 탈함정권 하에서 군사고문으로 활동하고, 여기에 기타 프랑스인 5명도 가담했다.[50] 이후 브류네 등 탈주병들은 관군의

---

49) 『明治天皇紀』第2, p.183 ; 『大久保日記』2, p.66.

50) 하코다테 전쟁에는 브류네 등 구막부의 군사 고문단 출신 5명 외에도, 요코하마에 정박중인 프랑스 군함에서 탈주한 해군사관 후보생 2명, 요코하마에 거주하던 프랑스 전직 해군수병 1명·프랑스 상인 2명 등, 총 10명이 탈함정권

하코다테 총공격을 10일 앞둔 5월 1일, 에노모토의 권고에 따라 하코다
테 항에 정박중인 프랑스 군함으로 탈출한 후 22일 본국으로 송환되었
다.

한편 신정부 수뇌부 중에서 에노모토 탈함정권에 가담한 프랑스인
처리문제를 제일 먼저 거론한 이는, 앞서 에노모토 처분에 앞선 '불담판'
해결론을 주장한 산조가 아닌 기도와 오쿠보였다. 기도는 5월중 이와쿠
라에게 서한을 보내, "프랑스 탈주병 생포사건이 세상의 이목과 논의를
초래해 여러 의혹을 낳고, 결국에는 하나의 '괴물'이 되어 신정부를
곤혹스럽게 만들 가능성이 적지 않다. 이에 외국교제 상의 규칙에
따라 프랑스인을 인도할 상황이 되면 '조리'에 입각해 군무관·외국관
등의 관계 부서에서 그 처리를 국내외에 발표하여 가급적 민심을 안심
시켜야 하며, 이미 오무라에게도 일러두었으니 적절한 대응조치"가
마련되기를 희망했다.[51] 오쿠보도 이와쿠라에게 "그들이 생포된 사정
은 아직 자세히 모르나, 어쨌든 (신병을)군무관이 인도받을 예정이니
외국관에서도 프랑스 측과 교섭할 때에는 '(만국)공법'에 따라 시시비비
를 따져 처리해주기 바란다"고 하며 양인 모두 프랑스인 생포사건[52]과
관련해 일단 군무관의 오무라와 협의할 것을 요청함으로써, 본국으로
송환된 탈주사관과 함께 탈함정권에 가담한 프랑스인들에 대한 외교적
처리문제가 신정부의 논의에 부쳐지게 되었다.

이후 6월 4일 요코하마에서 발행된 격주간지 *The Japan Time's Overland
Mail*[53]는 브류네 등의 프랑스 탈주사관들이 에노모토 탈함정권에 가담

　　에 참가하고 있었다[外務省 編(1955), 『日本外交文書』 第2卷 第3冊, 日本外交文
　　書頒布會, pp.127~131 (이하 『外交』 2-3으로 약칭)].

51) 『木戶文書』 2, pp.364~365.
52) 『大久保文書』 3, p.191. 에노모토 등이 항복한 5월 18일, 포로로 잡힌 프랑스
　　탈주인 2명이 일본 측에 의해 주일 프랑스 공사에게 인도되었다(『明治天皇紀』
　　第2, p.124 ; 『維新史料綱要』 卷10, p.118).

하여 일본정부에 막대한 손해를 끼침에 따라, 프랑스 정부에 배상금을 청구할 가능성이 있다고 보도54)함으로써, 프랑스 탈주병 처리문제가 일본과 프랑스 간에 새로운 외교현안으로 떠오르자, 신정부는 사태 파악에 나섰다. 우선 군사고문단의 일본 입국 경위와 급여 지급, 퇴거 명령 등의 기초자료 확보에 나서는 한편55), 이와쿠라에게 프랑스와의 외교적 처리를 촉구한 오쿠보 등이 참석해 7월 9·11·12일 교섭 문제를 논의했다.56) 27일 외무경 사와 노부요시澤宣嘉는 프랑스 공사에게 처음 으로 공식 서한을 보내 탈함정권에 가담한 탈주사관의 처벌을 요구했 다.57) 이에 다음 날 프랑스 공사 우토레는 브류네의 가담은 프랑스

---

53) The Japan Time's Overland Mail은 요코하마의 주간지 The Japan Time's가 해외용으로 매월 2회 정도 발행한 주간지이다[田口由香(2012),「幕長戰爭期に おけるイギリス新聞の分析-イギリス國內の認識を視點として-」,『獨立行政法人國立 高等專門學校機構 大島商船高等專門學校紀要』45, p.46].

54) 『外交』 2-2, pp.21~22.

55) 프랑스 군사고문단의 실태 규명에 나선 외국관은 6월 8일 가나가와현에 지시해, 전년 7월 국내 사정을 이유로 신정부로부터 해고된 프랑스 군사고문 단 관련 서류를 제출케 하는 한편(『外交』 2-2, pp.31~51), 세키구치關口 등으로 부터는 구막부가 군사고문단을 초빙한 경위 등을 밝히는 서류를 제출받았다 (『外交』 2-2, pp.51~59). 10일 가나가와현 판사는 외국관이 일전에 언급한 프랑스 사관 브류네가, 프랑스 전공사 로슈의 내명으로 에노모토 탈함정권에 가담했다는 정보는 사실 확인이 어렵다고 외국관 판사에 보고했다(『外交』 2-2, pp.72~73). 그러나 12일 외국관 부지사 데라지마寺島는, 브류네가 로슈의 서한을 소지하고 있다는 소문도 존재하고, 또 공사가 그들의 탈함정권 가담을 묵인했다는 설도 있으니, 본건과 관련한 외교적 '항의'를 신중히 고려해 볼 것을 건의했다(『外交』 2-2, pp.83~85). 13일 외국관 판사는 군무관 판사에게 서한을 보내, 탈함정권으로부터 압수한 구문歐文 서류를 브류네 가담 사건 조사에 필요하다는 이유로 회송을 요청했다(『外交』 2-2, pp.85~86). 데라지마 의 건의를 받아들인 신정부는, 프랑스와의 교섭에 대비해 본격적인 조사 작업에 착수했다.

56) 『大久保文書』 3, p.372 ; 『大久保日記』 2, pp.51~52 ; 『岩倉關係史料』 下, p.56. 이때 기도는 관제개혁 등에 반발해 등청하지 않고, 산조에게 '시폐時弊' 사항을 건의하기도 하고 이토 등을 만나 '시사時事'를 개탄하기도 했다(『木戶日記』 1, pp.243~244).

57) 사와는 프랑스 육군사관 브류네 등이 탈함정권에 가담하여 일본 정부에

정부의 과실이 아니며, 프랑스 육군대신이 귀국한 브류네를 이미 퇴역 조치시켰다고 회답했다.[58] 이러한 프랑스 측의 반응에 오쿠보는 구로 다 등과의 협의를 거쳐, 8월경 산조에게 프랑스와 '담판'을 계속 진행할 것을 요청했다.[59]

여기서 유의할 사항은 원래 에노모토 처분과 탈주사관 문제는, 신정 부에 저항한 탈함정권의 수뇌부 항복인과, 여기에 동조한 외국인 군사 고문이라는 점에서 공통성이 있기는 해도, 성격상 탈주병 문제 자체를 에노모토 처분의 전제조건으로 내세울 만한 것은 아니었다는 점이다. 그런데도 산조가 앞서 언급한 것처럼 9월 18일 '어전회의' 무렵부터 에노모토 처분을 프랑스 측과의 교섭·이후로 연기하자고 주장[60]하자, 오쿠보는 이와쿠라의 중재로 '왕정복고' 공신 포상과 요시노부 조기 '사면'이라는 정치적 성과를 얻어내는 대신, 산조의 이 제안을 고심 끝에 수용했다. 요시노부 '사면'과 함께 에노모토 처분도 조기에 관대히 해결하려 한 오쿠보·구로다 등의 사쓰마 측 입장에서 본다면, 평소 기도 등 조슈파에 동조하던 산조의 고도의 지연책이라고밖에 볼 수 없었으나, 일단은 교섭 상황의 추이를 지켜보기로 했다.

10월 들어와 참의 오쿠보가 구로다 등과 에노모토 처분 등의 현안에

'손해'를 끼친 점은 프랑스 정부의 과실이기 때문에, 추후 에노모토 심문 후 교섭할 예정임을 통고했다(『外交』 2-2, pp.425~426 ; 『維新史料綱要』 卷10, p.175).

58) 프랑스 공사는 브류네의 탈함정권 가담으로 인해 수천 명의 인명과 10여 척의 선박 손실을 초래함으로써, 일본 정부가 막대한 재정적 타격을 받게 된 것은 프랑스 정부의 과실이며, 그들의 행동은 프랑스 황제정부의 태만에 귀속한다는 일본 정부의 주장에 대해 결코 인정할 수 없다고 강조했다(『外交』 2-2, pp.433~440).

59) 오쿠보는 전날 가쓰 가이슈(외무대승)를 만나 브류네 처리문제 등을 협의한 구로다 기요타카(외무권대승) 등과 8월 12일 논의를 계속했다(『勝海舟全集』 19, pp.177~178 ; 『大久保日記』 2, p.59).

60) 『岩倉關係史料』 上, p.310.

대해 협의[61]를 거듭하는 가운데, 13일 외무성은 병부성에 지시해 에노모토 탈함정권에 가담했다가 행방이 묘연해지거나 신상 파악 등이 어려운 일부 프랑스인에 관해, 에노모토 등을 상대로 2차 심문을 실시해줄 것을 태정관 변관에 요청했다.[62] 그리고 외무경 사와 등은 12월 6일 프랑스 공사에게 서한을 보내 귀국한 탈주사관에 대한 사법처리 결과를 속히 통보해줄 것을 요구했다. 이에 프랑스 공사는 11일 외무경 사와에게 서한을 보내, 귀국한 브류네가 이미 퇴역 조치 명령을 받았음을 재차 밝혔다.[63] 결과적으로 산조가 에노모토 처분의 전제조건으로서 내건 '불담판'은 아무런 외교성과 없이 끝나고, 그 시간만큼 처분은 지연되었다.[64] 문제는 거기에서 끝나지 않아, 에노모토 처분 논의에는 뒤에서 언급할 것처럼 또 다른 정치 상황이 기다리고 있었다.

4) '삿초 합일책薩長合一策'에 밀려난 에노모토 처분 논의

기도가 정치적 맹우 오무라의 사망을 애통해하고 있던 무렵, 오쿠보

---

61) 『大久保日記』 2, pp.66~69.
62) 『外交』 2-3, pp.93~94. 외무성은 15일 형부성에 탈함정권에 가담한 프랑스 탈주 사관과 기타 프랑스인에 대한 심문사항을 직접 의뢰하여, 에노모토 등의 구술서를 전해받았다. 18일 병부성은 형부성을 통해 전해받은 에노모토 등의 취조서를 외무성으로 송부했다(『外交』 2-3, pp.103~112, 127~131).
63) 『外交』 2-3, pp.458~459, 506~514.
64) 산조의 제안을 수용한 바 있던 오쿠보는, 프랑스 탈주사관의 처분 교섭 상황에 대해 메이지 3(1870)년 4월까지 상당한 관심을 가지고 있었는데, 처벌은 물론이고 배상금까지 기대했던 일본 입장에서 보면 매우 실망스러운 결과로 끝났다(『大久保文書』 3, p.363 ; 『岩倉關係史料』 下, pp.237~238). 군사재판에 회부되지도 않은 브류네의 퇴역조치는, 일본을 떠나기 전에 제출한 퇴역원을 프랑스 정부가 사실상 추인하는 형식적인 조치에 불과했다. 7월 외무성은 그간의 교섭 상황 기록을 태정관에 제출했다(『公文錄』 〈明治 3年〉 第54卷, 件名番號: 4, 件名: 箱館賊徒ニ與力候仏人ブリユウネ等罰方ノ儀伺國公使へ 移文始末).

는 11월에 들어와 동향의 구로다와, 구막신의 대표격으로 사쓰마파의 도움을 받아 외무대승을 역임한 바 있는 가쓰와 빈번히 접촉하여, 양인을 병부대승에 임용하려는 노력을 계속하는 한편, 그들의 의견을 받아들여 유능한 탈함정권 수뇌부 항복인을 신정부에 발탁하는 분위기를 조성하고자 했다.[65] 12월 2일 참의 오쿠보·대납언 이와쿠라 등이 '참청參聽'한 가운데, 집의원集議院에서 '해군교장海軍敎場'에 대한 '하문' 심의가 이루어져, 해군 교육을 위해 하코다테 항복인 등을 관대히 처분해 등용해야 한다는 방향으로 의견이 모아졌다.[66]

3·4일 후술하는 기도와 오쿠보가, 신정부의 내정 분열에 따른 정국 불안정을 '삿초' 간의 협력으로 극복하기 위해 귀번을 명령[67]받은 후인 5일, 구로다는 신년 초 구주歐洲·청국 출장에 앞서 이와쿠라에게 에노모토 '관대' 처분을 간곡히 요청[68]했으나, 이때는 에노모토 처분 논의보다 '삿초' 연합에 의한 정국 안정이 우선시되었다. 즉 당시 신정부는 판적 봉환 단행·직원령 제정 등의 정치개혁에 상당한 의욕을 보이고 있었으나, 천하의 '인심'은 아직 우호적이지 않았고 오히려 신정부의 개혁조치

---

65) 『木戸日記』1, pp.290~291 ; 『大久保日記』2, pp.70~74.

66) '인재선거'건을 투표에 부친 결과, 구막신 중에서 발탁해야 할 인물이 79명, 하코다테 항복인을 '관대' 처분한 후 이들을 등용하여 죄를 속죄시켜야 할 인물이 32명이었다(『維新史料綱要』卷10, p.254 ; 吉野作造 編(1928), 『明治文化全集』第4卷 憲政篇, 日本評論社, p.197]. 이것으로 메이지 3(1870)년 5월 병부성의 해군 진흥책 검토에 따른 긴급 과제, 즉 인재 확보로 이어져 구막신·하코다테 항복인 등용의 길이 열리게 되었다.

67) 『木戸日記』1, pp.298~299 ; 『大久保日記』2, p.75. 기도와 오쿠보는 귀번하여 앞서의 모리 및 시마즈·사이고의 국정 참여를 촉구하고, 정국을 안정시키라는 임무를 부여받고 있었다(『維新史料綱要』卷10, pp.254~255 ; 『明治天皇紀』第2, p.235).

68) 『岩倉公實記』中卷, pp.871~872 ; 『大久保利通傳』中卷, pp.816~817. '삿초 합일책'의 설계자 중 한 사람이었던 구로다 역시, 이와쿠라에게 에노모토에 대한 '관대' 처분을 요청하면서도, '삿초' 연합의 성과가 나타날 수 있도록 진력해 줄 것을 요청하였다.

에 불평불만을 갖는 세력이 더 많았다. 게다가 신정부 내에서는 '삿초' 대립에 더해, 점차 세력이 약화되는 모습을 보이던 공경그룹까지 가세해 불화를 거듭하는 상황이었다. 제번의 경우도 판적봉환은 명목상 이름일 뿐, 번주들은 여전히 토지와 백성을 지배하고 번병을 소유하는 형태로 각지에서 할거하며, 신정부의 명령에 따르지 않거나 방관하는 모습들이 눈에 띄었다.

이러한 위기 상황을 극복하기 위해 9월 이후 '삿초' 두 번의 실력자인 시마즈 히사미쓰·사이고 다카모리·모리 다카치카를 중앙으로 불러들여 신정부의 권력 기초를 다져야 한다는 주장이, 오쿠보·이와쿠라 등을 중심으로 점차 설득력을 얻고 있었다.[69] 오쿠보는 그동안 에노모토 처분을 비롯한 정국 현안의 해결책을 두고 대립을 거듭해온 기도를 상대로, '삿초 합일' 즉 사쓰마·조슈 양 번이 협력하여 정국의 안정을 도모하자고 설득[70]해, 마침내 12월 3·4일 기도와 오쿠보는 각각 귀번을 명령 받고 17·18일 도쿄를 출발하여, 양 번의 모리 및 시마즈·사이고를 상경시켜 국정에 참여시키는 작업에 착수했다.[71]

판적봉환의 설계자로 오쿠보와 유사한 위기의식을 공유하고 있던

---

69) 『大久保文書』 3, pp.282~283, 302~303, 315~317. 오쿠보는 동향의 고마쓰小松 등에게 보낸 서한에서, "금일의 급무는 황국 일정일화一定一和의 기초를 정립하고 외국의 경멸을 벗어나 황위를 해외에 과시할 수 있게 (국가)목적을 확립하는 데 있음"을 지적하고, "실로 시야를 세계로 돌리지 않고, 국내의 작은 문제에만 매달려 상호간 의심을 품고 대립해서는, 도저히 황국을 발전시킬 수 없을 뿐 아니라, 구막부의 전철을 밟을 수밖에 없을 것"이라며 위기의식을 강조했다(『同』 3, p.289).

70) 『大久保文書』 3, pp.335~338, 340~341, 347~358 ; 『大久保日記』 2, p.69. 오쿠보는 18일 귀번하는 날 동향의 '동지'들에게 돌린 의견서에서도, 이번 임무가 신정부 권력 기초의 동요라는 난국을 극복하기 위해, 양 번의 협력 아래 정부 권위를 확립하고 황위를 해외에 과시해야 함을 밝히고 협조를 요청했다(『大久保文書』 3, pp.347~358).

71) 『木戸日記』 1, pp.298, 302 ; 『大久保日記』 2, pp.75~76; 『維新史料綱要』 卷10, pp.254~255 ; 『明治天皇紀』 第2, p.235.

기도는, 국정 현안의 추진과 해결 방법을 두고 오쿠보 등의 사쓰마파와 끊임없이 반목을 거듭하고 있었으나, 국내외적으로 어려움에 처한 현실 앞에서 대국적인 타협 자세를 보였다.[72] 이로써 산조의 프랑스 탈주사관 선행교섭론에 밀려 보류되었던 에노모토 처분 문제는 또다시 연기가 불가피해졌다.

2. 메이지 3(1870)년의 에노모토 처분 논의

정국의 시선이 온통 오쿠보·기도의 귀번에 따른 '삿초 합력'의 정치적 성과 여부로 모아지는 가운데, 12월 26일 주일 미국 변리공사 디롱은 외무경 사와에게 다음과 같은 내용의 서한[73]을 보냈다. 즉 미국 남북전쟁의 '전후처리' 사례를 들며, 다가올 신년에는 하코다테 항복인을 포함하여 보신 전쟁에서 신정부에 저항하였다가 처분을 받은 자들에 대한 전면 '사면'을 실시하여, 대내외적으로 천황 및 일본정부의 명예와 자비의 존재를 널리 알린다면, 이는 앞으로 미국을 포함한 서양열강과의 교제에서도 국가적으로 이익이 될 것이라고 권고하였다. 사쓰마파의 정치적 노력에 이어 미국의 권고까지 받은 신정부는, 메이지 3(1870)년 1월 5일 전장군 요시노부 및 구막신·제번 탈주 항복인의 죄를 관대히 처분[74]하고, 2월 이후 4월경까지 제번에 위탁시킨 하코다테 일반 항복인의 '사면'을 잇달아 단행했다.[75] 단, 강경파인 조슈파를 의식해 에노

---

72) 오쿠보의 설득이 있기에 앞서 기도도 11월 16일, 오쿠보에게 작년 이래의 '귀번' 약속을 실행에 옮길 것을 이미 제안하고 있었다(『大久保利通傳』中卷, pp.802~804).

73) 『外交』 2-3, pp.680~681.

74) 『明治天皇紀』第2, p.250 ; 『明治史要』, p.183 ; 『太政官日誌』〈明治 3년〉第9號, pp.1~14.

모토 등의 주모자급 항복인 처분에는 손을 대지 못했다.

한편 오쿠보·기도의 귀번이 별다른 성과를 내지 못한 채 '삿초' 대립[76]이 계속되고, 설상가상 야마구치번 탈대山口藩脱隊 소동·민장民藏 분리 문제까지 겹쳐 정국이 어수선하였던 6월 8일, 신정부는 '부번현府藩縣'에 '국사' 범죄자를 관대히 처분한다는 명령을 하달했다.[77] 재차 정국 안정과 민심 수습 차원의 '사면' 분위기가 조성되는 가운데 이와쿠라는 10일 오쿠보에게 서한을 보내, 이전 '불담판' 운운하며 결과적으로 에노모토 처분을 지연시켰던 산조가 처분과 관련하여, 도쿠다이지와 '간담懇談'을 나눴다는 소식을 전하고 잠시 자신에게 처리를 맡겨줄 것을 요청했다.[78]

---

75) 『太政類典』第1編 第218卷, 件名番號: 59, 件名: 靜岡仙臺兩藩降伏人處分 ; 『同』, 件名番號: 60, 件名: 箱館降人家族靜岡藩へ引渡ス.

76) 『木戸日記』 1, p.378. 오쿠보와 기도는 각각 귀번해 시마즈에게 신정부에 동참할 것을 촉구했으나 병환과 정부정책에 대한 불만을 이유로, 사이고·모리 양인은 번정을 이유로 각각 거부함에 따라, '삿초' 협력을 통한 거국일치의 정국 안정이라는 목적은 달성되지 못했다(『大久保文書』 3. pp.409~410). 한편 기도를 '불평'과 의심 많은 사람으로 혹평한 바 있던 형부대보 사사키는, "삿초는 서로 의심하고 있으며, 사가인佐賀人과 오쿠마는 조슈편, 소에지마는 사쓰마편, 고치인高知人과 고토는 기도와 연결되어 있고, 이타가키도 기도 편향이다. 히로사와는 공평한 편이나, 사쓰마에게는 우호적이지 않다. 오쿠보도 공평을 내세우나, 유신 전부터의 행보를 볼 때, 조슈에 대해서는 언제나 우려하는 쪽이다"라며 고질적인 '삿초' 대립과 함께 복잡하게 뒤얽힌 정국 사정을 예리하게 논평하였다(『佐々木高行日記』 4, pp.298, 318).

77) 『法令全書』〈明治 3年〉第391, p.232 ; 『太政類典』第1編 第203卷, 件名番號: 17, 件名: 犯罪國事ニ係ル者其輕重ニ応シ寬典ノ處置ヲ爲サシム. 이때는 오쿠보의 지원 사격으로 구로다가 개척사 차관에 임명되어 사할린 개척업무를 전담해 동분서주하고, 또 기도도 탈대 소동을 진압하고 도쿄로 귀환한 지 얼마 안 된 시기였다. 한편 민장 분리 문제란 민부·대장 양성의 분리 독립을 둘러싼 권력투쟁을 가리킨다(『佐々木高行日記』 4, pp.373~374, 418~419).

78) 이와쿠라는 산조가 에노모토 처분과 관련해 같은 공경 출신인 도쿠다이지와 협의하는 등 여전히 상당한 관심을 가지고 있음을 전하는 한편, 처분과 관련해 어려움에 직면할 시에는 오쿠보와 협의할 예정임을 밝혔다(『大久保文書』 3, p.458 ; 『大久保關係文書』 1, p.251 ; 『岩倉關係文書』 4, p.380).

그러자 산조에게 일말의 불신감을 품고 있던 오쿠보는, 이와쿠라에게 산조와 도쿠다이지의 회동 내용이 궁금하지만 에노모토 처분이 신정부의 '일동란一動亂', 즉 하코다테 전쟁과 밀접한 상관관계를 가지고 있어 서한으로는 파악할 수 없으므로, 산조와 직접 만나 자세한 이야기를 나누고 싶다고 회답했다.[79] 한편 에노모토 처분과 관련해 정치적 보폭을 넓히고 있던 산조가, 14일 사사키에게 서한을 보내 처분 논의를 위해 등청해 줄 것을 요청[80]하는 등 논의가 재점화되는 듯했다. 그러나 민장 분리 문제의 여파로 논의는 흐지부지되고, 8월경 오쿠보가 이와쿠라에게 처분의 재평의를 희망한다고 전했으나 결실을 맺지 못했다.[81]

민장 분리 문제로 재확인된 '삿초' 대립에 따른 정국 및 민심의 불안정을 극복하려는 노력[82]이, 9월 이후 사쓰마와 조슈를 각각 대표하는 오쿠보·기도 등을 중심으로 재차 나타나는 가운데, 이번에는 에노모토 구명운동의 당사자로서 해외출장[83]을 한 달 가량 앞두고 있던 개척사 차관 구로다가 직접 나섰다. 그는 12월 5일 오쿠보와 이와쿠라에게 각각 서한을 보내, 도미 전에 어떤 형태로든 에노모토 처분에 대한

---

79) 『大久保文書』 3, p.455 ; 『岩倉關係史料』 上, p.420.
80) 『佐々木高行日記』 4, p.324.
81) 『大久保文書』 3. p.555.
82) '삿초' 대립으로 인해 정부개혁이 정체되고 있는 가운데, 기도와 오쿠보는 10월 5·13일 국정 논의 후, '삿초' 협력의 필요성에 대해 인식을 같이하고 정부의 직제개혁 등을 추진하기로 약속(『木戸日記』 1, pp.401, 403~404 ; 『大久保文書』 4, pp.51, 63~67)하는 한편, 11월 16일 기도는 오쿠보에게 귀번의 각오를 밝혔다(『大久保文書』 4, pp.129~132 ; 『木戸文書』 4, pp.149~151). 그 결과 전년 말 불발로 끝난 시마즈·사이고·모리의 도쿄 상경 후 국정 참여를 성공시키기 위해, 11월 25일 칙사 이와쿠라·기도·오쿠보 등이 가고시마·야마구치 두 번으로의 출장 명령을 받았다(『維新史料綱要』 卷10, p.444 ; 『明治天皇紀』 第2, p.363).
83) 개척사 차관 구로다는 사할린에서 도쿄로 귀경한 지 얼마 안 된 11월 17일, 홋카이도 개척방법 조사차(공업·농업기사 초빙, 개척기계 구입) 구미·청국 시찰을 명령받았다(『維新史料綱要』 卷10, p.438 ; 『明治天皇紀』 第2, p.361).

결론이 내려지길 희망하면서, 에노모토에 대한 관대 처분이 내려지도록 정치력을 발휘해줄 것을 간곡히 요청했다.[84] 29일에는 우대신 산조에게도 건의서를 제출하여 "에노모토의 죄는 본래 면제받을 수 없는 것이나, 천황의 너그럽고 어진 은덕에 감화되어 이미 관군에 항복하였으니, 부디 사일등死—等을 완화해 국가법률의 공평 관대함을 과시해야 할 것이다"며 '관대' 처분을 요청했다.[85] 에노모토 처분이 천황의 은덕과 불가분의 관계에 있음을 내세워 산조를 압박한 구로다의 입장에선, 자신의 외국출장과 신정부 요인의 가고시마·야마구치 양 지역에의 출장 같은 정치 사정 때문에, 결론을 내지 못한 처분 논의가 또다시 묻히게 되지 않을까 하는 조바심이 있었다.

이처럼 하코다테 전쟁 종식 이후 메이지 3(1870)년 12월경까지, 신정부의 권위를 위협하는 정쟁 등 여러 사정으로 인해, 에노모토 처분 문제가 여전히 해결되지 못한 상황을 도사 출신의 참의 사사키 다카유키는 다음과 같이 분석하였다.[86]

하코다테 평정 후 금년에 이르기까지 에노모토 처분을 둘러싸고 크게 '삿초'의 주장이 달랐다. 사쓰마의 참모는 '구로다', 조슈의 참모는 '야마다'로서 구로다는 항복한 이상 '사면'이 '당연'하다고 주장한다. 반면 야마다는 에노모노는 아이즈 등과 달리 처음부터 실로 '적수賊首'였

---

84) 『大久保關係文書』 3, p.10. 칙사 이와쿠라 일행의 가고시마·야마구치 귀국을 주도했던 당사자 중 한 사람이었던 구로다는 "신정부의 동요 극복은 삿초 합일을 정의情義로 이뤄낼 수 있는지에 달려 있다"고 출장 명령의 성공을 촉구하면서도, 아울러 에노모토 '관대' 처분도 함께 내려지기를 이와쿠라에 희망했다(『大久保利通傳』 中卷, pp.816~817).

85) 구로다는 산조에게도 에노모토 '관대' 처분 외에도 '삿초' 협력의 중요성 등을 강조했다(『明治天皇紀』 第2, p.384).

86) 『佐々木高行日記』 4, pp.512~513. 또한 같은 도사 출신이라 해도 사사키·사이토 양인은 조슈파에 우호적인 고토·이타가키와는 입장을 달리하였다.

으며, 설사 항복했더라도 공략당한 이상 '엄중'히 처분해 '명의名義'(대의명분ㅣ필자 주)를 '천하'에 표시해야 한다고 주장한다. 조슈인은 기도와 히로사와 모두 '엄중론'이고, 이타가키도 '기도론'이다. 고토는 속으로는 '번론藩論'이 바람직하다고 생각하면서도 기도·이타가키에게는 표면상 '사면 불가'가 타당하다고 이야기한다. 산조는 '조슈론'에 가깝고, 이와쿠라는 '사쓰마론'에 기운다. 소에지마는 학자여서 '화한和漢' 사례를 인용하여 관군에 항복한 자를 죽이는 것은 칭송할 만한 아름다운 일이 아니라고 말한다. 이는 '사쓰마론' 쪽에 서는 이야기로, 조슈 측에게는 매우 불쾌하게 여겨질 수 있다. 에노모토 처분 논의는 어려운 문제다. 나 자신이나 (동향의)사이토 도시유키齋藤利行는 '관대' 쪽이다. 이에 대해 사쓰마의 입장을 두둔한다면서 (동향의)고토·이타가키는 대단히 불평을 한다.

이상에서 에노모토 처분을 둘러싸고 신정부 내에서 '엄벌'과 '관대'를 주장하는 세력으로 양분되어 있음을 알 수 있다. 즉 조슈를 대표해 하코다테 전쟁에 참가한 야마다의 강경론='사죄론死罪論'을 적극 지지하는 기도·히로사와 등의 조슈파와 여기에 동조하는 산조·이타가키 등의 세력과, 사쓰마를 대표해 참전한 구로다의 '관대론'='사면론'을 적극 옹호하는 오쿠보 등의 사쓰마파에, 이와쿠라·소에지마·사사키 등의 지지세력까지 더해져 첨예하게 대립하여 해결의 기미가 전혀 보이지 않는 상황이었다. 이러한 상황은 구막신 발탁 등을 둘러싼 정치문제에도 그대로 투영되었다.[87]

---

87) 당시 신정부는 만성적인 인재부족 현상을 타개하기 위해, 정파를 초월한 전국적 인물의 등용을 통해 '천하'에 인사상의 '공평'함을 과시하고자, 구막신 출신 중 특히 에도성 '무혈개성'에 진력한 가쓰 가이슈·오쿠보 다다히로大久保忠寬의 발탁을 고려하였다. 이 발탁을 둘러싼 정파 대립에 대해 사사키는

3. 메이지 4(1871)년의 에노모토 처분 논의

정국의 시선이 온통 '삿초' 양번 협력의 성사 여부[88]로 쏠린 가운데, 미국 방문을 수일 앞둔 메이지 4(1871)년 1월 초, 구로다는 재차 신정부에 건의서를 제출해 "에노모토 처분 문제는 애초 에노모토가 삿초를 원망하여 하코다테를 거점으로 삼고 신정부에 저항하였던 죄는 큽니다. 하지만 천황의 너그럽고 어진 덕에 감화되어 관군에 항복했습니다. 이미 투항한 그들을 도쿄로 호송했는데 다시 그들을 죽인다면 '조리'를 잃고 오래도록 부끄럽게 생각해야 할 것입니다. 때문에 신정부가 국가 법률에 따라 관대히 처분해, 잘못을 범하지 않도록 함이 마땅합니다"며, 천황의 '인덕'에 감화되어 항복한 자를 죽이는 일은 신정부가 조정을 경시하고 있음을 공표하는 것과 마찬가지라고 하면서 에둘러 천황을 들먹이고, 다른 한편으로는 기도 등의 조슈파가 내세우는 '대의명분'을 내세워, '삿초'의 타협으로 에노모토 처분을 조속히 매듭지을 것을 강력히 촉구했다.[89]

"사쓰마인은 가쓰·오쿠보를 신용하지만 조슈인은 반대한다. 또한 오쿠마는 기도를 신용하지만 히로사와는 신용하지 않는 경향이 있다. 작금의 당파는 한 쪽은 기도·이토·이노우에·오쿠마·고토 등으로 보이고, 다른 한 쪽은 오쿠보·이와쿠라·소에지마 등으로 보인다"고 평가했다(『佐々木高行日記』 4, pp.419~420). 기도와 히로사와처럼 같은 조슈 출신이라 해도 사안에 따라 입장을 달리하는 경우도 있었으나, 대체적으로 정한론 정변(1873) 이전까지는 이러한 기조를 유지했다고 보아도 될 것이다.

88) 이와쿠라 칙사 일행은 가고시마 귀번 도중, '삿초' 두 번에 고치번高知藩까지 포함시킨 사이고의 3번 제휴론을 받아들인 후 고치를 방문하여 '동심진력同心盡力'에 의한 정국 타개를 모색했다. 즉 시마즈·사이고·모리를 상경시켜 국정에 협조토록 하고, 사쓰마·조슈·도사 3번의 '친병親兵'을 징집하여 신정부 군사력의 기초로 삼는 작업을 행동으로 옮겼다(『明治天皇紀』 第2, pp.394~396 ; 『大久保文書』 4, pp.205~207). 이때 기도는 3번의 협력 여부야말로 향후 일본의 '흥폐興廢'가 달려 있다는 인식을 나타냈다(『木戸文書』 4, p.186).

89) 井黒弥太郎(1963), 『黒田淸隆履歴書案』, 北海道鄕土資料研究會 참조.

개척사 차관 구로다가 외국출장을 떠난 사이, 그의 후원자인 동향의 참의 오쿠보는 3월경, 이와쿠라에 당면한 '기무機務' 14개 항에 에노모토 처분건을 포함시켜 긴급 처리를 요청[90]했다. 그러나 규슈 지역의 정세 악화로 참의 기도가 아직 귀경하지 않은 상태였고, 더구나 4월 28일 오쿠보마저 야마구치 출장 명령[91]을 받는 바람에 아무런 진전이 없었다. 그 후 오쿠보·사이고의 사쓰마파는 6월 1일에 이르러, 기도 등의 조슈파와 명실공히 '삿초' '합력동심合力同心'의 정신으로 정국을 운영해 나가기로 재차 약속하여 에노모토 처분에 대한 기대를 높였으나, 처분에 대한 논의는 없었다.[92]

당시에는 모처럼 찾아온 '삿초' 협력의 분위기 속에서, 관심은 오히려 관제 개혁·폐번치현 등의 정치과제에 쏠리고 있었다.[93] 더구나 7월 12일 오쿠보·사이고와 기도가 '대사大事'의 성공을 위해 '소사小事'에는 신경 쓰지 않기로 약속하면서, 에노모토 처분의 해결은 또 다시 기약할 수 없게 되었다.[94] 이런 상황은 6월 7일 외국출장을 마치고 귀국한 구로다의 입장에서는 너무나도 실망스러운 결과였다.[95] 이에 구로다는 하코다테 전쟁 종식 이후, 동향 선배 오쿠보에 비해 거의 접촉이 없었던 조슈파의 좌장 기도와 만나 담판을 짓기 위해, 8월 25일 에노모

---

90) 『大久保文書』4, p.244.
91) 『明治天皇紀』第2, pp.454~456 ; 『大久保日記』2, p.165.
92) 『大久保日記』2, p.170. 이날 기도는 오쿠보·사이고와 회동하고 이어 이와쿠라·산조·오쿠보와도 향후 정국대책을 논의했으나, 거기에 에노모토 처분문제는 포함되지 않았다(『木戸日記』2, p.47).
93) 오쿠보는 이와쿠라 등의 협력을 얻어 기도·사이고를 참의에 등용해, 2차 관제개혁('친병' 설치 등)을 추진하려고 했다. 7월 14일에는 기도 등의 노력으로 폐번치현이 단행되었다(『大久保文書』4, pp.286~289 ; 『木戸日記』2, pp.57~62, 70).
94) 『大久保日記』2, p.178 ; 『木戸日記』2, pp.68~69.
95) 『大久保日記』2, pp.172~174 ; 『明治天皇紀』第2, p.476.

토 처분 문제를 가지고 처음으로 직접 대화를 나눴다.[96] 에노모토 '사죄赦罪'를 주장하는 구로다의 이야기를 경청한 기도는 "세상 모든 사람들에겐 각기 주장이 있을 터이나, 나에게는 오로지 '형전刑典'이 있을 따름이다"며, 여전히 국가법률에 기초한 '엄벌' 처리가 불가피하다는 당초 소신을 굽히지 않아, 양자 회동은 기존의 주장만 재확인한 채 끝나고 말았다.

한편 8월 중순 이후 정국은 '양행洋行', 즉 우대신 이와쿠라를 단장으로 하여 오쿠보·기도 등의 신정부 요인 다수를 서양 각국으로 파견하는 외유 문제가 국정의 중심[97]으로 떠오르는 가운데, 이전부터 구로다의 바람을 익히 알고 있던 오쿠보가 재차 지원 사격에 나섰다. 구로다와 함께 조기 타결을 희망하였던 오쿠보는, 10월 22일 동향의 참의 사이고를 만나, 태정관의 중심기관인 '정원正院'에서는 '이의'가 없는 것으로 간주하고, 외유에 앞서 에노모토 처분 문제를 우호적인 이와쿠라를 통해 해결하기로 했다. 24일 오쿠보는 이와쿠라에게 서한[98]을 보내,

지난번 이래 논의해 온 '3개 조'는 반드시 출발 전에 결정되어, 확실한 조치가 취해지지 않으면 매우 유감스러울 것으로 생각합니다. 그저께 밤에도 사이고와 협의한바 '정원'에서는 전혀 '이의'가 없으므로, 충분히 '건의'가 이루어지면 아무 지장도 없을 것으로 사료됩니다. 에노모토

---

96) 회동에서는 에노모토 처분 외에 사할린의 러시아 양도문제가 논의되었는데, 이때 기도는 사할린 양도문제는 일본의 '대사건'으로서 쉽게 결정할 문제가 아니니 '중의'에 따라 신중히 처리해야 한다고 주장했다(『木戸日記』2, pp.91~92).

97) 『大久保日記』2, pp.185, 187~189, 191, 193~197 ; 『木戸日記』2, pp.98, 100, 103~104, 106~107, 112, 116 ; 『明治天皇紀』第2, pp.546~551, 557~559.

98) 『大久保文書』4, p.409. 여기서의 3개조란, 구막신 에노모토 등의 '관대사면' 후의 임용건을 말한다.

처분 문제를 '다이조에大嘗會'의 대사면에 포함시켜 버리면 애매해져 버려 도움이 되지 않습니다. 무엇보다도 에노모토 처분 문제는 '삿초'의 주장과 대립으로 인해 지연되었기 때문에, 사절단 출발 후에 아무리 훌륭한 조치가 있더라도 감동받지 못할 것입니다. 따라서 이제부터 '황국'이 전력을 다해 거국적으로 해외와 맞서기 위한 과감한 정부 '결정' 이 이루어지도록, 희망하건대 오늘내일중으로 '정원'에서 '논파論破'해 주시기를 요청 드립니다.…

라며, 에노모토 처분 문제를 외유 후 실시될 '다이조에大嘗會'[99]의 특사 대상에 포함시키려 한 산조의 주장은, 외유에 나서기 전에 조기 해결을 강하게 바란 오쿠보의 입장에서 보건대, 시기적으로나 정치적 효과로 나 도움이 되지 않을 것이라고 강조하였다. 이에 이와쿠라가 앞장서서 '정원'의 최고 심의 과정에서 산조는 물론이고 기도·야마다 등의 조슈파 의 '엄벌론'을 물리치고, 재능과 학식을 갖춘 인재인 탈함정권의 주모자 급 항복인 에노모토 등을 '사면'하여 신정부에 발탁될 수 있도록 힘써줄 것을 부탁하고 있다. 요컨대 장기 해외순방을 앞두고 더 이상 에노모토 처분 문제를 미룰 수는 없다고 판단한 오쿠보가, 기도 등의 조슈파와 산조라는 정치적 장애물을 뛰어넘기 위해 구로다·사이고·이와쿠라와 협의를 거듭하며, 에노모토 등의 '사면' 등용을 위해 정치적 노력을 아끼지 않고 있었던 것이다.[100]

---

99) '다이조에'는 천황 취임 후 거행되는 첫 니이나메사이新嘗祭(매년 11월 천황이 집행하는 추수감사제)로, 천황이 햇곡식을 신에게 바치고 스스로 먹기도 하는 제의祭儀이다. 메이지 천황의 경우, 이와쿠라 사절단이 출국한 후인 11월 17일 도쿄에서 실시되었다(『明治天皇紀』第2, pp.585~591).

100) 이미 능력 있는 구막신 출신의 가쓰 가이슈와 오쿠보 다다히로를 신정부에 등용시킨 바 있던 오쿠보는, 사쓰마파의 '관대' 사면론과 조슈파의 '엄벌' 처리론의 극한 대립으로 인해, 에노모토 처분의 재차 연기를 구로다는 물론이

한편 기도도 출국에 앞서 오쿠보·산조·이와쿠라·사이고 등을 만나 주요 정치 현안을 논의했으나, 그 현안에 에노모토 처분 문제는 빠져 있었다.[101] 이에 비해 사쓰마파는 출국 전까지 앞서 언급한 것처럼 최대한 정치적 노력을 계속하면서, 여의치 않으면 강경론을 고수하는 조슈파의 주요 인사인 기도·이토·야마다가 이와쿠라 사절단에 참가하는 점을 십분 이용하여, 에노모토 '관대사면'을 전격 단행할 계획을 조심스레 세우고 있었다.

즉 11월 6일 구로다는 사쓰마 측의 도움으로, 신정부에 등용된 구막신 출신의 가쓰와 에노모토 구명운동에 대해 협의했다.[102] 8일에는 오쿠보가 우호적인 이와쿠라에게 서한[103]을 보내, "에노모토 등의 '관대사면' 임용건에 관한 말씀은 잘 알아들었습니다. 내실은 사이고와 협의해, 그가 오늘 아침 기도를 찾아가 긴히 협의할 예정으로 있습니다. 그런 후에 정원에서 꼭 결정이 될 수 있도록 해야 합니다. 그런데 산조의 견해는 조금 다른 것 같습니다. 부디 오늘 등청하신 후 여쭈어 보시기 바랍니다"라며, 산조가 주장하는 외유 출발 후 '다이조에' 대사면 형태의 임용이 아닌, 출발 전 '사면' 임용이 이루어지도록 이와쿠라에

고 그 자신도 꺼리고 있었다. 오쿠보·구로다·사이고 등의 사쓰마파가, 에노모토 등의 탈함정권 수뇌부 항복인을 사면시켜 등용하려 한 이유는, 신정부의 만성적인 인재 부족을 극복하기 위한 것도 있었지만, 구막부·신정부 간의 물리적 화합에 기초한 거국일치의 모습을 통해, 산적한 정치개혁(중앙집권화)의 추진·신정부 권위의 조기 정착·'황위'의 해외 과시라는 세 가지 목적을 달성하기 위해서였다고 본다.

101) 26일 오쿠보를 만나려 했으나 부재로 인해 만나지 못한 기도는, 다음날 산조·이와쿠라를 각각 만나 '대사건' 5·6개 사항의 '평결'을 요청하고 '요령수건要領數件'을 논의했다. 그리고 부재로 인해 만나지 못했던 사이고와 29일 만났는데 사족 '녹권祿券' 등의 문제만 협의하는 것으로 그쳤다(『木戶日記』 2, pp.113~115).

102) 이전부터 에노모토 석방을 위해 노력해 온 가쓰는, 11월 4일 협의차 구로다를 만나려 했으나 부재로 만나지 못했다(『勝海舟全集』 19, p.356).

103) 『大久保文書』 4. pp.412~413.

게 산조와의 의견 조율을 부탁하는 한편, 사절단의 구미 순방 중 유수정부의 실질적인 수반 역할을 할 참의 사이고에게는 강경론을 주장하는 기도[104]를 최종 설득하여, 출발 전에 '정원'에서 에노모토 등의 '사면' 임용을 확정해 발표할 계획을 세웠음을 알 수 있다. 그러나 오쿠보가 의도한 당일 사이고와 기도의 만남은, 기도가 조슈파 주최의 환송연에 참석하는 바람에 이루어지지 않았다.[105]

우대신 이와쿠라는 같은 날 오쿠보에게 보낸 답서에서, "일찍부터 에노모토 '관대사면' 후의 임용 문제는 반드시 오늘내일중으로 발표가 나도록 사이고·오쿠마 등과 협의하겠으며, 내일 산조·이타가키 등과도 더욱더 논의를 하겠습니다. 산조는 '대사면론'을 주장하고 있으나, 이타가키는 소생의 생각에 전적으로 동의하고 있습니다. 특별히 일찍부터 논의한 대로, 어디까지나 대규모 사절단 파견의 '조리'에 입각해 말씀드립니다. 이렇게 된 바에는 오늘 아침 이후부터 귀하께서도 진력해 주시리라고 생각합니다"라며, 사절단 출국 전에 '사면' 발탁 문제를 마무리짓고자 하는 오쿠보의 제안에 호응하여, 이와쿠라도 태정대신 산조 및 참의 오쿠마는 물론, 반대에서 지지로 입장을 바꾼 참의 이타가키를 상대로 재차 주선에 나설 것임을 밝히고 있다.

결과적으로 외유 전에 에노모토 처분 문제를 깔끔하게 매듭지으려 한 구로다·오쿠보·사이고 등 사쓰마파의 목표는, 우호적인 이와쿠라의

---

104) 12월 3일 행해진 양이파 공경(도야마 미쓰스케外山光輔·오다기 미치테루愛宕通旭)의 신정부 전복 쿠데타 미수사건에 대한 할복자살 명령처분과 관련해서도 기도는, "하코다테 전쟁 등의 적도賊徒의 주모자도 관대히 처분받게 된다면, '이경二卿' 사건은 어떻게 되겠는가"라며, 에노모토 처분과 마찬가지로 군주(천황)에 반기를 든 도야마·오다기도 '관대' 처분이 아닌 국법에 입각한 엄벌처분을 주장하였다(『佐々木高行日記』 5, p.247).

105) 『木戸日記』 2, p.118. 이날 오쿠보도 사쓰마파가 주최한 송별회에 참석하고 있었다(『大久保日記』 2, p.197).

지원 사격에도 불구하고 실현되지는 못했다. 그렇다고 예전처럼 용두사미로 끝나지는 않았다. 출국을 앞둔 오쿠보와 기도 등을 송별하기 위해 사쓰마파와 조슈파가 각기 모임을 가진 다음 날인 9일, 에노모토 '사면' 등용을 위해 사쓰마파와 긴밀히 협의해 왔던 가쓰 가이슈는, 사쓰마파의 가와무라 스미요시川村純義(兵部少輔)로부터 구금중인 에노모토 이하 주모자급 항복인들에 대한 '관대사면' 처분이 임박했다는 특급 정보를 얻게 된다.106) 이 정보는 출국 전 조정이 어렵다면 출국 후 강경론자인 기도 등이 일본을 비운 사이에, 시나리오대로 처분이 실현될 예정임을 말해주고 있었다.

4. 메이지 5(1872)년의 에노모토 처분 단행

전년 11월 12일 이와쿠라 사절단이 요코하마를 출발한 지 20여 일이 지난 12월 1일, 병부성 감옥소에 수감중이던 에노모토 등이 출옥의 기대감에 들떠 있던 것도 무리가 아니라는 사실이 곧 드러났다. 석방을 예고하는 추측 기사가 보도된 다음 날인 메이지 5(1872)년 1월 2일, 에노모토 등이 이 사실에 접하고서 '일동대열一同大悅'의 모습을 보였던 것이다.107) 그리고 4일 후인 6일에 이르러, 사이고 유수정부는 기도 등의 외유를 이용하여 에노모토 이하 탈함정권 수뇌급 항복인의 '관대사면'을 전격 단행했다.108) 즉 에노모토는 3개월 친족위탁 처분에 처해

---

106) 『勝海舟全集』 19, p.363.

107) 榎本隆充 編(2003), 『榎本武揚未公開書簡集』, 新人物往來社, pp.68~69.

108) 2년 반의 수감 생활을 마친 에노모토(탈함정권 총재) 등 10인은, 마쓰다이라 다로松平太郎(副總裁)·아라이 이쿠노스케荒井郁之助(海軍奉行)·나가이 겐반永井玄蕃(箱館奉行)·오토리 게스케大鳥圭介(陸軍奉行)·사와타로 자에몬澤太郎左衛門(開拓奉行)·시부사와 세이치로澁澤誠一郎(器械頭並)·다케나카 시게카다竹中重固(海陸裁判所頭

지고[109], 마쓰다이라 외 8인은 즉각 석방되었다. 이 같은 특사 조치가 7일 신문에 정식 보도[110]된 후, 12일에 사이고는 동향의 가쓰라 시로桂四郎(鹿兒島藩權大參事)에게 서한을 보내 에노모토 처분 단행에 이르기까지의 정치 과정을 요약하여 다음과 같이 설명했다.[111]

① … 에노모토 처분에 대해서는 잘 알고 계시는 것처럼 '삿초'의 '관대론'과 '엄벌론'의 입장차 때문에 결정하기 어려워서, 이와쿠라 사절단이 출국하기 전에도 '대논의'가 있었으나, 오직 이 문제만 해결하지 못하였습니다. 미국 등에서는 전쟁이 끝나면 바로 '전후처분'이

取)·사노 유노스케佐野雄之助·센고쿠 단지로仙石丹次郎다. 이 밖에 특명에 따라 메이지 3(1870)년 3월 제번 위탁 근신에서 벗어나, 각자 자택에서 근신중이던 마쓰다이라 가타모리(아이즈 전번주)와 그 양자 노부요리, 마쓰다이라 사다아키(구와나 전번주) 등과, 기타 아오모리·후쿠시마·센다이 제번에 금고·위탁 근신중인 데시로기 스구에몬手代木直右衛門(아이즈 번사) 등, 보신 전쟁 반역의 제번 번주와 그 가신 16명을 특별 사면하고, 전장군 요시노부 종4위, 센다이 전번주 다테 요시쿠니伊達慶邦 등을 종5위에 각각 서임하는 조치가 취해졌다(『明治天皇紀』第2, p.623 ;『太政官日誌』〈明治 5年〉第2號, pp.3~4 ;『復古記』第14册, p.734).

109) 친족위탁 상태의 에노모토는 3월 7일 완전 '사면'된 후, 그의 견식과 인간성을 높이 산 개척사 차관 구로다의 설득과 전폭적인 배려로, 개척사 사등 출사開拓使四等 出仕에 발탁되어 구로다와 함께 홋카이도 개척 등에 전념하는 등, 투옥으로 인한 공백 기간이 무색하게 순조롭게 입신출세의 길을 걷게 된다(개척사 4등 출사 → 해군 중장·러시아 특명전권공사 → 해군경 → 주청 특명전권공사 → 제1차 이토 내각 체신대신 → 구로다 내각 체신·농상무대신 → 구로다 및 제1차 야마가다山縣 내각 문부대신 → 추밀원 고문관 → 제1차 마쓰카타松方 내각 외무대신 → 제2차 이토·마쓰가타 내각 농상무대신). 요컨대 기도에게 오무라라는 정치적 맹우가 있었듯이, 구로다에게 에노모토는 정치적 동반자이자 구로다의 딸과 에노모토의 아들이 결혼하게 되면서 맺어진 사돈관계이기도 했다. 구로다가 사망했을 때는 에노모토가 장례위원장을 맡아보았을 정도로 공사 간에도 매우 밀접한 사이였다. 이 밖에 석방된 탈함정권 수뇌부 항복인도 대부분 에노모토와 마찬가지로 개척사에 등용되어 활약하게 된다(『復古記』第14册, p.734 ;『明治史要』, p.286).

110) 新聞集成明治編年史編纂會 編(1936),『新聞集成明治編年史』第1卷, 林泉社, p.429.

111)『西鄉全集』第3卷, pp.214~216.

이루어진 '미담'도 있는데, 만약 패군 지도자를 사형시켰다가 비난을 사게 된다면 뭐라 답할 것인지요. 물론 미국 군함 총독으로부터도 에노모토 처분을 신정부에 '탄원'하려는 움직임이 있었으나, 구로다가 만류한 적도 있습니다. 당분간 구로다는 에노모토를 관대하게 사면시키려는 '초심'을 버리지 않고 틈을 보아 추후 논의하자고 했으나, 대체적으로 조슈인도 최근에는 마음이 변해 '관대론'으로 돌아서, 기도 한 사람만 심하게 반대하고 있었으나 조슈인들의 전적인 설득으로 내켜하지 않으면서도 승낙해, 이달 4일(6일의 오기 | 필자 주)에 전원 '특사'로 사면되었습니다. 오직 에노모토 한 사람만 본인의 형 집에 잠시 근신하게 되어 약간의 '차등'을 두었을 뿐, '천하'를 위해서도 매우 경사라 할 수 있겠습니다.

② 오직 한 가지 일만이 근심거리로 남아 있었는데, 이제 아무 남김 없이 보신 전쟁 당시의 일이 해결되었으니 안심하시기 바랍니다. 반란이 일어나고 이를 제압하기 어렵지 않았으나, 질질 끄는 지리한 '평의'처럼 결정을 내리지 못해 어려운 상황에 처해 있었음을 부디 헤아려 주시기 바랍니다. 누구나 석방 처분 결정이 날 것을 익히 알고 있었으나, 반란을 일으키면 처분을 쉽게 끝내서는 안 된다고 생각하여 처분을 연장하고 또 연장함으로써, 오히려 '인심'을 '동요' 시키는 계기가 되고 우물쭈물 결단을 망설이는 지독한 '독'이 얼마나 '해'를 끼치게 될지 아무도 모릅니다. 그간 어려웠던 사정들은 서한에 다 담지는 못하나, 구로다의 뛰어난 역량이 아니었다면 정말이런 특별사면은 없었을 것입니다. 신정부 관계자가 대부분 '엄벌론'(사죄론死罪論)을 외칠 때, 오직 홀로 분연히 나서서 사면을 주장하는 것은 좀처럼 보기 어려운 '미담'일 것입니다.

③ 근래 도사인들도 모두 '관대론'으로 바뀌어서 정말로 도움이 되었습

니다. 여태까지 사형을 주장하던 강경론자들을 '관대론'자로 바꿀 수 있었던 것은 구로다의 '성심誠心' 덕분입니다. 참으로 믿음직스러운 인물입니다. 일시적인 '분발'이야 보통 사람들도 가능하나, 이렇게까지 일관성을 유지하는 것은 보통사람이라면 할 수 없습니다. 사면 받은 사람들이 모두 곧바로 구로다를 찾아가 고마움을 표시했다는 이야기는, 전체적으로 구로다를 위해 그리 바람직스럽지는 않으나 미워할 일은 아닙니다. 오히려 '적'으로부터 '사례謝禮'를 받는다는 것은 전쟁을 치르며 공격하는 일보다 훨씬 가치가 있습니다. 이보다 감격스러운 일은 없으니, 객관적 입장에서도 기쁘게 생각합니다.

①에서는 에노모토 처분문제가 이제껏 해결되지 못한 최대 이유가 '삿초' 간의 근본적인 견해차 때문이고, 사쓰마파 입장에서는 이와쿠라 사절단이 출국 직전까지 최선의 노력을 기울였음에도 미해결로 남아 있었던 사정을 설명하고 있다. 아울러 동 처분과 관련하여 미국 남북전쟁의 '전후처리' 사례와 미국 측 관심을 적절히 활용112)하면서, 일관되게 '관대사면'을 주장해온 구로다를 지지한 오쿠보 등의 끈질긴 설득작업으로 이제까지 '엄벌론'의 입장에 서 있던 조슈파의 대부분이 '관대론'으로 돌아선 가운데, 끝까지 강경론을 고수하던 기도도 마지못해 '사면'을 승낙113)하게 되었음을 언급하고 있다.

---

112) 주일 미국공사 디롱의 '사면' 권고(『外交』 2-3, pp.680~681) 외에, 오쿠보는 미국 남북전쟁에서 패배한 (남군)로버트 에드워드 리(Robert Edward Lee) 장군의 조기석방 사례를 들어, "에노모토 처분 여하에 따라서는 일본의 후진성을 노정露呈하는 것이라는 비판을 받게 될 게 아닌가"라며 기도를 강하게 견제했다[奧田靜夫(2007),「靑雲の果て−武人黑田淸隆の戰い−」,『開發こうほう』 528, 北海道開發協會, pp.32~33].

113) 한편 사이고도 전망했던 것처럼 미국 출장중이던 기도는 1월 23일, 조산슈長三

②·③에서는 에노모토 처분 해결을 마지막으로 보신 전쟁의 '전후처리'가 끝났음을 전하고, 에노모토 처리의 지연으로 빚어진 정국과 민심의 불안정을 막기 위해 조기 해결을 주장해온 사쓰마파의 입장에 반해, 기도를 필두로 한 조슈 측의 반대 주장 때문에 처분의 성사 여부가 불투명하던 차에, '관대사면론'의 최초 발의자인 구로다가 보여준 일관된 진심과 정치적 노력이야말로 일본판 '미담'이며, 또한 강경론자뿐 아니라 '사면'의 장본인에게까지 영향을 미쳐, 특히 '사면' 당사자들로부터 감사 인사를 받게 된 것은 그리 나쁜 일만은 아니라는 인식을 나타내고 있다.

요컨대 사이고는 에노모토 이하 탈함정권 수뇌부 항복인 처분 과정에서, 구로다의 헌신적인 구명 탄원활동에 힘입어 석방이 이루어졌음을 밝히고, '사면'에 이르기까지 구로다가 보여준 용기와 노력을 높게 평가하였다. 그러나 여기에서 절대 간과하면 안 될 점이 있다. 사이고의 언급대로, 구로다의 일관된 자세와 구명 노력이 중요한 역할을 한 것은 부인할 수 없지만, 그에 못지않게 구로다의 건의가 '삿초' 대립의 벽과 정치적 사정들에 부딪쳐 정체될 때마다, 앞에서 언급한 것처럼 동향의 후배인 구로다의 발의에 각각 공감하여 '사면' 정국의 분위기 조성을 위해 최대한 정치적 노력을 기울인 오쿠보, 그리고 뒤늦게

洲(大學少丞)를 통해 하코다테 전쟁을 포함한 보신 전쟁의 '역적'들에 대한 '관대 사면' 처분이 단행된 소식을 전해들었다(『木戶關係文書』 4, p.476). 2월 14일에는 동향의 이노우에 가오루井上馨로부터도, "지난 1월 에노모토 이하 주모자들도 '사면'이 실시되어 이미 오토리·나가이는 개척사 오등 출사開拓使五等出仕·좌원 소의관左院少議官에 각각 등용되고, 에노모토는 아직 친족위탁 상태이나 근일 중으로 '사면'될 것 으로 보이며, 이 시행과 관련해 시즈오카번의 '사족족士卒族' 등도 너무나 관대히 조치됨에 경악하게 되나, 세상도 정부의 공평함을 알 것이다"라며 전격적인 '사면'에 약간의 당혹감을 금치 못하면서도, 구막신까지 발탁하는 신정부의 공평한 인사조치를 통한 정국 안정 노력을 민심이 평가해 줄 것이라는 기대어린 서한을 받았다(『木戶關係文書』 1, p.356).

국정 참여차 도쿄로 올라왔으나 '사면'이라는 과감한 조치를 취한 사이고의 정치적 판단과 협조가 없었다면 '사면' 결정은 이루어질 수 없었다. 그 밖에 사쓰마파와 입장을 같이하며 중재에 나선 이와쿠라 외에 사사키 등의 도사파 정치인들의 지지, 마지막으로 기도 등 조슈파의 동의 역시 에노모토 '관대사면' 처분에 일정 부분 도움이 되었다고 할 것이다.[114]

맺음말

이상으로 하코다테 전쟁 '전후처리'의 핵심인 에노모토 처분의 정치과정에 대해, 신정부 요인들의 움직임을 중심으로 살펴보았다. 하코다테 '전후처리'의 가장 큰 특징은, 첫째 '사죄死罪'가 아닌 '사면赦免'이라는 매우 관대한 처분이 실시되었다는 점이다. 메이지 5(1872)년 1월 6일, 3개월 친족위탁 조치 후 '사면'된 에노모토는 물론이고, 마쓰다이라

---

114) 사이고는 메이지 원(1868)년 9월, 아이즈번 등의 도호쿠 제번 항복이 이루어지자 가고시마로 되돌아갔으나, 정국 불안정을 해소해 신정부의 권위와 권력의 기초를 확립하기 위해서는, 사이고를 중앙으로 불러들여 개혁에 동참시켜야 한다는 요인들(이와쿠라·오쿠보·기도·산조)의 합의에 따라, 메이지 3(1870)년 12월 이와쿠라·오쿠보가 사이고의 출사를 독촉하기 위해 가고시마로 내려가 교섭했으나 난항을 거듭하다 마침 유럽 시찰을 마치고 돌아 온 사이고의 동생 쓰구미치從道의 설득으로, 폐번치현 등의 정치개혁을 위해 상경을 결심하고 이듬해 2월 2일에 도쿄에 도착했다(『大久保文書』5, pp.113~114, 129, 204, 207). 이 밖에 후쿠자와 유키치福澤諭吉·가쓰 가이슈의 협조도 있었다. 후쿠자와는 부인의 먼 친척뻘인 에노모토를 구명하기 위해, 메이지 2(1869)년 9월 23일 에노모토 모母의 탄원서 작성을 도와 제출시킨다든지, 데라지마 무네노리寺島宗則의 소개로 구로다를 만나 '사면'을 직접 요청하기도 했다(樋口, 앞의 책, p.2). 한편 에노모토는 구로다·오쿠보 등의 사쓰마 측과 접촉하여 자신의 탄원을 위해 애쓴 가쓰에게 25일 감사서한을 보내 고마움을 표시했다(『勝海舟全集』19, p.377).

외 9인의 경우는 당일 '사면'되어 즉각 석방되었다. 이는 신정부를 상대로 도호쿠 전쟁을 일으킨 오우에쓰 열번동맹의 제번주에 대한 처벌을 완화해주는 대신, '반역'의 책임을 가신들에게 전가시켜 처형했던 도호쿠 전쟁의 '전후처분'[115]에 비해서도 '관대'한 처분이었다. 이후 에노모토를 비롯한 주모자급 항복인 대부분은, 사쓰마파의 의도대로 개척사 차관 구로다의 권유로 개척사 관리로 발탁되어 홋카이도 개척 업무에 종사하게 되었다.

둘째 일반 항복병들이 신정부가 위탁한 제번에서 단기 근신생활을 보낸 후 귀향 조치된 반면, 수뇌부 항복인이 석방까지 2년 6개월여의 시간을 소요한 가장 큰 이유는, 처분 수위를 놓고 '엄벌론'(사죄론死罪論)의 조슈파와 '관대론'(사면론赦免論)의 사쓰마파 사이에 근본적인 대립이 존재했기 때문이다. 이러한 대립구도는 제3자적 입장에 서 있던 사사키 등이 매우 적확하게 언급할 정도로 심각했다. 기도 등의 조슈파는 하코다테 전쟁의 단초를 제공한 '조적' 에노모토 탈함정권 수뇌부의 군사행동은, '조리' 즉 '대의명분'에 어긋나는 '군신' 관계를 저버린 대역죄에 해당하는 만큼 '사죄' 명령을 내려야 마땅하다는 논리를 폈다. 이에 반해 사쓰마파는 천황의 '인덕'에 감화되어 항복해온 패장을 참수시킨다면, 천황 및 신정부의 권위·권력 확립에도 도움이 되지 않을뿐더러, 신정부의 만성적인 인재부족을 해결하고 거국일치적인 신정부 인사의 공평함을 과시하기 위해서라도, 에노모토 등과 같은 유능한 구막신 출신 인재의 '사면' 발탁이 필요하다는 논리를 내세웠다.

이처럼 신정부 창출의 양대 세력인 조슈·사쓰마의 대립 외에 처분이 늦어진 또 다른 이유로는, 논의 과정에서 보인 산조의 '이론'처럼 처분 논의를 방해한 정치 사정들을 들 수 있다. 당시 기도와 가까운 관계였던

---

115) 沈箕載(2012), 「木戸孝允과 戊辰戰爭 전후처리 ─東北戰爭을 중심으로─」, p.295.

산조는 처분 분위기가 '엄벌론'에서 '관대론'으로 사쓰마파에 유리하게 돌아갈 때마다, 탈함정권에 가담한 프랑스 탈주인 처벌 등을 요구하기 위해 프랑스 측과 교섭하는 일 이후로 미루자는 '불담판' 연계론, 혹은 '다이조에' 대사면에 포함시키자는 제안 등 시간 끌기에 주력함으로써, 사쓰마 측을 매우 초조하게 만들었다. 이 밖에 에노모토 처분이 해결될 가능성이 보일 때마다 사쓰마의 입지를 곤란하게 만든 오무라 암살 미수사건, 판적봉환 이후 정국 안정을 도모하고 제반 정치개혁을 추진 하기 위해 '삿초' 양 번의 실력자들을 국정에 참여시킬 목적으로 마련된 '삿초 합일책', 야마구치번 탈대 소동·민장 분리 문제·관제개혁·폐번치 현·이와쿠라 사절단 파견 같은 국내외 정치 현안들에 밀려, 처분 논의 는 불가피하게 뒤로 미뤄졌다.

셋째 우여곡절 끝에 실현된 에노모토 처분은, 구로다 일 개인의 노력보다는 사쓰마파를 중심으로 한 복합적인 정치적 노력의 결과물이 라고 할 수 있다. 에노모토 구명운동의 최초 발의자인 구로다의 탄원 노력도 무시할 수 없으나, 그보다는 구로다의 고향·정치 선배로서 그의 에노모토 '구명론'에 전적으로 동의하여 외유 직전까지 지속적인 노력을 아끼지 않은 오쿠보, 오쿠보만큼 처분에 크게 관여하지는 않았 으나 나중에 국정에 참여해 구로다 → 오쿠보 → 사이고로 이어지는 유기적 협조관계 속에서, 이와쿠라 사절단 출국 직후 사쓰마파의 숙원 을 강한 리더십으로 단행한 유수정부의 수반 사이고에도 주목하고 싶다. 그 밖에 사쓰마파에 협조적이었던 이와쿠라의 정치적 중재 노력, 그리고 사쓰마파의 손을 들어준 도사파 사사키, '사면' 반대에서 수락으 로 돌아선 기도 등과 같은 정치인들의 협조와 미국의 관심도 있었기에 가능했다고 생각한다.

끝으로 에노모토 처분은, 오쿠보도 지적하듯이 '삿초 합력책'에 못지 않은 주요 정치과제였던 만큼, 정국 주도권을 둘러싸고 조슈파와 경쟁하는 사쓰마파에게는 정치적 의미가 남달랐다.[116] 전장군 요시노부 이하 제번주 등의 '사면' 처리, 가쓰 등과 같은 유능한 구막신의 발탁 등에서 볼 수 있는 것처럼, 신정부의 만성적인 인재 부족 상황의 해소·인사상의 탕평을 통한 신정부와 구막부 간의 물리적 화합 내지는 천황 자비의 국내외 과시를 통해, 정국·민심의 불안정을 억제하는 데 처분의 조기 해결은 절대적으로 필요했다. 나아가 보신 전쟁의 최종 마무리 단계인 하코다테 '전후처리'를 통해, 신정부 권력의 기초를 확립하기 위한 수단으로서도, 사쓰마파에게는 반드시 해결해야 할 정치과제였다.

---

116) 『大久保文書』 3, pp.282~285.

제4부

기도 다카요시와 해군력 강화

제1장

보신 전쟁과 기도 다카요시의 군함 확보 노력

머리말

게이오 4(1868)년 1월 3일 도바·후시미 전쟁에서 승리한 신정부군은 4월 11일 에도성을 접수하고, 간토 각지에서 쇼기타이를 비롯한 구막부 주전파를 제압한 데 이어, '조적' 아이즈번에 동정적인 오우에쓰 열번동맹을 결성하여 저항한 도호쿠 제번 세력을 차례로 패배시켰다. 그리고 이듬해 5월 18일 하코다테의 에노모토 다케아키 구막부 탈주 함대정권을 제압함으로써, 약 1년 반에 걸친 내란을 종식시키고 중앙집권적 통일국가의 첫 걸음을 내딛었다. 본장에서는 보신 전쟁, 특히 도호쿠·하코다테 전쟁 과정에서 반정부 세력을 제압하는 데 취약점으로 지적되었던 군함 확보와 관련해, 기도 다카요시 등의 신정부 요인이 어떤 정치적 노력을 기울였는지 알아보고자 한다.

1. 기도 다카요시의 정치적 노력(1)

1) 에노모토 구막부 함대의 1차 탈주와 제번 함선의 징발

도바·후시미 전쟁 후 3월 15일은 에도성 총공격일로 정해졌으나, 예상과 달리 에도성 접수를 둘러싼 무력충돌 없이 4월 11일 '무혈개성'이 이루어졌다.[1] 하지만 후유증은 만만치 않아 관군이 에도성을 접수한 후 전장군 요시노부는 새로운 근신처인 미토로 향하였으나, 기도가 우려[2]한 대로 항복·'개성'의 조건이었던 가신의 은퇴와 근신, 구막부군의 무장해제는 쉽지 않았다. 또한 구막부 해군 부총재 에노모토 다케아키를 중심으로 한 '해육군 일동'이 '개성'·항복 조건이 제시되기 이틀 전인 4월 9일, 가쓰 가이슈를 통해 신정부 측에 다음과 같은 탄원서를 제출하였다. 즉 도쿠가와가德川家 종가의 상속자가 결정될 때까지 에도성을 다야스田安에게 위임할 것, 도쿠가와가 가문의 '가명家名'을 존속시킬 것, '석고石高' 및 영지 보증 후 군함·무기의 일부 반환을 허용해줄 것을 요구하였다.[3] 평소 도쿠가와가의 사직과 구막신의 생활 구제를 걱정하였던 에노모토는, 이 요구가 받아들여지지 않는다면 군함을 신정부 측에 반납하지 않을 기세였다. 이를 입증하기라도 하듯 신정부 측의 군함 접수 움직임에 반발해, '개성' 당일인 11일 저녁 무렵 8척의 군함을 이끌고 시나가와에서 다테야마로 1차 탈주를 감행했다. 비록 신정부 측으로부터 귀항을 주선받은 공순파 가쓰의 주선[4]으로 17일

---

1) 『明治天皇紀』第1, pp.667, 670~671 ; 『西郷全集』第2卷, p.449 ; 『勝海舟全集』 19, pp.40~41.
2) 『木戸文書』3, p.20.
3) 『復古記』第3冊, pp.494~495 ; 『勝海舟全集』19, pp.42~43.
4) 『勝海舟全集』19, pp.44~45, 47 ; 佐々木克(2000), 「榎本武揚-幕臣の戊辰戰爭-」, 佐々木克 編, 『それぞれの明治維新-変革期の生き方-』, 吉川弘文館 所收, pp.201~

되돌아오기는 했으나, 이 사건은 기도를 비롯한 신정부 요인들에게 적지 않은 충격을 주었다.

그렇다면 이러한 구막부 세력의 반정부 움직임에 대해, 신정부는 어떤 대응을 보였을까. 1월 17일 해육군 사무괘海陸軍事務掛에 임명된 사이고는, 전날 동향의 미노다蓑田에게 도바·후시미 전쟁에서 패배를 맛본 아이즈 등의 반정부 세력이 기댈 곳은 구막부의 '해군'밖에 없다고 생각하여, 신정부에 외국 군함 4척의 구입을 긴급 요청하여 교섭 명령이 내려졌음을 전했다.[5] 23일 추토사의 센다이 파견과 관련해, 외국선박의 차용 소식[6]을 오쿠보에게 전하였던 사이고는 25일, 동향의 이와시타岩下(外國事務掛)에게 문의해온 외국 군함 매입건과 관련해, '동정'을 위해 나가사키에 정박중인 미국군함 3척의 구입을 의뢰하는 한편, 동향의 고다이五代(外國事務掛)에게도 부탁해 놓은 후술할 미국 최신예 군함 갑철함의 구입 문제를 해결하기 위해 노력해줄 것을 당부했다. 이 단계에서는 사이고가 외국사무괘 내의 동향 인사를 통해, 외국군함의 매입과 갑철함의 인도를 추진하고 있었음을 알 수 있다.[7]

이처럼 도바·후시미 전쟁 이후 전선이 간토 지방으로 확대되어 나가자, 외국 군함을 매수하기 위한 초기 노력에 이어, 신정부는 이와쿠라 도모미의 건의에 기초해, 2월 6일 에도 공략과 병력 수송을 위해 일부 제번에 처음으로 군함징발령[8]을 내리고, 이어 9일에는 요시코토 친왕

202.

5) 『西鄕全集』 2, pp.376~377.
6) 『西鄕全集』 2, p.383 ; 『大久保關係文書』 3, pp.342~343.
7) 『西鄕全集』 2, pp.391~392.
8) 즉 사쓰마·조슈·히젠·도사·구루메 5번에 군함 1척, 그리고 지쿠젠筑前·아키安藝 2번에는 증기선 1척씩을 15일부터 20일 사이에 효고兵庫에 도착시킨 후, '도카이 선봉총독東海先鋒總督'의 지휘를 받도록 지시했다(『公文類纂』, 件名番號: M1-2-2, 件名: 御親征に付き軍艦差出方薩摩他4藩へ達他2件 ; 『太政類典』第1編 第106卷, 件名番號: 81, 件名: 軍艦ヲ西國諸藩ニ徵ス). 한편 이와쿠라는

嘉言親王을 해군 총독에 임명했다.9) 사쓰마번 이하 7개 번이 예상을
뛰어넘어 군함 14척·상선 6척을 제공하겠다는 의사를 피력했으나,
함선의 실상은 구막부 함대에 비해 크게 열세를 면치 못하였다.10)

한편 신정부가 에도성 총공격을 결정하자, 대총독부는 오하라大原(海
軍先鋒總督)에게 지시해, 효고에 제번 함선이 집결하는 대로 곧바로 요코
하마로 떠나라고 당부했다.11) 3월 15일에는 에도 공격을 위해 출정중
인 도모사다具定가 부친인 이와쿠라에게 '해군', 즉 제번 군함이 신속히
출동할 수 있도록 '진력'을 요청12)하는 가운데, 16·18·24일 대총독부와
해군 선봉총독 사이에 유기적인 연락이 계속되었다.13) 이러는 사이에
기도는 사이고에게 서한을 보내, 에도 '개성' 전에 관군을 증파해 에도
장악과 아이즈 '추토'라는 두 마리 토끼를 잡을 필요가 있다는 점을
강조하여 사이고와 오쿠보로부터 동의를 얻었다.14) 기도의 예상대로
전선이 간토 지방으로 확대되면서 함선 부족은 물론이고, 군비 조달의
어려움에 시달리게 된 대총독부는, 4월 17일 신정부에 종래처럼 화폐주
조를 통한 군비 확보를 요청했다.15)

기도가 에노모토 1차 탈주 소식을 처음 접한 것은 21일 오사카에

<hr/>

2월초 친정親征, 즉 '추토진군追討進軍'을 위해 제번 보유 군함을 조사한 후
'용선' 명령을 하달해 효고로 집결시키고, 아울러 군함 한두 척의 '차입상담'을
위해 각국 공사와 교섭할 것을 건의했었다(『岩倉關係文書』 2, p.125).

9) 『復古記』 第9冊, p.179.
10) 保谷徹(2007), 『戊辰戰爭』, 吉川弘文館, p.202.
11) 『公文類纂』, 件名: 軍艦兵庫出發の件大原侍從へ御達.
12) 『岩倉關係史料』 上, p.373.
13) 『公文類纂』, 件名: 軍艦兵庫出發の件大原侍從へ再達; 『同』, 件名: 大原侍從出發の
件 ; 『同』, 件名: 海軍先鋒橫浜着船等の件屆; 『法令全書』〈慶応 3年〉 第205, p.80.
14) 사이고는 오쿠보에 기도 서한의 취지를 전하면서, 기도의 제안대로 이번
기회에 에도로 신속히 병력을 증파하는 것이 바람직하다는 뜻을 전해 동의를
구하였다(『西鄕全集』 2, pp.440~442 ; 『大久保關係文書』 3, pp.347~348).
15) 『明治天皇紀』 第1, pp.676~677.

체류중일 때였다. 11일 관군이 에도성을 접수해 요시노부가 에도를 떠나던 날 밤, 기도는 이전부터 '탈주'에 대해 우려를 하기는 했지만 이날 처음으로 에노모토의 탈주 사실을 확인했다.16) 신정부 측은 에도 성을 접수함과 동시에, 앞서 언급한 것처럼 구막부 함대를 넘겨받기 위해 군함을 귀항시킨 후 양도하도록 설득작업을 펼쳤다.17) 28일에 이르러 에도 대총독부 온건파 참모 가이에다海江田와 구막부 측 가쓰가 회담한 결과, 구막부 함대 중 일부를 신정부에게 넘겨주었으나 기도가 주장하였던 전면 양도가 아닌 성능이 열악한 4척의 군함을 양도하는 데 그쳤다.18) 이처럼 에도에서 여러 사정이 있었다고 하나, 기도는 윤4월 4일 히로사와에게 보낸 서한19)에서, 결과적으로 구막부 함대의 탈주가 현실화된 배경에는, 사쓰마가 주도한 협상이 만족스럽게 끝나 지 못한 데 있다고 비판하며, 가이에다가 협상에 들어가기에 앞서 논의를 가졌을 터인 사쓰마파의 거두 사이고와, 함대 접수와 관련하여 전면 양도를 주장하였던 자신의 의견이 달랐음을 밝혔다.20)

　어찌되었든 기도 입장에서는 이 회담이 크게 아쉬웠을 것이다. 에노 모토의 거부로 초래된 구막부 주력 군함의 접수 실패는 후술할 2차 탈주를 불러왔고, 나아가 도호쿠 지방으로의 관군 증파·군수품 수송 상의 어려움은 물론이고 하코다테 전쟁의 실마리까지 제공했다. 이때 기도는 상황을 극복할 수 있는 방법의 하나로 사이고에 이어 갑철함의

---

16) 『木戶日記』1, p.9 ;『明治天皇紀』第1, p.672.
17) 16일 설득공작을 위임받은 가쓰는, 에노모토에게 탈주 책임을 묻지 않기로 약속한 후 17일 일단 귀항시켰다(『勝海舟全集』19, pp.46~47).
18) 『岩倉關係史料』上, pp.204, 206 ;『復古記』第4冊, p.136 ;『法令全書』〈慶応 3年〉第205, p.251 ;『公文類纂』, 件名: 富士外 3艦引渡濟田安家届. 부분 양도에 그친 이유에 대해서는 沈箕載(2010), 「木戶孝允과 戊辰戰爭」, p.486 참조.
19) 『木戶文書』3, p.47.
20) 『木戶日記』1, p.18.

양도문제를 제기했는데, 보신 전쟁이 도호쿠·에조치로 전선이 확대되어 병력 및 탄약 수송에 어려움을 겪으면서, 신정부는 군함 확보 문제에 더욱 관심을 갖게 되었다는 점에 주목하고 싶다.

2) 도호쿠 전쟁의 전개와 제번 함선의 징발

신정부 내에서 도호쿠를 평정하기 위한 관군과 함선의 활용이 요구되는 가운데, 기도는 사이고와 함께 이미 간토 전쟁의 여파에 따른 도호쿠 전쟁의 발생을 예견하고, 거기에 대비할 것을 요인들에게 촉구하였다. 3월 20일 교토에서 에도 대총독부 참모 사이고를 만난 기도는 앞에서 언급한 것처럼, 에도성을 접수하기 위한 병력의 파견은 단순히 에도 장악으로 그치지 않고, '조적' 아이즈를 '추토'할 좋은 기회도 될 것이라고 전망하였다.[21] 진정한 '평정'이란 구막부 지지세력과의 전쟁에 의해서만 가능하다는 소신을 갖고 있었던 기도는, 윤4월 1일 에도성 접수를 계기로 도호쿠 지방으로까지 병력을 파견하여 구막부의 잔존세력을 소탕할 것을 주장하고 나섰다.[22]

6일 나가사키 우라카미 기독교도 처분을 위해 출장을 명령받은 후에도 기도의 관심은, 간토 평정에 대한 전망과 함께 반정부적 태도를 보이는 도호쿠 지방으로 향하고 있었다. 즉 기도는 11일 사이고·오쿠보 등의 요인들에게 에치고 지역의 유일한 개항지인 니가타의 장악과, 이곳에서 전쟁이 일어날 경우 '관군을 응원'하기 위해 수척의 증기함을 파견할 것을 제기하였다.[23] 기도의 주장은 사이고[24]와 함께 도호쿠

---

21) 『西鄕全集』 2, pp.440~442 ; 『木戸遺文集』, p.29.
22) 『木戸日記』 1, p.15.
23) 『木戸日記』 1, p.23 ; 『木戸文書』 3, p.62.
24) 『西鄕全集』 2, pp.465~466 ; 『大久保關係文書』 3, pp.349~351.

전쟁에 대한 관군의 지원 노력을 제시한 선구적 견해로서, 19일 고마쓰
小松 등에게 보낸 서한25)에서도 이를 재차 강조하였다. 기도의 제안을
받은 신정부는, 25일 히젠번肥前藩에 군함을 파견해 에치고 등을 공략하
도록 명령했다.26)

　이처럼 기도를 비롯한 신정부 요인들이 간토 평정에 이어, 도호쿠
평정을 위한 관군 증파와 수송군함 확보에 골몰하고 있을 때, 구막부
측은 어떤 움직임을 보였을까. 윤4월 25일 신정부의 도쿠가와가 처분
결정27) 이후, 구막부 가신들의 생활 구제를 걱정하며 에도만을 지키고
있던 구막부의 해군 최고 책임자인 에노모토에게 6월 초순경, 도호쿠의
반정부 세력인 열번동맹 측으로부터 지원 요청이 들어왔다.28) 이에
에노모토는 8월 19일, 8척의 군함을 이끌고 에도만을 탈출해 센다이로
향했다. 1차 탈주에 이은 2차 탈주였다.29) 이 2차 탈주는 뒤에서 언급할
것처럼, 기도를 비롯한 신정부 내부에 큰 위기감을 불러일으켰다. 즉
막강한 구막부 함대의 탈주는 도호쿠에서 하코다테로의 이른바 보신
전쟁의 전선 확대를 의미한다는 점에서, 본디 해군력이 취약했던 신정
부에게는 최대의 근심거리로 작용하게 되었던 것이다.

　한편 이번에는 2차 탈주 전후 과정과 관련해, 신정부 측의 움직임을
살펴보도록 하자. 도쿠가와가 처분이 단행된 윤4월 25일, 군무관은
20개 번에 보유함선의 동력 제원 기록을 조사하여 조속히 제출하라는
명령을 내렸다.30) 이 명령은 앞서의 2월 6일자 군함징발령을 확대한

---

　25)　『木戸文書』 3, p.69.
　26)　『復古記』 第4冊, pp.744, 786.
　27)　沈箕載(2010), 「木戸孝允과 戊辰戰爭」, pp.474~478 ; 同(2019), 「德川家 1차 처분
　　　과 大久保利通」, 『日本語文學』 80 ; 同(2022), 「德川家 2차 처분의 산파역, 오쿠보
　　　도시미치(大久保利通)」, 『比較日本學』 55 참조.
　28)　『勝海舟全集』 19, pp.80~81.
　29)　『復古記』 第7冊, p.217 ; 『佐々木高行日記』 3, p.325.

것으로, 간토 평정과 본격적인 도호쿠 전쟁을 앞두고 병력·무기탄약의 수송용 함선을 징발하기에 앞서, 제번 해군력의 실상을 파악하려 한 조치로서 12개 번 총 29척의 동력 제원이 군무관에 보고되었다.[31] 제번 중 최대의 함선 규모를 자랑한 사쓰마번은 함선 규모는 밝히지 않은 채, 확대일로에 놓인 도호쿠 전선에 신정부의 차용 명령이 떨어지면 출전하겠다는 의사를 밝혔다. 도사번도 사쓰마번과 마찬가지로 함선 규모는 밝히지 않은 채 증기선 1척의 제공 의사를 밝혔다.[32] 이처럼 제번이 보유 함선의 보고로 그치지 않고 속속 제공 의사를 밝힌 것은, 기도 등이 우려한 것처럼 급박하게 돌아가는 도호쿠의 조기 평정을 위해 신정부가 일부 제번에 함선 차용 명령을 내렸기 때문이다.[33]

---

30) 『法令全書』〈慶応 3년〉第351, p.150 ; 『復古記』第4冊, pp.756~757 ; 『公文類纂』, 件名: 蒸氣軍艦届自5月至12月諸藩より所有艦船を届け出るもの(1)(2)(3) ; 『太政類典』第1編 第109卷, 件名番號: 5, 件名: 諸藩ニ令シテ所有ノ艦舶ヲ錄上セシム.

31) 상기 명령에 대해 6월 중순경까지 12번은 상신서, 즉 보유 군함, 증기선·범전선의 선명船名, 선질船質, 선종船種, 용량容量, 마력馬力, 비포수備砲數, 선장船長, 선폭船幅, 매입 형태, 건조 연도 등을 기술해 제출했다(『復古記』第4冊, pp.758~765).

32) 사쓰마번은 윤4월중 구막부로부터 위탁받은 기노쿠니마루紀伊國丸 외 8척의 선박을 신정부에 제공하겠다는 의사를 밝혔다(『公文類纂』, 件名: 幕船紀伊國丸始8艘差出の件島津家上申).

33) 5월 2·17일 도사번·가라쓰번唐津藩에 군함 차용명령(『佐々木高行日記』 3, pp.275, 281 ; 『公文類纂』, 件名: 御預り軍艦借用の件山內家願)을 내렸으며, 후술하듯 6월 이후에도 계속된다. 신정부를 지지하는 제번 번주가 어려운 재정 상황에도 불구하고 함선뿐 아니라 병력까지 제공한 것은, 무엇보다도 간토 전쟁·도호쿠 전쟁의 조기 평정을 위해 하달된 군함징발령 내지는 함선 차용 및 병력 제공 명령에 비교적 충실히 따랐다는 점 외에, 보신 전쟁이 신정부 측의 승리로 끝날 경우 돌아올 '상전' 포상을 기대한 측면도 있었다. 실제로 메이지 2(1869)년 6월 2일 시마즈 히사미쓰島津久光·다다요시忠義(鹿兒島藩主: 10만석), 모리 다카치카毛利敬親·모토노리元德(山口藩主: 10만석), 야마우치 도요시게山內豊信·도요노리豊範(高知藩主: 4만석) 등의 보신 전쟁 군공자 419명과, 제대諸隊·제번·군함에 대한 군공포상이 이루어졌다(『明治天皇紀』第2, p.133).

한편 관군이 도호쿠 전선에서 열번동맹군과 대치하며, 병력과 탄약·병량 등의 군수물자 부족으로 고전을 거듭하자, 신정부는 28일 조슈번에 에치고로의 병력 파견을 명령했다.[34] 이와 관련해 6월 1일 다카쿠라高倉(越後總督)로부터 군함 파견을 촉구[35]받으면서, 기도 등의 신정부 요인들은 어떤 움직임을 보였을까. 신정부 내에서 도호쿠 정세와 관련해 의견교환[36]이 활발히 이루어지는 가운데, 나가사키 기독교도 처분 임무를 마치고 6월 3일 교토로 돌아온 기도는, 다음 날 부총재 이와쿠라를 만나 건의서를 제출했다.[37] 즉 기도는 5월 하순 이후 고전을 면치 못하고 있는 호쿠에쓰 지역의 반정부 세력을 진압하기 위해 히젠 병력의 수송을 위한 군함의 긴급 수배와 함께, 동 지역으로의 파병 비용 부담을 전제로 오와리 등 일부 제번에 병력 파견 명령을 내리고, 나아가 제번 함선 수배와 히고번 주문의 외국군함 매수 등을 건의하였다.[38]

한편 기도와 동향의 사쿠라이櫻井(軍務官判事)가 이와쿠라에게 관군 수송을 위한 함선 수배를 건의[39]한 다음 날인 6일, 기도는 이와쿠라를 재차 만나 앞의 건의와 관련하여 협의를 거듭했다.[40] 10·11·12일 신정부 요인 및 조슈번, 동향의 이토 등을 상대로 도호쿠 전쟁을 조기에 '대평정'함으로써 신정부의 '와해' 가능성을 차단하고, 나아가 동 지역에서 '황위'를 확립하기 위해, 병력 차출을 통한 관군 증파 등의 '대책'을 조속히 수립해야 한다고 강조[41]한 결과, 13일 대정부회의에서 '삿초'를

---

34) 『復古記』第6冊, pp.23, 25.
35) 『復古記』第10冊, p.298.
36) 『大久保日記』1, p.463.
37) 『木戸日記』1, pp.49~50 ; 『木戸文書』3, pp.80, 83, 85~86.
38) 『岩倉關係史料』下, p.82.
39) 『岩倉關係文書』4, pp.5~6.
40) 『木戸日記』1, p.51.
41) 『木戸日記』1, p.53 ; 『木戸文書』3, pp.83~86, 88 ; 『伊藤關係文書』4, p.178.

제1장 보신 전쟁과 기도 다카요시의 군함 확보 노력　263

중심으로 한 제번 병력의 호쿠에쓰 출병이라는 정치적 성과를 올렸다.[42]

　기도는 여기에 만족하지 않고 신정부가 안고 있는 해군력 취약이라는 약점을 어떻게 극복하여 증원 병력을 현지로 보낼 것인지 고민하기 시작했다. 앞에서 언급한 것처럼, 기도는 일찍부터 호쿠에쓰 현지로 관군을 증파하고 군수품 수송을 원활히 하기 위한 '군함확보론'[43]을 주장해왔는데, 이번처럼 대병력을 보내려면 상당한 수송 능력이 필요하다는 점을 깊이 인식하고 있었다.[44] 따라서 기도는 촌각을 다투는 전황을 고려하여, 육로보다 해상을 이용한 수송이 시간과 경비 면에서 매우 효율적임을 알고 있어 함선의 확보에 매달렸고, 이 같은 노력은 이후에도 계속되었다.

　기도의 절박한 심정이 통했던지 신정부는 17일 제번에 보유 함선의 제원 기록을 재조사하여 7월 29일까지 제출하라는 명령을 내렸다.[45]

---

42) 『木戸日記』 1, p.54.

43) 『木戸日記』 1, p.23 ; 『木戸文書』 3, p.62 ; 『同』 8, pp.83, 86.

44) 기도가 17일 이미 결정된 도호쿠 평정을 위한 '대거大擧의 책策'을 신속히 실행에 옮겨야 하는데, 신정부가 소유한 '대함'이 부족하여 운송에 불편함을 크게 느끼는 현실을 개탄하며, "밤낮으로 고민해 편안할 날이 없다"는 심정을 토로한 것은 이를 대변한다(『木戸日記』 1, p.54).

45) 이번 명령은 도호쿠로의 병력 파병을 앞두고, 지난 윤4월 25일 신정부가 제번 함선의 동력 제원 기록을 제출하라는 지시를 내렸을 때, 여기에 충실히 따르지 않은 제번의 함선 상황을 재차 상세히 파악할 목적에서, 보유 함선의 제원 기록을 제출하라는 의미를 담고 있었다. 별지에는 소속 번명藩名, 선형船形(蒸氣·帆前), 선명船名(鐵製·木製), 원명原名, 선장船長, 선폭船幅, 마력馬力, 톤수噸數, 구입 상황(매입·건조) 등의 순서로 제출하도록 하고 있다. 신정부는 향후 증기선·범전선을 막론하고 서양 함선을 매입하거나 건조할 경우에는, 별지의 양식대로 속히 군무관에 제출할 것을 요구하였다(『法令全書』 〈慶応 3年〉 第484, pp.197~198 ; 『復古記』 第4冊, p.757). 군무관은 6월중 기도의 노력으로 호쿠에쓰로 대병력을 파견하기로 예정되어 있던 조슈번에, 최근 매입한 군함의 선명船名·비포수備砲數 등의 상세 기록을 속히 제출할 것을 지시했다(『公文類纂』, 件名: 其藩艦名等取調方長州家へ達 ; 『太政類典』 第1編 第109卷, 件名番號:

사쓰마번 등의 제번이 위의 명령에 기초해 군무관에 제출한 내용을, 앞서 윤4월 25일 동력제원표 제출 명령에 따라 보고된 내용과 비교해보면, 지쿠젠筑前·시마바라島原·히메지姬路·기이紀伊·이즈모出雲·다쓰노龍野·히고肥後·지쿠고筑後·우와지마宇和島·후쿠야마福山·노베오카延岡가 보유 함선의 제원을 새롭게 보고하였고, 이전에 보유 함선의 제원을 구체적으로 명시하지 않았던 사쓰마번이 상세한 내용을 담고 있었다. 또한 가가加賀·히젠肥前은 각각 1·2척을 추가하였고, 히젠오기肥前小城·아키安藝 및 이가伊賀는 이전과 동일하거나 혹은 1척을 축소 보고하였다. 제출 날짜를 약간 넘겨 선박 이름을 적시하지 않은 노베오카번을 제외하면 대부분의 번들이 대략 8월 하순경까지 동력제원표를 제출하였다.[46]

한편 천황의 '동행' 준비 때문에 신정부 요인들이 에도로 모이는 가운데, 기도는 21일 이와쿠라 측근인 야마모토에게 보낸 서한에서, 조슈 번병의 호쿠에쓰 증원 파견 결정에도 불구하고 함선이 부족해서 병력 수송에 차질을 빚고 있는 안타까운 상황을 설명하고, 시급하게 '출함出艦' 대책을 마련할 것을 강조했다.[47] 이처럼 고전중인 호쿠에쓰 상황에 대처하기 위해 신속한 함선 수배를 통한 병력과 탄약 수송이 시급히 요청[48]되던 가운데, 신정부는 5월에 이어 6월에서도 일부 제번

7, 件名: 長門藩購買スル所ノ軍艦名號砲數並乘組人員等ヲ錄上セシム). 7월 2일·29일에는 제번 함선의 소재·파손 등의 파악을 각각 지시하기도 했다(『公文類纂』, 件名: 奇捷丸外艦船取調書 ;『太政類典』第1編 第109卷, 件名番號: 8, 件名: 名古屋藩所持ノ船艦ヲ調査錄上ス).

46) 『復古記』第4冊, pp.765~785.

47) 『木戶文書』3, pp.90~92.

48) 기도는 6월 하순경 오무라에 서한을 보내 도호쿠 전황을 논의하며, 함선 부족에 따라 전쟁 수행에 '곤궁함이 적지 않음을 지적하고, 도호쿠 출병 결정이 상황 호전을 위한 최선의 방책임은 분명하나, 실질적으로 이를 뒷받침할 만한 함선 수배를 무엇보다도 선결과제로 해야 한다고 강조했다(『木戶文書』3, pp.96~97).

에게 관군을 수송할 함선의 징발과 군수물자의 운송을 명령했다.[49]

그리고 19일 에치고의 반정부 세력을 진압하기 위해 나가토長門·이와쿠니岩國의 2개 번에 해로를 이용한 병력 지원을, 지쿠젠·가가 2개 번에는 수송용 증기선의 제공을 명령했다.[50] 22일에는 후쿠야마福山·이요마쓰야마伊予松山·이즈모의 3개 번에 증기선·범전선의 차용 명령이 내려졌다.[51] 이처럼 기도가 25일 에도에 도착하기 전후부터 7월 1일 에도를 떠날 때까지, 오무라 등과 수시로 만나 도호쿠 전황을 검토하며 함선 확보에 전념한 결과, 4일에 이르러 신정부의 명령이 제번에 하달되었다.[52] 이번 명령은 앞서의 두 차례(윤4/25·6/17) 명령으로 제번 함선의 보유·동력 제원 상황을 파악할 수 있게 되었다고 판단한 신정부가, 도호쿠 전선으로 관군 증파를 본격화하기 앞서 제번 함선을 오사카·효고의 두 항구로 집결시킬 것을 지시한 것이었다.

교토로 돌아온 기도는 7일 동향의 구보久保에게 보낸 서한에서, 9개 번의 정예병력을 파병함으로써 9월 중순경이 되면 도호쿠가 평정될 것으로 전망[53]했으나, 현실 사정은 녹록치 않아 기도의 생각만큼 군함 수배가 수월하게 진척되지 못하였다. 기도는 이에 대한 답답한 심정을

---

49) 『公文類纂』, 件名: 御預り軍艦借用の件山內家願 ; 『同』, 件名: 御預り軍艦借用の件に付條々伺 ; 『同』, 件名: 蒸氣帆前船答御借入の件松平主殿守外3藩へ達. 신정부는 6월 14일 사쓰마·에치젠 2번에 병참물자의 운송을 지시했다(『復古記』 第6冊, p.239).

50) 『復古記』 第6冊, p.357.

51) 『公文類纂』, 件名: 蒸氣帆前船答御借入の件福山外2藩へ達. 군무관은 야나가와번柳川藩에도 증기선 차용 명령을 내렸다(『公文類纂』, 件名: 蒸氣船借用の件柳川藩願).

52) 『法令全書』〈慶応 3年〉 第528, p.208 ; 『復古記』 第6冊, p.625. 이번 명령에 앞서 신정부는 6월 25일 시마바라번島原藩 등에 증기선의 효고 회항을 명령했다(『公文類纂』, 件名: 蒸氣帆前船答御借入の件松平主殿守外3藩へ達 ; 『復古記』 第6冊, p.462).

53) 『木戸文書』 3, pp.103~104.

11일 오키大木에게 보낸 서한54)에서 토로하였는데, 병력·탄약을 수송하기 위한 군함 수배가 지연되면서 도호쿠 평정에 심각한 어려움이 초래되고 있다고 지적하였다. 그리고 이 상황을 극복하기 위해 군무관 토의를 거쳐 조속히 국내외의 함선 차용에 노력해줄 것을 당부하며, 도호쿠 평정은 어디까지나 군함 확보에 달려 있다는 지론을 재차 강조하였다.

12일 도호쿠 현지의 관군 측이 군무관에 지원군 파병을 요청하는 가운데, 다음 날 출병책을 논의하는 각의에 참석해 우슈 출병의 중요성을 주장한 기도는, 14일 출병이 잠정 결정된 후 17일 이와쿠라·오쿠보 등에게 신속한 출병 결정의 당위성을 재차 주장하여 20일 우슈 출병이 확정되었다.55) 앞서 기도의 건의대로 병력·군수물자를 수송하기 위한 군함 수배를 담당하게 된 군무관은, 각의 내용을 접하고 수송 대책의 마련에 부심했다.56) 23일 기도도 오쿠보에게 막바지로 치닫고 있는 에치고의 완전 평정과 우슈 출병을 위해서는 지체 없는 군함의 조기 수배가 필요함을 강조하고, 수배되는 대로 금일중에 출항할 수 있게 조정하고 있음을 전했다.57)

한편 신정부는 22일 우슈 출병을 목전에 두고서 호쿠에쓰 반정부

---

54) 『木戸文書』 3, pp.108~109.

55) 『木戸日記』 1, pp.68, 71 ; 『岩倉關係文書』 上, p.46. 이때 기도는 오키에게 병력과 군수물자를 수송하기 위한 증기함의 수배를 요청하였다. 기도를 포함한 신정부 요인들이 서둘러 출병 결정을 확정한 것은, 현지에서 관군이 '고전'중인 절박한 상황을 인지했기 때문이다(『岩倉關係文書』 上, pp.55, 58).

56) 『公文類纂』, 件名: 翔鶴丸外久留米外藩々兵隊夫々揚碇の件 ; 『岩倉關係史料』 上, pp.121~122.

57) 『木戸文書』 3, p.114 ; 『大久保關係文書』 2, p.374. 기도는 29일 오키에 보낸 서한에서, 인슈因州·사도와라佐土原 양 번의 병력을 인슈함을 포함한 제함선이 수배되는 대로, 속히 우슈로 조기 출병할 수 있게 노력해달라는 이와쿠라의 지시를 전했다(『岩倉關係史料』 下, p.80).

세력을 완전 진압하고자, 사쓰마·사도와라佐土原의 양 번에 우슈 출병 대신 에치고 파견 명령을 하달했다.[58] 25일 함선을 동원해 시바타번新發田藩의 해안가에 상륙해 29일 열번동맹 측의 무기탄약 공급지 역할을 하던 니가타 점령을 시도[59]했으나 사정이 여의치 않았고, 여타 지역에서도 불리한 상황이 계속되었다. 8월 3·6일 관군의 패배 소식을 접한 기도는, 오쿠보 등에게 서한을 보내 에치고·아키타로 관군이 진격한 상황을 전하며, 나가오카 등지에서 관군이 패배한 것은 탄약·병량 등의 손실에 따른 것이니 전력 보충이 시급하다고 강조했다. 기도는 우슈로 출병할 예정인 인슈因州 등의 번병을 돌려 응원토록 조치하고, 5일 군무관에 주선해 니가타로 군수물자 수송 증기함 1척을 보내도록 했다.[60]

기도로부터 에치고 총독부를 지원하기 위한 제번 병력의 증파와 전쟁비용 마련을 군무관·회계국에 주선해줄 것을 요청[61]받은 이와쿠라는, 의견서를 9일에도 대총독부에 보내 탄약 비용이 마련되면 전군에 탄약을 배분하고 수송하는 문제를 대총독부 산하의 군무관이 책임지고 집행할 것을 당부했다. 이 의견서는 기도가 전날 초안을 마련해 이와쿠라에 제출한 것으로, 기도는 중구난방식으로 추진되는 제번 '구원' 형태를 시정하여 군무관 중심으로 일을 진행시키고자 하였고, 이에 도호쿠 평정의 전략·병참을 책임진 군무관 부지사 오무라에게 힘을 실어주려 했던 것으로 보인다.[62]

에치고 증파문제가 계속 논의되는 가운데 19일 우슈·아키타 전황을

---

58) 『復古記』第7冊, pp.7~8.
59) 『復古記』第7冊, pp.33~34.
60) 『木戶文書』 3, pp.122~124 ; 『木戶日記』 1, pp.77~78.
61) 『岩倉關係史料』 下, p.82.
62) 『木戶日記』 1, p.79 ; 『岩倉關係史料』 上, pp.465~466.

접한 기도는, 이와쿠라의 '하문'에 아키타로 제번 병력을 추가 파견할
것을 건의했다.[63] 8월 말에 이르러서도 기도는 막바지에 이른 호쿠에
쓰 평정 문제에 관심을 기울이고 있었다. 24·26일 오가사와라小笠原
등과 출병을 논의[64]한 바 있던 기도는, 29일 관군의 병량 부족이 심각하
다는 사실을 전해듣고, 29일 '금곡金穀'을 수송하여 관군의 사기를 진작
시키고자 호쿠에쓰 출장을 청원했으나 받아들여지지 않았다.[65] 출장
건이 무산된 후에도, 기도는 고마쓰 등에게 탄약·병량을 수송하기
위한 군함의 수배가 긴급하다는 점을 재삼 강조하였다.[66]

　신정부는 기도의 건의를 토대로, 9월 18일 이지치伊地知를 '군함구매
어용괘軍艦購買御用掛'에 임명했다.[67] 이처럼 기도는 9월 하순경에 도호쿠
반정부 세력인 열번동맹 측이 항복할 때까지 군수물자 수송에 최선을
다하였다. 전쟁 중반 무렵까지 관군은 병력·탄약·병량의 보급 부족으
로 크게 고전을 면치 못하였으나, 점차 군함을 확보할 수 있게 되면서
해상을 통한 공략작전에 힘입어 마침내 도호쿠 평정에 성공하였다.
나가사키 기독교도 처분을 마치고 귀경한 직후 본격화된 기도의 정치
적 조정 능력, 즉 정치적 맹우 오무라의 군무관을 중심으로 군함 수배와
병참 지원이 이루어지도록, 신정부 요인을 상대로 한 건의·주선 노력
등이 낳은 정치적 성과였다고 할 수 있을 것이다.

---

63) 『木戸日記』 1, pp.85~86.
64) 『木戸日記』 1, pp.88~89.
65) 『木戸日記』 1, pp.91~92.
66) 『木戸日記』 1, p.96 ; 『木戸文書』 3, pp.140, 145, 148, 154.
67) 『復古記』 第7冊, p.5 ; 『太政類典』 第1編 第109卷, 件名番號: 9, 件名: 伊知地貞馨ニ
　　軍艦購買御用掛ヲ命シ大坂貨幣司ニ參セシム.

2. 기도 다카요시의 정치적 노력(2)

1) 하코다테 전쟁의 전개와 제번 함선의 징발

앞에서 언급한 것처럼, 8월 19일 에도만을 탈출한 에노모토의 탈주함 대가 센다이를 거쳐 10월 12일 하코다테로 향하면서 신정부 내에서는 위기감이 감돌았다.[68] 그렇다면 기도를 비롯한 신정부 수뇌부는 어떤 정치적 대응을 보였을까. 기도와 오무라가 우려[69]한 대로 에노모토의 2차 탈주 후, 신정부 요인들이 '탈함'의 행방과 천황 '동행' 문제로의 파급을 걱정[70]하고 있을 때, 기도 역시 '동행' 지연 가능성에 대해 우려를 표시[71]하면서도 남들보다 한 발 앞선 대응을 보여주었다. 즉 23·28일 '탈함'과 관련해 오무라에게 서한[72]을 보낸 기도는, 27일 이와 쿠라로부터도 탈주함대에 대한 정보를 전달받고 대책 마련[73]에 착수하여, 다음 날 오쿠보에게 탈주함대에 맞설 수 있는 제철선박 혹은 견고한 군함을 긴급하게 매입할 필요가 있다고 강조했다.[74]

그리고 2차 탈주의 목적이 최종적으로 에조치 도항[75]에 있음을 간파

---

68) 도호쿠 전쟁을 수행하면서 병력 수송 등의 군함 수배에 어려움을 겪은 신정부 로서는, 막강한 구막부 함대를 상대로 싸워야 한다는 부담감이 크게 작용하고 있었다.

69) 『木戶文書』 3, p.120 ; 『木戶關係文書』 2, p.272.

70) 『大久保日記』 1, p.479 ; 『岩倉關係史料』 下, p.329.

71) 『木戶日記』 1, p.111 ; 『木戶文書』 3, pp.133, 143 ; 『木戶關係文書』 2, p.274.

72) 『木戶關係文書』 2, p.274.

73) 『木戶日記』 1, p.91 ; 『木戶關係文書』 2, p.12.

74) 기도는 2차 탈주 사태의 주원인이, 지난 4월 구막부의 군함을 접수할 때 사쓰마파가 주도한 에도 대총독부의 관대한 협상 태도에 있었고, 그것이 이번 '거동'으로 이어졌다고 지적했다(『木戶文書』 3, p.133 ; 『大久保關係文書』 2, p.377).

75) 『復古記』 第7冊, pp.214~216 ; 『同』 第8冊, pp.459~462 ; 『同』 第14冊, pp.428~ 429.

한 기도의 하코다테 파병론은 7일 관군의 출병령 포고로 이어졌다.[76) 기도의 주장은 도호쿠 평정을 앞두고, 열번동맹 측의 잔존세력이 탈주 함대에 승선해 에조치로 도망갈 가능성이 컸던 시점에서 내놓은 중요한 선구적 제언이라고 할 수 있다. 9일 이후에도 기도는 하코다테에 경비 병력을 신속히 출병시키기 위해 이와쿠라 등에게 군함 수배의 필요성을 강조했다.[77)

한편 신정부는 9월 27일 도쿄부에 군무관과 협의해 탈주 군함을 섬멸하라고 명령[78)했으나, 기도의 우려대로 탈함세력은 도호쿠 반정부 잔존세력을 승선시켜 10월 12일 센다이를 떠나 20일 에조치의 와시노키 해안에 상륙하였다. 이어 12월 15일 탈함정권이 탄생함으로써 하코다테 전쟁의 개시라는 새로운 국면이 전개되었다.[79) 탈함세력이 하코다테의 고료카쿠를 점령한 다음 날인 10월 27일 기도는 그들을 '탈함 폭거' 세력으로 규정[80)하고, 11월 5일에는 공략책의 하나로 앞서의 '도쿠가와가 출병론'[81)을 신정부 요인들에게 제시하며, 다음 날에도 오무라와 만나 평정책을 논의했다.[82)

이처럼 신정부 내에서 본격적으로 평정책이 마련되는 가운데, 기도

---

76) 『木戸日記』1, pp.93~94 ; 『復古記』第7冊, pp.564, 568. 기도는 9월 4일 지난번에도 체류 시, 오무라 등과 하코다테부 경비를 강화하기 위해 출병을 논의한 것을 상기시킨 뒤, 이번에야말로 파병 결정의 적기라고 주장했다.
77) 『木戸日記』1, p.100 ; 『木戸文書』3, pp.140, 145, 148, 154.
78) 『復古記』第8冊, p.674.
79) 『明治天皇紀』第1, pp.864, 875~876.
80) 『木戸日記』1, p.131.
81) 『木戸日記』1, p.134 ; 『木戸文書』3, pp.195~196 ; 沈箕載(2010), 「木戸孝允과 戊辰戰爭」, pp.488~489. '도쿠가와가 하코다테 출병론'은 에노모토 측의 주군인 전장군 요시노부 등에게 관군의 선봉 역할을 맡기는 '적함토격책敵艦討擊策'으로, 이듬해 초 후술하는 갑철함의 획득으로 자연스럽게 철회되면서 실제로 이루어지지는 않았다. 여기에 관해서는 沈箕載(2015), 「木戸孝允과 德川家箱館出兵論」, 『日本學報』105 참조.
82) 『木戸日記』1, p.135.

는 13일 "도쿠가와 탈함세력의 하코다테 점거는 매우 곤란한 사태로 어떻게 해서든 신속히 평정책을 강구해야 해결할 수 있을 터인데, 신정부는 아직도 견고한 군함 한 척도 없어 당혹스러운 상태"니, "국내뿐 아니라 중국 상하이에까지도 수소문하여 구막부 측의 최강 군함 '가이요마루'에 대적할 견고한 '대함'을 확보해야 한다"고 주장하였다. 그리고 이번 기회에 군함 확보 문제를 해결한다면 신정부는 전면적 '승리'를 거둘 수 있을 것이나, 만약 지체하면 신정부가 '피폐'해질 것이라는 위기인식을 나타냈다.[83]

이러한 정세 판단은, 후술할 갑철함의 양도를 좌우할 '국외중립' 해제 교섭이 난항에 빠진 후 나온 인식이라 더욱 주목된다. 이처럼 기도와 오무라를 중심으로 평정 대책의 필요성이 제기된 후, 19일 탈함세력에 대한 정토령이 정식으로 발령[84]되었고, 이때 가장 중시된 것이 도호쿠 전쟁 때도 이미 드러난 군함 확보 문제였다.[85] 이에 신정부는 병력 수송을 위해 사쓰마번 등에게 보유 군함의 도쿄 회항 명령[86]을 내리는 한편, 미국 소군함의 매입을 시도하고 제번 군함의 수리 비용을 지원하기도 했으나, 제번의 사정 때문에 군함의 집결은 생각만큼 쉽지 않았다.[87]

---

83) 『木戸文書』 3, pp.189, 193.

84) 『復古記』 第14冊, pp.442~443.

85) 오무라는 이와쿠라에 의견서를 제출해, 하코다테에 3척의 군함을 수배하여 천명 규모의 조슈·히젠 번병을 파견할 필요성을 주장했다(『岩倉關係史料』 下, p.199).

86) 『公文類纂』, 件名: 11月東京へ回艦の旨春日丸へ達.

87) 『公文類纂』, 件名: 米軍カンカキ一號お買上及軍艦修復の件弁事へ申出 ; 『同』, 件名: 米軍カンカキ一號お買上及軍艦修復の件弁事へ申出 ; 『同』, 件名: 米軍カンカキ一號お買上代繰替方弁官へ答) ; 『同』, 件名: 米軍カンカキ一號お買上代繰替方軍務官へ答 ; 『同』, 件名: 米軍カンカキ一號お買上代繰替方弁官へ答 ; 『同』, 件名: 攝津丸外三艘速に修理出來方達 ; 『同』, 件名: 河內丸外四船修覆云々上申. 이 밖에 도요우라번豊浦藩의 경우에는 궁핍한 번 경제사정을 들어, 신정부에 보유 군함의 매입

2) 하코다테 전쟁과 갑철함 인도

이처럼 메이지 원년 말까지 제번 함선의 확보와 외국 소군함의 매입 시도가 꾸준히 계속되었으나, 신정부가 가장 역점을 둔 것은 막강한 에노모토 탈주함대에 맞설 수 있는 최신예 장갑함인 갑철함의 인도였다.[88] 그렇다면 갑철함이 신정부 측에 인도되어 하코다테 공략의 주력함으로 활약하기까지의 과정을 간단히 살펴보도록 하자.

앞에서 언급했던 것처럼 취약한 해군력 보강이 절실하다고 판단한 사이고 등의 사쓰마파를 중심으로, 1월중에 갑철함의 양도가 시도되었으나 성공하지 못했다. 4월에 들어와 기도가 이 문제를 재차 언급하였고, 29일 오쿠보에게 군함 양도와 관련하여 의론이 분분하여 걱정하던 차에 갑철함이 요코하마에 도착하였다. 기도는 이 군함을 소유하게 됨으로써, '해군'도 구막부 세력과 '전면전쟁'을 펼칠 수 있게 되어 매우 '안도'하게 되었다고 전했다.[89] 갑철함의 보유로 막강한 해군력을 자랑하는 구막부 측에 대항할 힘을 갖게 된다는 기도의 인식은, 구막부 측의 최강 군함 '가이요마루' 등이 현존하는 가운데, 무엇보다도 해군력

을 요청하기도 했다(『同』, 件名: 滿珠丸御買上の件毛利左京亮願). 1월 17일에는 군무관에 증기군함 매입 명령이 하달되었다(『太政類典』第1編 第109卷, 件名番號: 11, 件名: 蒸氣御艦ヲ軍務官ニ於テ購買セシム). 한편 제번으로부터의 함선 차출이 계속 지연된 주 원인은, 제번 소유 함선의 고장(파손)에 따른 수리기간의 증가 때문이었다.

88) 『復古記』第9冊, p.613. 갑철함은 게이오 3(1867)년 4월 22일 도미한 구막부 측의 오노 도모고로小野友五郎(勘定吟味役)·마쓰모토 주타로松本壽太郎(開成所頭取)가 그해 7월 미국 측에 40만 달러에 발주한 최신예 군함으로, 우선 30만 달러를 선불하고 도착 후 잔금 10만 달러를 지불하는 것으로 구두계약을 맺었다. 이듬해 4월 2일 요코하마에 도착했으나, 주일 미국공사는 보신 전쟁에 대한 '국외중립'을 이유로 구막부 측과 신정부 측 어느 쪽에도 인도를 거부했다.

89) 『木戶文書』3, p.45 ; 『大久保關係文書』2, p.373.

보강이 절실하다는 자체 판단에서 나온 것으로 보인다.

이러한 문제 제기에 호응해 윤4월 6일에도 대총독부 참모 오기마치
正親町 등은, 부총재 이와쿠라에게 갑철함 인도문제를 담당하고 있던
기도의 정치적 맹우 오무라와 깊이 논의한 후, 오무라가 곧 가나가와
재판소에 급파되어 협의할 예정임을 전했다.[90] 이때 갑철함을 인도받
는 것이 구막부 함대를 접수하는 것보다 선행되어야 할 우선 과제라고
인식[91]한 기도는, 9일 고마쓰에게 서한을 보내 신정부 내에서의 갑철함
수령 문제의 결정 여부를 문의[92]하고, 11일에는 사이고·오쿠보 등에게
서한을 보내 다음과 같이 지적했다. 신정부가 50만 달러를 내고 갑철함
을 인도받으려 하는 움직임에 반대하며, 구막부가 주문한 갑철함을
수령하는 일은 당연한 것으로서 구막부 측의 미지급액만 지불하면
되니, 이미 40만(30만 달러의 오기 | 필자 주) 달러를 선납한 구막부 측의
계약을 승계해서 잔금 10만 달러만 지불하고 인도받을 것을 강조했
다.[93]

이날 기독교도 처분 임무 차 고베에 도착한 기도는, 이전에 사이고의
요청으로 갑철함 인도 교섭에 관계한 적이 있던 고다이五代(外國事務局權判
事)를 가라바 상회에서 만나 인도의 중요성을 강조했다.[94] 이에 신정부
는 12일 기도의 건의와 대총독부에서 갑철함 문제를 담당하고 있는
오무라의 의사를 존중해, 조슈번에 인수 요원을 파견해 수령하도록

---

90) 『岩倉關係史料』 上, p.61.
91) 國立國會圖書館憲政資料室所藏, 「木戶見込」, 『岩倉具視關係文書』 8-2-(19).
92) 『木戶文書』 3, p.62 ; 『大久保關係文書』 2, p.411.
93) 『木戶日記』 1, p.23. 같은 날 동향의 가시와무라柏村에게 최근 제번도 활발하게
   군함을 매입하는 상황에서, 신정부 역시 매입 결정에 대한 전망이 서면
   속히 매입에 착수하는 것이 바람직하다고 강조하고, 19일에는 고마쓰·오쿠
   보·요시이 3인에게 서한을 보내, 갑철함의 매입 결정 여부를 재차 문의하였다
   (『木戶文書』 3, pp.64, 69).
94) 『木戶日記』 1, p.22.

명령했다.95) 또한 기도의 요청을 받아들인 고다이도 15일 사이온지西園
寺 등과 연명으로, 데라지마(外國事務局權判事) 등에게 서한을 보내 미국
공사를 상대로 즉시 교섭에 나서줄 것을 부탁했다.96) 이때 신정부
내에서는 17일 무쓰陸奧의 주선으로 인수 잔금 10만 달러의 조달에
가볍게 성공하여 한 달 정도면 인수작업을 마무리지을 것으로 낙관하
였다.97)

그런데 예기치 않은 복병이 새로 등장했다. 마침 히젠번의 미국선박
차용 요구를 미국 측이 거부하자, 23일 히가시쿠제東久世(横浜裁判所總督)
등이 미국을 비롯한 6개국 공사에게 전장군 요시노부의 '항복사죄'를
들어 '국외중립' 폐지를 요청하는 서한을 전달98)했다. 그러나 오히려
서양 각국은 재차 '국외중립' 선언을 포고하는 등, 폐지에 전혀 동의할
의사가 없다는 태도를 보임으로써, 주요 현안인 갑철함의 인도문제도
자연히 제대로 진행할 수 없는 상황에 직면했다. 8월 3일 히가시쿠제는
미국공사를 만나 갑철함의 인도 가능 여부를 타진했으나, 역시나 '국외
중립'을 이유로 거부당했다.99)

이러던 차에 19일 2차 탈주 사태가 발생하자, 신정부 요인들은 갑철
함의 조기 획득 필요성을 더욱 절감했다. 인도의 필요성에 절대적인
공감대를 형성한 기도 등은 우호적인 주일 영국공사 파크스 등과 만남

---

95) 『復古記』第4冊, p.613 ; 『太政類典』第1編 第109卷, 件名番號: 6, 件名: 長門藩ニ命
シテ旧幕府米利堅國ニ購買セシ所ノ裝鐵鑑ヲ交收セシム.
96) 『復古記』第4冊, pp.614~615.
97) 『岩倉關係史料』上, p.511 ; 『復古記』第9冊, p.613.
98) 『復古記』第4冊, pp.744~745. '국외중립' 문제는 게이오 4(1868)년 1월 15일
서양 6개국 공사에게 '왕정복고' 국서를 전달해 정권의 정당성을 알린 신정부
가, 서양 각국의 보신 전쟁 개입과 갑철함의 구막부 측으로의 인도를 사전에
막을 목적에서, 21일 정식으로 요청하여 25일 서양 각국이 '국외중립'을 선언
한 것을 말한다(『岩倉公實記』中卷, pp.651~656).
99) 石井孝(1966), 『明治維新の國際環境』, 吉川弘文館, pp.913~916.

을 갖고, 갑철함 수령을 위한 전제조건인 '국외중립' 폐지를 위해서는 도호쿠 평정이 선행되어야 한다는 것을 깨달아 도호쿠 평정에 전력을 경주했다.100) 그 결과 10월 22일 신정부는 서양 6개국 공사에게 도호쿠의 평정과 전쟁 종결을 포고하고, 28일 히가시쿠제는 이와쿠라에게 어떻게든 인도 담판을 성공리에 마치겠다는 강한 의지를 드러냈다.101)

한편 11월 8일 기도도 요코하마에 출장하여 히가시쿠제 등과 함께 파크스를 비롯한 각국 공사를 만나고 돌아온 다음 날인 13일, 나카이中井 (外國官判事)에게 서한을 보내, '국외중립론'을 해제시켜야만 에노모토 '정토'의 명분을 획득할 수 있고, 그렇지 못하면 '황국의 기초'를 세울 기회를 상실하게 될 터이니, 널리 이 '조리'를 프로이센 공사에게도 납득시켜 부디 '중립'을 해제시키는 방향으로 노력하고자 하며, 이것이 야말로 당면한 신정부의 '대급무'임을 강조했다.102) 여하튼 신정부는 앞서의 도호쿠 평정과 23일 천황의 외국공사 접견을 호기로 삼아, '국외중립' 철폐에 전력을 기울였다. 기도에 이어 이번에는 이와쿠라가 12월 3·15일 6개국 공사와 협상을 벌였고 마침내 28일 염원하던 '국외중립' 철폐에 성공함으로써, 신정부의 주력함으로 활약할 갑철함을 획득하는 데 성공하였다.103) 이후 미국공사와의 인도 교섭을 통해

---

100) 『大久保文書』 2, pp.389, 341, 347~349, 363, 374~375 ; 『大久保日記』 1, pp.479~480 ; 『岩倉關係史料』 上, p.311 ; 『木戶文書』 3, p.133 ; 『復古記』 第8冊, p.645.

101) 이때 히가시쿠제는 "갑철함을 만약 차입할 수 없다면, 설령 10만냥, 20만냥을 지불하더라도 최강의 탈주 군함 가이요마루에 맞설 수 있는 견고한 군함을 차입해, 에노모토 정권을 붕괴시키지 않고서는 후환이 남는다'라는 군무관 부지사 오무라의 말을 전했다(『岩倉公實記』 中卷, pp.656~657 ; 『岩倉關係文書』 4, pp.166~167).

102) 『木戶文書』 3, p.192.

103) 『明治天皇紀』 第1, pp.914~915. 신정부는 11월 19일 6개국 공사에게 가나가와 재판소 권판사를 통해, '국외중립' 철폐와 갑철함 인도가 에노모토의 '탈함 추토'에 있음을 밝히며 협조를 요청했다(『岩倉公實記』 中卷, pp.631~632, 657~661).

잔금을 지불하고 이듬해 2월 초 마침내 인도를 받았다.

해군력에 자신감을 갖게 된 신정부는 군무관 방침대로 해빙을 기다려, 아오모리에서 대기중이던 정토군을 에조치로 파견하려 했으나, 후술하듯 제번 함선의 집결이 늦어지면서 순연이 불가피해졌다.[104]

1월 17일 평정을 책임지고 있던 오무라와 만나 긴밀히 논의한 기도는, 이번에는 이와쿠라에게 서한을 보내 평정 후 도호쿠의 '인심'이 '불온'한 상황에서, 하코다테 평정은 참으로 절박한 문제인데도 제번 군함의 수배 문제로 차질을 빚어 지연되고 있다고 전한 뒤, 가까운 시일 내에 집결해 다음 달 중순까지는 하코다테 평정이 가능할 것으로 전망했다.[105] 그러나 기도의 예상보다 군함 수배가 더디게 이루어져 기도를 더욱 초조하게 만들었다. 21일 기도는 도호쿠 평정에 이어 갑철함 인도 과정에서 보여준 오무라의 배려에 감사를 표시[106]하면서도, 23일 하코다테 참전이 예정된 육군참모 구로다에게는, 아직껏 제번 군함이 도착하지 않아 출발 날짜도 정하지 못하고 있다면서 걱정을 전했다.[107]

한편 기도는 2월 1일 산조·이와쿠라에게 2월에 접어들어서도 군함 문제가 해결될 조짐을 보이지 않자 초조한 심정을 피력하며, 오무라와 함께 군함을 수배하기 위해 최대한 노력하고 있다고 밝혔다.[108] 7일에는 전날 군무관을 통해 전달받은 하코다테 정토군이 대기중인 아오모

---

104) 기도는 갑철함의 획득을 전망하여 1월중에 추진하고자 했던 하코다테 평정 계획이 제번 군함의 수배 지체로 지연되어, 이미 아오모리에서 대기중인 관군의 주둔비용이 증가하며 어려움을 겪고 있음을 지적하며, 군함이 확보되어야만 2월 평정이 가능해질 것이라며 우려를 표하였다(『木戸文書』 3, pp.234~236).

105) 『木戸日記』 1, p.178 ; 『木戸文書』 3, p.222.

106) 『木戸文書』 3, pp.223~224 ; 『復古記』 第14冊, pp.477~478.

107) 『木戸文書』 3, p.224.

108) 『木戸文書』 3, pp.237~238.

리의 현지 사정과 관련해, 오무라와 협의를 가진 기도는 다음 날 오쿠보에게 군함이 집결되지 않아 공교롭게도 '하코다테 정벌'이 지연되었으나 3월 상순경에는 출정이 가능할 것 같다고 전했다.[109] 군무관은 22일 갑철함, 24일 보신마루戊辰丸·도요야스마루豊安丸, 27일 가스가마루春日丸·데이보마루丁卯丸·보신마루戊辰丸, 29일 요슌마루陽春丸에 3월 1일 출항을 각각 통고했다.

그러나 30일에 요슌마루의 수리 완료가 7일로 늦춰짐에 따라 함선들에게 그 다음 날 출항으로 재하달되었으나, 날짜가 하루 연기되어 9일 드디어 최신예 군함 갑철함을 기함으로 하여 사쓰마·조슈 등의 번에서 차용된 3척(가스가마루春日丸·데이보마루丁卯丸·요슌마루陽春丸)과, 군용수송선 4척(도요마루豊安丸·보신마루戊辰丸·신부마루晨風丸·히료마루飛龍丸)으로 편성된 신정부 함대가 시나가와를 출항하여 26일 아오모리에 도착했다. 에노모토 탈함정권의 주축 군함인 '가이요마루'가 사고로 침몰하여 잔여 군함이 3척에 불과하다는 정보를 입수한 관군 측은, 신정부 함대가 과거 위용을 자랑하던 구막부 해군력을 압도해 유리한 입지를 확보했다고 보고 공격을 결정하여, 4월 6일 아오모리를 출항해 9일 에조치의 오토베에 상륙했다.[110] 5월 11일 정토군은 총공격을 개시해 하코다테를 점령한 후, 18일 고료카쿠에서 농성중이던 에노모토 탈함정권으로부터 마침내 항복을 받아내기에 이르렀다.[111] 이로써 도바·후시미 전쟁으로 시작되어 하코다테 전쟁까지 무려 1년 반에 걸쳐 계속된 보신 전쟁이 막을 내렸으나, 그 이면에는 기도·오무라의 지속적인

---

109) 『木戶文書』3, pp.248~249 ;『大久保關係文書』2, p.379. 기도는 갑철함과 관련하여 노무라 도조野村道藏(外國官權判事) 등을 만나 협의했다(『木戶日記』1, pp.188~189).

110) 『復古記』第14冊, pp.469~470, 490, 526, 533 ;『明治天皇紀』第2, pp.97~98, 108 ;『公文類纂』, 件名: 丁卯艦箱館館戰爭槪略届.

111) 『明治天皇紀』第2, pp.115~116, 123~124.

군함 확보 노력이 있었다.

맺음말

　도바·후시미 전쟁 이후 신정부는 막강한 구막부 함대에 대항하기 위해 갑철함 등 외국군함의 매입에 나서는 한편, 간토 공략을 위해 제번에 군함징발령을 발령하였다. 그러나 에노모토 함대의 1차 탈주와 에도 대총독부의 구막부 함대 접수 실패는, 도호쿠 전쟁에서의 관군·군수품 수송에 차질을 빚고, 2차 탈주 및 하코다테 전쟁의 빌미를 제공하여 기도 등이 군함 확보에 전념하는 계기가 되었다. 한편 간토 평정 이후, 전쟁의 여파가 도호쿠 지방에까지 미치고 설상가상 2차 탈주 사태까지 일어나자, 기도는 동 지역을 조기에 평정하기 위해 해상을 통해 관군을 증파하고 군수품을 보급할 목적으로 수송군함의 확보를 촉구했다.

　이에 신정부는 제번 함선의 상황을 파악하기 위해, 1차 탈주 후 일부 제번에게 제출케 한 보유 함선의 동력제원표 기록의 미비를 이유로 들어, 재조사 후 제출할 것과 제번 함선의 오사카·효고로의 집결을 지시했으나 군함 수배는 여의치 못했다. 기도는 이 과정에서, 도호쿠 평정을 위해서는 국내외 함선을 수배하여 군함을 조기에 확보할 필요가 있다는 지론을 누누이 강조하는 한편, 통일성 없는 제번의 구원 형태에서 벗어나, 정치적 맹우 오무라가 책임자로 있는 군무관 중심의 전쟁 운용체제로 전환할 것을 주장해 도호쿠 전쟁을 승리로 이끌었다. 그러나 탈주함대가 에조치로 향하면서, 이미 도호쿠 전쟁을 치르면서 군함 확보에 어려움을 겪은 바 있던 기도와 오무라는 탈주 정보를 교환하며, 막강한 탈주함대에 대항할 수 있는 함선 확보에 적극적으로 나섰다. 이미 하코다테부 경비 강화를 강조해 출병령 포고라는 정치적 성과를 이끌어냈던 기도는, 탈함정권의 하코다테 점거를 계기로 공략책(도쿠가와 출병론)을 새롭게 제안하며, 군함 확보가 전쟁의 승패를 가늠하게 될 것으로 전망했다.

그러나 예상과는 달리 군함 확보가 어려워지자 취약한 해군력 보강이 절실하다고 판단한 기도는, 이미 4월부터 탈주함대에 대항할 수 있는 최신예 갑철함 인도의 중요성을 지적하고 나섰다. 기도의 건의로 조슈번이 인수 명령을 받았으나, 당사자인 미국 측이 '국외중립'을 이유로 거부하자, 서양 각국과 '국외중립' 철폐 교섭에 들어갔다. 철폐의 선결 과제로 인식되었던 도호쿠 전쟁이 신정부의 승리로 끝나면서, 잔금을 지불하고 이듬해 초 정식으로 인도받을 수 있었다. 갑철함 획득으로 낙관시 되었던 하코다테 평정은 제번 함선의 확보가 늦어지면서 차질을 빚었으나, 기도의 끈질긴 수배 노력 등으로 종식되었다. 특히 기도는 평정 작업이 에노모토 정권 타도는 물론이고, 도호쿠 '전후처리'와 정국 안정에도 영향을 미치는 중요 과제임을 강조하며, 보신 전쟁의 전략·병참을 책임지고 있던 동향의 군무관 부지사 오무라와 손발을 맞춰 일관되게 함선 확보 노력을 보여주었다.

제2장

보신 전쟁과 기도 다카요시의 해군력 강화 노력

머리말

메이지 신정부는 게이오 4(1868)년 1월 초의 도바·후시미 전쟁 이후, 구막부 함대에 맞서기 위해 외국함선의 구입에 나서는 한편, 간토를 공략하기 위한 군함징발령을 일부 제번에 내리는 조치를 단행했다. 그러나 4월 11일 에노모토 다케아키(구막부 해군 부총재)에 의한 구막부 함대 1차 탈주사건과 에도 대총독부의 구막부 함대 접수 협상 실패는, 도호쿠 전쟁 기간 중 군수물자 수송에 어려움을 더하고 에노모토의 2차 탈주·하코다테 전쟁 발생의 단초를 제공하여, 신정부 요인 기도 다카요시는 군함 확보에 매달렸다. 한편 에노모토 탈주함대가 에조치로 방향을 돌리자, 도호쿠 전쟁 내내 군함 수배에 어려움을 겪었던 기도는 탈주함대에 대항할 함선 확보에 적극 나서며, 종국적으로는 그 확보 여부가 전쟁의 성패를 좌우하게 될 것으로 예상했다.

그런데 기대와는 다르게 제번의 사정으로 군함 수배가 여의치 않자 열악한 해군력의 보강이 시급하다고 생각한 기도는, 4월부터 탈주함대에 맞설 수 있는 최신예 미국군함 갑철함을 인도받을 필요성을 언급하고 나섰다. 갑철함의 확보로 조기 평정이 가능할 것으로 보였던 하코다테 전쟁은 예상 밖으로 제번 함선의 수배가 지연되면서 난관에 부딪쳤으나, 평정작업 자체를 정국의 불안정을 해소시킬 수 있는 정치과제로 보았던 기도의 함선 수배 노력이 효과를 보아, 메이지 2(1869)년 5월 전쟁은 종식되었다. 그러나 1년 반에 걸친 보신 전쟁 동안 신정부 해군력의 취약성이 드러나고, 제번 함선의 수배에 어려움을 경험한 기도는 특히 신정부 자체의 해군력 강화를 절감하였다.[1]

신정부 출범 직후 일어난 보신 전쟁에 관한 연구는, 종래 주로 전쟁의 경과 과정에 집중되어 왔으나, 최근에는 기도 같은 신정부 요인들의 정치적 대응('전후처리' 등)으로 점차 그 주제가 다양해지면서, 향후 후속 연구가 크게 기대되고 있다.[2] 한편 근대일본의 해군 창출과 관련해서는 마쓰시타 요시오松下芳男·소토야마 사부로外山三郎·우치야마 마사구마内山正熊·가미야 다이스케神谷大介 등의 연구가 대표적[3]이며, 한국의 경우

---

1) 보신 전쟁 중, 구막부 세력의 강경 진압과 군함 확보를 주장한 기도와 관군의 전략·병참 책임자였던 오무라 양인은, 신정부가 해군력을 보유하고 있지 못한 상황에서, 구막부 측에 양도받은 일부 함선과 제번의 함선만으로 전쟁을 어렵게 끌어가며 구막부 측의 해군력에 대해 상대적 열세를 체감하였던 당사자들로서 정치적 동반자관계였다[沈箕載(2010),「木戸孝允과 戊辰戰爭」,『日本語文學』47, pp.491~492 ; 同(2015),「戊辰戰爭과 木戸孝允의 군함 확보 노력」,『同』66, pp.288~289].

2) 友田昌宏(2003),「國外中立撤廢の過程と德川箱館出兵論」,『日本史硏究』496 ; 樋口雄彦(2012),『箱館戰爭と榎本武揚』, 吉川弘文館 ; 沈箕載(2010),「木戸孝允과 戊辰戰爭」,『日本語文學』47 ; 同(2012),「木戸孝允과 戊辰戰爭 전후처리-東北戰爭을 중심으로-」,『韓日關係史硏究』41 ; 同(2013),「木戸孝允과 東北戰爭 戰後民政處理」,『歷史學報』218 ; 同(2013),「木戸孝允과 아이즈(會津) 전후처리」,『日本硏究』20 ; 同(2015),「木戸孝允과 德川家 箱館出兵論」,『日本學報』105 ; 同(2015),「戊辰戰爭과 木戸孝允의 군함 확보 노력」,『日本語文學』66 ; 牧口準市(2016),『箱館戰爭裁判記: 榎本釜次郎外數名糺問幷所置事件』, 北海道出版企畫センター ; 沈箕載(2019),「木戸孝允과 箱館戰爭 전후처리」,『歷史學報』241 ; 同(2019),「德川家 1차 처분과 大久保利通」,『日本語文學』80 등.

는 박영준·김연옥의 연구가 있다.[4] 일본학계의 연구는 대부분 군사사 측면에서 근대 일본 해군의 성립 및 확립 과정 등을 논하는 성격이 강하며, 한국의 경우는 막부·제번의 해군력 강화 등을 포함한 해군 건설정책 내지는 나가사키 해군전습소로 대표되는 도쿠가와 막부 말기의 근대 일본 해군 교육의 실상을 분석하는 연구가 주류를 점하고 있다. 일본에 비해 한국의 연구는 비록 그 역사가 짧으나, 한일 양국의 연구는 대략적인 근대 일본 해군의 뿌리와 발전 과정을 계통적으로 살펴보는 데 유효하다. 다만 아쉬운 점은 이른바 보신 전쟁을 치르는 전후 과정에서, 신정부 요인 개개인이 해군력 강화에 어떻게 관여·노력해 왔는지를 살펴보는 개별적 연구가 매우 미흡하다는 것이다. 특히 기도의 경우는 연구가 거의 전무에 가깝다.[5]

3) 松下芳男(1956), 『明治軍制史論』 上卷, 有斐閣 ; 勝海舟(1967), 『海軍歷史』, 原書房 ; 外山三郎(1980), 『日本海軍史』, 教育社 ; 內山正熊(1980), 「日本海軍の創建」, 『法學研究』 53 ; 羽場俊秀(1989), 「長崎海軍傳習所と佐賀藩」, 杉本勳 編, 『近代西洋文明との出會い』, 思文閣出版 所收 ; 海軍史研究會(2014), 『日本海軍史の研究』, 吉川弘文館 ; 竹本知行(2014), 『幕末·維新の西洋兵學と近代軍制－大村益次郎とその繼承者－』, 思文閣出版 ; 神谷大介(2017), 『幕末の海軍 明治維新への航跡』, 吉川弘文館 등.

4) 박영준(1997), 『明治時代日本軍隊의 形成과 膨脹』, 國防軍事研究所 ; 同(2002), 「서구 군사체제의 수용과 근대 일본: 네덜란드의 나가사키(長崎) 해군 전습과 그 영향을 중심으로(1855-1859)」, 『日本研究論叢』 16 ; 同(2003), 「海軍の誕生と近代日本: 幕末期海軍建設の再檢討と「海軍革命」の仮說」, 『SGRAレポート』 19 ; 同(2014), 『해군의 탄생과 근대 일본: 메이지 유신을 향한 부국강병의 길』 ; 김연옥(2015), 「19세기 중엽 幕府의 '해군' 교육 도입 논의와 인식－長崎 '海軍' 傳習을 중심으로－」, 『東洋史學研究』 132 ; 同(2016), 「1850년대 막부의 해군교육 실태－나가사키 '해군' 전습(1855-1859)의 시기별 시간표 분석을 중심으로－」, 『歷史教育』 137 ; 同(2017), 「1850년대 諸藩의 海防 참여와 幕藩체제의 동요－나가사키 '해군' 전습 참여 기준 논의와 실제 참가사례 분석을 중심으로－」, 『東洋史學研究』 140 ; 同(2018), 「1850년대 나가사키의 '난학(蘭學) 붐' 실태－1855-56년 데지마 전습(出島傳習) 참가 사례 분석을 중심으로－」, 『歷史學報』 237 ; 同(2018), 「幕末維新期 나가사키 '해군' 전습과 幕臣－참가자의 행보 분석을 중심으로－」, 『日本歷史研究』 48 등.

5) 渡辺幾治郎(1937), 『人物近代日本軍事史』, 千倉書房, pp.30~33 ; 沈箕載(2015),

따라서 본장에서는 신정부가 자체 해군력을 보유하지 못해 도호쿠·하코다테 전쟁 동안 막강한 에노모토 구막부 함대보다 상대적 열세를 보이는 가운데, 제번 및 외국 함선의 수배·매입에 전념했던 기도가, 근대 일본 해군의 창립기에 해당하는 메이지 5(1872)년 2월 해군성이 설치되기까지, 신정부의 해군력 강화를 위해 어떤 정치적 노력을 기울였는지 살펴보고자 한다.[6]

1. 메이지 초년의 해군직제 개편

게이오 3(1867)년 12월 9일 '왕정복고'가 단행되어 모든 병권이 천황에게 귀속된 후, 신정부는 이듬해 1월 13일 태정관대太政官代를 설치하고 이어 17일에는 '3직7과제三職七課制'의 관제개혁을 실시했다. 태정관 산하의 7과란 3직(총재總裁·의정議定·참여參與) 하부의 신기神祇·내국內國·외국·해육군·회계·형법·제도의 부국을 가리키며, 각 사무에는 의정 출신의 사무총독事務總督, 참여 출신의 사무괘事務掛를 두고, 해육군 사무총독은 "해육군·연병練兵·수위守衛·완급緩急 군무軍務에 관한 업무를 총괄한다"고 규정했다.[7] 이처럼 해군에 관한 직제는 해육군 관장부서로서 해육

「戊辰戰爭과 木戸孝允의 군함 확보 노력」, 『日本語文學』 66 정도이다.
6) 즉 메이지 초년 근대 일본의 해군력 강화작업과 관련해 정치사적 관점에서, 시종일관 동향의 오무라와 정치적 행보를 같이해온 기도의 노력을 알아보고자 한다. 아울러 이번 시도는, 오쿠보나 사이고에 비해 상대적으로 연구가 부족한 유신기 기도의 정치적 움직임을 규명하는 일련의 작업에서 비롯되었음을 밝혀둔다.
7) 『太政類典』 第1編 第106卷, 件名番號: 1, 件名: 三職分課ヲ設ヶ海陸軍事務總督ヲ置キ海陸軍練兵守衛緩急軍務ヲ督ス; 內閣記錄局 編(1891), 『法規分類大全』 兵制門 第1 陸海軍官制 陸軍1, 內閣記錄局, p.259; 『復古記』 第1冊, pp.606~609; 『同』 第9冊, p.77; 『大久保日記』 1, p.435.

군무과海陸軍務課가 최초이나 해군만의 단독 조직이 아니었고, 이때는 자체 함선도 가지고 있지 않았다. 그리고 '3직7과제'는 불과 10여 일 뒤인 2월 3일 '3직8국제三職八局制'로 개편되면서, 해육군무과도 국방사무국軍防事務局으로 개칭되었다.[8]

윤4월 21일에 이르러 '태정관제' 체제 하의 의정(입법), 행정·신기·회계·군무·외국의 5관官(행정), 형법(사법)의 7관이 신설되었다. 일종의 삼권분립 형태의 관제개혁으로, 이때는 군무관이 해육군 사무를 모두 관장했다.[9] 특히 10월 24일 태정관이 군무관에 "해육군 문제가 제일의 급무"임을 이유로 속히 '기초' 정립을 강구토록 하고, 나아가 해군국海軍局의 도쿄 신설을 지시해 처음으로 해군 단독부서가 만들어졌다.[10] 그러나 이때의 해군국은 이름뿐으로, 해군의 실제 업무는 여전히 군무관에서 담당했다.[11]

메이지 2(1869)년 7월 8일에는 '2관6성제二官六省制'의 관제개혁이 단행되어 군무관은 폐지되고 병부성兵部省이 탄생하였다.[12] 앞서의 해군국은 병부성의 설치와 함께 기능이 정지되고, 이듬해 2월 9일 해군괘海軍掛

---

8) 『太政類典』第1編 第106卷, 件名番號: 2, 件名: 三職八局ヲ設ケ軍防事務局ヲ置キ掌ル所故ノ如シ.
9) 『太政類典』第1編 第106卷, 件名番號: 7, 件名: 三職八局ヲ廢シ太政官中七官ト爲シ軍務官ヲ置ク. 종래의 군방사무국에는 육군국만 설치되었으나, 군무관은 해군국·육군국의 2국과 축조사築造司·병선사兵船司·병기사兵器司·마정사馬政司의 4사로 구성되었다. 이때 처음으로 해군·육군 2국 체제가 탄생하고, 아울러 병선사 같은 해군 관련 부서가 신설된 사실에 주목할 필요가 있다.
10) 海軍省(1941), 『海軍制度沿革』卷2, 海軍大臣官房, p.8 ; 『太政類典』第1編 第114卷, 件名番號: 9, 件名: 軍務官ニ命シテ海陸軍制ヲ確定セシム尋テ海軍局ヲ東京ニ置ク. 해군국은 11월 2일 도쿄 쓰키지築地 하마도노浜殿에 설치되었다(『太政類典』第1編 第106卷, 件名番號: 84, 件名: 浜殿ニ海軍局ヲ建ツ ; 『明治天皇紀』第1, p.886).
11) 『明治天皇紀』第1, p.886 ; 『復古記』第8冊, p.601.
12) 『太政類典』第1編 第106卷, 件名番號: 18, 件名: 職員令ヲ頒ツテ兵部省ヲ置ク ; 『海軍制度沿革』卷2, p.9.

가 설치되었다. 윤10월 10일 병부성의 육해군 분과(육군괘陸軍掛·해군괘海軍掛) 체제 운용으로 해군 업무의 처리가 용이해졌다.[13] 그리고 메이지 4(1871)년 7월 29일 태정관 직제의 개정으로 산조 사네토미가 천황의 최고 보필자로서 병부 등의 7성을 감독하게 되었다. 이때 병부성 해군괘는 9월 해군부海軍部[14]로 개칭된 후, 이듬해 1월 13일 병부성의 해육군 '분성' 요청에 의해 2월 28일 해군성海軍省·육군성陸軍省이 만들어지고 이에 폐지된 병부성의 소관 업무가 각각 양 성으로 이관 관장되었다.[15] 이처럼 신정부 초년에는 수차례의 관제개혁에 의해 해육군무과 → 군방사무국 → 군무관(해군국) → 병부성(해군괘·해군부)으로 이어지는 직제개편을 거쳐, 해군력 강화를 군사·행정적으로 뒷받침할 수 있는 천황 직속의 독립조직인 해군성이 처음으로 만들어졌다.

2. 해군사관의 양성과 기도

주지하다시피 일본의 근대적 해군 양성은 도쿠가와 막부 말기 때부터 시작되었다. 가에이嘉永 6(1853)년 6월 미국 동인도 함대 사령관 페리가 우라가浦賀에 내항해 개국을 강요하자, 막부는 해방 강화에 착수해 안세이安政 2(1855)년 7월 나가사키 해군전습소를 설립하여 해군사관을 양성하기 시작했다. 해군전습소는 막부 외에 제번의 전습생까지 받아들여 교육했기 때문에, 막부뿐 아니라 유력 제번의 해군력 강화에도

---

13) 『太政類典』第1編 第106卷, 件名番號: 46, 件名: 兵部大少丞陸海軍掛之分課ヲ定ム; 『海軍制度沿革』卷2, p.10.

14) 『海軍制度沿革』卷2, p.22. 이때 해군부는 비사국秘史局·군무국軍務局·조선국造船局·수로국水路局·회계국會計局의 5국으로 구성되었다.

15) 『法規分類大全』兵制門 第1, pp.52, 272. 해군성 직제는 당초 3국 체제에서 메이지 9(1876)년에는 5국3과 체제로 바뀌었다.

일조했다. 게이오 4(1868)년 1월 12일 마지막 장군 요시노부의 에도성 피신 후, 28일 '동정'을 결정한 신정부는 에도를 공략할 병력을 수송하기 위한 군함 수배에 나서서, 2월 6일 사쓰마·조슈 등의 제번에 군함징발 령을 발동16)하였다. 9일에는 '동정' 대총독부를 설치하고 아울러 쇼고 인노미야 요시코토 친왕聖護院宮嘉言親王을 해군총독으로 임명했다.17)

한편 사이고 다카모리18)와 마찬가지로 구막부 해군력에 비해 신정부 해군력의 상대적 취약성을 깊이 인식하고 있었던 기도는, 12일 향후 신정부의 해군 창설을 전망하며, 이에 부응할 해군사관을 양성하고자 영국 해군사관19)의 고용을 건의해 관철시켰다.20) 즉 기도는 정권교체 후, 신정부가 항해에 필요한 제반 기술·이론을 교육할 영국 해군사관을 시급히 채용하는 것이 바람직하다고 판단해, 동향의 이토 히로부미와 협의를 거쳐, 윤4월 15일 대총독부로 하여금 가나가와 재판소에 고용토 록 지시하여 뒤에서 언급하는 것처럼 마침내 실현시켰다.21) 기도 등의

---

16) 『公文類纂』, 件名番號: M1-2-2, 件名: 御親征に付き軍艦差出方薩摩他4藩へ達他2 件 ; 『太政類典』第1編 第106卷, 件名番號: 81, 件名: 軍艦ヲ西國諸藩ニ徵ス.

17) 『復古記』第2冊, p.237 ; 『同』第9冊, pp.179, 181. 2월 30일에 오하라 시게토미大 原重德를 해군 선봉총독에 임명했다.

18) 「慶応戊辰筆記」, 『大日本維新史料稿本』, 〈明治 元年〉 2月15日部 所收 ; 『西鄕全集』 第2卷, pp.376~377, 390~391.

19) 여기에서의 영국 해군사관은 제2차 조슈 정벌 후, 영국 사관을 고용해 제반 항해 기술을 전습받고자 구막부 측이 해군 조련을 이유로 영국 측에 의뢰하였 다. 게이오 3(1867)년 10월 12일 이후 차례로 영국 해군사관 12명이 도착하여 이들로부터 게이오 4(1868)년 1월 5일부터 정식으로 도쿄 쓰키지로 이전한 군함 조련소에서 교육을 받고자 했으나, 보신 전쟁이 발발하면서 영국 측의 요구로 해군사관 일행은 요코하마 외국인 거류지로 철수한 후 귀국하였다.

20) 『木戶文書』3, p.12 ; 『伊藤關係文書』4, p.174 ; 『復古記』第2冊, p.834. 한편 증기함선의 운용에는 증기기관 운전, 항해·측량술 등 전문 지식이 절대적으 로 필요했다(朴榮濬(2003), 앞의 논문, p.14]. 후술하듯 근대 일본 해군을 창출 할 목적으로, 해군사관 양성 및 선진 지식·기술의 보급이 가능한 해군 교육기 관의 설립을 주장하는 움직임이 신정부 내외에서 대두되는데, 이 시점에서 기도가 제창한 해군사관 양성은 가히 선구적이다 할 만하다.

조슈파 입장에서는, 신정부의 근원적인 해군력 부족도 문제였지만 차용하거나 헌납받은 열악한 제번 함선(사관)을 지도할 수 있는 외국인 교관의 필요성을 절실히 느끼고 있었음을 알 수 있다.

또한 구막부 시절부터 조슈번의 해군력 강화뿐 아니라, 근대 일본 해군의 아버지라 일컫는 가쓰 가이슈의 해군 병학교 설립 움직임에도 관심을 가지고 있던 기도[22]의 정치적 맹우였던 군무관의 실력자 오무라 마스지로는, 근대 일본 해군의 미래를 염두에 두고 외국인 교관의 초빙에 의존할 수밖에 없는 구조에서 벗어나고자 7월 14일 건의서를 신정부에 제출했다.[23] 그는 해군 진흥의 첫 번째 과제는 '해군학교'를 창립해 인재를 양성하는 것보다 더 급한 것은 없다고 강조하며, 기도와 정치적 보조를 같이하며 '해군학교'의 설립을 통한 사관 양성에 매진했다.

이후 8월 19일 에도만을 재차 탈주한 에노모토의 구막부 탈함세력이, 에조치에서 장기 저항의 터전을 마련하고 있던 메이지 원년 말, 오무라

---

21) 총재국 고문이었던 기도의 사관 양성 선창을 뒷받침하기라도 하듯, 2월경 신정부는 군방사무국에 후술하는 해육군의 창설과 함께, 교육 훈련 등에 관한 병제를 조사·연구하여 제도국에 통보하도록 지시했다(『法規分類大全』 兵制門 第1, p.1).

22) 기도는 일찍부터 해군 진흥에 관심을 기울이고 있었다. 즉 기도는 자번에서 안세이 2(1855)년 7월 4일 군학軍學·함선 건조 기술의 연구, 11월 20일 막부의 군함 제조시설 시찰 후 보고서 제출, 만엔 원(1860)년 3월 2일 마쓰시마松島의 해군 진흥책에 대한 건의서 제출, 3월 20일 서양기선 매입 의견서 제출, 4월 3일 군용기계軍用器械 조사, 게이오 원(1865)년 7월 16일과 8월 16일 서양기선의 매입 문제 협의·보고를 행하고, 9월 26일 해군흥륭용괘海軍興隆用掛에, 동 2년 8월 22일에는 군제총괘軍制總掛에 임명[妻木忠太(1926), 『木戸松菊略傳』, 村田書店, pp.4, 6, 21~22, 25]된 바 있다. 또 분큐 3(1863)년 3월 29일 가쓰 가이슈의 해군 진흥의 '급무' 및 고베 해군 병학교 설립 의견에도 찬동하여 국사어용괘國事御用掛를 통해 조정에 건의하기도 했다(『木戸逸話』, pp.229~231).

23) 松下芳男(1956), 앞의 책, pp.143~144 ; 外山三郎(1980), 앞의 책 pp.19, 26~27.

는 기도에게 보낸 서한에서 '군무'와 관련해 당분간 도쿄에서는 '군위軍威' 확장을 시도하고, 새롭게 교토·오사카를 '군비軍備'의 토대를 닦는 장소로 삼아 '병학교'를 발전시킬 계획24)이 있음을 밝힌 후, 단계적으로 이를 실천에 옮겼다. 이듬해인 메이지 2(1869)년 2월 17일 기도는 군무관에서 오무라를 만나, 앞서의 '병학교의 기초' 마련과 관련해 '해군학교'를 도쿄 쓰키지築地에 세우고, 번의 규모에 따라 차등적으로 생도를 추천받아 입학시키기로 합의25)한 후, 스즈키 나오에鈴木直枝에게

　　'해군학교'가 '쓰키지'에 건설될 예정인데, 이는 이전에 귀번貴藩에게도 통보되었습니다. '대번'은 5명, '중번'은 4명씩 생도를 '입숙入塾'토록 명령이 내려질 것인데, 단지 이번에 상경할 번들이 적어서 귀번으로부터도 (명단이) 제출될 것입니다. 이번에는 반드시 '추거推擧'해 주시리라고 생각합니다.

라며 쓰키지 '해군학교'의 건립계획과 번 규모에 따른 제번 생도의 기숙사 입학 예정 사실을 전하면서, 해당자의 추천을 당부하는 적극적인 행보를 보였다.26)
　　이 합의 사항에 기초해 9월 18일 신정부의 해군사관 양성학교의 모태가 되는 해군 조련소操練所가 설치되었다.27) 그리고 같은 날 병부성 (군무관에서 개칭)은 18~20세 미만의 해군 '연습생'을 모집하면서, 가고시마번鹿兒島藩을 비롯한 16개 번에 대번은 5인, 중번은 4인, 소번은 3인의 생도를 모집할 것을 지시했다.28) 후술하는 '병제' 개혁 논의 후인 11월

---

24) 『木戶關係文書』 2, p.278 ; 『法規分類大全』 兵制門 第1, pp.22~23.
25) 『木戶日記』 1, p.193 ; 『公文別錄·海軍公文類纂幷拾遺抄錄』 第2卷 〈明治 2年〉.
26) 『木戶文書』 3, pp.264~265.
27) 『海軍制度沿革』 卷2, p.9 ; 『明治天皇紀』 第2, p.195 ; 『維新史料綱要』 卷10, p.211.

24일 병부성은 신정부에 건의서를 제출하면서, '해군학교' 설립을 통해 해군사관의 인재 양성에 나설 계획을 거듭 밝혔다.29) 그리고 메이지 3(1870)년 1월 11일, 해군사관 교육의 시작을 알리는 해군 조련소의 개학식이 개최되었다.30) 이로써 기도의 오랜 숙원이었던 해군사관 양성이 마침내 그 첫 걸음을 내딛었다.31)

한편 같은 해 10월 29일 병부성의 요청을 받아들여 11월 4일 신정부는 해군 조련소를 해군 병학료兵學寮로 개칭32)하고, 해군 조련소 재학생 70여 명 중 유년 생도 15명·장년 생도 29명을 선발하여 관비 형태로 입학33)시킴으로써, 본격적인 해군사관 양성학교와 사관교육체제가

---

28) 『公文類纂』, 件名: 大中小藩稽古修行人差出方鹿兒島外藩へ達 ; 『明治天皇紀』第2, p.195.

29) 병부성은 쓰키지 '해군학교', 즉 해군 병학료의 운영과 관련해 재원 확보가 담보된다면, 인재 양성을 담당할 외국인 교관을 고용하고, 해군 경력의 제번사 중에서 적정 인원을 채용해 생도를 배출할 계획임을 밝혔다(『太政類典』第1編 第114卷, 件名番號: 5, 件名: 兵部省前途之大綱ヲ稟ス ; 『海軍制度沿革』卷2, p.35).

30) 교관 곤도 마코토近藤芳隣 등이, 해군 조련소에서 교재('海軍書')를 가지고 첫 강의에 임했다(『海軍制度沿革』卷2, p.10).

31) 오무라도 "병비의 충실 여부는 사관의 양부良否에 달려 있기 때문에 인재를 교육하는 일이 가장 중요한 선무先務"임을 강조하였다(『公文類纂』, 件名: 兵部省前途大綱調故大村兵部大輔見込の件兵部省建白). 메이지 3(1870)년 5월 4일 신정부에 해군 창설을 건의했던 병부성은 '해사 교육'의 장에서, "군함은 사관이 곧 정신이므로 사관이 없으면 수병도 쓸모가 없습니다. 수병을 적절히 활용하지 못하면 군함은 목적한 바를 달성하지 못하고 무용지물이 됩니다. 따라서 해군사관이 되기 위한 학술을 깊고 쉽게 숙달해야만 합니다. 신속히 학교를 창립하고, 널리 훌륭한 교사를 뽑아 우수한 사관을 교육하는 일이야말로 해군 창립의 가장 중요한 일입니다"라며, 사관 양성교육의 중요성을 강조하였다(『海軍制度沿革』卷2, p.40). 여기에서 앞서 기도가 주장해왔던 해군사관의 양성 의지를 계승하고 있음을 알 수 있다.

32) 『太政類典』第1編 第106卷, 件名番號: 88, 件名: 築地海軍操練所ヲ海軍兵學寮大坂兵學寮ヲ陸軍兵學寮ト改称ス.

33) 故伯爵山本海軍大將伝記編纂會 編(1938), 『伯爵山本權兵衛伝』卷上, 山本淸, pp.52~53.

마련되었다. 병부성은 메이지 4(1871)년 1월 10일과 2월 13일에 해군 병학료 및 생도 입학규칙을 각각 제정34)하고, 이어 7월 27일에는 병학료를 완성35)하여 사관 양성교육의 내실화를 꾀했다. 해군사관 교육의 중추기관이었던 해군 병학료는 메이지 9(1876)년 8월 31일 해군 병학교兵學校로 개칭되어, 일본이 패전할 때까지 해군사관 양성교육을 담당했다.36)

3. 기도의 해군 창설 전망과 후속작업

게이오 4(1868)년 2월 12일, 총재국 고문 기도가 동향의 이토에게 보낸 서한37)에서 신정부의 해군 창설 착수에 대해 전망한 후, 신정부는 군방사무국에 '해군 육군의 신설' 등과 관련한 '병제' 문제의 조사연구를 지시했다.38) 그리고 3월 26일에는 오무라의 지휘 아래 일부 제번 함선이 참가한 천황의 첫 해군 관함식이 오사카 덴포잔天保山 앞바다에서 개최되었다.39) 그로부터 20여 일 후인 4월 18일, 나가오카 준長岡恂의

---

34) 『太政類典』第1編 第110卷, 件名番號: 7, 件名: 海軍兵學寮生徒入寮規則ヲ定ム.
35) 『海軍制度沿革』卷2, p.10.
36) 앞서의 기도의 영국 사관 초빙 노력과 후술하는 신정부의 영국식 해군 병식 채용에 따라, 메이지 4(1871)년 6월 초순경 영국 교관단 초빙계획이 세워져 (『公文錄』〈明治 4年〉第24卷, 件名番號: 1, 件名: 英國ヨリ海軍學寮教師傭入ノ儀伺), 이듬해 7월 영국 교관단(34명)이 재차 일본에 도착해, 본격적인 사관 양성교육이 시작되었다. 이처럼 일본 해군 창립기의 해군사관 양성교육은, 외국인 교관 및 해군 경력의 제번사·구막부 출신의 해군 관계자들이 담당하였다는 점에 주목할 필요가 있다.
37) 『木戸文書』3, p.12.
38) 『法規分類大全』兵制門 第1, p.1.
39) 『明治天皇紀』第1, pp.655, 662~663 ; 『大久保利通傳』中卷, p.505 ; 『維新史料綱要』卷8, p.391.

해군 '진흥' 청원서가 신정부에 제출되었다. 나가오카의 제안서는 앞서 기도가 전망한 해군 창설을 뒷받침하기라도 하듯 유경험자로서 상당히 구체적이었다.40)

그러나 구막부 군함의 완전 양도를 주장한 기도41)의 희망과는 다르게 28일 구막부 함대 접수 협상은 에노모토의 저항 때문에 절반의 성공42)에 그쳤다. 미약하나마 신정부의 해군 창설의 토대가 마련되었다고는 해도 접수 협상에서의 아쉬움을 달래기라도 하듯 29일 기도는, 요코하마에 도착한 최신예 미국군함 갑철함을 보유하게 된다면, 신정부는 보강된 해군력으로 구막부 지지세력의 전쟁을 억지할 수 있게 될 것이라고 강조했다.43)

한편 윤4월 21일 군방사무국이 군무관으로 개칭되고, 앞서의 군함징발령에 이어 간토 전쟁을 수행하기 위해 25일44)과 6월 17일45)에 제번에게 보유 함선의 동력 제원기록표를 제출하라고 하달하였다. 그리고 이 제출물에 기초하여 7월 4일, 도호쿠 전쟁 수행을 위해 제번 함선에 오사카·고베로 집결할 것을 지시46)하고, 11월 2일에는 도쿄에 해군국을 설치하였다. 제번의 함선들을 파악하고 해군 전담부서를 설치함으

---

40) 『太政類典』第1編 第114卷, 件名番號: 2, 件名: 高知藩士長岡恂書ヲ上リ海軍ヲ振興セント請フ；『復古記』第3冊, pp.744~745. 나가오카는 게이오 3(1867)년 사카모토 료마坂本龍馬가 암살된 후, 가이엔타이海援隊 대장을 역임했던 인물이다.

41) 『木戶日記』1, p.18.

42) 『公文類纂』, 件名: 富士外3艦引渡濟田安家届；『岩倉關係史料』上, pp.204, 206；『法令全書』〈慶応 3年〉第205, p.251；『明治天皇紀』第1, pp.672, 677；『勝海舟全集』19, p.48；沈箕載(2010), 앞의 논문, p.486.

43) 『復古記』第9冊, p.613；『木戶文書』3, p.45；『大久保關係文書』3, p.373.

44) 『法令全書』〈慶応 3년〉第351, p.150；『復古記』第4冊, pp.756~757；『公文類纂』, 件名: 蒸氣軍艦届自5月至12月諸藩より所有艦船を届け出るもの(1)(2)(3)；『太政類典』第1編 第109卷, 件名番號: 5, 件名: 諸藩ニ令シテ所有ノ艦舶ヲ錄上セシム.

45) 『法令全書』〈慶応 3年〉第484, pp.197~198；『復古記』第4冊, p.757；『公文類纂』, 件名: 其藩艦名等取調方長州家へ達.

46) 『法令全書』〈慶応 3年〉第528, p.208；『復古記』第6冊, p.625.

로써, 신정부의 해군 창설 전망은 한층 밝아졌고 제번의 함선을 장악할 길도 열렸다. 이러한 흐름 속에서 6월 23일 기도는,

　　지금의 '급무'는 실로 '항해'에 있고, '황국'의 '대규모'를 '천만리' 밖에 세우지 않고서는 유지할 수가 없는데, 대다수 세상 사람들이 이를 알지 못한다.

라고 개탄하며, 구막부 함대에 비해 상대적 열세를 면치 못하고 있는 신정부의 해군력을 조기에 강화시킬 필요성을 강조하고, 이는 '황국' 일본의 유지와 '황위'의 세계 과시와도 직결되어 있다고 지적했다.[47] 여기에 호응해 7월 14일 기도의 정치적 맹우 군무관 부지사 오무라도, 근대 해군의 창설에 관한 건의서를 신정부에 제출했다.[48] 이에 신정부는 9월경 해군문제가 당면한 급선무라는 인식 하에, 추후 창설에 대비하여 제번에서 다년간 해군 업무에 종사하였던 번사들에게 전망서를 제출토록 지시하고 의견수렴에 나섰다.[49] 그리고 10월 25일 군무관에

---

47) 『木戸日記』 1, p.60.

48) 오무라는 건의서에서 "황국무위皇國武威의 해외 과시는 해군에 의해서만 가능하며, 따라서 해군이 크게 흥기興起해야 함은 애초부터 두말할 필요가 없다"고 강조했다[松下芳男(1956), 앞의 책, pp.143~144 ; 外山三郎(1980), 앞의 책, p.19]. 이러한 오무라의 서양식 근대 해군 조기 창설의 건의 배경에는, 그가 초빙받은 우와지마번宇和島藩 경험[조선술 연구차 나가사키 출장(1854), 군함 추형雛形의 작성·진수식 주도, 군함 건조·승선 연습차 재차 나가사키 출장(1855)], 기도의 후원 아래 자번인 조슈번에서 경험한 군함 건조·인재 양성[강무소講武所 조교수·강무소 내의 군함교수소軍艦敎授所 개설(1857)·해군소 설치 건의(1862)·군제 개혁 담당(1865)·3병교수역겸군정용괘三兵敎授役兼軍政用掛·해군어용괘海軍御用掛 근무(1866)] 등, 수년 동안 해군업무에 종사하였던 점이 크게 작용했다.

49) 『公文類纂』, 件名: 海軍御創立に付近藤誠一郞見込尋問の達他1件 ; 『同』, 件名: 淺海眞藏外1名へ下問の義に付丸岡藩外4藩へ達 ; 『同』, 件名: 長田淸藏外1名へ海軍の義に付下問.

"해육군 문제는 당면의 급무"임을 들어, 속히 그 '기초'를 강구하라는 천황의 명령이 하달되었다.[50]

메이지 2(1869)년에 들어와서도, 신정부 내에서 해군 창설과 관련한 움직임이 활발했다. 즉 군무관은 8월 12일부터 19일 사이에 신정부에 해군 창립의 전망서 조사를 건의[51]하면서, 해군 창설과 관련한 일련의 조사작업이

> 자국의 '수위守衛'와 '외구外寇'(서양열강 ㅣ 필자 주)로부터의 방어는 말할 필요도 없이 '황국'의 '무위'를 외국에 과시하고, '국위'를 '사이팔만四夷八蠻'에 떨쳐 외국이 몹시 두려워하도록 특별히 '평의'했으니, 천황의 '주의主意'가 관철될 수 있도록 해야 합니다.

라고 하며, 앞에서 기도가 내놓은 해군 '창설론'을 실무적으로 뒷받침했다. 아울러 해군 교육·실습 기관의 부재, 해군국 분리·해군성 및 해군학교 신설 등을 지적하며 제도 보완이 시급함을 강조했다. 나아가 9월 19일에는 집의원集議院에 해육군의 '흥장책興張策'을 강구하라는 천황 '하문'이 있었다.[52] 이에 27일 집의원에서는 이와쿠라 도모미 등 신정부 수뇌부가 참석한 가운데, 약 6시간에 걸친 대논의를 거쳐 해육군 발전 방안을 결정하였다.[53] 이어 11월 24일 병부성은 앞서의 건의서(〈전도前

---

50) 『法令全書』〈慶応, 3年〉第894, p.336 ; 『復古記』第8冊, p.600 ; 『法規分類大全』兵制門 第1, p.11.
51) 『公文類纂』, 件名: 海軍御創立に付見込條件調他2件.
52) 『明治天皇紀』第2, pp.195~196 ; 吉野作造 編(1928), 「集議院日誌」, 『明治文化全集』第4卷 憲政篇, 日本評論社, p.178.
53) 토의 결과, 특히 해군 문제와 관련해 해군 창설을 최우선 과제로 선정하고, 백만 석당 군함 1척 건조·해군학교 발전책 강구, 수출입세의 해군 비용 충당·영국식 해군병식의 채용, 군함·총기의 외국인 전습을 통한 제작 등이 결정되었다(「集議院日誌」, pp.178~181 ; 『明治天皇紀』第2, p.200). 한편 이날 기도는

途의 대강)〉를 태정관에 제출하여 해군 창설의 의지를 재확인했다.[54]

메이지 3(1870)년에 들어와서도 병부성의 해군 창설 의지는 더욱더 확고해졌다. 즉 5월 4일 병부성은, 급변하는 세계 정세 속에서 해육군의 증강과 동아시아 침략에 나선 서양열강에 맞서 국가를 수호하기 위한 해육군 정비계획과, 해군 창설의 당위성을 주장하는 건백서를 각각 작성해 신정부에 제출했다.[55] 그리고 이듬해인 메이지 4(1871)년 병부성 해군괘는 '해군 창립'과 관련해, 신정부에 '지휘' 체계와 성의 위상 강화를 위해, 병부성 상층부의 업무분장 및 해군자금 출납 용도의 투명성 강화를 건의하는 등, 해군 창설 준비는 점차 구체성을 띠어 갔다.[56] 메이지 6(1873)년 1월 9일 천황이 해군 병학료를 방문하여 '함선의 정렬' 상태를 시찰함으로써, 기도의 바람대로 근대 일본 해군이 마침내 창설되었다.[57]

4. 병제개혁과 기도

'병제(군제)' 개혁의 시작은 게이오 4(1868)년 2월경 신정부가 군방사무국에 '병제' 조사[58], 윤4월 29일 제번 공의인公議人들에게 '병제' 확정과

심한 '치통'으로 참석하지 못했다(『木戸日記』 2, p.273).
54) 『公文類纂』, 件名: 兵部省前途大綱調 ; 『太政類典』 第1編 第114卷, 件名番號: 5, 件名: 兵部省前途之大綱ヲ禀ス.
55) 『公文類纂』, 件名: 海陸軍を整備す可きの議・海軍を創立す可きの議 ; 『海軍制度沿革』 卷2, pp.36~39. 병부성은 해군 창설에 대비해, 미국을 비롯한 서양 해군의 장비 상황·군함 포함의 제반 소요 비용도 조사했다(『公文類纂』, 件名: 外國軍裝備·軍艦費用槪算). 10월에는 병학료·군함 등의 해군 개혁사항을 건의했다(『同』, 件名: 海軍を更張するの建白).
56) 『海軍制度沿革』 卷2, p.59.
57) 『明治史要』, p.321.

해육군 진흥책의 제출을 명령하면서부터이다.[59] 에노모토 구막부 함대의 2차 탈주로, 기도 등의 신정부 측이 해군력 강화의 중요성[60]을 절감하게 되고, 군무관의 실력자 오무라는 9월 상순경 기도에게 보낸 서한에서, 신정부의 해군 규율이 아직 서지 않은 상태로 보신 전쟁을 수행하다 '병사兵事'에 영향을 끼치게 되지 않을까 염려되며, 또 '병제'와 관련하여 다양한 목소리가 나오고 있는데, 빠른 시일 내에 해육군의 '병제' 목표를 정하고 단계적으로 개혁작업에 착수해야 한다고 주장하며, 조슈파 좌장인 기도의 도쿄 상경을 촉구했다.[61] 이에 기도는 13일 밤 이와쿠라에게,

> 오늘 밤, 오무라로부터 '별지別紙'가 도착했기 때문에 '상공相公'(이와쿠
> 라 | 필자 주)께서만 읽어보시기 바랍니다. 오무라는 천황행차 전에 상경
> 해줄 것을 요청하였으나, 도저히 사정이 어려워 이번에는 오무라가
> 직접 찾아가 뵌 후 여쭐 것으로 사료됩니다. 그때 배려해주시리라고
> 생각합니다. 오무라에게는 어떻게 해서든 신속하게 '해육(군) 대병제의
> 규모'를 세우도록 해야 할 것입니다.…

라고 오무라 서한의 회람을 요청하면서, '해육군 대병제' 설정에 관한 시급한 논의를 촉구했다.[62] 10월 4일 기도는 오무라에게 보낸 답서에

58) 12일 총재국 고문인 기도가 해군 등 '병제' 문제 해결에 대한 신정부의 조기 착수를 전망하는 가운데(『木戸文書』 3, p.12), 총재국은 군방사무국에 제번의 쌀 총생산량 조사에 기초하여, 제번 병사를 차출해서 '친병親兵'으로 삼아 '수위'하고, '해육군'의 창설과 훈련 가능 여부를 조사하여 제국도에 제출할 것을 지시했다(『太政類典』 第1編 第114卷, 件名番號: 1, 件名: 軍防局二兵制ヲ調査セシム).

59) 『法規分類大全』 兵制門 第1, p.6.

60) 『木戸文書』 3, p.133 ; 『木戸關係文書』 2, p.272 ; 『大久保關係文書』 2, p.377.

61) 『木戸關係文書』 2, p.275.

서도, 논의해온 '대병제' 문제와 관련해 도쿄 도착 후 착수할 필요가 있음을 지적했다.[63] 20일 기도를 만나 국가장래와 관련해 의견을 나눈 이와쿠라는 다음 날, 국가 '제도' 건의서를 제출하고 신정부에 논의 회부를 요청했다. 여기에서 그는 해육군의 '군제' 통일은 국가 중대사건이자 '급무'로 도호쿠 평정을 좋은 기회로 삼아, 기도의 주장대로 오무라를 중심으로 조기에 추진해 나갈 필요가 있음을 강조했다.[64] 마침내 25일 신정부는 군무관에 "해육군 문제는 당면한 제일의 급무이므로, 속히 기초 확립을 강구토록 하라"는 지시를 하달하고, 오무라가 '병제'의 기초작업을 주도해 나갈 수 있도록 조치했다.[65]

한편 16일 군무관이 도호쿠 전쟁에 관군으로 참가한 제번병의 처리와 관련한 첫 조치로서 출병 제번으로의 귀국을 지시[66]했을 때, 오무라는 전쟁이 일단락된 시점에서 일단 관군을 해산시킨 후, 새로운 '병제'를

---

62) 『岩倉關係史料』上, p.444.

63) 『木戶文書』 3, p.156.

64) 『木戶日記』 1, pp.126, 158 ; 『岩倉公實記』 中卷, pp.602~603. 이듬해 2월 '군무의 급急'은 '병제' 확정이라는 인식 하에, 자강의 군제 구상안을 피력한 바 있었던 [日本大學 編(1963), 『山田顯義傳』, 日本大學, pp.399~400 ; 『岩倉關係文書』 1, pp.319~320] 이와쿠라는, 당시 기도의 제안에 매우 협조적이었다.

65) 『法令全書』〈慶応 3年〉第894, p.336 ; 『公文類纂』, 件名: 海陸軍基礎取立の件行政官御達 ; 『復古記』第8冊, pp.600~601. 그 첫 번째 가시적 조치로서, 앞서의 기도와 오무라의 군무관이 희망해온 해군국이 11월 2일 도쿄 쓰키지에 설치되고, 28일에는 오무라의 주도 아래 천황의 군함 시승 행사가 열렸다. 다음날에는 천황으로부터 "해군 문제는 당면한 급무로서 더욱더 힘써 강구토록 노력하라"는 명령이 하달되어, 기도·오무라 중심의 해군력 강화작업이 탄력을 받게 되었다. 해군력 강화 지시와 함께 시승 행사에 '만족'감을 드러낸 천황은 오무라 등의 군무관 관계자들을 격려했다(『明治天皇紀』第1, p.909 ; 『太政類典』第1編 第32卷, 件名番號: 32, 件名: 軍艦試御諸事周到ヲ褒シ谷村小吉以下三名ニ物ヲ賜ヒ軍務官ニ酒肴ヲ賜ヒ益々海軍ヲ講究スヘキヲ奬諭ス). 이날 천황을 수행한 기도 등은, 행사 자체가 '해군'의 융성과 '황위' 과시의 계기가 될 것으로 보고 매우 감격해하였다(『木戶日記』 1, p.148 ; 『大久保文書』 2, pp.470~471).

66) 『法規分類大全』兵制門 第1, p.10.

수립할 계획을 가지고 있었다. 24일 태정관이 군무관에 해육군 '병제'의 확정이 당면 과제임을 들어 '기초' 작업의 검토를 지시[67]한 후인 11월 6일, 기도는 오무라를 찾아가 국가 발전책을 협의하는 과정 속에서,

> '병제 기초'는 평생 생각해온 바이며, 그 건은 즉 '대정일신'과 관련해서도 정말 '실행'이 되어 '황위'를 해외에 과시하고 세계에 우뚝서겠다는 '목적'이 없다면, 구막부와 아무 차이가 없을 것입니다.

라며 '병제 기초'의 정립이 평생의 지론임을 강조하면서, '황위'의 세계 과시와 만국대치라는 정권교체의 본래 목적이 효과를 낼 수 있도록 조기 실천을 촉구했다.[68] 12월 9일 이와쿠라를 만나 정권교체의 취지와 신정부 자체의 병력 창출에 관한 합의를 이끌어낸 기도는, 다음 날 이와쿠라로부터 거듭 '진력'해줄 것을 요청받았다.[69] 이듬해인 메이지 2(1869)년 1월 상순경에도 기도는 오무라에게 서한을 보내, 해육군 '병제'의 확정작업에 착수할 것을 거듭 강조했다.[70] 이처럼 정치적 입장을 같이하는 기도와, 동향의 군무관 실력자 오무라의 '병제' 조기 정립 및 '병력' 창출 주장은, 6월 하순경의 '병제' 대회의의 선구적 제언으로서 주목된다. 그러나 뒤에서 언급하는 것처럼, '병제' 논의 결과는

---

67) 『太政類典』第1編 第114卷, 件名番號: 9, 件名: 軍務官ニ命シテ海陸軍制ヲ確定セシム尋テ海軍局ヲ東京ニ置ク.
68) 『木戶日記』 1, p.135.
69) 『木戶日記』 1, p.157.
70) 기도는 속히 해육군의 '대방략'을 결정하고, 하코다테 평정 후에는 신정부 직속의 군사력으로써, 조선의 부산을 개항시키자고 주장해 오무라로부터 동의를 얻어냈다. 이때 기도는 '병제'의 개혁으로 탄생할 해육군의 첫 실전 대상 지역으로 조선을 설정함으로써, '황국' 일본의 '국체' 정립 및 '흥기'가 가능할 것으로 내다보았다[『木戶文書』 3, pp.232~233 ; 『同』 8, p.133 ; 沈箕載(2008), 「메이지 초년 기도 다카요시의 대외인식」, 『日語日文學研究』 66, pp.316~317].

기도의 의도대로 흘러가지는 않았다.

도호쿠·하코다테 전쟁을 평정하고 판적봉환까지 단행한 신정부에게, 양 전쟁에 참가하여 승리감에 도취되어 있던 사쓰마·조슈 중심의 관군측 제번 병사나, 기타 제번의 비대한 번사를 처리하는 문제는 꼭 해결해야 할 정치과제로서, 특히 기도는 그 심각성을 누구보다도 깊이 인식하고 있었다. 기도는 6월 13일 오무라에게 보낸 서한[71]에서,

> 천하 사방의 정황을 살펴보건대, 오늘날 번주의 작태로는 결코 '대정일신'에도 '황국'에도 큰 도움이 되지 않을 것입니다. 입으로는 '봉현封縣'이 좋지 않다고 하면서도, 실제로는 한 명도 번의 폐해를 인식하고 진심으로 개혁하려는 자가 없습니다. 병력을 제공할 때마다 신정부의 지원을 요구하고 지원이 없으면 불평만 합니다. 일본 전국의 지방 상황은 '군현郡縣' 시절과 마찬가지로 '봉현'의 보람이 없습니다. 그저 이것만으로 추측해 생각해보면 '황국' 장래의 '대환大患'을 살피지 않고서는 아니 되어서, 아무쪼록 정부에서 반드시 '위력'이 될 만한 것을 육성해두어, 이것으로 천하에 영향을 미쳐 '황국'을 부강한 국토의 모습으로 하지 않으면, 결국 '(정권)유지'는 어렵습니다.

라고 언급했다. 요컨대 '병제' 대회의를 불과 며칠 앞둔 시점에서, 기도는 제번諸藩이 할거하고 있는 모습을 개탄하며, 신정부에 직속된 군대를 창설하고 그 제번 억지력으로써 전국을 안정시켜, '황국' 유지의 길을 모색해야 한다고 주장하였다.

---

71) 『木戸文書』 3, pp.374~376 ; 『木戸日記』 1, p.234. 이때 오무라도 기도와 동일한 인식을 가지고 있었다[田中惣五郎(1938), 『近代兵制の創始者 大村益次郎』, 千倉書房, p.237].

한편 전년 말부터 주로 조슈파가 제기한 '병제' 개혁에 관한 논의가, 하코다테 전쟁 종식 직후인 메이지 2(1869)년 6월 21일부터 25일까지 5일간 개최되었다. 기도의 적극적 지지를 받고 있는 군무관 측의 '병제' 구상은 '국민개병'에 의한 국가상비군 체제였다. 이는 3개 번(사쓰마·조슈·도사)의 번병을 주체로 하여 중앙군대를 편성하고자 한 사쓰마파와의 사이에 첨예한 '병제' 논쟁을 일으켰다.72) 그 결과 기도·오무라의 건군안은 유보되고 오쿠보 도시미치의 3번 친병안이 채택73)되었으나, '병제'의 채용 방식은 검토 사항으로 남겨졌다. 그러나 해군 '병제' 문제를 내부적으로 논의해오던 군무관은, 8월 12일 하코다테 전쟁에 참가한 제함 함장을 대상으로, 향후의 해군 창설과 관련해 '병식' 채용 여부를 묻는 자문을 실시했다.74)

9월 19일에 이르러 태정관도, 앞서의 천황 '하문'(해육군 흥장책興張策)에 관해 토의해줄 것을 집의원에 요청하여 27일 심의한 결과, 해군은 영국식, 육군은 프랑스식으로 하되 '급무'인 해군부터 우선 추진하는 쪽으로 의견을 모았다.75) 이에 군무관에서 개칭한 병부성은 11월 24일 신정부에, '황국 병식兵式의 일정一定'과 관련해 조기 결정을 촉구했다.76)

---

72) 『大久保日記』 1, pp.46~47.
73) 기도는 오무라의 건군안이 무산되자, '평생의 (지)론'에 반하는 일이 너무 많아 심신이 매우 쇠약해졌다고 토로했다. 오무라도 자신의 건군안이 사실상 동결될 후 자신의 해임을 추진하는 오쿠보에 반발해 사임을 표했다가, 기도의 설득으로 7월 8일 병부대보에 취임했다(『木戸日記』 1, pp.237, 241). 오무라는 원년 말 이후 건군 구상을 교토 등지에서 구체화하려고 노력했으나, 이듬해 9월 4일 출장길에 습격을 받아 11월 5일 사망했다. 이후 조슈파는 '국민개병론'을 계속 주장하였으나 어려움이 많았다(『木戸日記』 1, pp.371, 380 ; 早稻田大學史資料センター 編(2004), 『大隈重信關係文書』 1, みすず書房, p.197].
74) 『木戸文書』 3, p.374 ; 『海軍制度沿革』 卷2, p.35.
75) 『廣澤日記』, p.249 ; 『明治天皇紀』 第2, p.200 ; 『維新史料綱要』 卷10, p.215.
76) 『太政類典』 第1編 第114卷, 件名番號: 5, 件名: 兵部省前途之大綱ヲ稟ス ; 『公文類纂』, 件名: 兵部省前途大綱調.

마침내 메이지 3(1870)년 5월 3일 해군 '병식'이 잠정 결정[77]된 데 이어, 9월 27일 병부성이 해육군 '병제'의 조기 포고를 재차 건의하자, 신정부는 10월 2일 영국식 해군 '병제'·프랑스식 육군 '병제'를 최종 확정했다.[78]

5. 해군 재원 확보와 기도

한편 기도는 군함 건조 등 해군 창설에 상당한 재정이 소요될 것으로 예상하고 국가 '회계'의 정립 문제와 관련해, 메이지 원년 9월 15일 고토 쇼지로後藤象二郎 등과 협의하고, 다음 날에는 이와쿠라가 보낸 대리인과도 만나 '밀담'을 나눈 후, 함선 건조 비용을 마련하기 위한 '국채' 모집 회의에 참석했다.[79] 이때 기도는 신정부의 재정적 어려움을 고려해 '국채'를 지방(부번현)에서 모집할 생각으로 29일 고토에게 서한을 보내 '국채' 모집의 필요성을 강조하고 협조를 요청했다.[80] 그러나 이 문제는 고토의 주선에도 쉽게 해결되지 못하고 있었다.[81] 기도는

77) 『太政類典』第1編 第114卷, 件名番號: 6, 件名: 海軍ハ英式ニ依テ興スヘキヲ山尾民部權大丞ニ令ス.
78) 『法規分類大全』兵制門 第1, pp.32~33 ; 『太政類典』第1編 第114卷, 件名番號: 7, 件名: 常備兵員海軍ハ英式陸軍ハ仏式テ斟酌シ之ヲ編制ス因テ各藩ノ兵モ陸軍ハ仏式ニ基キ漸次改正編制セシム ; 『公文類纂』, 件名: 海陸兵制の義に付弁官へ申牒御達.
79) 기도는 18일 오쿠보와도 만나 논의했다(『木戸日記』1, pp.98~99 ; 『大久保日記』1, p.484).
80) 기도는 '황위' 과시·국가 장래를 고려해 볼 때 착실히 국가 예산 목표를 설정하고, 필히 '해육 양군' 등을 국가 발전의 수단으로 삼을지 그 여부가 실로 걱정거리임을 언급하고, 신정부의 여력으로는 군함 20척도 보유하기 힘든 상황임을 들어, 지방을 상대로 한 '국채' 발행 모집이 유일한 현실적 해결 수단이라고 강조하였다(『木戸文書』3, pp.146~148).
81) 『木戸公傳』上, p.1090.

이에 굴하지 않고, 11월 6일 군무관 부지사 오무라에게 시급히 '병제의 기초'를 정립할 필요성 등을 재강조하며, 그 구체적 방안으로서 국가 재정수입의 3/5을 해육군 군비로 충당하는 안을 제시했다.[82]

　… 국가세입을 5라고 했을 때, 그중 3을 '해육군'에, 1을 정부비용에, 나머지 1을 '구휼救恤' 혹은 백성의 '편리'를 위해 사용하도록 제부서가 반드시 노력해야 하며, 특히 '해군'의 경우 그 '(군)함'은 크게 '황국'을 보호하는 데 긴요한 '기계'이므로, 해군 병력에 관한 '빈부' 등을 나누어 모두 함께 국가를 위하는 마음으로, '(국)채'를 모집하는 적절한 방법을 강구하면 반드시 크게 '성취'하는 바가 있을 것이라고 여러 문제를 논의했다. 오무라도 흔쾌히 동의해줘 속히 그 '기본'이 정해지기를 희망했다. 이에 나 자신도 그 '조건의 단서'를 찾고, '기본'을 만드는 일을 떠맡기로 했다.

여기에서 기도는 특히 해군처럼 함선이 반드시 필요한 경우에는, 그 건조 자금은 '국채'를 발행해 조달해야 하며, '황국' 수호의 토대가 되는 해군 함선의 건조는 지방마다 재정 사정이 다르긴 하나, 신정부 각 기관의 유기적인 협조와 전 국민의 '보국'의 성의, 즉 제번 헌납의 의무를 다하면, 해군력 강화를 반드시 달성할 수 있다고 강조하며, 스스로 해군력 강화의 기초를 세우는 조사 임무를 맡았음을 밝히고 있다.

이에 오무라는 전적으로 동의를 표시하고, 함께 재원 마련을 위해 노력해 나가기로 약속했다.[83] 22일 이와쿠라가 밀서를 보내 '병제'·국

---

82) 『木戸日記』 1, p.135 ; 『明治天皇紀』 第1, p.886.
83) 『木戸日記』 1, p.135 ; 『復古記』 第8冊, pp.601~602 ; 絲屋壽雄(1971), 『大村益次郎』,

가 '회계' 기초 확립 등과 관련한 기밀사항 수개 조에 대해 자문을 구하자, 기도는 24일 지론인 국가세입의 3/5을 해육군비로 배정하고 '해육군 병제 기초'를 확립하기 위해, 회계관에 '정부제입용조政府諸入用調'·'제부현공세취조諸府縣貢稅取調'를 목적으로 하는 2국, 군무관에 '별국別局'을 설치할 것을 건의하며, 오무라와 긴밀한 협력 하에 추진하고 있음을 밝혔다.[84] 12월 12일에는 오무라를 찾아가 '군무', 즉 군비 및 '병제' 기초 정립에 관해 앞서의 지론을 재차 설명한 후 협의했다.[85] 이처럼 기도의 국가 '회계' 정립론, 즉 해육군의 군비 확보 등을 비롯한 각 부문별 적절한 예산배정과, 전국적 회계조사를 통한 국가예산의 확보 주장은 이와쿠라 등도 동의해, 회계관에 의사를 전달하는 등의 노력[86]을 기울었으나, 열악한 신정부의 재정과 복잡한 정치사정으로 메이지 원(1868)년에는 해결에 이르지 못했다.

이에 이듬해 1월 상순경, 기도는 오무라에게 서한을 보내 신정부가 여전히 국가 '회계 목적'도 세우지 못하는 예산부재 상태임을 강하게 비판했다.[87] 이에 이와쿠라가 오무라에 이어 2월 28일 해육군 확장비용을 마련하기 위해서도 투명한 국가 '회계'의 확립이 필요하다며 이에 적극 동조하고 나섰다.[88] 그 결과 다음 날 해군예산이 45만석으로

　中央公論社, pp.146~147.
84) 『木戶日記』 1, p.146 ; 『木戶公傳』 上, pp.1092~1094 ; 『明治天皇紀』 第1, p.903.
85) 기도는 국가 세입 3/5의 '해육군 군비 확보론' 등을 주장하는 동시에, 국가 '회계'의 기초를 정해 '군무'의 기본을 확립하지 못한다면, 정권교체도 그저 구막부의 '두면頭面'을 타격하는 데 지나지 않을 것이라고 애써 강조했다(『木戶日記』 1, p.158).
86) 11월 24일 찾아온 이와쿠라 대리인을 통해 기도는, 이와쿠라가 회계관에 지시해 해육군 기초 등의 국가 '회계'(예산 확보·배정) 정립에 더욱더 노력해 주기를 당부했다(『木戶文書』 3, p.203 ; 『木戶日記』 1, p.158). 이에 이와쿠라는 26일 국가 '회계 기초' 조사와 관련해, 신속히 '인선'을 명령하고 기도가 관여하게 되었음을 전하였다(『木戶關係文書』 2, p.19).
87) 『木戶文書』 3, p.232.

산정[89])되자, 3월 12일 기도는 이노야마 시게유키猪山成之를 만나 향후의 '회계 수단'을 논의했다.[90]) 그리고 6월 13일 기도가 오무라에게 "장래의 성사 여부는 회계 목적의 성립 여하"에 달려 있음을 재차 강조[91])하고 나선 후, 7월 20일 태정관·집의원의 병부성에 대한 해육군 비용의 '하문[92])·심문 과정[93])을 거쳐 9월 29일, 현미 30만석과 제번이 상납한 해군자금을 매년 병부성 해육군의 제반 용도로 사용할 수 있게 되어, 기도의 국방예산 확보 주장은 마침내 소기의 목적을 달성하게 되었다.[94])

6. 해군 함대 창설과 기도

앞서의 해군사관 양성·해군 창설·재원 확보에 이어 하코다테 평정 후, 기도에게 신정부의 함대 편성에 공헌할 수 있는 기회가 찾아왔다. 즉 메이지 2(1869)년 6월 5일 시마즈 다다요시島津忠義(薩摩藩知事)가 군함 2척을 승조원과 함께 신정부에 헌납하여 '병비 충실'에 일조하겠다는 의사를 처음으로 표시했다.[95]) 7월 26일 오무라로부터 '군함론', 즉 신정부 함대 편성계획을 전해들은 기도는 오무라에게,

---

88) 『明治天皇紀』 第2, pp.59, 61.
89) 『公文類纂』, 件名: 海陸軍資定額金より支拂方規則 ; 『海軍制度沿革』 卷2, p.10.
90) 『木戸日記』 1, p.202. 오무라의 측근 이노야마는 당시 군무관 회계 담당자였다.
91) 『木戸文書』 3, p.376.
92) 『海軍制度沿革』 卷2, pp.51~52.
93) 『公文類纂』, 件名: 海陸軍費用の集議院より尋問に付答.
94) 『太政類典』 第1編 第113卷, 件名番號: 30, 件名: 兵部省ノ定額ヲ現米三十万石ト爲シ米穀ノ時価ヲ以テ下付ス附兵部省藩軍資金ヲ再ヒ同省ヘ納メシメン事ヲ候ス ; 『法規分類大全』 兵制門 第1, p.32 ; 『太政官日誌』 〈明治3年〉 第41號, p.3.
95) 『明治天皇紀』 2, p.207.

'군함론'과 관련해 오늘 이야기 잘 들었습니다. 참으로 천만다행으로 생각합니다. 애초부터 숙고하신 일로서, 따로 말씀드릴 것은 없으나 장래에는 반드시 '해군'을 신정부에서 '총괄'토록 해야 하며, 이번 '기회'에 그 '목적'만큼은 세울 수 있도록 해야 합니다. … 기필코 (이번의)좋은 '기회'를 살려 '해군'은 반드시 신정부 소속으로 해야 하며, 그 '기본'을 세우고 싶습니다. 그렇지 않으면 '일본'을 위해서나 또한 오히려 '제번'을 위해서도 좋은 일이 아님을, 갑작스럽고 실례되는 일이나 고심 끝에 일단 말씀드립니다.

라며 동의를 표시하고, 보신 전쟁의 조기 평정을 어렵게 만든 최대 요인 중 하나로 스스로도 노력을 기울여왔던 군함 확보를 들고, 하코다테 전쟁에 징발된 제번의 군함을 신정부가 관장하여 이를 해군력 강화의 토대로 삼아야 한다고 강조했다.[96] 이에 다음 날 오무라는 "애당초 말씀해주신 대로 반드시 제번 해군은 신정부가 소유하는 것이 기본이다"라며 동의를 표시하고, 이번 사쓰마번의 군함 헌납 의사를 존중해 '관함官艦'으로 삼을 계획임을 전했다.[97] 이때 오무라는 산조에게 제출한 건군 구상안에서, 해군의 경우 매년 1척씩 군함을 배치한다면 3년 후에는 해군이 어느 정도 형태를 잡을 것으로 전망했다.[98]

그리고 앞서의 천황 '하문'에 따른 태정관 요청으로, 9월 27일 집의원의 '해육군 흥장책'을 논의한 결과, 영국식 해군의 추진과 함께 제번이 '녹고祿高' 20만석당 군함 1척을 갖추고, 군함·병기 제작법을 외국인 교관에게 전수받아 장차 정부 헌납에 대비해야 한다는 의견이 대두되

96) 『木戸文書』 3, p.403.
97) 『木戸關係文書』 2, p.280.
98) 『法規分類大全』 兵制門 第1, p.19.

었다.[99] 이후 정국이 폐번치현으로 치닫게 되면서 재정부담을 경감할 목적으로, 번 자체의 해군력을 해체시키려 한 제번이 보유 함선을 헌납하려는 움직임이 본격적으로 가시화되었다. 메이지 3(1870)년 3월 15일 오가사와라 다다노부小笠原忠忱(豊津藩知事)가 신정부에 목조 운송선을 헌납할 의사를 표한 이후 잇따라 자진 헌납이 이루어졌다. 이를 토대로 7월 25일 드디어 갑철함을 포함한 제번의 헌납 함선으로, 신정부 최초의 근대적 해군 함대가 편성되었다.[100] 이로써 보신 전쟁 과정에서, 구막부 함대에 비해 상대적 열세를 면치 못했던 뼈아픈 경험에서 비롯된 기도의 신정부 해군력 강화 노력은 비로소 결실을 맺었다.

맺음말

정권교체 후 해군력 강화 문제는 신정부 내의 조슈파 좌장인 기도 다카요시의 최대 관심사 중의 하나로, 이하에서는 본문 내용을 바탕으로 그의 해군력 강화 노력을 정리한다. 기도의 정치적 노력 속에서, 첫째 수차례에 걸친 관제개혁의 영향으로 해군력 강화를 군사·행정적으로 뒷받침할 수 있는 해군 직제가, 해육군무과 → 군방사무국 → 군무관(해군국) → 병부성(해군괘·해군부) 단계를 거쳐, 메이지 5(1872)년 2월

---

99) 『明治天皇紀』第2, pp.195~196, 200 ; 『明治文化全集』4 憲政編, pp.178~181.
100) 『海軍制度沿革』卷2, pp.10~11 ; 『明治天皇紀』第2, p.280. 해군 함대 편성을 앞둔 5월 병부성은, 신정부에 해군 건설계획을 건의했다(『海軍制度沿革』卷2, pp.39~40). 즉 증기 갑철함 50척을 포함한 군함 대소 200척을 10함대로 편성하고, 상비인원 25,000명 규모의 해군 건설을 20년 계획으로 추진한다는 내용이었으나, 재정 사정으로 성사되지는 못했다. 해군성 설치 당시의 해군 규모를 보면, 군함 14척·수송선 3척의 총 배수량이 13,832톤으로, 2년 전보다 군함 수는 약간 증가했으나 여전히 불충분한 상태였다.

27일 해군성이라는 독립기관으로 탄생되었다.

둘째 기도는 보신 전쟁 중 제번으로부터 헌납 받거나 차용한 함선을 장기적으로 운용할 해군사관의 양성과 외국인 교관 초빙의 필요성을 일찌감치 깨닫고, 군무관의 실력자인 오무라와 공조하여 해군 조련소(→ 해군 병학료 → 해군 병학교) 설립을 통해 실현시켰다.

셋째 신정부의 자체 해군력 보유 및 해군 창설의 필요성을 주장해온 기도는, 오무라 등의 협조를 받아 이를 실현시켰다. 기도의 제창은 신정부를 움직여 천황 및 수뇌부는 해군 문제를 중요한 당면 과제로 인식하는 한편, 해군 창설에 대비한 후속조치로서 해군 관련 전담부서의 단계적 독립화, 제번 함선의 동력제원표 및 해군 경력 제번 번사의 해군 창설 전망서 제출 같은 해군 창설 준비작업을 추진하였다. 마침내 메이지 3(1870)년 7월 25일 갑철함·제번 헌납 함선을 주축으로 신정부 최초의 해군 함대가 창설되었고, 천황의 해군 병학료 함선 관람일인 메이지 6(1873)년 1월 9일 근대 일본 해군이 탄생하였다.

넷째 해육군 '병제의 기초' 정립을 평생의 과업으로 생각하였던 기도와 그의 정치적 맹우 오무라는, 메이지 원(1868)년 9월경부터 해육군의 '병제' 확정과 '병력' 창출을 제창하고 나섰다. 도호쿠 평정에의 공헌 등에 도취되어 할거적인 태도를 보이고 있던 개선 병사의 처리 문제가 신정부에게 초미의 정치적 과제로 부상한 가운데, '삿초도薩長土' 3개 번에 의한 중앙군대 창설을 지향한 오쿠보의 사쓰마파와는 달리, 기도 등은 일단 관군을 해산하고 '국민개병'에 의한 국가상비군 조직을 계획하고 오무라가 이 '병제'의 기초 작업에 나섰다. 그러나 이듬해 6월 하순경 양측의 구상안이 충돌한 '병제' 대논의 결과, 기도·오무라의 계획은 무산되었으나 '병제' 채용방식에 대한 양인의 노력이 병부성 내의 조슈파 등에 계승되어, 메이지 3년 10월 2일 해육군(해군: 영국식,

육군: 프랑스식)의 '병제' 확정으로 실현되었다.

다섯째 해군(함대) 창설·해군사관 양성·해육군 '병제' 확립 등 해군력 강화의 필요성을 시종일관 강조해 왔던 기도는, 군함 건조 등에 막대한 비용이 들 것으로 전망하고, 메이지 원년 9월 중순경부터 국가 '회계' 정립 후의 '해육군 예산 배정론'을 제창하고 나섰다. 기도는 국가 재정 수입의 3/5을 해육군 군비로 배정하고 해육군 '병제 기초'를 확립하는 작업을 위해, 회계관·군무관 내에 별도기관의 설치를 건의하고, 특히 열악한 신정부의 재정 상태로는 군함 건조자금을 확보하기 어렵다고 보아 이를 지방 '국채' 발행을 통해 충당하려고 했다. 이러한 정치적 노력은 메이지 2(1869)년 9월 28일, 현미 30만석 등 해육군 국방예산의 확보로 이어졌다.

이처럼 보신 전쟁 중 신정부가 충분한 자체 해군력을 갖추지 못해 구막부 함대에 상대적 열세를 보이던 전황 하에서, 제번 및 외국 함선의 수배·매입 필요성을 강조하며, 도호쿠 등의 평정작업에 직간접으로 관여해왔던 기도가, 군무관 실력자인 동향의 오무라 등의 정책적 협조에 힘입어, 해군을 우선한 영국식 '병제'의 기초 확립, 해군력을 강화시킬 재원의 확보, 해군사관 양성학교의 설치, 외국 교관의 초빙과 제번 함선의 헌납에 기초한 근대 일본 해군(함대)의 창설과 같은 정치적 성과를 이끌어내는 데 기여했음에 주목하고 싶다.

보신 전쟁은 막번제幕藩制 국가에 대신하는 근대 일본의 국가 방식을 둘러싸고, 상이한 구상을 가진 정치세력이 충돌한 전쟁이었다. 1년 반에 걸친 전쟁의 진행 및 그 '전후처리' 과정에서, 메이지 신정부 탄생의 주역 중 한 사람이었던 기도 다카요시의 전쟁 및 '전후처리' 등에 대한 고심과 정치적 노력을 살펴보았다. 각 장에서의 연구성과 개요를 정리하면 다음과 같다.

제1부 제1장 「기도 다카요시의 보신 전쟁관과 정치적 대응」에서는, 보신 전쟁기에 기도가 보여준 정치적 대응과 보신 전쟁관을 고찰했다. 기도는 '삿초' 동맹 체결 이후, 구막부 측과의 무력대결을 상정하고 조슈 병력의 교토·오사카 지역으로의 파견 및 출병을 위한 사쓰마번과의 군사적 협력강화, 나아가 서일본 제번의 신정부에 대한 지지·협력의 확대를 모색하기 위해 스스로 오카야마번에 출장하는 등, 당초부터 도바·후시미 전쟁에 깊이 관여하였다. 우에노 전쟁에서는 동향의 오무라와 함께, 구막부 지지세력에 대한 단호한 진압과 도쿠가와가 '후속처분'을 주장해 이를 관철시켰다.

도호쿠 전쟁에서는 관군의 호쿠에쓰·우슈 출병 결정에 직접 관여하기도 하고, 고전중인 관군을 응원하기 위해 호쿠에쓰 출장을 청원하는 등, 시종일관 관군의 증원 출병 및 군수품 조달, 수송군함의 확보에 진력했다. 하코다테 전쟁에서는 신정부의 만성적인 군함 부족을 해결하기 위해 서양열강과의 '국외중립' 철폐 교섭을 통해 에노모토 탈함정권을 반란세력으로 깎아내리면서, 다른 한편으로는 미국으로부터 인도받은 철제군함과 제번 군함으로 하코다테 평정을 이끌어내는 데 일조했다.

한편 기도는 보신 전쟁 내내 독특한 전쟁관 및 정치력을 발휘하기도 했다. 기도는 신정부의 토대를 확립하는 데 "전쟁보다 좋은 방법은 없다"는 정치적 관점에서, 조기 평정을 위해 관군 증파·군수품 수송 목적의 군함 확보, 쇼기타이 진압 후의 도쿠가와가 '후속처분' 실시, 나아가 근신중인 전장군 요시노부를 '사면'과 동시에, 도쿠가와 종가를 상속한 이에사토와 함께, 하코다테 전쟁에 청원 출병을 시도하는 등 고도로 노련한 정치력을 발휘하였다.

제2부 제1장 「기도 다카요시와 도호쿠 전쟁 전후처리」에서는, 보신 전쟁 중에 가장 치열했던 도호쿠 전쟁을 신정부의 장래를 좌우할 '대전쟁'으로 간주하고, 또한 이 전쟁을 평정하지 못한다면 '천하 대와해'로 이어질 것을 우려해 공략에 앞장섰던 기도가, 동 지역의 '전후처리' 즉 항복 제번 처분·행정구역 분할에도 노력했음을 밝혔다. 도호쿠 평정을 눈앞에 두고 대두된 항복 제번에 대한 원칙 없는 '유화론有和論'을 비판하였던 기도는, 평정 후의 제번 처리안을 마련해 신정부에 건의하고, 또한 그 결정을 이끌어내기 위해 적극적으로 움직였다. 즉 도호쿠 전쟁의 원인제공자로 엄단할 것을 촉구했던 '조적' 아이즈번이, 결국 천황의 재단에 의해 관대히 처분될 될 것임을 전망하면서도, 죄의

경중에 따라 아이즈번과 기타 제번 간에 처분기준을 달리하여, 어디까지나 '전후처분'이 공명정대하게 이루어져야 한다고 강조했다. 이러한 기도의 주장 이면에는, '군신'관계를 저버린 '반역' 행동이 중죄임을 분명히 적시한 후, 적대 정도에 따라 '형률'을 차등 적용함으로써 조기에 신정부의 권위와 국가 기강을 확립하는 '대정일신'의 정치적 효과를 기대할 수 있다는 인식이 작용했다.

한편 항복 제번 처분을 둘러싼 의견 대립과, 에노모토 탈함세력의 하코다테 점령에 대한 대책 마련 등에 밀려 지지부진하던 제번 처분 심의는, 메이지 원년 12월 최종 단계를 맞이했다. 오우에쓰 열번동맹에 참가한 제번과 아이즈·쇼나이 동맹 중 끝까지 관군에게 저항한 19개 번이 각각 멸번滅藩, 영지몰수·번주교체 후 감봉減俸 및 도쿄 근신 처분, 번주 교체와 감봉, 감전봉減轉封 등의 차별적인 처분을 받았다. 이러한 제번 처분이 최종 국면을 맞이할 무렵, 기도는 도호쿠 '전후처리'의 일환으로서 도호쿠 지방을 재편하는 구상을 병행 추진하고 있었다. 즉 도호쿠 지역에 '부현제府縣制'를 실시하고 천황의 동 지역 민중에 대한 '교화敎化'와 '무육撫育'을 원활히 하기 위한 민정民政처리 차원에서, 도호쿠 지역을 7개 지방으로 나누는 분할안을 건의해 신정부 논의를 거쳐 최종 승인을 받았다. 이러한 행정구역의 분할 시도는, 현재의 도호쿠 지방 6현의 효시로서 그 역사적 의미가 크다.

제2장 「기도 다카요시와 도호쿠 전후 민정처리」에서는, 도호쿠 지역의 전후 민정처리와 관련해 기도의 정치적 노력을 살펴보았다. 그 결과 다음과 같은 결론을 얻을 수가 있었다. 첫째 기도는 메이지 원년 9월 이후 '부번현府藩縣 삼치일치三治一致'에 어울리는 '규칙' 제정의 중요성을 이와쿠라 도모미 등 신정부 요인들에게 강조하고, 나아가 오쿠보 도시미치로부터도 정치적 진력을 요청받아, 이른바 '번치직제藩治職制'

의 제정에 일조했다. 둘째 기도가 도호쿠 전쟁 종식 후의 점령지 지배 처리와 관련해, 민심이 안정될 때까지 대번大藩에 의한 지배 관리·부현 지사의 인선안을 처음으로 제시한 결과, 도호쿠 지역은 마침내 종래의 민정국民政局 체제에서, 신정부 측의 제번에 의한 위탁관리 체제로 전환 되었다.

셋째 기도는 도호쿠 지방을 포함한 일본 전국에, 민중의 '교화'·'무육' 을 촉진하기 위한 민부관民部官 창설도 제창하여 관철시켰다. 넷째 기도 는 도호쿠 지방의 통일적인 민정지배 과정에서 발생한 민중 저항에 대해 단호한 태도를 취하는 한편, 다른 한편으로는 동 지역의 민정 안정이 신정부 권위의 조기 확립에 직결된다는 입장에서, 단계적으로 제규칙을 마련하는 정치적 노력을 계속했다. 이로써 도호쿠 지방은 신정부의 직할지배에 들어가, 중앙집권화의 첫 걸음인 판적봉환·폐번 치현을 맞이하게 되었다.

제3장 「기도 다카요시와 아이즈會津 전후처리」에서는, 메이지 원년에 발생한 도호쿠 지역의 최대 격전지였던 아이즈에 대한 '전후처리', 즉 아이즈 항복인의 홋카이도 이주개척사업과 관련해, 기도의 상황 인식과 그에 따른 정치적 노력을 살펴보았다. '조적' 아이즈번은 도호쿠 전쟁 발단의 주범으로 간주되어 동년 12월 번 자체가 폐지되고, 번주 이하 가신 및 일반 항복번사는 각각 참수 내지 제번에서의 종신근신 처분에 처해졌다. 이러한 아이즈 '전후처분'에 깊숙이 관여했던 기도는, 처분은 어디까지나 '군신'의 죄를 범한 공적인 죄를 물었던 것이지, 결코 사적인 감정에서 이루어진 것이 아님을 강조하는 한편, '황국' 백성이 된 아이즈 항복인의 궁핍한 사정을 동정해 위로금을 전달하기 도 했다.

그러나 이러한 일시적인 조치만으로는 위탁제번에서 근신중인 대다수 항복 번사에 대한 근본 대책이 될 수 없다고 판단한 기도는, 홋카이도 등 여러 지역으로 그들을 이주 개척시켜 생활을 구제하고, 나아가 러시아의 남하로부터 홋카이도를 방비하고자 했다. 이에 메이지 원년 후반기부터 정치적 동반자로 군무관 부지사였던 오무라 마스지로를 비롯한 신정부 요인들에게 자신의 구상을 피력하였고 그 결과, 이듬해 2월 군무관과 함께 아이즈 항복인의 홋카이도 이주개척과 기타 지역 선정 권한을 위임받아 그 추진을 명령 받았다. 이 조치에 힘입어 항복인 처리는, 종래의 위탁제번 중심에서 기도·군무관 중심으로 바뀌고, 홋카이도와 도나미번에 가족을 포함하여 각각 12,000, 5,000여 명의 항복번사를 이주시켜 개간에 종사시킨다는 기도의 구상은, 적어도 6월 상순경까지는 군무관과의 긴밀한 협력 하에 순조롭게 진행되는 듯 보였다.

한편 7월 8일 관제개혁이라는 급격한 정국의 변화 속에서, 홋카이도 개척을 전관하는 개척사가 신설되어, 자칫 병부성(군무관에서 명칭 변경)이 담당하던 아이즈 항복인의 이주개척사업도 신설된 개척사로 이관될지 모르는 상황에 직면했다. 이에 기도는 개척사업의 포기 의사를 전한 오무라에게 포기의 철회를 설득하는 한편, 자신에게 우호적인 산조·오쿠마는 물론 이토·이노우에 등의 조슈파에게도 신정부 정책의 일관성 부재를 비판하면서도, 병부성의 개척사업 유지와 관련해 협조를 부탁했다. 거기에 그치지 않고 기도는 항복인 이주개척사업 관장 변경의 당사자로 지목된 오쿠보·이와쿠라에게도 강력 항의한 끝에, 홋카이도 이주개척사업을 원래의 상태, 즉 병부성 관할로 돌려놓았다.

그러나 관할을 둘러싸고 벌어진 정치싸움으로 사업 지연은 부득이하게 되었고, 나아가 사업 규모 역시 당초보다 대폭 축소된 채, 대신 도나미번의 신설과 그곳으로의 항복인 대거 이주가 이루어졌다. 홋카이도 이외의 제3지역으로의 이주는 애당초 기도의 구상에 들어 있었던 것이나, 항복 번사의 홋카이도 이주가 일부 실현된 후 병부성은 일정을 앞당겨 메이지 3(1870)년 1월경 홋카이도 개척사업에서 완전 철수했다. 요컨대 아이즈 '전후처리'에서 항복 번사의 홋카이도 이주개척사업은, 게이오 4(1868)년 봄 이래 홋카이도 개척에 관심을 가지고 있던 기도[1]에 의해, 항복 번사의 생활 구제·홋카이도 개척·북방 방비라는 목적에서 구상되어, 관할권 다툼에도 불구하고 기도 자신과 정치적 동반자 오무라가 실권을 쥐고 있던 군무관(후의 병부성)의 정치적 노력에 의해 일부 실현을 보았다.

제3부 제1장 「기도 다카요시와 도쿠가와가德川家 하코다테 출병론」에서는, 도쿠가와가의 하코다테 출병에 관한 논의 과정을 기도를 비롯한 메이지 신정부 요인들의 정치적 움직임을 중심으로 살펴보았다. '도쿠가와가 출병론'은 하코다테 전쟁에 앞서 이미 간토 전쟁 단계에서 전장군 요시노부의 '선봉출병론' 형태로 기도에 의해 처음 제창되어, 비록 성사되지는 않았으나 도쿠가와가 측 출병의 선례를 남겼다. 이후 에도만 2차 탈주를 감행한 에노모토 다케아키 구막부측 탈함세력이 오우에쓰 열번동맹 측과의 연대가 무산된 후 에조치로 향하면서, 하코다테 전쟁의 조기 평정을 의도하는 '도쿠가와가 출병론'이 재등장했다.

당시 신정부의 하코다테 평정대책 중 하나였던 '도쿠가와가 출병론'은 기도에 의해 다시 제창되었으나, 출병 논의 과정에서 요시노부 → 아키타케 → 이에사토 → 요시노부 → 아키타케 순으로 출장 대상 인물이 자주 바뀌는 상황이 발생하였고, 결정 자체가 보류되는 정치적 해프닝도 연출되었다. 그 이유는 도쿠가와가 측의 출장 거부 탓도

---

1) 沈箕載(2014), 「明治 元年의 에조치(蝦夷地) 개척문제와 木戶孝允」, 『日本學報』 99, 韓國日本學會 ; 同(2015), 「明治 신정부의 에조치(蝦夷地) 개척과 木戶孝允」, 『日本研究』 24, 高麗大學校 글로벌일본연구원 참조.

있었지만, 그보다는 신정부 소수 요인들의 합의 처리를 주장한 기도와, 제관청 관리들에 의한 여론수렴 후 처리 결정을 주장한 산조 사이의 팽팽한 대립에 기인했다. 결론적으로 '도쿠가와가 출병론'은, '국외중립' 철폐 교섭상의 수단이 아니라 하코다테 평정책의 하나로서, 밀접한 상호 연관성을 유지하면서 추진된 정책이었다. 특히 전장군 요시노부 '사면赦免' 출장과 관련해서는, 신정부 요인들 중에서 기도가 가장 적극적이고 일관된 자세를 유지하였다.

제2장 「메이지 신정부와 하코다테 전쟁 전후처리」는, 하코다테 '전후처리'의 핵심인 에노모토 처분의 정치 과정을, 메이지 신정부 요인들의 움직임을 중심으로 살펴본 것이다. '전후처리'의 가장 큰 특징은 첫째 '사죄死罪'가 아닌 '사면' 형태로 처분이 실시되었다는 점으로, 이는 도호쿠 '전후처분'과 비교해 보더라도 매우 관대한 처분이었다. 둘째 '사면'에 이르기까지 약 2년 6개월이라는 긴 시간이 소요된 가장 큰 이유는, 처분 수위를 놓고 신정부 창립의 양대 산맥인 조슈·사쓰마가 대립하였기 때문이다. '엄벌론' 즉 '사죄론'를 주장한 기도 등의 조슈파와, '관대론' 즉 '사면론'의 오쿠보·구로다 등의 사쓰마파 사이에 첨예한 대립이 있었다. 셋째 처분이 늦어진 또 다른 이유로는, 처분 논의 과정에서 산조의 '이론異論' 및 오무라 암살미수 사건의 여파 등과 같은, 하코다테 '전후처분'을 방해하는 국내외 정치사정이 현존했다.

이처럼 우여곡절 끝에 실현된 에노모토 처분은 구로다 일 개인의 노력이기보다는, 사쓰마파를 중심으로 한 복합적인 정치적 노력의 결과물이었다. 마지막으로 에노모토 처분은 주요 정치과제로서, 정국의 주도권을 둘러싸고 기도 등의 조슈파와 경쟁한 사쓰마파에게는 정치적 의미가 남달랐다. 에노모토 등과 같은 유능한 구막신의 발탁 등에서 알 수 있는 것처럼, 만성적인 인재부족에 시달리던 신정부로서는 이를 해소하고 공평한 인사정책으로 천황 자비를 국내외에 과시함으로써, 정국 및 민심의 불안정을 억제하기 위해서도 하코다테 '전후처분'은 반드시 조기 해결해야 했다.

제4부 제1장 「보신 전쟁과 기도 다카요시의 군함 확보 노력」에서는, 보신 전쟁 내내 신정부가 직면했던 군함 확보 문제와 관련해, 신정부 요인 중 한 사람인 기도의 정치적 움직임을 고찰했다. 도바·후시미 전쟁 이후 신정부는 막강한 구막부 함대에 대항하기 위해 갑철함 등의 외국군함의 수배(매입)에 나서는 한편, 간토 공략을 위해 일부 제번에 군함징발령을 내리는 긴급조치를 취했다. 그러나 에노모토의 구막부 함대 1차 탈주 및 에도 대총독부의 구막부 함대 접수 실패를 계기로 기도와 정치적 맹우 오무라는 군함 확보문제에 더욱 전념하게 된다.

에노모토 함대의 2차 탈주 후, 도호쿠 평정을 위해 해상을 통한 관군 증파와 군수품 보급을 목적으로 한 수송군함의 확보를 촉구한 기도의 제안을 수용한 신정부는, 제번의 함선 상황을 파악하기 위해 1차 탈주 후 일부 제번에게 제출케 한 보유함선의 동력 제원표에 대해 기록의 미비를 이유로 다시 제출케 하고, 제번 함선의 오사카·효고 집결을 지시했으나 군함 수배는 여의치 못했다. 그럼에도 기도는 도호쿠 평정을 위해서는 국내외 함선을 수배하여 군함을 확보할 필요가 있다는 지론을 재차 강조하는 한편, 전쟁 운용 형태와 관련하여 일관성 없는 제번의 구원 형태에서, 군무관 중심으로 전환할 것을 주장해 마침내 도호쿠 전쟁을 승리로 이끌었다.

한편 도호쿠 반정부 세력과의 연대가 좌절된 에노모토 탈주함대가 에조치로 향하자, 도호쿠 전쟁 때 군함 수배에 어려움을 겪은 바 있었던 기도와 오무라는, 탈주 정보를 교환하며 막강한 탈주함대에 대항할 수 있는 함선 확보에 적극 나섰다. 그러나 예상과는 달리 군함 확보가 여의치 않은 상황에서, 기도는 취약한 해군력의 보강이 절실하다고 보고, 4월경부터 탈주함대에 대항할 수 있는 최신예 군함인 갑철함 인도의 중요성을 재차 강조하고 나섰다. 당사자인 미국 측이 '국외중립'을 이유로 양도를 거부했으나, 도호쿠 전쟁이 신정부 측의 승리로 귀결되면서 이듬해 초 정식으로 인도받을 수 있었다. 갑철함 획득으로 낙관시 되었던 하코다테 평정은, 제번 함선의 확보가 늦어지면서 출정이 늦어졌으나, 기도와 오무라의 끈질긴 수배 노력이 빛을 발하면서 마침내 5월 18일 평정을 이룩하였다.

제2장 「보신 전쟁과 기도 다카요시의 해군력 강화 노력」에서는, 메이지 신정부의 해군력 강화작업과 관련한 기도의 정치적 노력을 고찰한 것으로, 다음과 같은 결론을 얻을 수 있었다. 첫째 해군력 강화를 군사·행정적으로 뒷받침할 수 있는 해군 직제가 관제개혁의 영향으로, 해육군무과 → 군방사무국 → 군무관 → 병부성을 거쳐 메이지 5(1872)년 2월 해군성이라는 독립조직으로 탄생되었다. 둘째 기도는 보신 전쟁 중 해군사관 양성, 외국교관 초빙의 필요성을 일찍이 깨닫고 정치적 동반자인 군무관 실력자 오무라와의 공조 하에, 해군 조련소 설립 등을 통해 실현시켜 나갔다.

셋째 신정부 요인 중에서 가장 먼저 해군력 보유·해군 창설의 필요성을 제창한 기도는, 오무라 등의 협조에 힘입어 메이지 3(1870)년 7월과 6(1873)년 1월, 신정부 최초의 근대 해군 함대와 일본 해군을 각각 탄생시켰다. 넷째 해육군 '병제의 기초' 정립을 평생의 과제로 삼았던 기도는, 오무라와 함께 메이지 원년 9월경부터 해육군의 '병제' 확정과 '병력' 창출을 제창해, 메이지 3년 10월 해육군의 '병제' 확정에 기여했다. 다섯째 군함 건조 등에 막대한 재정이 소요될 것으로 전망한 기도는, 메이지 원(1868)년 9월 중순경부터 지방 '국채' 발행을 통한 '해육군

예산 배정론'을 제창해, 이듬해 9월 해육군의 국방예산 확보에도 성공했다. 이처럼 기도는 해군력 강화에 노력하라는 천황의 명령과 오무라의 정책적 협조에 힘입어, 해군 우선의 영국식 '병제' 기초 확립, 해군력 강화의 재원 확보, 해군사관 양성학교 설치, 외국 교관 초빙·제번 함선 등의 헌납에 기초한 근대 일본 해군(함대) 창설과 같은 주목할 만한 정치적 성과를 이끌어내는 데 공헌했다.

끝으로 보신 전쟁 '전후처리'를 통해 드러난 기도의 국가상은 어떤 것이었을까. 기도는 보신 전쟁 발발 당초부터 신정부의 토대를 확립하기 위해서는, 구막부 지지세력과의 '전쟁'이야말로 '대정일신의 기본'을 확립하기 위한 최선의 방책이라는 지론을 갖고 있었고, '전쟁'을 통한 조기 평정을 줄곧 주장하였다. 그리고 우여곡절 끝에 전쟁이 관군의 승리로 끝나고, 보신 전쟁에 참가한 신정부 측의 제번 세력이 승리에 도취되어 서로 전공을 다투는 상황에서도, 특히 신정부의 운명을 가늠할 최대 격전지였던 도호쿠 지역에서 천황의 '교화' 및 '덕화'에 기초하여 민심을 안정시키는 것이 곧 신정부의 안착으로 직결된다는 입장을 견지하였다. 이에 따라 다양한 형태의 점령지 지배 처리정책을 실시하고, 나아가 제번에 위탁근신중이던 아이즈 항복 번사의 홋카이도 등지로의 이주개척을 통해, 그들의 궁핍한 생활을 구제하고 러시아의 남하로부터 홋카이도를 방어하고자 노력하였다.

또한 기도는 도호쿠 평정을 추진하는 과정에서, 평생 생각해왔던 지론인 '병제' 기초의 정립, 다시 말하면 해육군의 '군제' 통일이 당면한 국가 중대사임을 강조했다. 보신 전쟁에 동원된 관군 측의 제번 병사를 포함한 비대한 번사 처리문제가 '황국' 일본의 미래에 '큰 근심거리(大患)'가 될 것이라고 본 기도는, '병제' 토대의 조기 확립이야말로 '황위'의 세계 과시와 '만국대치'의 달성이라는, 정권교체의 본래 목적을 달성하는 지름길임을 강조하며 그 조기 실천을 촉구했다. 나아가 기도는 '병력' 창출, 즉 '국민개병'에 의해 신정부 직속의 근대적인 국가상비군을 창설하여, 국내를 조속히 안정시키고 '황국' 유지의 길을 착실히 닦아나가야 한다고 주장하기도 했다.

요컨대 기도는 보신 전쟁 중 내내 충분한 자체 해군력을 갖추지 못해 구막부 함대에 고전을 면치 못했던 쓰라린 경험에서, '병제' 확정·근대 일본 해군(함대) 창설 등으로 연결되는 일련의 해군력 강화를 선도적으로 제창하여 정치적 성과를 거두는 데 일조했다. 또한 도호쿠 전쟁을 포함한 보신 전쟁의 조기 평정과 '전후처리' 과정을 통해, 기도는 제지역에서 민심을 안정시키고 아울러 천황의 '황화'·'덕위'가 대내외적으로 실천되어, 궁극적으로 천황과 신정부의 권위 및 통일적 지방지배가 조기에 확립되기를 강력히 희망하면서, 이를 실천하기 위해 혼신의 노력을 다하였다.

기도 다카요시는 동아시아에서 서양열강이 창궐[跳梁]하는 급격한 변화의 시대를 맞이한 막말유신기幕末維新期 상황 하에서, 때로는 조슈 번정藩政의 개혁·조정자로, 때로는 정권교체의 추진자로, 국가의 안전과 독립이라는 '유신維新', 즉 정권교체 본연의 목적을 달성하기 위해 일관된 삶을 살았다고 할 수 있다. 특히 기도는 '유신' 이후 10여 년의 짧은 정치활동을 전개하며, 자신의 정치목적을 추구하기 위한 방법에서 큰 차이를 보여주었다. 즉 보신 전쟁에서 폐번치현 시기(1868~1871)까지는, 제번 할거체제의 타파 및 중앙집권적 국가체제의 수립을 당면 목표로 설정한 후, 강력한 리더십으로 오쿠보 도시미치 등과 함께 막번제 국가의 최종 해체를 의미하는 판적봉환·폐번치현 등 역사에 남을 만한 국가사업을 과감히 결단하고 주도하여, 근대 국민국가로서 일본의 초석을 다지는 데 공헌했다.

한편 기도는 이와쿠라 사절단에 참가해 메이지 7(1874)년 7월 서양 순방에서 귀국한 이후에는, 근대화를 향한 국가적 사업의 추진에 진력하나, 이때는 이전의 급진적인 모습이 아니라 점진주의적인 정치 성향을 보여주었다. 기도는 당면 목표를 입헌정체의 기초를 구축하는 데 두고 아울러 국민교육과 '민력함양民力涵養'의 필요성도 강하게 주장하였으나, 거듭된 권력투쟁과 병마로 쓰러져 마지막 중앙집권화의 꿈을 이루지는 못했다.

참고문헌

1. 사료

『會津若松史』

『維新史』

『維新史料綱要』

『維新日誌』

『伊藤博文關係文書』

『岩倉具視關係史料』

『岩倉具視關係文書』

『岩倉公實記』

『大久保利通關係文書』

『大久保利通傳』

『大久保利通日記』

『大久保利通文書』

『大隈重信關係文書』

『改訂肥後藩國事史料』

『勝海舟全集』

『木戶孝允遺文集』

『木戸孝允關係文書』

『木戸孝允日記』

『木戸孝允文書』

『公文錄』

『公文別錄·海軍公文類纂幷拾遺抄錄』

『公文類纂』

『西鄉隆盛全集』

『職員錄』

『太政官日誌』

『太政類典』

『太政類典草稿』

『勅語類·明治詔勅』

『德川慶喜公傳』

『日本外交文書』

『復古記』

『法規分類大全』

『保古飛呂比 佐々木高行日記』

『法令全書』

『明治史要』

『明治天皇紀』

『明治文化全集』

『宮島誠一郞文書』

2. 저서

猪飼隆明(1992), 『西鄉隆盛』, 岩波書店.

石井孝(1984), 『戊辰戰爭論』, 吉川弘文館.

石井孝(1966), 『明治維新の國際環境』, 吉川弘文館.

絲屋壽雄(1971), 『大村益次郞』, 中央公論社.

海軍省(1941),『海軍制度沿革』卷2, 海軍大臣官房.

佐々木克(1977),『戊辰戰爭-敗者の明治維新-』, 中央公論社.

佐々木克(2000),『それぞれの明治維新-変革期の生き方-』, 吉川弘文館.

下山三郎(1976),『近代天皇制研究序說』, 岩波書店.

外山三郎(1980),『日本海軍史』, 教育社.

田中惣五郎(1938),『近代兵制の創始者 大村益次郎』, 千倉書房.

妻木忠太(1926),『木戶松菊略傳』, 村田書店.

妻木忠太(1927),『松菊木戶公傳』上, 明治書院.

妻木忠太(1984),『史實考證 木戶松菊公逸事』, 村田書店.

妻木忠太(1985),『史實參考 木戶松菊公逸話』, 村田書店.

原口淸(1963),『戊辰戰爭』, 塙書房.

樋口雄彦(2012),『箱館戰爭と榎本武揚』, 吉川弘文館.

藤原相之助(1980),『仙臺戊辰史』1, 東京大學出版會.

星亮一(2006),『會津藩斗南へ』, 三修社.

保谷徹(2007),『戊辰戰爭』, 吉川弘文館.

松尾正人(1986),『廢藩置縣』, 中央公論社.

松尾正人(1995),『維新政權』, 吉川弘文館.

松尾正人(2007),『木戶孝允』, 吉川弘文館.

松尾正人・千田稔(1977),『明治維新研究序說: 維新政權の直轄地』, 開明書院.

松下芳男(1956),『明治軍制史論』上卷, 有斐閣.

渡辺幾治郎(1937),『人物近代日本軍事史』, 千倉書房.

3. 논문

沈箕載(2008),「메이지 초년 기도 다카요시의 대외인식」,『日語日文學研究』 66.

沈箕載(2010),「木戶孝允과 戊辰戰爭」,『日本語文學』 47.

沈箕載(2012),「木戶孝允과 戊辰전쟁 전후처리-東北戰爭을 중심으로-」, 『韓日關係史研究』 41.

沈箕載(2013),「木戸孝允과 東北戰爭 戰後民政處理」,『歷史學報』218.

沈箕載(2013),「木戸孝允과 아이즈(會津) 전후처리」,『日本研究』20.

沈箕載(2014),「明治 元年의 에조치(蝦夷地) 개척문제와 木戸孝允」,『日本學報』99.

沈箕載(2015),「明治 신정부의 에조치(蝦夷地) 개척과 木戸孝允」,『日本研究』24.

沈箕載(2015),「戊辰戰爭과 木戸孝允의 군함 확보 노력」,『日本語文學』66.

沈箕載(2015),「木戸孝允과 德川家 箱館出兵論」,『日本學報』105.

沈箕載(2019),「明治 신정부와 箱館戰爭 전후처리」,『歷史學報』241.

沈箕載(2019),「德川家 1차 처분과 大久保利通」,『日本語文學』80.

沈箕載(2020),「戊辰戰爭과 木戸孝允의 해군력 강화노력」,『日本學報』122.

沈箕載(2022),「Yoshinobu's pardon and Okubo Toshimichi」,『The Journal of Korea Association Of Japanology』131.

沈箕載(2022),「德川家 2차 처분의 산파역, 오쿠보 도시미치(大久保利通)」,『比較日本學』55.

池田嘉一(1969),「維新哀史, 會津藩降伏人預り」, 上越鄕土研究會 編,『頸城文化』27.

友田昌宏(2003),「國外中立撤廢の過程と德川箱館出兵論」,『日本史研究』496.

松尾正人(1977),「明治新政府の地方支配－若松縣政を中心として－」,『地方史研究』146.

松尾正人(1986),「明治新政權の會津處分」, 小林清治 編,『福島の研究』4, 清文堂出版.

기도 다카요시木戸孝允의 정치활동

서력(연호)	연령	연　보

1833(天保 4)　0　조슈번長州藩의 의사藩医 와다 마사카게和田昌景의 장남 와다
고고로和田小五郎로 태어나다(6/26).

1840(天保 11)　8　조슈 번사藩士 가쓰라 구로베桂九郎兵衛의 양자가 되어(4/13),
가쓰라 고고로桂小五郎의 이름으로 무사 가계家系를 잇다(6/15).

1846(弘化 3)　14　조슈번의 나이토 사쿠베內藤作兵衛 문하에서 검술劍術을 배우다.

1849(嘉永 2)　17　메이린칸明倫館(藩校)에서 요시다 쇼인吉田松陰으로부터 병학
兵學을 배우다(10/1).

1852(嘉永 5)　20　검술 수업 차 에도江戸 유학의 허가를 얻어(9/23), 에도 3대 검술
도장의 하나 사이토 야쿠로齊藤彌九郎 문하에 입문하다(11/15).

1853(嘉永 6)　21　사이토 도장의 사범으로 있으면서, 에가와 다로자에몬江川
太郎左衛門에게 해안 측량·양식 병술洋式兵術 등을 배우다(8/4).

1855(安政 2)　23　막부 관리幕臣 나카지마 사부로스케中島三郎助에게 군학軍學·
함선 건조 기술을 배우다(7/1).

1858(安政 5)　26　구사카 겐즈이久坂玄瑞를 통해 요시다 쇼인의 울릉도竹島 개
척론에 접하다(2/19).
요시다의 울릉도 개척론을 무라다 조로쿠村田藏六(후의 오무

라 마스지로大村益次郎: 幕府講武所前敎授)와 함께 조슈번에 건의
하다(6/28). 이때 가쓰라와 무라다 사이에 울릉도 개간 실행
협력의 인연을 계기로, 이후 양인은 정치적 동반자로 함께
성장해 나가다.

요시다로부터 울릉도 개척의 당위성을 피력한 서한을 받
다(7/11).

조슈번 관리에 첫 발탁되어 대검사大檢使로 에도 번저江戶藩
邸 근무를 명령받다(8/10).

에도 부임 중, 입옥入獄 명령을 받은 요시다를 방문하다(12/24).

1859(安政 6) 27 에도 번저 내의 유비관용괘有備館用掛로 보직 이동하다(11/13).

1860(万延 元) 28 조슈번 군제軍制 확립에 노력하다. 해군진흥책(3/2)·기선汽
船 구입(3/20) 등에 관한 의견을 번 정부에 건의하고, 무구武具·군
용기계軍用器械 등의 조사임무를 명령받다(4/3).

울릉도 개척을 무라다 등과 함께 막부에 청원하려는 의사
를 번 고위 관리에게 알리다(6/12).

울릉도 개간건의서를 무라다와 함께 막부에 전달하다(7/2).

1861(文久 元) 29 조슈번 정부에 러시아 군함의 점거에 저항한 존양尊攘 동맹
관계의 쓰시마 사민對馬士民의 사기 진작을 위해, 병식탄약兵
食彈藥 지원을 요청하다(5/12).

공무합체公武合体 [公家(朝廷)와 武家(幕府) 협력에 의한 정국타개책]
에 반대 의사를 표명하다(8/15).

1862(文久 2) 30 조슈 번주로부터 교토로 올라가 국사 주선國事周旋에 진력할
것을 명령받다(5/3).

번 정부로부터 타 번他藩 교섭의 명령을 받다(7/5).

대검사大檢使를 그만둔 후 유히쓰右筆로 보직 이동하다(7/14).

어려운 상황에 처한 쓰시마번을 위해, 쓰시마 번사와 함께
오기마치 산조 사네나루正親町三條實愛(議奏)를 만나 사정을

326

거듭 탄원하다(12/12·17).

1863(文久 3) 31 가쓰 가이슈勝海舟(軍艦奉行並: 幕臣)를 만나 방비를 논하다(3/29).
번의 요직 중의 하나 지키메쓰게直目付에 발탁되다(10/3).
쓰시마 번사 오시마大島에게 황위皇威 회복·막정幕政개혁의
국시國是 확정에 진력해줄 것을 권고하다(12/20).

1864(元治 元) 32 조슈번의 교토 루스이京都留守居로 보직 이동하다(4/18).
이케다야池田屋 소동에 직면하나 간신히 몸을 피하다(6/5).
신센구미新撰組의 추격을 벗어나 다지마但馬(현 兵庫縣 豊岡市)
로 피신하다(7/23).

1865(慶応 元) 33 조슈 번주 명령으로 시모노세키下關로 출발 후, 사카모토
료마坂本龍馬 등을 만나다(윤5/4).
번 정부로부터 양식소총 구입을 의뢰받다(윤5/9).
다카스기高杉와 함께 해군흥륭용괘海軍興隆用掛에 임명되다(9/26).
번명藩命으로 가쓰라 고고로에서 기도 간지木戶貫治로 개명
하다(9/29).

1866(慶応 2) 34 사이고西鄉 등과 역사적인 삿초 동맹薩長同盟을 맺다(1/20).
번명藩命으로 기도 간지木戶貫治에서 기도 준이치로木戶準一郎
로 개명하다(9/27).

1867(慶応 3) 35 오쿠보 이치조大久保一藏(후의 오쿠보 도시미치大久保利通) 등과,
삿초 출병薩長出兵과 관련해 6개조 협정을 체결하다(9/19).
사이고 등과 삿초 출병에 대해 협의를 계속하다(10/22).
사쓰마薩摩 번주와 협의하다(11/16).

1868(明治 元) 36 정권교체 후, 기도 준이치로木戶準一郎에서 기도 다카요시木
戶孝允로 개명하다.
총재국 고문總裁局顧問에 취임하다(1/25).
이토 히로부미伊藤博文에게 외교의 중대성을 강조하다(1/29).
전권사절의 조선 파견을 건의하다(1월중).

외국사무괘外國事務掛를 겸임하다(2/1).

이토 히로부미에게 국가영원의 대책 수립의 필요성을 언급하다(2/12).

히로부미에게 서양열강과의 조약 체결의 필요성을 언급하다(2/20).

신정부에 판적봉환版籍奉還을 건의하다(2월중).

천황의 에조치蝦夷地 개척 득실得失 자문에 응하다(3/9).

천황의 5개조 서문誓文 기초起草·감수監修에 관여하다(3/14).

전장군 요시노부慶喜 처분과 관련해 관대론을 주장하다(3/20).

천황에게 국내 및 해외 정세를 설명하다(4/17).

도요토미 히데요시豊臣秀吉 공적 현창功績顯彰 포고 초안을 이와쿠라 도모미岩倉具視에게 제출하다(4/28).

조슈 번주에게 국가발전을 위해 판적봉환 추진 작업에 동참해줄 것을 요청하다(윤4/14).

참여參与에 임명되다(6/4).

오우奧羽 출병을 재차 신정부에 건의해 관철하다(7/13·14).

조슈 번주에게 판적봉환의 필요성을 재차 강조하다(7/23).

호쿠에쓰北越 출장을 자원하나 허가받지 못하다(8/29).

전장군 요시노부의 관대사면을 재차 건의하다(11/14).

오우 민정조사 담당자로 임명되다(11/25).

오우 지방 행정 분할을 건의하다(12/7).

보통普通 교육의 필요성을 건의하다(12/12).

오무라와 신정부 회계·병제의 기초 확립을 논의하다(12/12).

이와쿠라에게 조선전권사절파견·판적봉환의 급무를 건의하다(12/14).

1869(明治 2)　37　군무관과 함께 아이즈 항복인會津降伏人의 처리를 위임받다(2/9).

이와쿠라에게 도쿄의 최근 사정을 진술하다(3/5).

오쿠보와 정국 상황을 논의하는 자리에서 고충을 토로하다(4/18).

판적봉환 관련해 격론 끝에 지론持論을 관철하다(6/13).

정치적 동반자 오무라 마스지로의 암살미수 소식에 접하다(9/4).

왕정복고 공신 상전으로 1800석石을 수여받고 종3위에 서임되다(9/26).

천황에게 영세록永世禄(1800石)의 반납의사를 거듭 표명하다(10/1·17).

전공행상戰功行賞에 대한 의견을 건의하다(11/10).

막말기 이래의 정치적 맹우 오무라 사망에 애통해하다(11/11).

우대신 산조의 요청에 응하여 국정 전반 상황에 대해 진술하다(11/28).

청국·조선 전권파견대사에 내정되다(12/3).

1870(明治 3)	38	참의參議 내명 후, 사퇴소동 끝에 참의 직책을 수락하다(6/10).

청국·조선 파견의 중지로 도청渡淸·도한渡韓이 무산되다(6/12).

데라지마寺島(外務大輔) 등과 조선교섭책을 논의하다(6/24).

신정부 개혁에 관한 의견을 산조三條·이와쿠라에 진술하다(7/30).

산조·이와쿠라로부터 양행洋行 중지를 요청 받고(8/20), 서양 방문의 뜻을 접다(9/20).

천황의 정국 상황 하문 요청에 응해 오쿠보 등과 함께 진술하다(윤10/13).

유럽 체제 중의 시나가와 야지로品川彌次郎에게 신문국新聞局 설치 취지를 설명하다(12/8).

1871(明治 4)	39	국가 발전을 위한 삿초 양 번 협력의 필요성에 오쿠보·사이고와 인식을 같이한 후, 이를 칙사勅使 이와쿠라에게 진술하다(1/8).

신문국 개설의 취지를 스기야마杉山 등에게 설명하다(2/16).

정부제도 개혁에 관한 소회所懷를 산조에게 피력하고, 폐번
치현廢藩置縣의 단행을 이와쿠라에 건의하다(6/4).

재차 제도 개혁에 관한 의견을 이와쿠라에게 토로하고,
폐번치현의 단행을 촉구하다(6/5).

폐번치현 추진사업을 양해한 사이고로부터 동의를 얻어내
다(6/27).

사이고와 함께 정부제도 조사위원회의 의장에 취임하다(6/29).

오랜 숙원 폐번치현이 단행되다(7/14).

이와쿠라 사절단의 특명전권부사特命全權副使에 내정되어,
구미 출장 명령을 받다(10/8).

서양 각국 순방 차 첫 방문국 도미渡美 길에 오르다(11/12).

1873(明治 6) 41 신정부의 귀국명령으로 요코하마에 도착하다(7/23).

5개조 서문에 기초한 헌법 제정과, 내치 정리內治整理·외교
강화 의견서를 제출하다(7월중).

내치우선內治優先의 의견서를 제출하다(8/19).

산조에게 내치의 급무急務를 이유로 정한征韓 연기를 건의하
다(9/14).

우대신 이와쿠라의 정국 상황 질문에 의견을 표명하다(9/25).

정한론 정변征韓論政變 발생하다(10/22).

대장경 겸임大藏卿兼任을 사퇴하다(11/17).

1874(明治 7) 42 문부경文部卿을 겸임하다(1/25).

태정대신 산조로부터 대만출병[征臺] 의견을 요청받고 진술
하다(2/3).

이와쿠라 주도의 대만출병 결정회의에 불참하다(2/7).

내무경內務卿을 겸임하다(2/14).

대만출병 주청서奏請書에 홀로 서명하지 않다(4/2).

참의겸문부경을 그만두고 궁내성 출사宮內省出仕에 보임되

다(5/13).

1875(明治 8) 43 참의 이토·오쿠보와 함께 도쿄 귀경문제를 논의하다(1/23·24).

오쿠보·이토·이타가키板垣·이노우에井上와 정국을 논의하
다(2/11).

정계에 복귀해 참의參議에 임명되다(3/8).

정체政體 조사위원에 임명되다(3/17).

오사카 담판 후, 정계 복귀해 지방관회의 의장이 되다(6/2).

사퇴의 결심을 오쿠보 등에게 전하다(9/5).

강화도 사건 소식에 접하고 사퇴를 번복하다(9/29).

강화도 사건 발생 후, 전권대사 임무에 적극적 관심 표명해
내정되나, 뇌질환 발병으로 보행 불능 상태에 빠져 무산되
다(11/13).

기도 대신에 구로다黑田가 전권대사에, 이노우에가 부사副
使에 임명되다(12/7).

1876(明治 9) 44 내각분리문제 해결의 급무를 산조·이토에 언급하다(3/2).

참의 사직 후, 내각 고문內閣顧問에 임명되다(3/28).

천황의 정국 현황 자문요청에 이와쿠라와 함께 응하다(7/2).

궁내성 출사宮內省出仕에 임명되다(8/3).

금록공채증서金祿公債證書 발행과 관련한 지론을 이와쿠라
에 건의하다(8/4).

왕실 개혁(후백자侯伯子 3작爵) 초안을 작성하다(8/11).

이와쿠라와 함께 화족은행華族銀行 설립을 논의하다(10/10).

천황에게 화족 작위 수여를 산조와 함께 건의하다(11/3).

지조개정地租改正 완화에 기초한 토지세 축소를 건의하다(12/24).

1877(明治 10) 45 지조경감地租輕減의 정부 결정에 크게 기뻐하다(1/4).

태정대신 산조의 재근再勤 요청에도 불구하고 고사하다(1/12).

천황의 지방시찰에 관련해 정국 상황을 천황에게 보고하

다(1/31).

교토-고베 간 철도개통식에 천황을 수행하다(2/3).

세이난 전쟁西南戰爭이 발생하자, 스스로 규슈九州에 내려가 진정鎭定을 자원하다(2/18).

천황의 만류로 규슈 하향下向을 그만두다(2/19).

정권 창출의 한 사람이었던 사이고 다카모리西鄕隆盛의 '폭거暴擧'를 매우 애석해하다(2/25).

천황에게 세이난 전쟁의 전황·향후 국가운영 방침에 관해 주청하다(3/4).

재발된 병환으로 메이지 천황의 병문안을 받다(5/19).

천황으로부터 훈장을 수여받다(5/25).

향년 45세로 병사하다(5/26).

지은이 **심 기 재**

단국대학교 사학과 졸업 후, 일본 교토대학京都大學 대학원에서 일본사로 석사·박사학위를 받았다. 일본 메이지明治 대학 초빙교수 등을 지냈으며, 현재 단국대학교 일본학 전공 교수로 재직 중이다. 지금까지 근대 일본의 대외관계와 정치에 관한 논저와 논문을 국내외에 다수 발표하였다.

주요 논저로『幕末維新 日朝外交史の硏究』(臨川書店),『それぞれの明治維新－変革期の生き方－』(공저, 吉川弘文館),『역사적 흐름으로 읽는 일본의 과거와 현재』(단국대 출판부),『세계 속의 한국』(공저, 단국대 출판부),『동아시아의 지역과 인간』(공저, 지식산업사),『韓日關係史硏究의 回顧와 展望』(공저, 국학자료원),『키워드로 읽는 일본문화 1』(공저, 글로세움) 등이 있다.

기도 다카요시木戶孝允**와 보신**戊辰 **전쟁**

심기재 지음

초판 1쇄 발행 2024년 5월 13일

펴낸이 오일주
펴낸곳 도서출판 혜안

등록번호 제22-471호
등록일자 1993년 7월 30일

주소 04052 서울시 마포구 와우산로 35길 3(서교동) 102호
전화 02-3141-3711~2 / **팩스** 02-3141-3710
이메일 hyeanpub@daum.net

ISBN 978-89-8494-717-7 93910

값 30,000 원